2016年全国一级建造师执业资格考试轻松过关

建设工程项目管理

（第三版）

田　丽　马　铭　编著

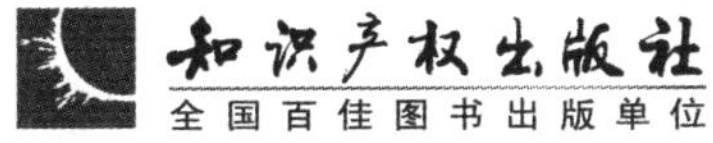

图书在版编目（CIP）数据

建设工程项目管理／田丽，马铭编著．—3版．—北京：知识产权出版社，2016.3

2016年全国一级建造师执业资格考试轻松过关／马铭主编

ISBN 978-7-5130-4080-8

Ⅰ.①建… Ⅱ.①田…②马… Ⅲ.①基本建设项目—项目管理—建筑师—资格考试—自学参考资料 Ⅳ.①F284

中国版本图书馆CIP数据核字（2016）第047586号

内容提要

本书采用纸版插印微课程二维码的形式复合出版，读者可以用微信扫码听课。全书共九章，第一章是作者独创的使学习变轻松、考试变简单的本学科逻辑主线与基本原则；第二章至第八章系统阐述建设工程项目的组织与管理、“三控、四管、一协调”等内容；第九章为纵横向归纳。此外，本书还附了有关练习题及近年的考试真题和参考答案。

针对网络计划计算烦琐、费时、容易出错的问题，本书作者创造性地发明了“万能标号”法，不仅能使读者方便、快捷、准确地计算各类网络计划的时间参数，轻松应对考试，而且还使网络计划变得更为直观，易于理解、掌握和使用，在增强网络计划的效用方面有重大意义。

本书是全国一级建造师执业资格考试的高效辅导书，也可供广大工程技术人员、管理人员使用。

责任编辑：段红梅　祝元志　　　**责任校对**：董志英
装帧设计：智兴设计室·张国仓　　**责任出版**：刘译文

2016年全国一级建造师执业资格考试轻松过关

建设工程项目管理（第三版）

田　丽　马　铭　编著

出版发行：知识产权出版社 有限责任公司　　**网　　址**：http://www.ipph.cn
社　　址：北京市海淀区西外太平庄55号　　**邮　　编**：100081
责编电话：010-82000860转8119　　**责编邮箱**：duanhongmei@cnipr.com；13381270293@163.com
发行电话：010-82000860转8101/8102　　**发行传真**：010-82000893/82005070/82000270
印　　刷：三河市国英印务有限公司　　**经　　销**：各大网上书店、新华书店及相关专业书店
开　　本：787mm×1092mm　1/16　　**印　　张**：18.5
版　　次：2015年5月第3版　　**印　　次**：2016年3月第7次印刷
字　　数：450千字　　**定　　价**：42.00元
ISBN 978-7-5130-4080-8

前　　言

本套全国一级建造师执业资格考试轻松过关丛书是按新大纲，并且结合新教材编写的，同时，本丛书采用纸版插印微课程二维码的形式复合出版，读者可以用微信扫码听课。这次是原书修订后的第三版，我们及时把新的知识点补充进去，把旧的知识点及时删除，使广大考生能够把握最新的考试动态，做好复习。

事实胜于雄辩，本丛书出版以来已取得显著成效，令许多读者在全国一级建造师执业资格考试中轻松地高分过关！读者纷纷来信致谢，对本系列丛书给予了高度评价。现摘录如下。

读者李某来邮件称："此书的出现对我的帮助真的犹如拨云见日一般，让我第一次参加考试就全科过关！"

读者荣某来邮件说："考试结果出来了，非常感谢您的书！考点大部分在您的书中都有通俗易懂的系统总结，您的书总结得真的太精彩了！句句都是营养液！用了您的书真让我体验了什么叫'轻松过关'！我也跟身边的考友交流了一下，大家都认为这套书跟市面其他众多考试辅导书有着天壤之别。"

还有很多读者纷纷评价："把全书的知识点串了起来，归纳总结得很好，既有深度又有广度""直入重点，省去很多备考时间""系统明朗，使应考复习更加省时省力，受益匪浅""归纳科学、思路清晰、事半功倍""书中那些图和表让人很受用，把教材表述不清的重要知识点表现得一目了然，大大加深了理解和记忆""相见恨晚，如果考前看了您的书，就一定能过关了""归纳总结得既简练又好记，真的很好""非常易学、易懂、易记，对考试有了信心""比看教材要好得多得多，朋友们都很喜欢"。

"作者真下功夫，看此书好过于成天看教材和其他书，好过于成天做题""这书的内容不是对知识点的简单复制，而是融合了作者的心血与智慧""比直接学教材轻松多了，谢谢您编写了一套如此高效精练的辅导书""我不是建筑工程类专业的，但得益于这本书，我的建筑实务 105 分过关"。

"遇到这套书我感到很幸运，让我少走很多弯路""考完试一直感慨，多亏了此书！实名制管理、噪声、合同管理之类的知识点，如果不看此书，我绝对不会注意这些今年考试的重点，并且有些问题是绝对搞不透的"。

"我认为该书确实凝聚了马老师的心血，把书做到了极致，是我见到的工程资格类考试辅导书中很负责任、对得起读者的一部好书"。

"成绩下来了，实务考了 107 分，应该过了。经济看了 4 天，77 分，管理看了 3 天，86 分❶……很感谢这本书，把知识点提炼、总结得很好……"

---

❶ 笔者注：在笔者的预估中，这两科目都为"10 天轻松过关"，该读者"经济看 4 天、管理看 3 天"就能过关，应该与他自身有一定基础不无关系。

广大考生对本丛书的厚爱，无疑是对笔者精心创作的最大肯定。此前由笔者编写的另一套《监理工程师考试轻松过关》还帮助许多读者轻松地通过了监理工程师考试，也获得广大读者一致好评。本套一级建造师执业资格考试辅导书是笔者较《监理工程师考试轻松过关》更上一层楼的倾力之作。例如，本书独创的“管理五问”模板，可让读者快速掌握工程管理类试题的答题要点；利用本套丛书总结的趣味口诀，读者在读故事的过程中已然轻松掌握了相关考点的各项应答要点。

本书从本科目内容中提炼出逻辑主线，看完全书后，回头再看第一章，你更能感到，该章的归纳总结对于全书内容颇有提纲挈领、画龙点睛的作用。

针对选择题各选项都似曾相识、干扰性强的问题，本书一语道破其中玄机：“会分就会赢”！分角度、分对象、分阶段、分层次……有了如此精妙的归纳，你甚至可望成为命题高手了，还何愁题不破、关不过？

原则规律任尔驰骋考场，一书在手胜过名师课堂；
直观图表让你神清气爽，趣味故事令人过目不忘；
模板在手解题如神帮忙，依葫芦画瓢简单又很棒；
精辟归纳无须四处撒网，一针见血破解试题锋芒；
胸有成竹考场哪还会慌，一挥而就让你考得欢畅。

本套丛书的出版得到了知识产权出版社相关领导和编辑的大力支持，在此表示衷心感谢。

本书虽经精心编写与审查，但仍难免有不足之处，恳请广大读者批评指正！

目　　录

第一章　使学习变轻松、考试变简单的逻辑主线与基本原则

第一节　学习与解题的思路、方法

一、定性质、辨模式，利用逻辑主线将知识串连

本书总结了本考试科目的两条逻辑主线，见图 1-1 和图 1-2。这两条主线能帮助读者掌握原理、理清思路。

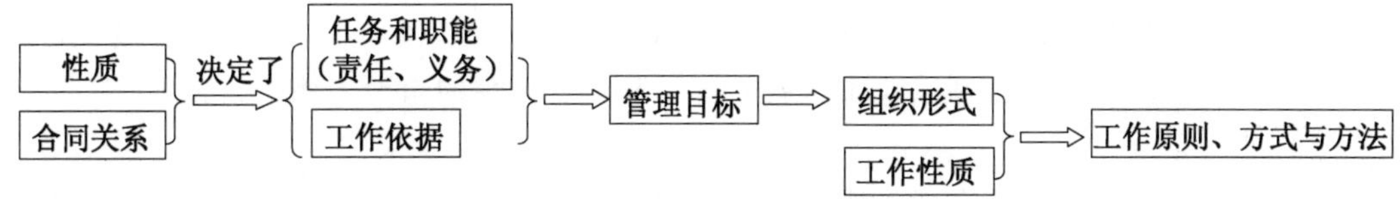

图 1-1　本科目的逻辑主线 I

（一）逻辑主线 I 的原理与应用

第 I 条逻辑主线的具体含义是：项目各参与单位的性质以及他们之间的合同关系决定了各单位的任务、职能（责任、义务）和工作依据，进而决定了各自的管理目标，管理目标决定组织形式，组织形式和工作的性质继而又决定了各自的工作原则、方式与方法。该逻辑主线的具体体现见表 1-1。

表 1-1　各单位的性质、职能、管理目标、工作依据和方式（逻辑主线 I 的体现）

单位	性质与定位	职能（责任、义务）	主要管理目标	主要工作依据	工作方式方法的要点
行政主管部门	政府部门	行政监督	从维护公共利益的角度对工程质量和安全进行监督	法律法规 强制性标准	监督、检查
质监站	政府委托机构	质量监督	同上，但安全方面除外	同上	同上
建设单位 业主 项目法人	项目的所有者	项目决策者 总集成者 总组织者	（1）项目的功能 （2）总投资目标 （3）项目时间 （4）项目的一切质量	合同	决策并实施业主方的项目管理
监理单位	业主的委托方在遵守法规、强制性标准方面有独立性	代表业主对承包方的建设行为进行监督（监理）	如果委托范围含设计阶段，则监理单位的管理目标就是业主的管理目标，否则为施工管理目标	（1）对业主：委托监理合同 （2）对施工单位：施工承包合同	在业主授权范围内开展工作，重要事项应征得业主同意
设计单位	设计承包方（有设计资质）	负责设计并配合施工	（1）项目的投资目标 （2）设计的成本目标	设计合同	履行设计合同

续表

单位	性质与定位	职能（责任、义务）	主要管理目标	主要工作依据	工作方式方法的要点
承包单位①	与业主有工程承包合同关系、具备一定资质的独立法人	其责任、义务由委托模式及合同关系决定	（1）合同规定的工期、质量目标 （2）由承包单位根据其生产和经营情况自行确定的成本目标	承包合同	在所承包范围内实施“三控”、“十管”
供应商	与业主或承包人有供货合同关系的供货方	按合同约定供货	供货的“三控、五管、一协调”目标	供销合同	在供货合同范围内实施

① 承包单位的分类及各类承包单位的承包范围、合同责任等见本书第二章、第三章相关内容，利用下文介绍的逻辑主线Ⅱ可梳理清楚。

（二）应用逻辑主线Ⅰ分析的实例

1. 性质决定任务和职能

分析项目各参与单位的任务、职能（从合同角度讲则为权利、责任、义务）的关键是要牢牢把握其性质。下面分别以业主、政府部门和项目经理的角度为例进行说明。

（1）业主角度。

业主的性质是项目的所有者；所有权赋予了业主决策权，这决定了建设工程项目的决策权一定是归业主。不仅如此，业主也是项目实施过程中的总集成者和总组织者，由此可推导出一系列结论，如：

1）影响到项目实施结果重要事项的决策权均非业主莫属，如功能、质量、工期、总投资等。即使业主委托工程咨询单位为其提供全过程项目管理服务，并采用建设工程项目总承包模式，上述事项的决策者仍然是业主。例 1-1 和例 1-2 能帮助读者深刻理解此结论的含义。

2）凡最终由所有者承担责任或所有者才具备资格或条件负责的工作都是业主的任务，典型的有：项目资金筹措、项目可行性研究、项目前期报批手续的办理（如建设用地相关手续、规划许可证、施工许可证等）、拆迁征地等。此部分详见第三章考点 17。本章第二节“由最有条件的一方尽义务的原则”也阐述了相关原理。

【例 1-1】某建设工程项目业主委托工程咨询单位为其提供全过程项目管理服务，并委托工程监理单位实施监理，若采用建设工程项目总承包模式，则设计阶段项目质量目标的决策者应是(　　)。

A. 工程咨询单位　B. 工程监理单位　C. 项目总承包单位　D. 业主

【答案】D

【解析】即使是委托咨询单位提供全过程的项目管理服务，业主仍然是项目目标的决策者，设计阶段的项目质量目标当然应由业主决策。

【例 1-2】项目干系人的质量控制应围绕着致力于满足(　　)的质量总目标而展开。(2010 年真题)

A. 规范规定　B. 业主要求　C. 参建方各自确定　D. 质量监督机构提出

【答案】B

（2）政府部门和质量监督机构（质监站）的性质是行政监督方，而不是项目的参与方，这种性质决定了其职能与工作原则、工作方式。只要不违反法律、法规和强制性标准（均为实施监督的依据），在项目具体怎么做的问题上，政府部门和质监站不能参与操作实施，也不得干预。就拿工程竣工验收这一重要环节来说，政府部门和质监站既不组织验收，也不进行验收，不签发竣工验收意见书，只监督。其他体现此原则的事项如：

• 有权全面监督审查，但不具体审批方案，典型的有：施工组织设计不用报质量监督机构，但质量监督机构可以随时检查，具体例题见第二章例 2-2。

• 不制定行业管理规程，不搞认证。

• 不提出工程变更。

（3）性质决定任务和职能，不仅对单位如此，对管理人员来说也如此。例如，项目经理实际是承包单位委派的、在所承包范围内负责实施的、项目经理部的负责人，而非企业的负责人。深刻理解项目经理的性质，就容易理解和分析项目经理的权限和职责。详见第二章考点 11。

2. 确立项目参与各方的工作任务

除性质决定任务和职能外，正式确立项目参与各方工作任务（责任、义务）的是合同关系。

项目各参与单位是相互平等的法人主体，他们之间无隶属关系，他们之间的权责关系是由合同关系决定的，法律法规和强制性标准只是规范约束各方行为的底线。合同关系也是联系项目参与各方的纽带，无合同关系的两方不能进行直接的工作联系，相关内容详见本章第二节合同关系原则和第三章合同管理部分。

（三）逻辑主线Ⅱ的原理与应用

1. 关于逻辑主线Ⅱ的说明

逻辑主线Ⅱ的具体含义是：业主所采取的委托模式决定了承包商的承包范围，也决定了业主与承包商双方的责任和义务，进而决定了各自的管理目标，又决定了其组织形式，接下来又决定了其工作原则、方式与方法，见图 1-2。

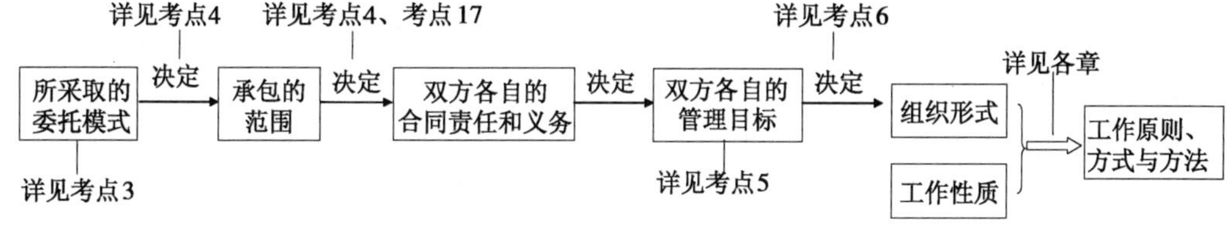

图 1-2　本科目的逻辑主线Ⅱ

2. 应用逻辑主线Ⅱ可轻松掌握各类承包人的区别

（1）各类承包人的工作任务、合同责任和义务由其所承包的范围决定，承包范围又由业主所采取的委托模式决定。此处的学习与解题技巧，首先应掌握项目发承包模式的分类（见表 2-3），在此基础上，应重点把握本书所归纳的两组比较，第一组是建设项目工程总承包模式与施工总承包模式的比较，第二组是施工总承包模式与施工总承包管理模式的比较。

1）区分各类承包人不同之处的关键在于，首先要根据承包人的名称分辨出他所承包的范围，再根据其承包范围分析其合同责任、义务和管理目标。比如，一提到项目总承包或工程总承包（注意：其名称没有“施工”二字），就应该知道，此模式下的总承包人是连设计、采购和施工一起承包❶，与施工总承包方（名称中含有特征词“施工”）相比，两者在合同责任、义务以及管理目标上的区别均源于其承包范围的区别，即：前者承担了设计任务，后者不承担主要的设计任务，这是两者诸多不同点的根源，据此就可顺理成章地分析出两者之间的一系列区别，详见图 2-10 及相关说明。

2）关于施工总承包模式与施工总承包管理模式的比较，逻辑推理的关键同样在于承包范围，施工总承包方的承包范围是“施工＋管理”，而施工总承包管理方的承包范围只是管理，后者的管理要比前者更全面，能大大减轻业主方的工作，这是采用施工总承包管理模式的基本出发点，两者之间的区别也都能依据承包范围上的区别通过推理的方式推导出来，详见图 2-12 及相关说明。

3）关于施工总承包方、专业分包方、劳务分包方各自的合同责任、义务和权利，详见第三章考点 17，只要利用上述逻辑主线，牢牢把握其性质和承包范围，并利用本书归纳的一些原则（如合同关系原则、由最有条件的一方尽义务的原则等），理解及记忆上的困难也就能迎刃而解。

（2）管理目标决定组织形式的原理及相关内容详见第二章考点 6。

（3）工作的性质决定该类工作的工作原则、方式与方法，其原理与应用见下文。

二、识共性、抓特性，各类管理易掌握

在本科目的教材中，除项目的组织与管理一章外，其余各章分别讲述工程项目的“三控”和“四管”（合同、安全、环境、信息），内容繁多，让考生们望而生畏。

“识共性、抓特性”是解决这一问题的有力武器，以下仅略举一二例，供读者开拓思路、举一反三。

（一）关于“识共性”的例子

1. 管理控制的基本原则有很多共性

本科目各章内容都强调系统管理、过程控制、动态控制、预防为主、重点控制等原则。

以重点控制原则为例，且不必说大家都熟悉的质量控制要设置质量控制点，安全管理要列出危险源和重要危险源清单，单说成本控制，理解了重点控制原则，面对诸如“进行分部分项工程成本分析时，应分析每一个分部分项工程的成本”（取自本章例 1-5，2005 年真题）的选项，你还会中圈套吗？再如进度控制，对关键线路及关键工作的重点控制也是该原则的一个典型体现。

2. 管理控制的程序有共通性

“定目标、编计划、实施计划、检查验证、纠偏、持续改进”这一“PDCA 循环”的管理控制程序可以说是各类管理控制的通用程序，如图 1-3 所示。

3. 管理控制的方法措施有共通性

例如，教材各章中的管理控制措施均大同小异，本书在归纳其共性的基础上分析其特性，可大大提高你的学习效率，节约学习时间，详见本书第九章。

---

❶ 如果题目已提示是“设计-施工总承包模式”（DB 模式），则不包括采购。

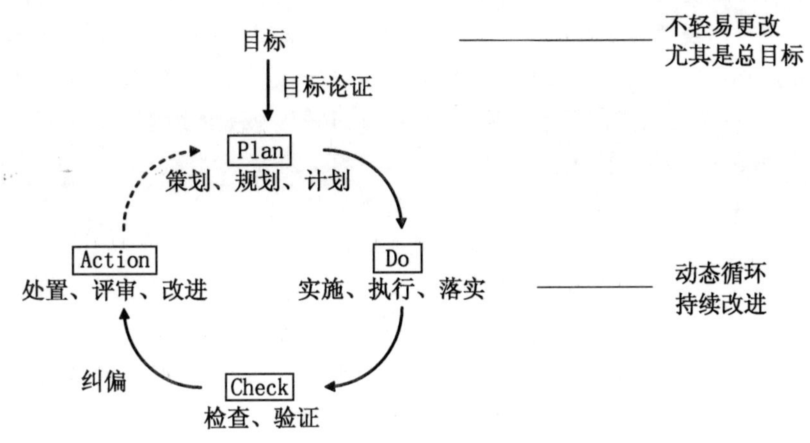

图 1-3　PDCA 循环控制示意图

（二）关于“抓特性”的例子

掌握共性，能将知识融汇贯通，善于抓特性，可使读者更准确、更深刻地把握知识点。

以质量管理为例，若深刻理解了“影响质量的因素最复杂，涉及面最广”这一根本原因，就不难理解由此而生的质量管理的一些特点（侧重点），如：

（1）质量管理强调全面管理、全过程管理和全员参与（“三全”管理）。

（2）强调“多层次”、“多单元”的质量控制。比如，项目质量控制体系是多层次、多单元的，验收要分层次进行验收，详见第六章考点 45。

（3）控制环节更多，控制过程更复杂，具体体现在：

• 强调工序质量控制（具体又分为工序施工条件质量控制、工序施工效果质量控制）。

• 质量检查工作应深入到施工过程中的每一个环节，甚至具体到生产一线的作业工人，也都要进行自检、互检、交接检，专职质检员还要进行专检。

（4）除环境问题外，质量问题对项目外界的影响最大，因此质量管理的八项原则包括了“以顾客为关注焦点”、“与供方互利的关系”等原则（见图 6-3）。

三、“要会分”是破题得分的妙招

选择题考试的特点是覆盖面宽，不少题抠得比较细，甚至是刁钻，其干扰选项的干扰性很强，这使得很多考生试后虽然自我感觉良好，但一看到成绩单就傻眼了。本书向读者提供一些“灵丹妙药”，只要对症下药，就能做到“药到病除”。

（一）本科目命题的常见套路与对策

本科目考试命题常采用的错误选项设置套路是：“张冠李戴”（如例 1-3）、“移花接木”或“文不对题”，如此命题方式，让考生感觉个个选项都似曾相识，难以选择，导致丢分直至失望。殊不知，对于这类题，会“分”就会赢，甚至只需要知道分哪几类或哪几个阶段，然后一一对号入座，就能分析得八九不离十。

要会“分”是指在审题解题时，要善于用“分”的方法分析问题，如分角度、分阶段、分层次、分范围、分类别、分内外、分先后等方式。下面先举例说明，让读者有一个感性认识，再分别具体说明。

【例 1-3】根据《建设项目工程总承包管理规范》（GB/T 50358—2005），工程总承包方项目管理的主要内容有（　　）。（2011 年真题）

A. 编写和报批项目建议书、可行性研究报告　　B. 任命项目经理，组建项目部

C. 确定和落实项目建设的资金　　D. 实施设计管理

E. 编制项目计划

【答案】BDE

【解析】应注意，本题是以工程总承包方项目管理的角度而论。通过前文分析，我们知道，工程总承包方的承包范围包括设计、采购和施工，连同设计一并承包就意味着不仅需要实施设计管理，还需要进行项目策划并编制项目计划，因此 BDE 三项肯定是正确选项；另外，以阶段来分析，工程总承包方的工作涵盖项目整个实施阶段，BDE 三项都是项目实施阶段的具体实施工作，而选项 A 和 C 都是项目决策阶段的工作，都应为业主方的工作内容，因此可排除。可见，只要会分，即可拿下此类考题。

下面分类说明会“分”就会赢的一些具体情况。

（二）需要分角度的情形

即使是同样的问题，从不同的角度看常常会有不同的结论。例如，站在施工阶段的角度，设计单位属于施工质量控制的监控主体，而站在设计阶段或项目实施阶段全过程的角度，设计单位则属于工程质量控制的自控主体。

又如，从总包合同角度来说，总包单位是承包人；但从分包合同角度来说，总包单位就成了分包合同的发包人，在总包合同中属发包人义务的一些工作，如提供工程相关证件、批件和图纸等，在分包合同中就成了总包方的义务。理解这一要点，各方的合同责任与义务这一重要考点就容易掌握了。

因此明确角度是审题、解题的一个要点。需要分角度、明确角度的情形可归纳为表 1-2。

表 1-2　需要分角度情形的归纳

序号	项　目	角　度
1	项目不同参与方的角度	业主角度、监理方角度、设计方角度、总承包方角度、施工方角度（如业主方的项目管理、设计方的项目管理、施工方的项目管理等）
2	功能角度、不同对象角度	
3	管理、控制角度（如目标控制）	质量、投资（成本）、进度；安全、合同、信息；组织协调
4	不同措施的角度	组织、管理（合同）、经济、技术措施等，详见第九章
5	成本管理	分企业（或组织管理层）和项目经理部两个角度
6	成本目标	分责任成本目标和计划成本目标两个角度

（三）需要分阶段的情形

1. 需利用分阶段解题的具体例子

【例 1-4】在工程项目施工阶段，监理机构的主要工作任务是（　　）。（2010 年真题）

A. 参与设计交底　　B. 签署单位工程质量评定表

C. 审查施工组织设计　　　D. 审查施工单位申报的月度和季度计量表

E. 对施工单位的检测仪器设备、度量衡进行定期检验和不定期检验

【答案】BDE

【解析】一提到施工阶段考生马上就应想到，施工阶段又分施工准备、施工、竣工验收和回访服务四个阶段。在施工阶段之前有设计准备阶段和设计阶段，而在施工阶段之后还有动用前准备阶段和保修阶段，六个阶段构成了项目的实施阶段（见图 1-4）。再将本题的五个选项对照这些阶段一一归位，不难发现，选项 AC 属于在设计阶段之后才能完成且必须在实际施工之前完成的工作，可以判断，选项 AC 为施工准备阶段建设工程监理的任务；类似题还有第二章练习题 99。

2. 关于阶段划分的汇总归纳

图 1-4 将教材中重要的阶段划分汇总成图，以方便读者掌握“分阶段”的技巧。

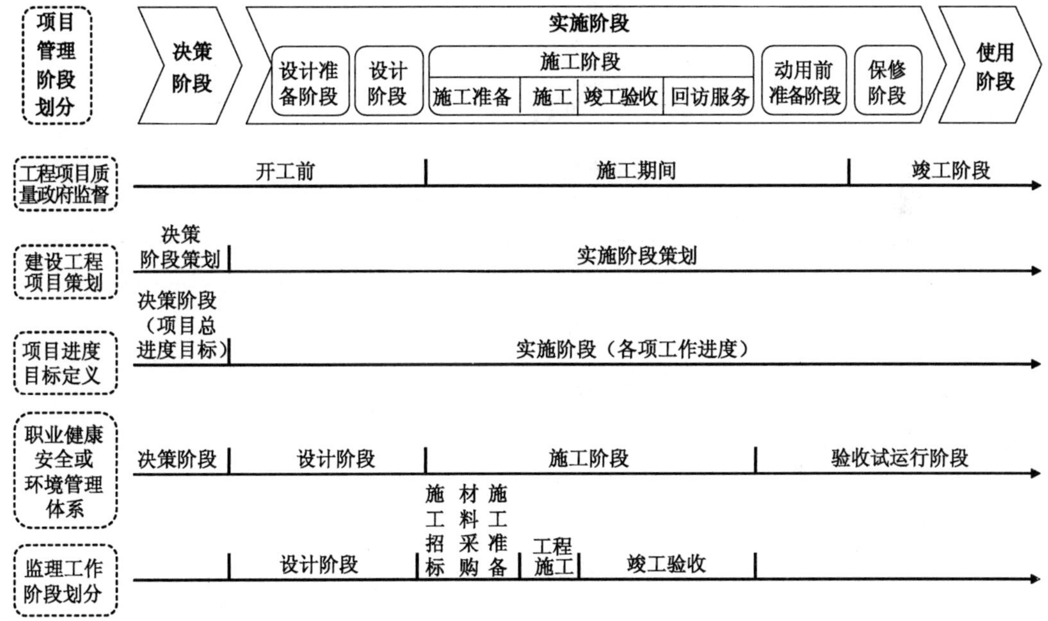

图 1-4　关于阶段划分的归纳汇总

（四）需要分对象的情形

请读者先做以下两道练习题。

＊＊练习题＊＊

1. 在建设工程项目施工作业实施过程中，监理机构应根据(　　)对施工作业质量进行监督控制。

A. 项目管理实施规划　　　B. 施工质量计划

C. 监理规划与实施细则　　D. 施工组织设计

2. 根据《中华人民共和国建筑法》，工程监理人员认为工程施工不符合(　　)的，有权要求建筑施工企业改正。(2011 年真题)

A. 工程设计要求　B. 合同约定　C. 监理规划　D. 施工技术标准　E. 监理实施细则

上述两题的答案见本书末。读者也许会觉得疑惑，为什么在第一道题中，监理规划和监理实施细则是监理方工作的依据，而在第二道题中却不是。这不是有矛盾吗？

其实并不矛盾，因为上述两道题所指的对象不同，工作依据当然可能会不同，见表 1-3。

表 1-3　针对不同对象的监理方工作依据汇总与对比

不同的对象	监理方工作依据（特殊部分）	工作依据（共同部分）
对承包人	工程设计要求、施工技术标准、施工承包合同	法律、法规和强制性标准
对业主方	（委托）监理合同	
对自身监理工作	监理合同、监理规划、监理实施细则	
对工程质量的监督（对事，不是对人）	工程设计要求、施工技术标准、施工承包合同、监理规划、监理实施细则	

分对象的情况与分角度相似，关于分对象的具体分法可参见表 1-2。

（五）需要分类别或分层次的情形（见表 1-4）

表 1-4　需要分类别或分层次的情形归纳汇总

需分类的事项		分类别或分层次的具体分法
施工组织设计		施工组织总设计、单位工程施工组织设计、施工方案
应急预案		综合应急预案、专项应急预案、现场处置方案
职业健康安全或环境管理体系		管理手册、程序文件、作业文件（其中，作业文件又包括作业指导书（操作规程）、管理规定、监测活动准则及程序文件引用的表格）
进度计划系统	由不同功能的进度计划构成	控制性进度规划（计划）、指导性进度规划（计划）、实施性（操作性）进度计划
	由不同深度的进度计划构成	总进度规划（计划）、项目子系统进度规划（计划）、项目子系统中的单项工程进度计划
成本控制	工程项目成本管理	工程项目成本管理工作分为两类，一类是基础工作，另一类是措施（见表 4-1）
	成本计划（按作用分）	竞争性成本计划 指导性成本计划 实施性成本计划 —可按→ 施工成本组成 项目（子项目）组成 工程进度 } 分别编制施工成本计划
	成本计划的指标	数量指标 —如→ 按子项汇总的工程项目计划总成本指标 按分部汇总的各单位工程（或子项目）计划成本指标 按人工、材料、机械等各主要生产要素计划成本指标 质量指标 效益指标
	成本计划的“两算”	施工预算、施工图预算，应注意“两算”的区别（详见表 4-5、表 4-6）
	施工成本分析的依据	会计核算、业务核算、统计核算

续表

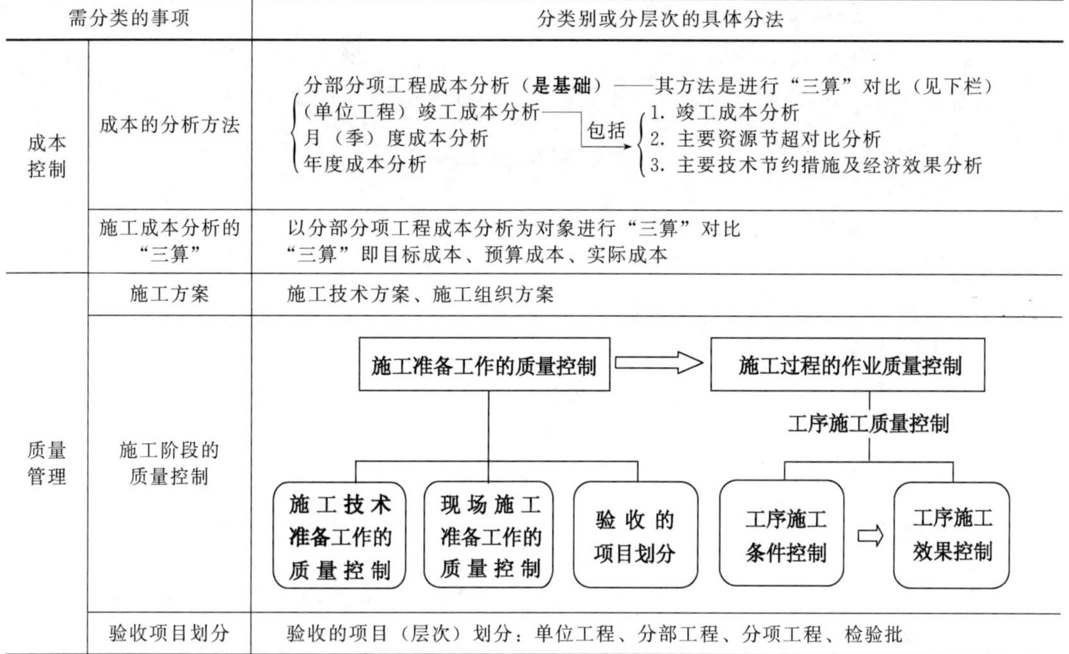

需分类的事项		分类别或分层次的具体分法
成本控制	成本的分析方法	分部分项工程成本分析（**是基础**）——其方法是进行“三算”对比（见下栏） （单位工程）竣工成本分析——包括：1. 竣工成本分析；2. 主要资源节超对比分析；3. 主要技术节约措施及经济效果分析 月（季）度成本分析 年度成本分析
	施工成本分析的“三算”	以分部分项工程成本分析为对象进行“三算”对比 “三算”即目标成本、预算成本、实际成本
质量管理	施工方案	施工技术方案、施工组织方案
	施工阶段的质量控制	施工准备工作的质量控制（施工技术准备工作的质量控制、现场施工准备工作的质量控制、验收的项目划分）⇒ 施工过程的作业质量控制——工序施工质量控制（工序施工条件控制 ⇒ 工序施工效果控制）
	验收项目划分	验收的项目（层次）划分：单位工程、分部工程、分项工程、检验批

以下是会分类别就会做的题：

【例 1-5】以下关于综合成本分析方法的表述中，正确的是(　　)。

A. 进行分部分项工程成本分析时，应分析每一个分部分项工程的成本

B. 月度成本分析的依据是当月的成本报表

C. 企业年度成本要求一年结算一次，可将部分成本转入下一个年度

D. 单位工程竣工成本分析是对预算成本、目标成本、实际成本的比较

【答案】B

【解析】理解表 1-4 的内容，就不难把最具干扰性的 D 项排除掉，A 项不符合重点控制的原则，C 项不符合常理，B 项正确。

* * 练习题 * *

3. 施工现场应急处置方案的内容主要是(　　)。(2011 年真题)

A. 应急工作原则　　B. 应急组织与职责　　C. 信息发布　　D. 应急预案体系

4. 工程项目成本管理的基础工作包括(　　)。(2010 年真题)

A. 建立成本管理责任体系　　B. 建立企业内部施工定额　　C. 及时进行成本核算

D. 编制项目成本计划　　E. 科学设计成本核算账册

5. 建设工程施工技术方案的内容包括(　　)。

A. 施工区段划分　　B. 施工流向　　C. 施工工艺　　D. 劳动力安排

E. 施工方法

6. 下列质量控制工作中，属于施工技术准备工作的是(　　)。(2011 年真题)

A. 做好施工现场的质量检查记录　　B. 复核测量控制点

C. 按规定维修和校验计量器具　　D. 审核复查各种施工详图

（六）需要分先后或分内外的情形

1. 需要分清先后关系的情形举例

请读者先做以下 2007 年和 2006 年的两道考试真题。

＊＊练习题＊＊

7. 合同分析的目的和作用主要体现在（　　）等方面。

A. 根据合同要求制订投标策略

B. 分析合同中的漏洞，制订履行合同的对策

C. 分析合同风险，制订风险管理对策

D. 分解合同任务，并落实到具体的部门、人员

E. 总结合同执行情况，完善竣工验收报告

8. 论证建设工程项目总进度目标时，需要进行：①编制总进度计划；②项目结构分析；③项目进度计划系统的结构分析等多项工作。仅就上述三项工作而言，其顺序应为（　　）。

A. ①→②→③　　B. ③→②→①　　C. ②→①→③　　D. ②→③→①

解此类题有一个实用技巧，只要能分清先后关系，解题就变得很容易。对练习题第 7 题而言，首先要清楚概念，合同分析和合同交底都是为了已有的具体合同的执行和落实，因此都应是在合同签订之后，且应是合同执行之前的工作。练习题第 7 题选项 A 是合同签订前的工作，选项 E 是合同执行后的工作，故都不是正确选项。据此不难判断，诸如“争取对自身有利的合同条款”、“参与起草合同条款”、“参与合同谈判和合同签订”之类的选项也都不是合同分析和合同交底的目的和任务。

2. 需要分清先后关系的一些要点

（1）对程序类试题，关键是要分清先后关系。

（2）对于依据类的试题，若能分辨先后关系，就容易推出答案，其中的道理很简单，后生成的文件不可能是先进行的工作的依据。例如：如何辨别哪些是成本计划的依据，哪些是成本控制的依据？对于这类题，分清先后关系就能排除干扰选项。详见表 4-2。

（3）进度控制的环节以分析论证总进度目标为先（目标在决策阶段已确定）。

（4）成本计划应在项目实施方案确定后且应在工程开工之前编制，因为：①不同的实施方案将导致直接工程费、措施费和企业管理费的差异；②成本计划的编制是施工成本预控的重要手段。因此，应在工程开工前编制完成，以便将计划成本目标分解落实。

3. 需要分内外的原理

详见本章第二节“分清内外原则”。

（七）注意辨别“文不对题”的选项

此问题无须赘述，读者认真思考以下例子后自然能体会到。

【例 1-6】职业健康安全管理体系和环境管理体系运行中的实施重点是围绕（　　）等开展活动。

A. 培训意识和能力　　B. 文件管理

C. 不符合、纠正和预防措施　　D. 体系文件编写

E. 制定方针、目标

【答案】ABC

【解析】DE 都不属“运行中的实施”范畴。

第二节　利用黄金原则解题何止事半功倍

俗话说“磨刀不误砍柴工”，但有了本书总结的黄金原则，直接就可以“斩乱麻”，连刀都不用磨。

一、合同关系原则

（一）项目参与各方的合同关系与工作联系

项目参与各方（政府部门不属项目参与方）的合同关系和工作联系如图 1-5 所示。

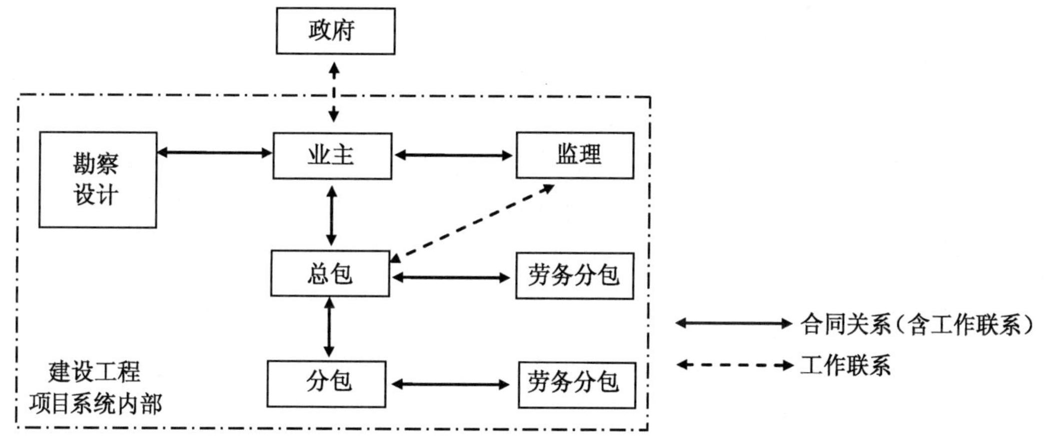

图 1-5　项目参与各方的合同关系与工作联系

注：1. 项目的供货商也属项目的参与单位，分两类：①与业主签订供货合同；②与承包人签订供货合同。为使图简化，未反映在图中。

2. 政府部门及其委托的质监机构不属项目参与方。

（二）合同关系原则的具体应用

1. 依合同关系确定权责关系的原则

合同关系是确定双方之间权责关系的基础。

项目各参与方的权利、责任和义务是由他们之间的合同关系决定的。分包向总包负责，总包向业主负责，总包和分包对分包工程承担连带责任。

2. 有合同关系的双方才能进行直接的工作联系

项目参与各方的工作联系关系可归纳为：分包对总包，总包（可通过监理）对业主，业主对“勘、设”和政府部门（反之亦然）。

由此总结出“三个应通过原则”（见图 1-6）。

分包单位与建设单位、监理单位或设计单位之间不应发生直接的工作联系，相关工作事项均应通过总包单位（或称承包单位）解决，因为分包单位与建设单位之间无合同关系。

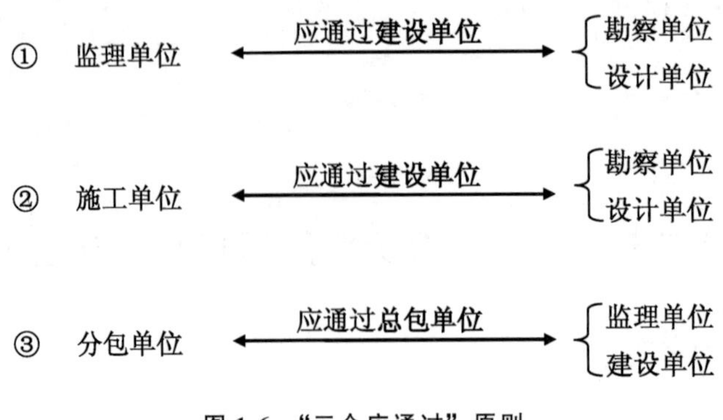

图 1-6 “三个应通过”原则

那么，对于承包单位转发的发包人及工程师的指令，分包单位是否应执行呢？当然应执行！因为既然经承包单位转发，就应理解为承包单位也向分包单位发出了该指令。

另外应注意的是：

(1) 监理方受业主委托代表业主对施工单位的施工行为进行监督和管理，因此监理方与施工单位之间的工作关系是基于业主与施工单位之间的合同关系的。除此以外，没有合同关系的两方之间不能进行直接的工作联系。

(2) 关于建设项目与政府部门之间的工作联系由业主办理，承包单位不能越俎代庖。当然也有例外。例如，纯属于施工的手续由施工单位办理，如夜间施工许可证，因为业主的项目并不必然要产生夜间施工；但施工许可证不同，因其与业主的项目有直接的、必然的联系，故由业主办理。

(三) 关于总分包问题的归纳

总分包之间的各方面关系是常考问题，总的原则是：

(1) 总包负总责以及管理之责，分包人就分包工程对总包负责（含施工和保修，当分包合同有关于设计工作的约定时，还应包括分包人承担的设计工作），总包和分包还应对分包工程承担连带责任。

(2) 总包必有责任管理分包，分包必须服从总包的管理（基于二者之间的合同关系）

(3) 在责任、义务和管理方面的责权归属问题上，指定分包和普通分包基本相同。

按国际惯例，当指定分包商时，不论指定分包商是与施工总承包方、施工总承包管理方，还是与业主方签订合同，由于指定分包商合同在签约前必须得到施工总承包方或施工总承包管理方的认可，因此，施工总承包方或施工总承包管理方应对合同规定的工期目标和质量目标负责。

【例 1-7】某建设工程项目中，甲公司作为工程发包人与乙公司签订了工程承包合同，乙公司又与劳务分包人丙公司签订了该工程的劳务分包合同。则在劳务分包合同中，关于丙公司应承担义务的说法，正确的有(　　)。(2011 年真题)

A. 丙公司须服从乙公司转发的发包人及工程师的指令

B. 丙公司负责组织实施施工管理的各项工作，对工期和质量向发包人负责

C. 丙公司应自觉接收乙公司及有关部门的管理、监督和检查

D. 丙公司未经乙公司授权或允许，不得擅自与甲公司及有关部门建立工作联系

E. 丙公司应该按时提交报表、有关的技术经济资料，配合乙公司办理交工验收

【答案】ACDE

【解析】因发包人及工程师的指令是经乙公司转发的，而丙公司与乙公司又有合同关系，故选项A正确；应由乙公司负责组织实施施工管理的各项工作，丙公司（分包人）应就分包工程的工期、质量向乙公司（承包人）负责，而不应向发包人负责，因为丙公司只与乙公司有合同关系。故选项B错误。

【例1-8】某工程实行施工总承包模式，承包人将基础工程中的打桩工程分包给某专业分包单位施工，施工过程中发现地质情况与勘察报告不符而导致打桩施工工期拖延。在此情况下，(　　)可以提出索赔。

A. 承包人向发包人　　B. 承包人向勘察单位　　C. 分包人向发包人

D. 分包人向承包人　　E. 发包人向监理

【答案】AD

【解析】根据图1-5所示的合同关系，应由分包人向承包人，承包人向发包人索赔。

更多的相关内容考试真题见第三章考点17。

二、“自控、监控都不少，自控、监控要有道”原则

（一）“自控、监控都不少”原则

工程质量管理既要有自控，又要有监控，二者相辅相成，都必不可少。施工单位是自控主体，其质量意识、能力与行为是施工质量的决定因素；各监控主体进行的施工质量监控是对自控行为的约束和推动。

（二）“自控、监控要有道”原则

自控、监控的“道”见图1-7，除图中内容外，还应注意以下两点：

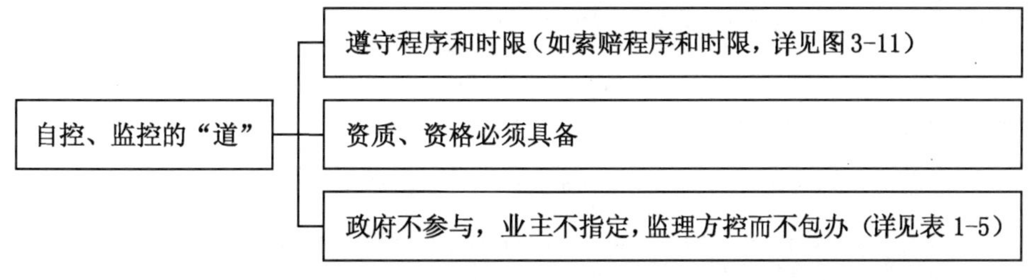

图1-7　自控、监控的“道”

1. 自控主体控制目标确定的依据来自两方面

例如，施工方作为工程施工质量的自控主体，既要遵循本企业质量管理体系的要求，也要根据其在所承建的工程项目质量控制系统中的地位和责任，通过具体项目质量计划的编制与实施，有效地实现施工质量的自控目标。

2. 施工单位必须正确处理自控和监控的关系

作为自控主体的施工单位，在致力于施工质量自控的同时，还必须接受来自监理、业主等方面对其质量行为和结果所进行的监督管理（包括对质量、安全、进度文件的审核、审批，对工程实体质量的检查、评价和验收）。

三、“监控方应有所为有所不为”原则

业主、监理方、质监站等各监控主体应有所为有所不为，可归纳为：政府不参与，业主不指定，监理方控而不包办，见表1-5。

表 1-5　政府不参与，业主不指定，监理方控而不包办

原　　则	实　　例
政府 不参与	在招投标和竣工验收中，政府既不是运动员，也不是裁判员，而是做监督 供水、供电、供气、公安消防等部门或单位不得明示或暗示建设单位或施工单位购买其指定的供应单位的材料、设备
业主 不指定	由承包人采购的材料设备，发包人不得指定生产厂或供应商 发包人不得指定分包单位（国内的规定）
监理方 控而不包办	不包办、不代替，应监督（不太贴切的比喻：监考人员不能代应考人员考试做题） 在满足法规、规范、合同的情况下，监理方应尊重施工单位自主决策的权利。例如，施工质量计划在审批过程中，对监理工程师审查所提出的建议、希望、要求等意见是否采纳以及采纳的程度，应由负责质量计划编制的**施工单位自主决策**

＊＊练习题＊＊

9. 关于编制项目管理任务分工表的说法，正确的是(　　)。(2011 年真题)

A. 业主方应对项目各参与方给予统一指导和管理

B. 首先应对项目实施各阶段的具体管理任务做详细分解

C. 首先要定义主管部门的工作任务

D. 同一类别的项目可以集中编制通用的分工表

10. 根据《中华人民共和国建筑法》，合同约定由工程承包单位采购的工程建设物资，建设单位可以(　　)。

A. 指定生产厂　　B. 指定供应商　　C. 提出质量要求　　D. 指定具体品牌

四、不免除原则

不免除原则的具体含义见表 1-6。

表 1-6　不免除原则

项　　次	内　　容
含义	不能因为监控主体的存在和监控职能的实施而减轻或免除自控主体的质量责任
举例	项目监理机构对承包人的方案的认可，不免除承包人对自身方案缺陷造成的损失所应承担的责任，但承包人提出的合理化建议被工程师采纳的情况则另当别论 采购的材料设备质量由采购一方负责，即使经对方检验通过仍不能免除采购方的质量责任

＊＊练习题＊＊

11. 施工承包企业按经监理工程师依据合同和相关法规审批的施工质量计划组织施工，如导致工程质量问题，则责任由(　　)承担。

A. 建设单位　B. 监理单位　C. 施工承包企业　D. 监理单位和施工承包企业共同

五、由最有条件的一方尽义务的原则

对送检、返修、返工之类工作而言，显然是承包人最有条件承担，由承包人做的成本也最低，但义务工作的费用应由责任方或受益方承担。因此，有以下惯例：

(1) 不论是发包人供应的材料，还是承包人负责采购的材料，承包人均有送检的义务；

(2) 不论是何方的责任造成质量问题，施工单位均有返修义务，相关费用由责任单位承担；

（3）若质量达不到约定标准，不论是何方责任，监理方均可要求承包人返工，但费用由责任方承担。

【助记】**谁施工，谁先检；谁施工，谁负责质量**

相反，对于那些发包人更有条件做的工作，则应该由发包人尽义务，如：

（1）建设单位应当向施工单位提供施工现场及毗邻区域内水、电、气、通信等地下管线资料，气象和水文观测资料，相邻建筑物和构筑物、地下工程的有关资料，并保证资料的真实、准确、完整。

（2）办理施工许可证、办理临时用地、停水、停电、中断道路交通以及可能损坏道路、管线、电力、通信等申请批准手续。因为工程为发包人所有，一般来说，相关部门只受理所有者的申请，所以发包人最有资格也最有条件办理这些手续。

（3）确定水准点与坐标控制点，以书面形式交给承包人，并进行现场交验（原因同上）。

＊＊练习题＊＊

12. 根据《建设工程施工合同（示范文本）》（GF—1999—0201），对材料设备的检验或试验，正确的做法是(　　)。

A. 发包人供应的材料设备使用前应由发包人负责检验或试验，费用由发包人负责

B. 发包人供应的材料设备使用前应由承包人负责检验或试验，费用由发包人负责

C. 发包人供应的材料设备使用前应由承包人负责检验或试验，费用由承包人负责

D. 承包人供应的材料设备使用前应由发包人负责检验或试验，费用由承包人负责

E. 承包人供应的材料设备使用前应由承包人负责检验或试验，费用由承包人负责

六、要分清内外原则（内外有别）

有些问题实际上是内和外的区别。分清内和外，问题自然就清楚了，典型的有：

（1）施工成本管理是施工单位内部的工作，将其与施工单位的对外工作加以区分，此方面的题就可迎刃而解。

（2）教材所定义的施工合同分析和合同交底都应在施工单位（含总包和分包单位）内部完成，不需要在发包人和承包人之间组织合同分析或进行交底，见例1-9。

【例1-9】施工合同交底是指(　　)。(2011年真题)

A. 承包人的合同管理人员向其内部项目管理人员交底

B. 发包人向承包人进行合同交底

C. 监理工程师向承包人进行合同交底

D. 施工项目经理向施工现场操作人员进行交底

【答案】A

（3）施工预算和施工图预算的区别可看做是内和外的区别。施工预算是施工单位经济核算、考核工效等的依据，施工图预算是投标报价的主要依据；施工预算是施工企业内部管理用的一种文件，而施工图预算既适用于建设单位，又适用于施工单位。

【例1-10】编制施工成本计划的主要依据有(　　)。(2011年真题)

A. 施工图预算　　B. 施工预算　　C. 签订的工程合同

D. 资源市场价格　　　E. 分包合同

【答案】BCDE

【例 1-11】建设工程项目施工成本计划的编制依据有（　　）。(2009 年真题)

A. 建设投资估算书　　B. 投标报价文件　　C. 施工组织设计或施工方案

D. 施工成本预测资料　E. 施工招标公告

【答案】BCD

【解析】利用上述内外有别的原理可解上述两题。施工成本计划是施工单位内部文件，而对于承包人而言，施工图预算的主要用途是向发包人报价；建设投资估算书和施工招标公告都是业主方文件，此三项均不能作为施工企业内部的施工成本计划的编制依据。投标报价文件虽然是对外的文件，但它的编制必须考虑施工单位的自身因素，有内部的“成分”，直接关系到施工单位的自身利益，因此是施工成本计划的编制依据，但不是施工成本控制的依据（因为已经有成本计划为依据了），此条应重点记住。

(4) 内审与外审都不可或缺。重要的施工文案既要进行内审，也要进行外审，这其实就是“既要有自控，也要有监控”。例如，质量计划、施工组织设计或施工项目管理实施规划等文案，应在项目经理的主持下编制，无论是对于项目经理部还是对于施工企业而言，这些文件都是既要进行内审，也要进行外审。对于项目经理部来说，内审就是项目部技术负责人和项目经理的审核，外审有两个层面，一是施工企业技术负责人的审批，二是总监理工程师的审批；而对于施工企业来说，企业技术负责人的审批就成了内审，总监理工程师的审批是外审。

(5) 项目经理的权责也是内外有别。项目经理的权限可分为两类：第一类是有决定权、自主权的事项，第二类是只有参与权的事项。那么针对某项具体工作有哪种权限，如何区分呢？只需要将项目经理的工作分为两类，一类是在项目经理部层面（可称为内部工作）就应该完成的工作，另一类是应该在企业层面完成的工作（可称为项目部外部工作），就可得出答案。项目经理的职责也是如此，详见第二章考点 11。

第二章　建设工程项目的组织与管理

考点 1　建设工程项目管理的参建各方与阶段划分

一、建设工程全寿命周期的阶段划分

阶段划分是剖析本学科各部分知识点原理的重要工具，掌握阶段划分也是破题得分的一个要点，详见第一章关于“要会分”的论述，请读者予以充分重视。

建设工程全寿命周期包括三大阶段，即决策阶段、实施阶段和使用阶段（或称运营阶段、运行阶段）。其中，实施阶段又分为设计准备阶段、设计阶段、施工阶段、动用前准备阶段、保修阶段，如图 2-1 所示。

建设工程项目管理的时间范畴是建设工程项目的实施阶段。项目实施阶段管理的主要任务是通过管理使项目的目标得以实现。

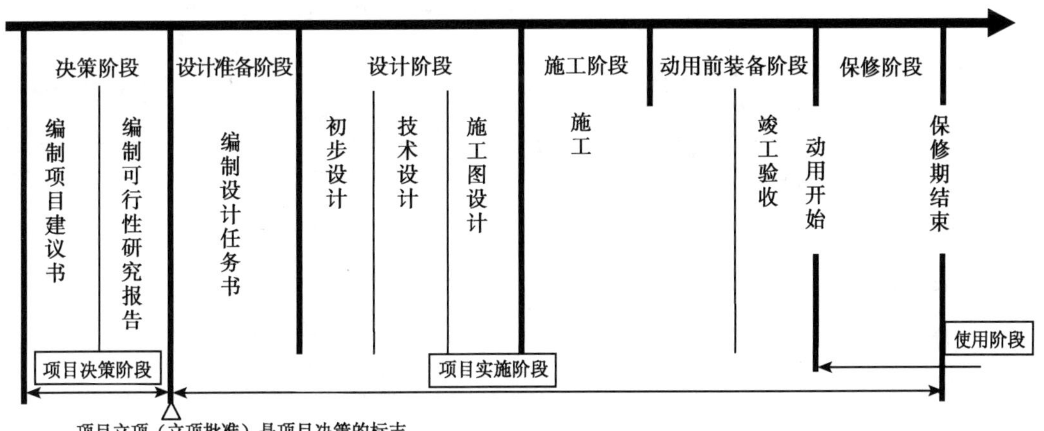

图 2-1　建设工程项目全寿命周期的阶段划分

注：招标投标工作分散在设计前的准备阶段、设计阶段和施工阶段中进行，因此一般不单独列为招标投标阶段。

【助记】*决策阶段“两编制”，实施阶段“设计、施工和保修＋两准备”*

二、建设工程管理的内涵（见图 2-2）

咨询公司的管理属于什么范畴的管理——谁委托的咨询公司，其管理就是谁的项目管理范畴。例如，为业主提供服务的咨询公司，他的管理就属于业主方项目管理的范畴；而**施工企业委托工程项目管理咨询公司对项目管理的某个方面提供的咨询服务，就属于施工方项目管理的范畴**。

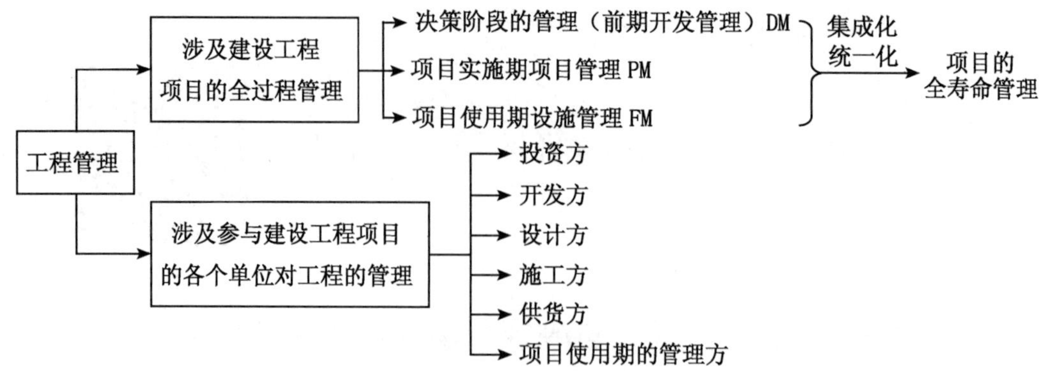

图 2-2 建设工程管理的内涵

三、建设工程管理中的参与各方及其介入期（见图 2-3、图 2-4）

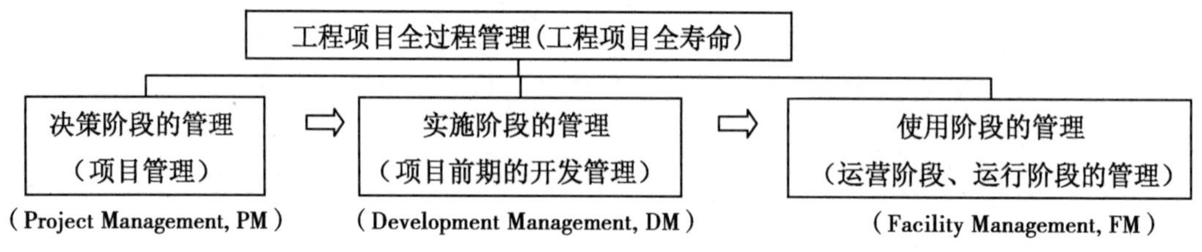

图 2-3 工程项目全过程管理

	决策阶段	实施阶段 准备	设计	施工	使用阶段
投资方	DM	PM			FM
开发方	DM	PM			
设计方			PM		
施工方				PM	
供货方				PM	
项目使用期管理方					FM

图例：—— 项目参与方主要介入期
- - - - - 项目参与方可能涉及的阶段

图 2-4 建设工程管理中的参与各方及其主要介入期

注：1. 设计方的项目管理工作主要在设计阶段进行，但也涉及设计前的准备阶段、施工阶段、动用前准备阶段和保修期。

2. 建设项目工程总承包方项目管理工作涉及项目实施阶段的全过程，即设计前的准备阶段、设计阶段、施工阶段、动用前准备阶段和保修期。

3. 施工方的项目管理工作主要在施工阶段进行，也会涉及设计阶段、动用前准备阶段和保修期。由于设计阶段和施工阶段在时间上往往是交叉的，因此，施工方的项目管理工作也会涉及设计阶段。在动用前准备阶段和保修期施工合同尚未终止，在此期间还有可能出现涉及工程安全、费用、质量、合同和信息等方面的问题，因此，施工方的项目管理也涉及动用前准备阶段和保修期。

4. 供货方的项目管理工作主要在施工阶段进行，但它也涉及设计准备阶段、设计阶段、动用前准备阶段和保修期。

＊＊练习题＊＊

1. 作为工程项目建设的参与方之一，供货方的项目管理工作主要是在（　　）进行。（2011 年真题）

A. 设计阶段　　B. 施工阶段　　C. 保修阶段　　D. 动用前准备阶段

2. 建设工程项目的全寿命周期包括项目的（　　）。

A. 可行性研究阶段、设计阶段、施工阶段

B. 可行性研究阶段、施工阶段、使用阶段

C. 决策阶段、实施阶段、保修阶段

D. 决策阶段、实施阶段、使用阶段

3. 设计方的项目管理工作主要在建设工程项目设计阶段进行，但也会涉及（　　）等阶段。

A. 决策　　B. 施工　　C. 动用前准备　　D. 保修　　E. 运营

4. 建设工程项目的实施阶段包括（　　）。

A. 设计阶段　　B. 设计准备阶段　　C. 可行性研究性阶段　　D. 施工阶段

E. 动用前准备阶段

考点 2　建设工程项目管理的任务（项目整体角度）

一、建设工程项目管理与建设工程管理

1. 建设工程项目管理与建设工程管理的关系（见图 2-5）

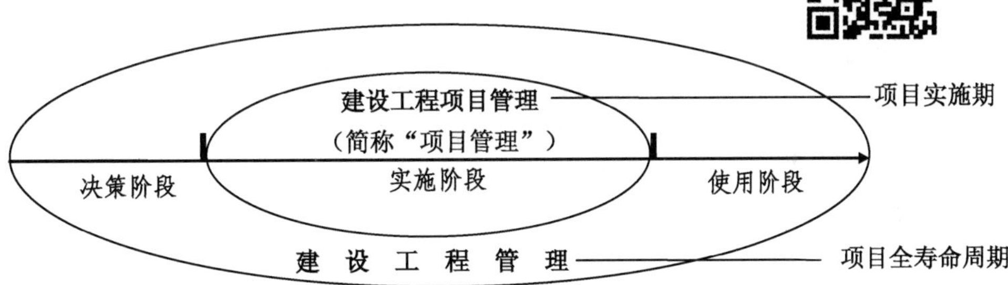

图 2-5　建设工程项目管理与建设工程管理的关系

【助记】多了“项目”一词作定语（限定词），就缩小了范围。

2. 建设工程项目管理与建设工程管理的区别（见表 2-1）

表 2-1　建设工程项目管理与建设工程管理的区别

	建设工程管理	建设工程项目管理
范畴不同	DM＋PM＋FM	PM
涉及的时期不同	涉及项目全寿命期（全过程）	仅限于项目的实施期（实施阶段）
核心任务不同	为工程的建设和使用增值 【助记】建设项目是为了使用！	核心任务是目标控制

二、决策阶段管理工作的主要任务（见图 2-6）

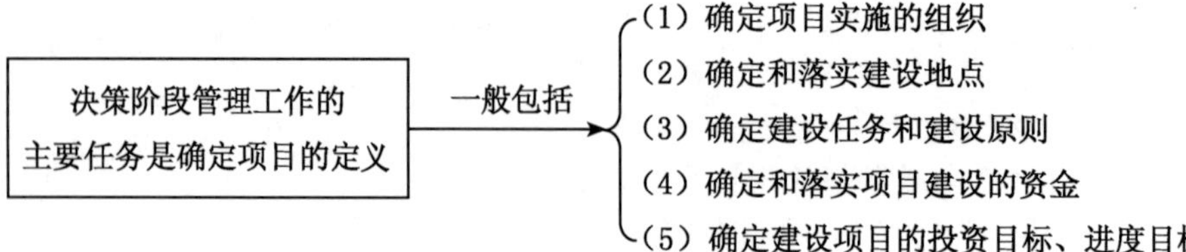

图 2-6 决策阶段项目管理工作的主要任务

三、建设工程项目管理的定义与内涵（见表 2-2）

表 2-2 建设工程项目管理的定义与内涵

	内容要点
定义	运用系统的理论和方法，对建设工程项目进行的**计划、组织、指挥、协调和控制**等专业化活动，简称为项目管理
内涵	自项目开始至项目完成，通过**项目策划和项目控制**，以使项目的**费用目标、进度目标和质量目标**得以实现。该定义的有关字段解释如下 •“自项目开始至项目完成”指的是项目实施阶段 •“项目策划”指的是目标控制前的一系列筹划和准备工作 •“费用目标”对不同的参建方涵义不同，如下所示 费用目标： 业主、监理方——投资目标 项目总承包方——投资目标（项目角度）＋成本目标（自身角度） 设计方——投资及造价目标 施工方、供货方——成本目标

＊＊练习题＊＊

5. 建设工程管理的核心任务是(　　)。(2011 年真题)

A. 目标控制

B. 提高建设项目生命周期价值

C. 实现业主的建设目标和为工程的建设增值

D. 为工程的建设和使用增值

6. 建设工程项目管理就是自项目开始到完成，通过(　　)使项目目标得以实现。(2010 年真题)

A. 项目策划和项目组织　　B. 项目控制和项目协调

C. 项目组织和项目控制　　D. 项目策划和项目控制

7. 建设工程项目管理的核心任务是项目的(　　)。

A. 目标规划　　B. 目标比选　　C. 目标论证　　D. 目标控制

8. 在建设工程项目管理中，管理目标中包含项目总投资目标的单位有(　　)。

A. 建设工程项目总承包单位　　B. 业主委托的工程咨询单位

C. 业主委托的工程监理单位　　　　D. 设计单位

E. 施工单位

9. 在建设工程项目各参与单位中，需对项目总投资或总造价进行目标管理的单位有(　　)。

A. 业主方　　B. 设计方　　C. 施工方　　D. 供货方

E. 项目总承包方

10. 项目管理的核心任务是(　　)。

A. 环境管理　　B. 信息管理　　C. 目标控制　　D. 组织协调

考点3　建设工程项目采购（委托）的模式

一、项目采购（发包、委托）模式概述（见图2-7）

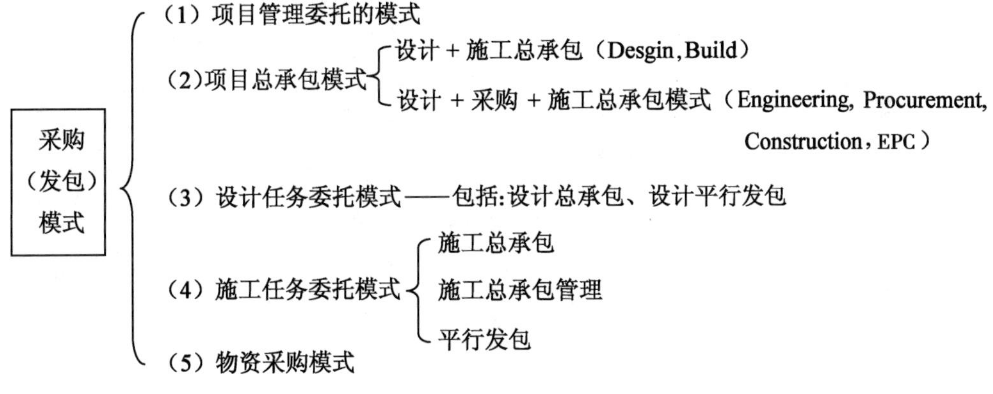

图2-7　建设工程主要采购（发包）模式一览

二、项目采购（发包、委托）模式介绍（见表2-3）

表2-3　项目采购（发包、委托）模式

模　式	内容要点
项目管理委托的模式	国际上业主方项目管理的三种主要方式 （1）业主方自行项目管理 （2）业主方委托项目管理咨询公司承担全部业主方项目管理的任务 （3）业主方委托项目管理咨询公司和业主方人员共同进行项目管理，业主方从事项目管理的人员在项目管理咨询公司委派的项目经理的领导下工作 在国际上项目管理咨询公司（咨询事务所，或称顾问公司）可以接受业主方、设计方、施工方、供货方和建设项目工程总承包的委托，提供代表委托方利益的项目管理服务。项目管理咨询公司所提供的这类服务的工作性质属于工程咨询（工程顾问）服务

续表

模　　式		内容要点
设计任务委托的模式	主要方式	国内——主要通过**设计招标**的方式选择设计方案和设计单位 国际——不少国家采用设计竞赛的方式
	总分关系	业主方委托一个设计单位或由多个设计单位组成的设计联合体或设计合作体作为设计总负责单位，设计总负责单位视需要再委托其他设计单位配合设计
	平行关系	业主方不委托设计总负责单位，而平行委托多个设计
物资采购的模式		在国际上业主方工程建设物资采购有多种模式，如业主自行采购、承包商采购、双方约定某些物资指定供应商等，但是，《中华人民共和国建筑法》规定，合同约定由承包方采购的，发包单位不得指定供货厂商 采购管理程序 （1）明确要求、分工及责任（做什么？谁来做?） （2）采购**策划**、编制**计划**（以下都是怎么做的问题） （3）市场调查，选择供应服务单位，建名录 ……（余下的程序凭常识就能分析）
项目总承包的模式①	设计-采购-施工总承包（EPC模式）	设计-采购-施工总承包是指工程总承包企业按照合同约定，承担工程项目的设计、采购、施工、试运行服务等工作，并对承包工程的质量、安全、工期、造价全面负责，见图2-8（b）
	设计-施工总承包（D－B模式）	设计-施工总承包是指工程总承包企业按照合同约定，承担工程项目设计和施工，并对承包工程的质量、安全、工期、造价全面负责
施工任务委托的模式	施工总承包	业主方委托一个施工单位或由多个施工单位组成的施工联合体或施工合作体作为施工总包单位，施工总包单位视需要再委托其他施工单位作为分包单位配合施工，见图2-8（a）
	施工总承包管理（MC）	业主方委托一个施工单位或由多个施工单位组成的施工联合体或施工合作体作为施工总承包管理单位，**业主另委托其他施工单位作为分包单位进行施工**，见图2-8（c）、图2-8（d）
	平行发包模式	业主方不委托施工总包单位，也不委托总包管理单位，而平行委托多个施工单位进行

① 项目总承包的全称为“建设项目工程总承包”，也可简称为“工程总承包”。

＊＊练习题＊＊

11. 在国际上，项目管理咨询公司所提供的代表委托方利益的项目管理服务性质属于(　　)服务。(2011年真题)

A. 工程采购　　B. 工程顾问　　C. 工程监督　　D. 工程技术

12. 可以接受业主方、施工方、供货方或建设项目工程总承包方的委托，提供代表委托方利益的项目管理服务的组织是(　　)。(2010年真题)

A. 设计单位　　B. 建设单位　　C. 项目管理咨询企业　　D. 房地产公司

13. 在国际上，业主方项目管理的方式有多种可能，在以下描述中正确的是(　　)

A. 业主方自行完成其项目管理任务

B. 业主方委托项目管理咨询公司进行项目管理

C. 业主方与项目管理咨询公司共同进行项目管理任务

D. 业主方委托本工程的总承包管理公司完成其项目管理任务

E. 业主方委托本工程的项目总承包公司完成其项目管理任务

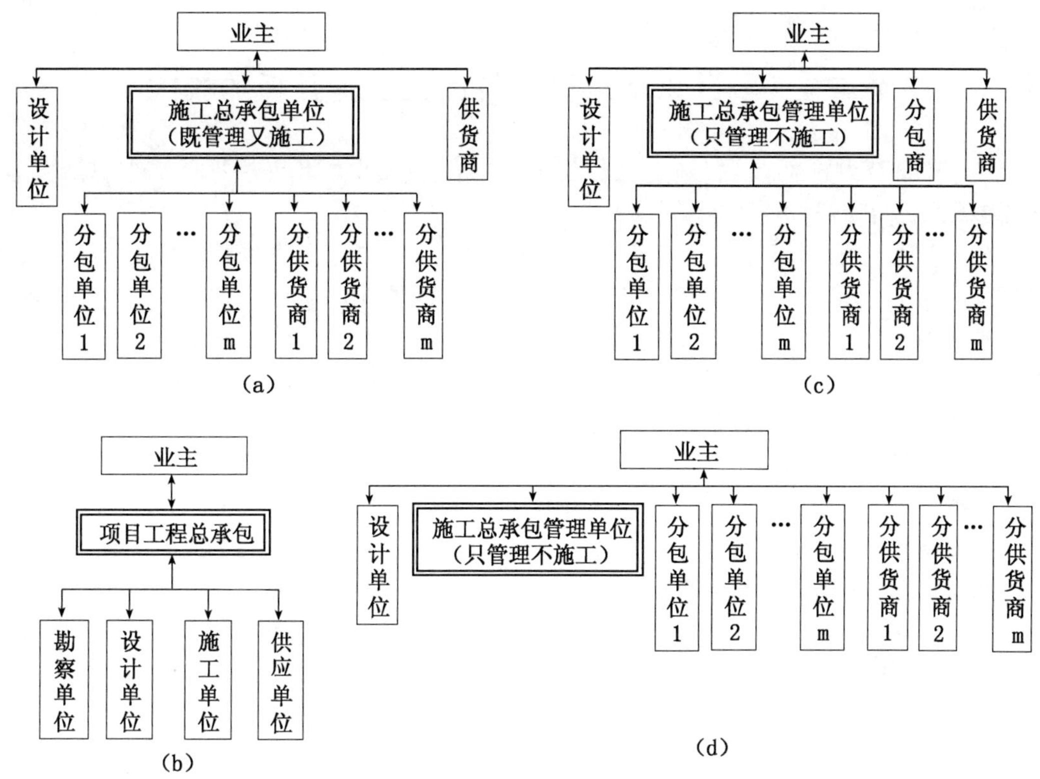

图 2-8 常见的项目采购(发包、委托)模式的合同结构

(a)施工总承包模式的合同结构;(b)项目总承包模式的合同结构;(c)施工总承包管理模式的合同结构(总包管理单位与分包单位签合同);(d)施工总承包管理模式的合同结构(业主与分包单位签合同)

14. 我国建设工程的业主方选择设计方案和设计单位的主要方式是(　　)。(2011 年真题)

A. 设计竞赛　　B. 设计招标　　C. 直接委托　　D. 设计竞赛与设计招标结合

15. 某工程项目合同结构图如图 2-9 所示,则该工程总承包单位采用的发包模式属于(　　)方式。

A. CM 发包　　B. 分包　　C. 再分包　　D. 转包

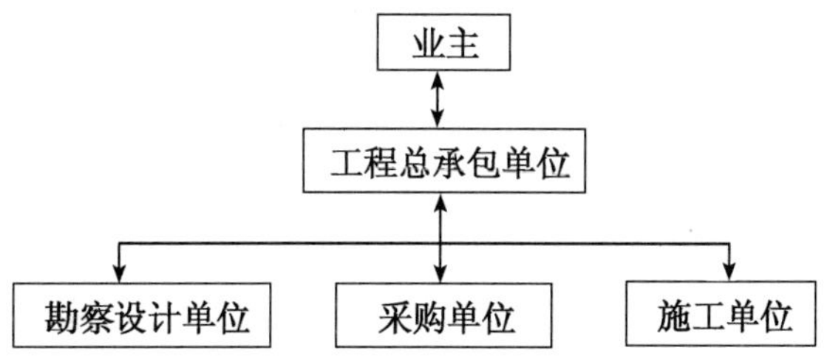

图 2-9 某工程项目合同结构

16. 按照工程建设项目物资采购管理程序,物资采购首先应(　　)。(2010 年真题)

A. 拟定物资采购合同　　B. 明确采购的要求、采购分工和责任

C. 选择合格的产品供应或服务单位　　D. 进行采购策划,编制采购计划

考点4　项目总承包模式与施工任务委托的模式

关于本部分内容的学习，利用本书第一章总结的逻辑主线Ⅱ可帮助读者理清思路，见图1-2及相关说明。

施工总承包模式是目前国内最普遍采用的模式，属于施工任务委托的模式之一，在该模式下，施工总承包方不负责设计工作，如果设计变更图纸提供不及时，施工方只能等待，造成停工窝工的，有理由向业主索赔。然而，如果名称中没有“施工”二字，代之以“项目”或“工程”等词，其性质就不一样了。项目总承包（或称工程总承包）方不仅承担施工任务，还要承担设计任务，甚至还有采购任务，其基本出发点是通过设计与施工的组织集成，促进设计与施工紧密结合，实现建设生产过程的组织集成化，以克服由于设计与施工的分离致使投资增加，以及克服由于设计和施工的不协调而影响建设进度等弊病。在项目总承包模式下，承包人的责任、义务大为拓宽，详见图2-10、表2-4与表2-5。

传统的施工任务委托模式有三种，而项目总承包的模式主要有两种，见表2-3。

下面先将项目总承包模式与施工总承包模式进行对比，稍后再将后者与施工总承包管理模式进行对比分析。

一、建设项目（工程）总承包模式

1. 建设项目总承包模式与施工总承包模式的比较

顾名思义，施工总承包方或施工总承包管理方所主要承担的是施工（或施工管理）任务，这也是目前国内常见的形式，施工总承包方不负责设计工作。而项目总承包方（或工程总承包）则不是这样，虽字面上与施工总承包相比仅一词之差，两种模式之间却有很大差别，具体差别见图2-10和表2-4。

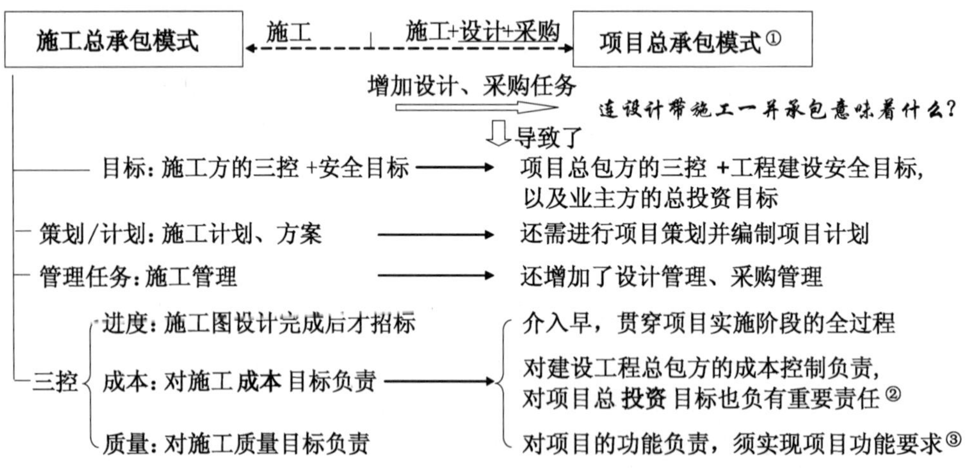

图2-10　施工总承包模式与项目总承包模式的比较

① 项目总承包的全称为“建设项目工程总承包”，也可简称为工程总承包。

② 在承包单位中，仅项目总承包方有总投资目标，因为其承包范围中包含了整个项目的设计工作。

③ 指业主只需提出功能要求，而不是像施工招标那样采用项目构造描述的方式——项目构造描述需以设计文件为依据，而工程总承包招标时业主方还不可能提供具体的设计文件。

表 2-4 施工总承包模式与项目（工程）总承包模式的比较

对比项目	施工总承包模式	项目（工程）总承包模式
承包范围	施工任务	设计＋采购＋施工
管理内容	施工总承包方的项目管理 （可称之为“包施工”）	包括：设计管理，采购管理，施工管理，试运行管理、项目范围管理[①]等（可称之为“交钥匙”）
涉及阶段	主要在施工阶段进行，也会涉及设计阶段、动用前准备阶段和保修期	涉及项目实施阶段的全过程[②]
合同关系	（1）部分分包商可与业主签订合同 （2）设计、勘察单位与业主签订合同	（1）分包商均与工程总承包商签订合同 （2）设计、勘察单位与工程总承包商签订合同
	两者在合同关系上的区别见图 2-11	
主要的管理目标 （三控＋安全）	（1）施工的安全管理目标 （2）施工的“三控”目标 其中，工期和质量目标是合同规定的，**而成本目标是施工企业自行确定的**	（1）工程建设的安全管理目标 （2）建设项目工程总承包方的“三控”目标，含项目的总投资目标——业主方的总投资目标
主要的管理任务 （三控、四管、一协调）	（1）施工的“三控”和“四管”任务 （2）与施工有关的组织协调	（1）建设项目工程总承包方的“三控”和“四管”任务 （2）与工程总承包方有关的组织协调 其中投资控制任务为：项目的总投资控制和建设项目工程总承包方的成本控制

① 施工方——施工总承包方或施工总承包管理方、专业分包方、劳务分包方均统称为施工方。

② 对于一个建设工程项目，施工方的项目管理与该项目的施工管理是两个相互有关联，但内涵并不相同的概念。施工管理是较广义的术语。

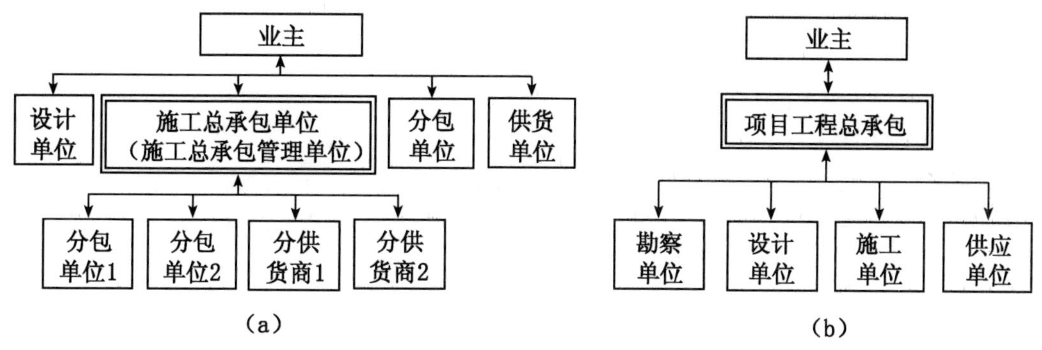

图 2-11 建设项目工程总包与施工总包的合同关系对比

（a）施工总包模式（包施工）；（b）项目工程总承包（交钥匙）

2. 建设项目（工程）总承包模式特点分析

一般情况下，建设工程项目质量控制体系应由建设单位或工程项目总承包企业的工程项目管理机构负责建立（见表 2-5）。

表 2-5　建设项目（工程）总承包模式的内容要点

关键点	内　　容
定义	把工程项目的设计任务和施工任务进行综合委托的模式 （设计＋施工）或（设计＋采购＋施工）模式
核心意义	通过设计与施工过程的**组织集成**，促进设计与施工的紧密结合，以达到**为项目建设增值**的目的
项目总承包方的任务	时间范围上，一般可包括从工程立项到交付使用的工程建设全过程，具体可包括勘察设计、设备采购、施工、试车（或交付使用）等内容
组织模式	国际建设项目工程总承包有如下几种可能的模式 （1）一个组织（企业）具有设计力量与施工力量，可独立承担项目（美国常见） （2）设计单位与施工单位联合对一个项目投标（欧洲常见） （3）若施工单位承接工程总承包任务，施工单位委托设计单位设计 （4）若设计单位承接工程总承包任务，设计单位委托施工单位施工
开展的依据	（1）业主的**功能要求** （2）业主提供的部分设计图纸 （3）业主自行采购设备清单及采购界面 （4）业主采用的工程技术标准和各种工程技术要求 （5）工程所在地有关工程建设的国家标准、地方标准或者行业标准

注：项目总承包方的管理目标与任务见考点 5。

3. 项目总承包模式的工作程序（见表 2-6）

表 2-6　项目总承包模式的工作程序

<table>
<tr><th colspan="2">程序/阶段</th><th>具体工作内容</th></tr>
<tr><td colspan="2">招投标至确定合同价阶段的工作程序</td><td>（1）编制项目建设纲要或设计纲要（业主方自行编制或委托顾问），项目建设纲要或设计纲要是建设项目工程总承包方编制项目设计建议书的依据
（2）项目总承包方编制项目设计建议书和报价文件
（3）设计评审
（4）合同洽谈，包括确定合同价</td></tr>
<tr><td rowspan="8">工程总承包方的工作程序（签订承包合同后）</td><td>项目启动</td><td>任命项目经理，组建项目部</td></tr>
<tr><td>项目初始阶段</td><td>项目策划、编制项目计划，召开开工会议；发表项目协调程序，发表设计基础数据；编制各项计划，确定项目控制基准等（应先任命项目经理，组建项目部，才能明确谁来策划）</td></tr>
<tr><td>设计阶段</td><td>设计管理：编制各阶段设计文件，进行设计审查</td></tr>
<tr><td>采购阶段</td><td>采购管理：采买、催交、检验、运输、与施工办理交接手续</td></tr>
<tr><td>施工阶段</td><td>施工管理：施工准备、现场施工、竣工试验，移交工程资料、办理管理权移交、进行竣工结算</td></tr>
<tr><td>试运行阶段</td><td>试运行管理：对试运行进行指导和服务</td></tr>
<tr><td>合同收尾</td><td>取得合同目标考核证书、办理结算手续，清理各种债权债务，缺陷通知期限满后取得履约证书</td></tr>
<tr><td>项目管理收尾</td><td>办理项目资料归档、进行项目总结、对项目部人员进行考核评价，解散项目部</td></tr>
</table>

注：除表中内容外，项目总承包方项目管理的工作内容还有：

（1）“三控、十管”＋**项目范围管理**；

（2）以下两条也适用于项目总承包方：

1）承包方项目管理应包括项目部的项目管理活动和企业职能部门参与的项目管理活动。

2）承包方项目管理的范围应由合同约定。经批准的变更范围，也应列入项目管理范围。

二、施工总承包模式与施工总承包管理模式的比较

虽然从字面上看，后者较前者的差别只是多了“管理”二字，但其内涵却有较大差

别。顾名思义，施工总承包管理就是只承包施工管理，一般不直接参与具体施工。

只承包施工管理，不直接施工意味着什么？见图 2-12。

施工总承包管理 ←管而“不施”——管而“又施”→ 施工总承包

主要特点

1. 管而“不施”①
   - → 质量：符合质量控制的“他人控制”原则，对质量控制有利
   - → 进度：总包、分包的招标都可以提前（不需图纸出全），可提前开工，有利于缩短建设周期
2. 重在管理：业主得到的是管理
   - → 从而大大减轻业主管理协调工作量 （是该模式的基本出发点）
3. 实际施工由分包商完成
   - → 主要由业主与分包商签订合同⇒
     - (1)分包单位由业主选定（需经总包管理单位同意）
     - (2)分包款可由业主支付（需经总包管理单位同意）
     - (3)分包招标的竞争导致合同价低，对业主节约投资有利
     - (4)项目合同总额是**分批确定的，较有依据**
     - (5)分包合同价对业主是透明的
   - → 业主签订的合同较多——招标及合同管理工作量大
   - → 总承包管理合同中只确定总包管理费、不能确定工程造价，总投资控制的风险较大

图 2-12　施工总承包管理的主要特点

① 若施工总承包管理方想承担部分工程的施工，还需通过竞标获得。

两者的主要区别见表 2-7。

表 2-7　施工总承包管理模式与施工总承包模式的比较

异同点	施工总承包管理模式（MC）	施工总承包模式
概述	施工总承包管理方负责施工管理，一般不施工。因此业主无需完成设计就可招标，再由业主分包施工任务	施工总承包方是施工任务的总承包人，此模式下业主一般需待设计完成后才能招标发包
是否负责施工	施工总承包管理单位一般不参与具体工程的施工；若想承担部分工程的施工，还需通过竞标获得，见图 2-12	施工总承包单位直接负责施工
工作开展程序不同	完成一部分施工图即可招标，能缩短建设周期	先设计，后招标，再施工 （因此建设周期长是其最大缺点）
分包单位选择、认可	一般由业主直接与分包单位签约，但**分包单位的选择与签约要经总承包管理单位认可**（因为施工总承包管理单位要承担施工总体管理和目标控制的任务和责任）	由总承包单位选择并与分包商签约，**经业主认可**
合同管理	业主签订的合同较多，总投资控制招标及合同管理工作量大	业主只需经一次招标即可
对分包单位付款	既可由总承包管理单位支付，也可由业主支付，但须经过总承包管理单位认可	由施工总承包单位支付
合同价格/投资控制	总承包管理合同中只确定总包管理费，不需确定工程造价，总投资控制的风险较大 在合同总价方面：①分包招标的竞争导致合同价低，对业主有利；②项目合同总额是**分批确定的，较有依据**；③分包合同价对业主是透明的	以施工图设计为报价基础，投标人的投标报价较有依据，开工前就有比较明确的合同价，有利于业主控制投资 若在施工过程中发生设计变更，可能会引发索赔
进度控制	总包、分包的招标可以提前	开工日期不可能太早，建设周期较长

续表

异同点	施工总承包管理模式（MC）	施工总承包模式
质量控制	由总包对分包工程质量进行控制管理，符合质量控制的“他人控制”原则，对质量控制有利；减轻业主的管理工作量	质量的好坏在很大程度上取决于施工总承包单位的管理水平和技术水平
组织协调	由施工总承包管理单位负责对所有分包人的管理及组织协调，这样就**大大减轻业主方的工作**，这是**采用施工总承包管理模式的基本出发点**	和施工总承包管理单位一样，施工总承包单位既要负责对现场施工的总体管理和协调，也要负责向分包人提供相应的配合施工的服务（可理解为管理的范围和程度不如前者）

【例 2-1】关于施工总承包模式与施工总承包管理模式相同之处的说法，正确的是（　）。（2014 年真题）

A. 与分包单位的合同关系相同

B. 对分包单位的付款方式相同

C. 业主对分包单位的选择和认可权限相同

D. 对分包单位的管理责任和服务相同

【答案】D

【解析】本题考查的是施工总承包模式与施工总承包管理模式的比较。施工总承包管理单位和施工总承包单位一样，既要负责对现场施工的总体管理和协调，也要负责向分包人提供相应的配合施工的服务。

* * 练习题 * *

17. 关于项目施工总承包模式特点的说法，正确的有(　　)。(2011 年真题)

A. 项目质量好坏在很大程度上取决于总承包单位的管理水平和技术水平

B. 开工日期不可能太早，建设周期会较长

C. 不利于投资控制

D. 与平行发包模式相比，组织协调工作量大

E. 业主选择承包方的范围小

18. 施工总承包模式与施工总承包管理模式的相同之处在于(　　)。

A. 项目建设周期　　　　　B. 总包单位对分包单位的管理责任

C. 业主对分包单位的付款方式　　　D. 业主对分包单位的选择和认可权限

19. 与施工总承包模式相比，施工总承包管理模式的特点有(　　)等。

A. 可以边设计边施工

B. 施工总承包管理合同实行总造价包干，有利于降低工程造价

C. 分包单位的选择和分包合同的签订，都要经过总承包管理单位的认可

D. 分包合同价对业主透明

E. 分包单位的工程款可以由业主直接支付

20. 某建设工程项目采用施工总承包管理模式，若施工总承包管理单位想承担部分工程的施工任务，则应(　　)。

A. 通过投标竞争取得施工任务　　　B. 通过项目业主委托取得施工任务

C. 自行决定便可取得施工任务　　D. 通过施工总承包单位委托取得施工任务

21. 按照建设工程项目不同参与方的工作性质和组织特征划分的项目管理类型，施工方的项目管理不包括(　　)的项目管理。

A. 施工总承包方　　B. 建设项目总承包方

C. 施工总承包管理方　　D. 施工分包方

22. 建设工程项目总承包的基本出发点是借鉴工业生产组织的经验，实现建设生产过程的(　　)，以克服由于设计和施工不协调而影响建设进度。

A. 组织扁平化　　B. 组织集成化　　C. 组织柔性化　　D. 组织标准化

23. 关于建设项目工程总承包的说法，正确的有(　　)。

A. 工程总承包企业应向项目业主负责

B. 总承包企业可依法将所承包工程中的部分工作发包给具有相应资质的分包企业

C. 总承包企业可按照合同约定对项目勘察、设计、采购、施工、试运转等实行全过程或若干阶段的承包

D. 工程分包企业应向总承包企业和业主负责

E. 建设项目工程总承包的主要意义在于总价包干和“交钥匙”

24. 根据《建设项目工程总承包管理规范》(GB/T 50358—2005)，工程总承包项目管理的主要内容包括(　　)。

A. 办理可行性研究报批　B. 进行项目策划　C. 实施设计管理　D. 实施采购管理

E. 实施试运行管理

25. 我国积极推行建设工程总承包，其意义在于促进设计与施工紧密结合，达到(　　)的目的。

A. 降低项目投资风险　　B. 为项目建设增值

C. 实行固定总价包干　　D. 业主方免于参与项目建设管理

26. 建设工程项目总承包方式的核心是(　　)。

A. 实行总价包干　　B. 业主可得到“交钥匙工程”

C. 实现设计单位和施工单位的相互融合　　D. 实现设计与施工过程的组织集成

E. 为项目建设增值

27. 可以承担建设工程项目总承包任务的组织有(　　)。

A. 为业主提供服务的一个工程咨询单位与一个施工单位组成的联合体

B. 实施监理的一个工程监理单位与一个施工单位组成的联合体

C. 一个设计单位与一个施工单位组成的合作体

D. 一个设计单位与多个施工单位组成的联合体

E. 一个设计单位

28. 在国际上，民用建筑项目工程总承包的招标多数采用(　　)描述的方式。(2011年真题)

A. 项目构造　　B. 项目功能　　C. 项目结构　　D. 项目价值

29. 建设工程项目总承包与施工承包的最大不同之处在于项目总承包商要负责(　　)。

A. 承建项目的投料试生产　　B. 全部或部分工程的设计

C. 总价包干　　　　　　　　D. 所有的主体和附属工程、工艺和设备等的施工与安装

30. 建设过程项目总承包模式下，承包人要完成的工作是(　　)。(2010 年真题)

A. 负责项目的征地拆迁　　　B. 进行并负责工程设计

C. 编制项目可行性研究报告　D. 办理项目规划许可证

31. 某建设工程项目承发包双方签订了设计-施工总承包合同，下列属于承包人工作范围的是(　　)。

A. 落实项目资金　B. 办理规划许可证　C. 办理施工许可证　D. 完成设计文件

32. 在施工总承包管理模式下，施工项目总体管理和目标控制的责任由(　　)承担。(2010 年真题)

A. 业主　　　B. 施工总承包管理单位　　　C. 分包单位　　　D. 施工总承包单位

考点 5　项目参与各方项目管理的目标及任务

一、业主方管理目标

由于业主方是建设工程项目实施过程（生产过程）的总集成者——人力资源、物质资源和知识的集成，业主方也是建设工程项目生产过程的总组织者，因此对于一个建设工程项目而言，业主方的项目管理往往是该项目的项目管理的核心（见表 2-8）。

表 2-8　业主方的项目管理目标

		具体内容
业主方性质与定位		(1) 是建设工程项目实施过程（生产过程）的总集成者——人力资源、物质资源和知识的集成 (2) 是建设工程项目生产过程的总组织者 (3) 业主方的项目管理往往是该项目的项目管理的核心
业主方目标	投资目标	项目总投资目标
	进度目标	项目动用的时间目标，也即项目交付使用的时间目标（项目总进度目标）
	质量目标	不仅涉及施工质量，还包括设计质量、材料质量、设备质量和影响项目运行或运营的环境质量
【总结】业主最关心什么？——功能，全面的质量、何时能交付使用、总投资		

二、项目参与各方项目管理的目标及任务（见表 2-9）

表 2-9　参与各方项目管理的目标及任务归纳

项目参与各方	投资/成本目标	进度目标	质量目标	安全目标	管理任务	管理原则
业主方	项目总投资目标	项目动用的时间目标，也即项目交付使用的时间目标	不仅涉及施工质量，还包括设计质量、材料质量、设备质量和影响项目运行或运营的环境质量	项目全过程的安全管理	业主方的“三控、三管、一协调”	服务于业主的利益

续表

项目参与各方	投资/成本目标	进度目标	质量目标	安全目标	管理任务	管理原则
设计方	（1）项目的投资目标 （2）设计的成本目标	设计的进度目标	设计的质量目标	与设计工作有关的安全管理	与设计工作有关"三控、三管、一协调"及工程造价控制等	服务于项目的整体利益和设计方本身的利益
工程总承包方	（1）业主的总投资目标（总投资控制） （2）工程总承包方的成本目标	项目实施期的进度目标	设计质量＋采购质量＋施工质量	工程建设的安全管理目标	设计管理，采购管理，施工管理，试运行管理，项目范围管理①	服务于项目的整体利益和工程总承包方本身的利益
施工方（包括施工总承包方、专业分包方等）	由施工企业根据其生产和经营情况自行确定的成本目标	合同规定的工期、施工进度目标	合同规定的施工质量目标	施工的安全管理目标	施工的"三控、三管、一协调"（施工方的项目管理②任务）	不仅应服务于施工方本身的利益，也必须服务于项目的整体利益

① 项目范围管理指的是"保证项目包含且仅包含项目所需的全部工作的过程"（**既不能超范围，也不能少了范围内的任何工作**）。它主要涉及**范围计划编制**、**范围定义**、**范围验证**和**范围变更控制**的管理（引自《建设项目工程总承包管理规范》）。

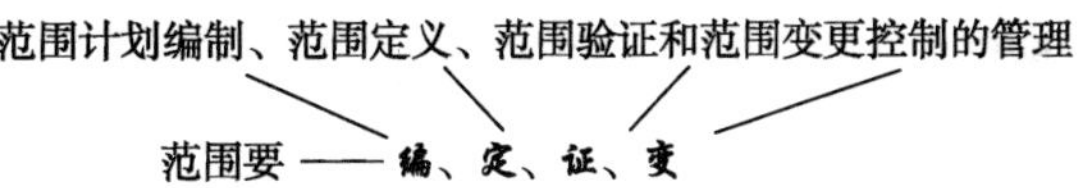

② 一般情况下，建设工程项目质量控制体系应由建设单位或工程项目总承包企业的工程项目管理机构负责建立。

＊＊练习题＊＊

33. 建设项目工程总承包方的项目管理目标包括（　　）。(2010年真题)

A. 施工方的质量目标　　B. 工程建设的安全管理目标

C. 项目的总投资目标　　D. 工程总承包方的成本目标

E. 工程总承包方的进度目标

34. 某业主欲投资建造一座五星级宾馆，业主方项目管理的进度目标指的是（　　）。

A. 宾馆可以开业　　B. 项目竣工结算完成

C. 宾馆开始盈利　　D. 项目通过竣工验收

35. 对于建设工程项目业主方而言，项目管理的进度目标是指项目（　　）的时间目标。

A. 建安工程完成　　B. 竣工验收　　C. 动用　　D. 保修期结束

36. 根据《建设项目工程总承包管理规范》(GB/T 50538—2005)，在项目管理收尾

阶段，建设工程总承包方的工作内容有(　　)。(2010 年真题)

A. 办理项目资料归档　　B. 进行竣工决算　　C. 对项目人员进行考核评价

D. 办理管理权移交　　E. 解散项目部

考点 6　建设工程项目的组织

一、系统的目标和系统的组织的关系

一个建设项目的项目管理（一个系统）的目标决定了项目管理的组织，而项目管理的组织是项目管理的目标能否实现的决定性因素，见图 2-13。利用本书第一章所总结的逻辑主线，可清晰地认识此原理在本书整个知识体系及其逻辑主线中的地位和作用，详见图 1-1。

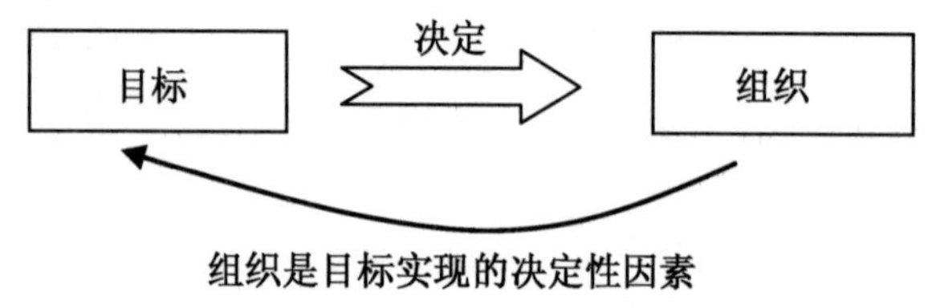

图 2-13　项目管理的目标与组织的关系图

组织措施是目标控制最重要的措施，如图 2-14 所示。

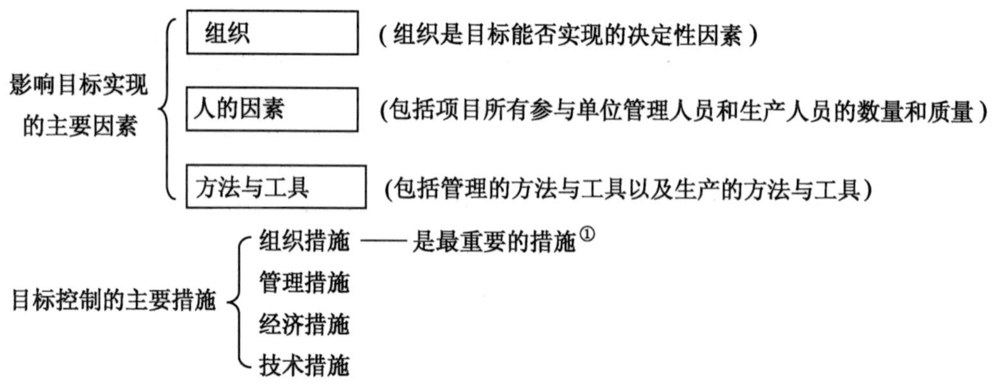

图 2-14　影响目标实现的主要因素与目标控制的主要措施

① 例如，如果对一个建设工程的项目管理进行诊断，**首先应分析其组织方面存在的问题**。

二、组织论与组织工具

组织论的基本内容如图 2-15 所示。组织工具是组织论的应用手段，用图或表等形式表示，主要有项目结构图、组织结构图（管理组织结构图）、工作任务分工表、管理职能分工表、工作流程图（见表 2-10、表 2-11）。

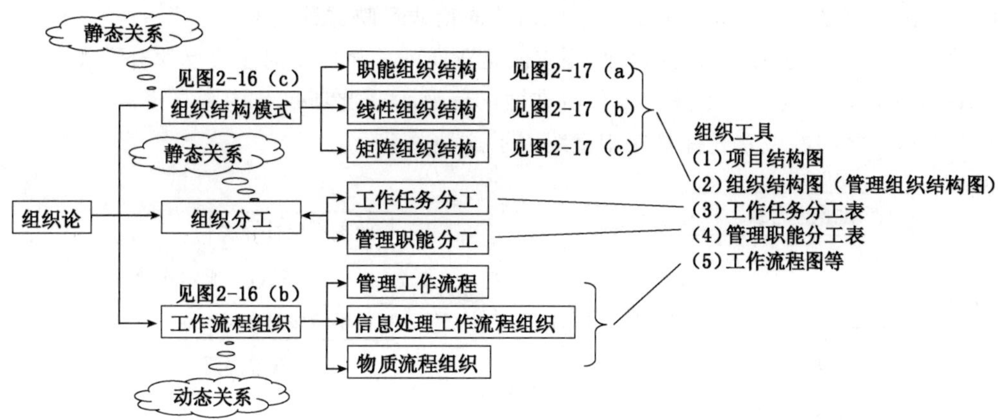

图 2-15　组织论的基本内容

表 2-10　组织分工与工作流程组织

类　　别	概　　念
组织分工	反映了一个组织系统中各子系统或各元素的工作任务分工和管理职能分工，组织结构模式和组织分工都是一种相对**静态的组织关系**
工作流程组织	反映一个组织系统中各项工作之间的逻辑关系，是一种**动态关系**。其中，**物质流程组织**对于建设工程项目而言，指的是项目实施任务的工作流程组织。例如，设计的工作流程组织可以是方案设计、初步设计、技术设计、施工图设计，也可以是方案设计、初步设计（扩大初步设计）、施工图设计

表 2-11　组织工具中各种图的比较

类别	表达的含义	图中矩形框的含义	矩形框连接的表达	图的示例
项目结构图	对一个项目的结构进行逐层分解，以反映组成该项目的**所有工作任务**（该项目的组成部分）	一个项目的组成部分	直线	图 2-16（a）
组织结构图	反映一个组织系统中各组成部门（组成元素）之间的组织关系（指令关系）	一个组织系统中的组成部分（工作部门）	单向箭线	图 2-16（c）
合同结构图	反映一个建设项目参与单位之间的合同关系	一个建设项目的参与单位	双向箭线	图 2-16（d）
工作流程图	反映各项工作的程序及逻辑关系	一个建设工程中的工作（菱形框表示判别条件）	单向箭线	图 2-16（b）

项目组织结构图反映的是各工作单位、各工作部门和各工作人员之间的组织关系，而项目结构图描述的是工作对象之间的关系（见图 2-16）。

【助记】

• 既称为组织，必有指令关系（否则还谈什么组织纪律性呢?）——组织结构图反映的是指令关系，用单向箭线反映这种关系。（指令只可能是上级对下级发出，不会是双向的）

• 说到流程，必然要遵循一定的程序和逻辑，因此，工作流程图反映工作之间的逻辑关系。流程应该是有先后和方向的，故也用单向箭线反映这种关系。

• 合同是合同双方之间的契约，因此应该是双向的，故用双向箭线反映合同关系。

• 说到项目，直接关系到做什么和由谁做的问题，因此项目结构图是反映所有工作任务及工作对象之间的关系，并且应用直线表示这种关系。

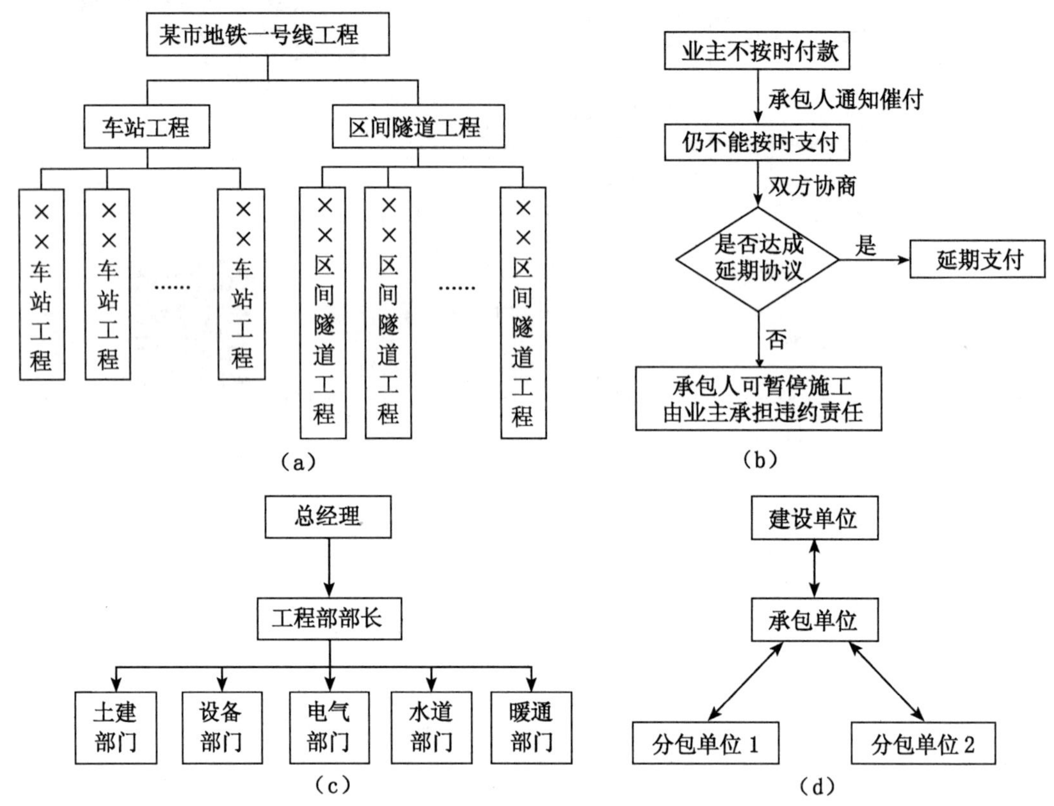

图 2-16　组织工具中的有关图

(a) 项目结构图示例；(b) 业主不按时付款时承包人的工作流程图示例；

(c) 组织结构图示例；(d) 合同结构图示例

三、项目结构分析在项目管理中的应用（见表 2-12）

表 2-12　项目结构分析

步　骤	内容要点
项目结构的分解 （形成项目结构图）	项目结构分解并没有统一的模式（同一个建设工程项目可有不同的项目结构的分解方法），但应结合项目的特点和参考以下原则进行 （1）考虑项目进展的总体部署 （2）考虑项目的组成 （3）应有**利于项目实施**任务（设计、施工和物资采购）的发包和有利于项目实施任务的进行，并应**结合合同结构**
项目结构的编码	项目结构的编码应依据**项目结构图**，对项目结构的每一层的每一个组成部分进行编码

四、组织结构在项目管理中的应用

常用的组织结构模式包括职能组织结构、线性组织结构、矩阵组织结构等（见

图 2-17、表 2-13)。

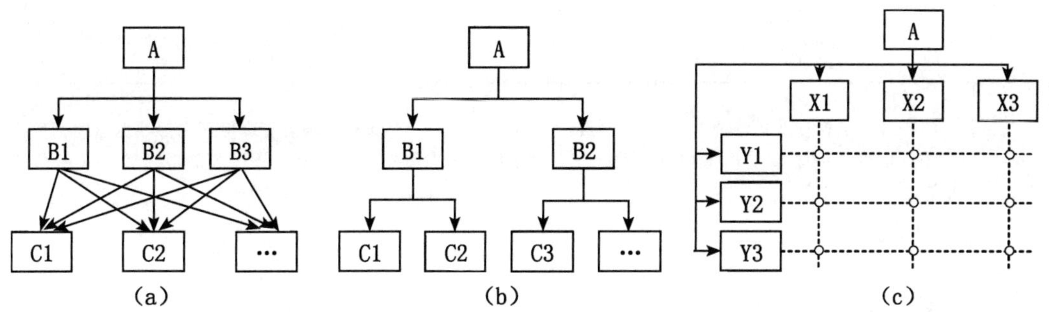

图 2-17 组织结构模式

(a) 职能组织结构;(b) 线性组织结构;(c) 矩阵组织结构

表 2-13 项目组织结构模式

	图 示	指令源	特点、适用性	例 子
职能组织结构	图 2-17 (a)	多个	由于下属每个工作组有多个指令源,实际应用中会产生交叉和矛盾,影响企业管理	高等学院
线性组织结构	图 2-17 (b)	1 个	只有唯一指令源,不能跨级指挥,这使得工作不会产生矛盾,但对于特大型组织系统,指令路径过长,会产生一定难度	军事组织
矩阵组织结构	图 2-17 (c)	2 个(纵向和横向)	下设纵向和横向两种不同类型的工作部门。一个施工企业,如果采用矩阵组织结构模式,则纵向工作部门可以是计划管理、技术管理、合同管理、财务管理和人事管理部门等,而横向工作部门可以是项目部。适用于大型组织系统	大型建设项目

五、组织分工

如图 2-18 所示,组织分工反映了一个组织系统中各子系统(或各元素)的工作任务分工和管理职能分工(见表 2-14)。

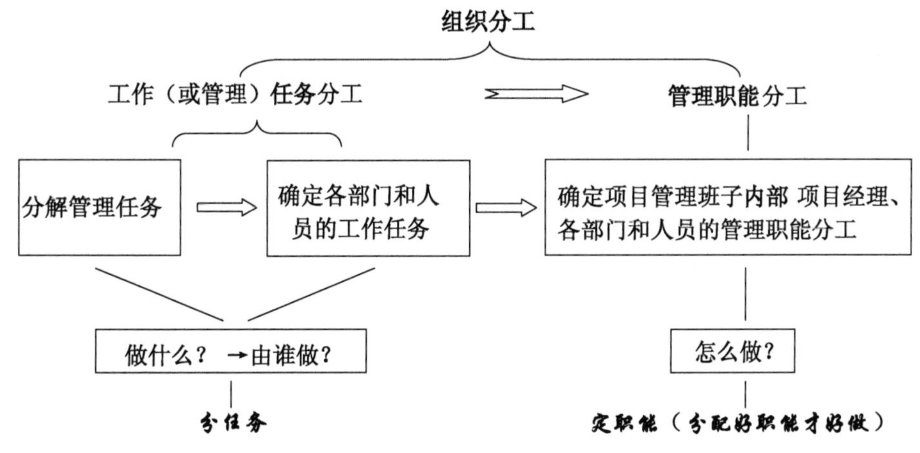

图 2-18 工作(管理)任务分工与管理职能分工

表 2-14　工作（管理）任务分工与管理职能分工的对比

	工作任务分工 （管理任务分工）	管理职能分工
作用	明确各项工作任务由哪个工作部门（或个人）负责，由哪些工作部门（或个人）配合或参与	例如，反映（某单位）**项目管理班子内部**项目经理、各工作部门和各工作岗位对各项工作任务的项目管理职能分工（而非单位之间的关系），如例 2-1
步骤	分解项目的管理任务 ↓ 明确主管部门和主管人员的工作任务 ↓ 编制工作任务分工表	示例 （1）提出问题：如通过比较进度的计划值与实际值，发现进度推迟了 （2）筹划（P）：如筹划加快进度的几个方案 （3）决策（E）：如选择出加快进度的方案（夜班加工等） （4）执行（D）：如落实夜班加工的方案 （5）检查（C）：如检查夜班加工的方案是否被执行

注：项目参与各方都应编制**各自的**项目管理任务分工表，因此，管理任务分工表反映的是一个单位内部各部门（或个人）的任务分工，而管理**职能**分工（表）反映某单位的**项目管理班子内部的管理职能分工**。

【例 2-2】关于工作流程组织的说法，正确的是（　　）。

A. 同一项目不同参与方都有工程流程组织任务

B. 工程流程组织不包括物质流程组织

C. 一个工作流程图只能有一个项目参与方

D. 一项管理工作只能有一个工作流程图

【答案】A

【解析】本题考查的是工作流程组织。业主方和项目各参与方，如工程管理咨询单位、设计单位、施工单位和供货单位等都有各自的工作流程组织的任务。

【例 2-3】施工方项目管理职能分工表是以表的形式反映项目管理班子内部（　　）对各项工作的管理职能分工。

A. 项目经理　　B. 各工作部门　　C. 各工作岗位

D. 总包与专业分包　　E. 专业分包与劳务分包

【答案】ABC

【解析】题目既然已经提示了在“项目管理班子内部”（这也是管理职能分工的范围界定），管理职能分工的分工对象应是某单位项目管理班子内部的部门或人，不应为某单位。

【例 2-4】根据物资采购管理程序，物资采购首先应（　　）。（2014 年真题）

A. 进行采购策划，编制采购计划

B. 明确采购产品或服务的基本要求

C. 进行市场调查，选择合格的产品供应单位

D. 采用招标或协商等方式确定供应单位

【答案】B

【解析】采购管理应遵循下列程序：明确采购产品或服务的基本要求、采购分工及有关责任。

六、工作流程组织在项目管理中的应用（见图 2-19）

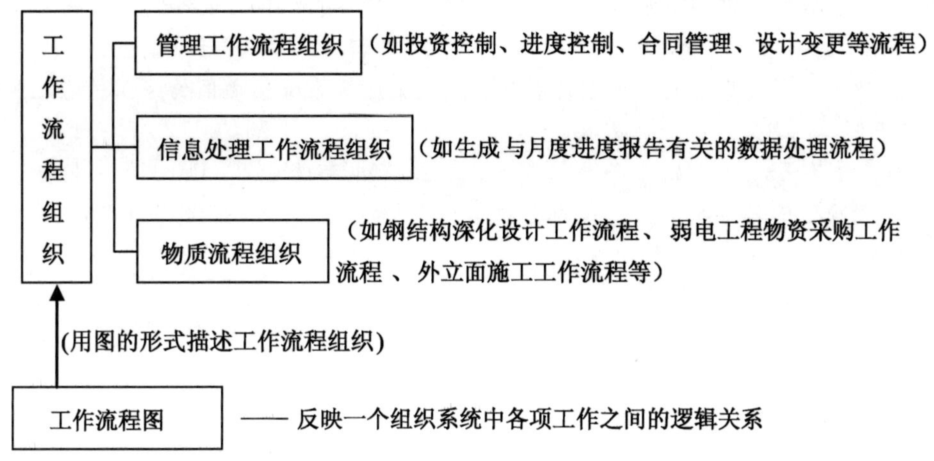

图 2-19　工作流程组织

＊＊练习题＊＊

37. 工作流程组织反映一个组织系统中各项工作之间的(　　)关系。

A. 静态组织　　B. 动态组织　　C. 工艺　　D. 从属

38. 组织分工反映了一个组织系统中各子系统或各元素的(　　)。

A. 指令关系　　B. 工作任务分工　　C. 管理职能分工　　D. 静态组织关系

E. 动态组织关系

39. 下列组织工具中，能够反映组成项目所有工作任务的是(　　)。(2011 年真题)

A. 项目结构图　　B. 工作任务分工表　　C. 合同结构图　　D. 工作流程图

40. 在项目的组织工具中，用以反映项目所有工作任务及其层次关系的是(　　)。(2010 年真题)

A. 管理职能分工表　　B. 工作任务分工表　　C. 项目结构图　　D. 组织结构图

41. 建设工程项目结构图描述的是(　　)。

A. 工作对象之间的关系　　B. 组织系统中各部门的职责分工

C. 项目各参与方之间的关系　　D. 组织系统中各子系统之间的关系

42. 如图 2-20 所示的组织工具是(　　)。

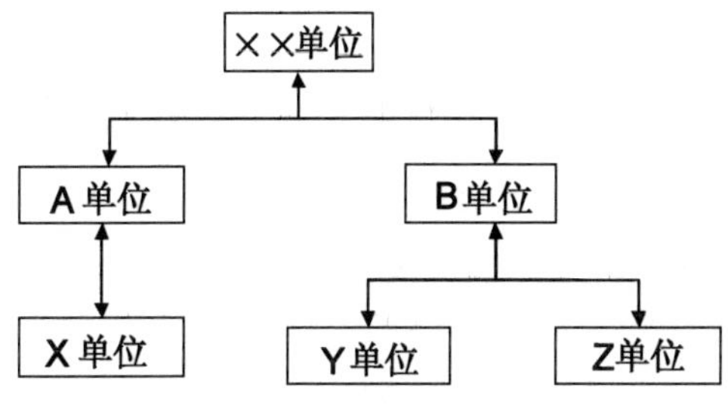

图 2-20　练习题 42 图

A. 项目结构图　B. 组织结构图　C. 合同结构图　D. 线性组织结构图

43. 工作流程图是以图示形式反映一个组织系统中各项工作之间的(　　)联系。

A. 合同　B. 经济　C. 逻辑　D. 指令

44. 为明确混凝土工程施工中钢筋制安、混凝土浇筑等工作之间的逻辑关系，施工项目部应当编制(　　)。(2010 年真题)

A. 组织结构图　B. 任务分工表　C. 工作流程图　D. 工作一览表

45. 关于项目管理组织结构模式的说法，正确的有(　　)。(2011 年真题)

A. 矩阵组织适用于大型组织系统

B. 矩阵组织系统中有横向和纵向两个指令源

C. 职能组织结构中每一个工作部门只有一个指令源

D. 大型线性组织系统中的指令路径太长

E. 线性组织结构中可以跨部门下达指令

46. 某建设工程项目的规模不大，参与单位不多，为提高管理效率，避免出现矛盾指令，宜采用(　　)模式。

A. 线性组织结构　B. 混合组织结构　C. 矩阵组织结构　D. 职能组织结构

47. 线性组织结构的特点是(　　)。

A. 每一个工作部门只有一个直接的下级部门

B. 每一个工作部门只有一个直接的上级部门

C. 谁的级别高，就听谁的指令

D. 可以越级指挥或请示

48. 建设工程项目的组织结构如果采用矩阵组织结构模式，则每一个工作部门的指令源有(　　)个。

A. 1　B. 2　C. 3　D. 4

49. 以下关于线性组织结构模式的描述中，正确的有(　　)。

A. 指令路径较短　B. 指令源是唯一的　C. 不能跨部门下达指令

D. 只适用于大型工程项目　E. 允许越级指挥

50. 下列关于项目管理组织结构模式的说法中，正确的有(　　)。

A. 职能组织结构中每一个工作部门只有一个指令源

B. 矩阵组织结构中有两个指令源

C. 大型线性组织系统中的指令路径太长

D. 线性组织结构中可以跨越管理层级下达指令

E. 矩阵组织结构适用于大型组织系统

51. 关于编制项目管理任务分工表的说法，正确的是(　　)。(2011 年真题)

A. 业主方应对项目各参与方给予统一指导和管理

B. 首先应对项目实施各阶段的具体管理任务做详细分解

C. 首先要定义主管部门的工作任务

D. 同一类别的项目可以集中编制通用的分工表

52. 组织分工反映的是一个组织系统中各子系统或各元素的工作任务分工和(　　)。(2010 年真题)

A. 管理目标分工　B. 管理职能分工　C. 管理责任分工　D. 管理权限分工

53. 编制项目管理任务分工表时，首先进行项目管理任务的分解，然后(　　)。(2010年真题)

A. 确定项目管理的各项工作流程

B. 分析项目管理合同结构模式

C. 明确项目经理和各主管工作部门或主管人员的工作任务

D. 分析组织管理方面存在的问题

54. 编制项目管理工作任务分工表的目的是为了明确(　　)。

A. 项目的构成及项目之间的关系

B. 各项工作任务的重要程度

C. 各项任务的负责部门及配合或参与部门（或个人）

D. 各项工作之间的先后关系

55. 为了加快施工进度，施工协调部门根据项目经理的要求，落实有关夜间施工条件、组织夜间施工的工作，属于管理职能中的(　　)环节。

A. 执行　B. 检查　C. 决策　D. 筹划

56. 关于组织和组织工具的说法，正确的有(　　)。

A. 组织分工一般包含工作任务分工和管理职能分工

B. 工作流程图反映一个组织系统中各项工作之间的指令关系

C. 工作流程图是一种重要的技术工具

D. 组织结构模式和组织分工是一种相对静态的组织关系

E. 在线性组织结构中，每一个工作部门的指令源是唯一的

57. 业主确定的工程项目设计变更工作流程，属于工作流程组织中的(　　)。(2010年真题)

A. 管理工作流程　B. 物质流程

C. 信息处理工作流程　D. 设计工作流程

考点7　建设工程项目策划

建设工程项目策划指的是通过研究和收集资料，在充分占有信息的基础上，针对建设工程项目的决策和实施，或决策实施中的某个问题，进行组织、管理、经济和技术等方面的科学分析和论证，旨在为项目建设的决策和实施增值（见表2-15）。

表2-15　决策阶段与实施阶段策划的主要任务和工作内容

类别	决策阶段策划的主要任务和工作内容	实施阶段策划的主要任务和工作内容
主要任务	**定义**（严格确定）项目开发或建设的**任务和意义**	确定**如何组织项目的开发或建设**

续表

类别	决策阶段策划的主要任务和工作内容	实施阶段策划的主要任务和工作内容
策划的基本内容	(1) 宏观经济环境、政策环境等	(1) 建设政策、建筑市场环境，建筑环境（建筑风格和主色调等）
	(2) 项目定义和项目目标论证 1) 确定项目建设的目的、宗旨和指导思想 2) 项目的规模、组成、功能和标准的定义 3) 项目**总投资规划和论证** 4) 建设周期规划和论证	(2) 项目目标的分析和再论证，包括 1) 投资目标的分解和论证 2) 编制项目**投资总体规划** 3) **进度**目标的分解和论证 4) 编制项目建设**总进度规划** 5) 项目功能分解 6) 建筑面积分配 7) 确定项目**质量目标**
	(3) 组织策划，包括 1) 决策期的组织结构、任务分工、管理职能分工、工作流程 2) **实施期组织总体方案** 3) **项目编码体系分析**	(3) 项目实施的组织策划，包括 1) 业主方项目管理的组织结构 2) 任务分工和管理职能分工 3) 项目管理工作流程 4) **建立**编码体系
	(4) 管理策划，包括 1) **项目实施期管理总体方案** 2) **生产运营期**设施管理总体方案 3) **生产运营期**经营管理总体方案	(4) 项目实施的管理策划，包括 1) 项目实施各阶段项目管理的工作内容 2) **项目风险管理**与工程保险方案
	(5) 合同策划，包括 1) 决策期的合同结构 2) 决策期的合同内容和文本 3) **实施期合同结构总体方案**	(5) 项目实施的合同策划，包括 1) 方案设计竞赛的组织 2) **项目管理委托、设计、施工、物资采购的合同结构方案** 3) 合同文本
	(6) 经济策划，包括 1) 项目建设成本分析 2) 项目效益分析 3) 融资方案 4) **编制资金需求量计划**	(6) 项目实施的经济策划，包括 1) **资金需求量计划** 2) 融资方案的深化分析
	(7) 技术策划，包括 1) 技术方案分析和论证 2) 关键技术分析和论证 3) 技术标准和规范的应用和制定	(7) 项目实施的技术策划，包括 1) 技术方案的**深化**分析和论证 2) 关键技术的**深化**分析和论证 3) 技术标准和规范的应用和制定等 (8) 项目实施的风险策划
关键词	定义、宗旨、规模、**总体方案**（包括实施期和生产运营期的）	编制、**质量**、**进度**、**分解**、深化分析、**再论证**、风险、**项目管理**

注：联系一级建造师考试工程经济科目中项目经济效果评价需要做哪些工作、需哪些数据、测算哪些指标，就并不难分析出决策阶段的策划的工作内容。

* * 练习题 * *

58. 建设工程项目实施阶段策划的主要任务是(　　)。(2011 年真题)

A. 定义项目开发或建设的任务　　B. 确定如何组织该项目的开发或建设

C. 确定建设项目的进度目标　　D. 编制项目投资总体规划

59. 建设工程项目实施阶段策划的主要任务是确定(　　)。(2010 年真题)

A. 项目建设的总目标　　B. 如何实现项目的目标

C. 项目建设的指导思想　　D. 如何组织项目的建设

60. 建设工程项目决策阶段策划的主要任务是(　　)。

A. 定义如何组织项目建设　　B. 定义项目开发或建设的任务和意义

C. 定义如何组织项目开发　　D. 定义项目开发的程序和内容

61. 在建设工程项目实施阶段的策划工作中，对项目目标分析和再论证的主要工作内容包括(　　)。

A. 项目功能分解　　B. 编制项目总投资规划和投资目标论证

C. 编制项目建设总进度规划　　D. 确定项目质量目标

E. 确定项目建设的规模和标准

62. 建设工程项目策划的最终目的是为了(　　)。

A. 分析和论证项目的投资目标　　B. 选择项目的融资方式

C. 使项目建设的决策和实施增值　　D. 确定项目管理的组织形式

考点 8　建设工程项目管理规划的内容和编制方法

建设工程项目管理规划是指导项目管理工作的纲领性文件，主要分为两种类型，即项目管理规划大纲和项目管理实施规划，相关要点如图 2-21 所示。

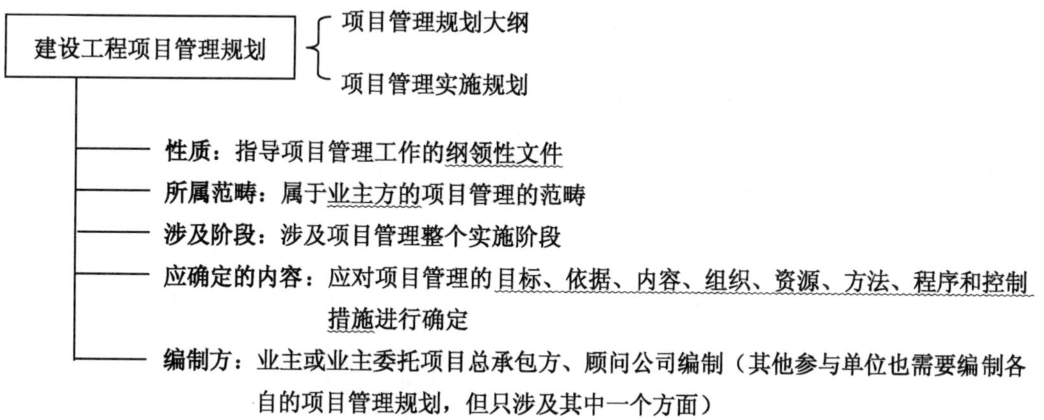

图 2-21　建设工程项目管理规划

项目管理规划大纲和项目管理实施规划的编制依据和内容见表 2-16。

表 2-16　项目管理规划大纲与项目管理实施规划的对比

项目	项目管理规划大纲	项目管理实施规划
编制方	管理层或委托的项目管理单位①	由项目经理组织编制
依据	(1) 可行性报告 (2) 设计文件、标准、规范 (3) 招标文件及合同文件 (4) 相关市场与环境信息	(1) 项目管理规划大纲 (2) 项目条件与环境分析资料 (3) 工程合同及相关文件 (4) 同类项目资料

续表

项目	项目管理规划大纲	项目管理实施规划
内容	项目概况，范围管理、管理目标、组织等方面的规划，“三控、五管”等方面的规划，特征词“××规划”	项目概况、总体工作计划、技术及组织方案、“三控、五管”的计划、目标控制措施、现场平面图布置图等，特征词“××计划”、“××方案”、“××措施”
程序	(1) 明确项目目标 (2) **分析项目环境和条件** (3) 收集项目的有关资料和信息 (4) 确定项目管理**组织**模式、结构和职责 (5) 明确项目管理**内容**（**先组织，后内容**） (6) 编制项目目标计划和资源计划 (7) 汇总整理，报送审批	(1) 了解项目相关**各方的要求** (2) **分析项目条件和环境** (3) 熟悉相关法规和文件 (4) 组织编制 (5) 履行报批手续 **（先知要求，再析条件；先熟悉，后组织）**

① 例如，项目（工程）总承包单位或业主委托的顾问公司。

【提示】先编“规划大纲”，再以其作为依据之一编制“实施规划”。“实施规划”是由项目经理主持编制的。

＊＊练习题＊＊

63. 按照《建设工程项目管理规范》（GB/T 50326—2006），项目管理规划分为(　　)。

A. 项目管理规划策划和项目管理实施规划

B. 项目管理决策大纲和项目管理实施策划

C. 项目管理规划大纲和项目管理实施规划

D. 项目管理决策策划和项目管理实施策划

64. 建设工程项目管理规划是指导项目管理工作的(　　)文件。

A. 操作性　　B. 实施性　　C. 纲领性　　D. 作业性

65. 根据《建设工程项目管理规范》(GB/T 50326—2006)，项目管理实施规划应由(　　)组织编制。(2011 年真题)

A. 项目技术负责人　B. 企业生产负责人　C. 企业技术负责人　D. 项目经理

66. 根据《建设工程项目管理规范》(GB/T 50326—2006)，项目管理实施规划应包括(　　)。(2010 年真题)

A. 项目管理目标规划　　B. 项目采购与资源管理规划

C. 项目招标和发包工作程序　　D. 职业健康安全和环境管理计划

67. 对于采用建设项目总承包模式的某建设工程项目，其项目管理规划可以由(　　)编制。

A. 业主方　　B. 业主方的项目管理单位　　C. 设计方

D. 施工监理方　　E. 项目总承包方

考点9 施工组织设计的内容和编制方法

一、施工组织设计的分类及其内容

施工组织设计分为三类，内容见表2-17、表2-18。

表2-17 施工组织设计的分类及内容

基本内容＼类别	施工组织总设计	单位工程施工组织设计	施工方案
(1) 工程概况	工程概况	工程概况及施工特点分析	
(2) 施工方案	施工部署及核心工程施工方案	施工方案选择	施工准备，资源计划
(3) 施工准备工作计划	全场性施工准备工作计划	单位工程施工准备工作计划	分部（分项）工程施工准备工作计划
(4) 施工进度计划	施工总进度计划	单位工程施工进度计划	分部（分项）工程施工进度计划
(5) 资源需求计划	各项资源需求量计划		
(6) 施工平面图设计	全场性的总平面图	单位工程施工总平面图	作业区施工平面布置图
(7) 措施	—	技术组织、质量保证及安全施工等措施	
(8) 技术经济指标	工期，劳动生产率，质量、成本、安全、机械化及预制化程度	工期、资源消耗均衡性、机械设备利用程度	—

注：各项资源需求计划和施工准备计划需要在施工进度计划的基础上编制。

表2-18 施工组织设计的编制对象举例

	内容要点
施工组织总设计	一个工厂、一个机场、一个道路工程（包括桥梁）、一个居住小区
单位工程施工组织设计	一栋楼房、一个烟囱、一段道路、一座桥梁
施工方案	深基础、无黏结预应力混凝土、特大构件的吊装、大量土石方工程、定向爆破工程

二、施工组织总设计的编制程序（见表2-19）

表2-19 施工组织总设计的编制程序

施工组织总设计的编制程序	助记
(1) 收集设计所需的有关资料和图纸，进行项目特点和施工条件的调查研究（查） (2) 计算主要工种工程的工程量（计） (3) 确定施工的总体部署（部） (4) 拟订施工方案（方案） (5) 编制施工总进度计划（进度） (6) 编制资源需求量计划（需） (7) 编制施工准备工作计划（备） (8) 施工总平面图设计（图） (9) 计算主要技术经济指标（标）	茶（查） 几（计） 不（部） 防（方案） 毒（进度） 需 备 图 标
【助记】茶几不防毒，需（要）备图标——以警示要防毒	

注：1. 表2-19中有些顺序是必须的，不可逆转（见以下两条），但有些顺序应根据具体项目而定，如确定施工的总体部署和拟订施工方案，两者有紧密的联系，往往可以交叉进行。

2. 拟订施工方案后才可编制施工总进度计划（因为进度的安排取决于施工的方案）。

3. 编制施工总进度计划后才可编制资源需求量计划（因为资源需求量计划要反映各种资源在时间上的需求）。

三、施工组织设计的报批

通过以下例题的学习就可掌握施工组织设计报批的知识要点。

【例 2-5】根据建设工程监理规范，施工组织设计在经总监理工程师审核、签认后还应报（　　）。

A. 建设单位　B. 工程质量监督机构　C. 设计单位　D. 当地建设行政主管部门

【答案】A

【解析】建设单位是总组织者，当然应报建设单位，D 项属政府部门，B 项属政府的委托监督机构，不是项目的参与方，只监督，不审批施组和方案。

在我国，由于建设工程监理属于业主方的项目管理范畴，监理是受业主委托代表业主对承包单位进行监督，业主是决策者和总组织者，故施组在总监理工程师审核、签认后还应报业主（建设单位）。

【例 2-6】采用平行委托施工的单项工程，其施工进度计划应由（　　）编制。（2014 年真题）

A. 业主方　B. 设计方　C. 施工方　D. 投资方

【答案】C

【解析】平行委托是发包人委托施工的一种形式，他可以同时委托一家或几家施工单位进行施工，因此施工进度计划应由施工方按照业主的要求编制。

【例 2-7】根据《建筑施工组织设计规范》（GB/T50502—2009），施工组织设计应由（　　）组织编制。（2014 年真题）

A. 施工单位技术负责人　B. 项目负责人

C. 施工单位技术负责人　D. 项目技术负责人

【答案】B

【解析】本题考查的是建筑施工组织设计的编制和审批。施工组织设计应由项目负责人主持编制，可根据需要分阶段编制和审批。

【例 2-8】建设工程管理工作的核心任务是（　　）。（2014 年真题）

A. 项目的目标控制　B. 为项目建设的决策和实施增值

C. 实现工程项目实施阶段的建设目标　D. 为工程建设和使用增值

【答案】D

【解析】建设工程管理工作是一种增值服务工作，其核心任务是为工程的建设和使用增值。

* * 练习题 * *

68. 单位工程施工组织设计的内容包括（　　）。（2010 年真题）

A. 工程概况及施工特点　B. 作业区施工平面布置设计

C. 施工方案　D. 单位工程施工准备工作计划

E. 施工总进度计划

69. 单位工程施工组织设计和分部（分项）工程施工组织设计均应包括的内容有（　　）。（2011 年真题）

A. 工程概况　B. 施工方案的选择

C. 施工方法和施工机械的选择　　　　D. 主要技术经济指标

E. 施工特点分析

70. 编制工程项目施工组织设计时，一般将施工段的划分、施工顺序的安排列入施工组织设计的(　　)部分。

A. 施工进度计划　　B. 施工总平面图　　C. 施工部署和施工方案　　D. 工程概况

考点 10　建设工程项目目标的动态控制

一、项目目标动态控制的工作程序（见图 2-22）

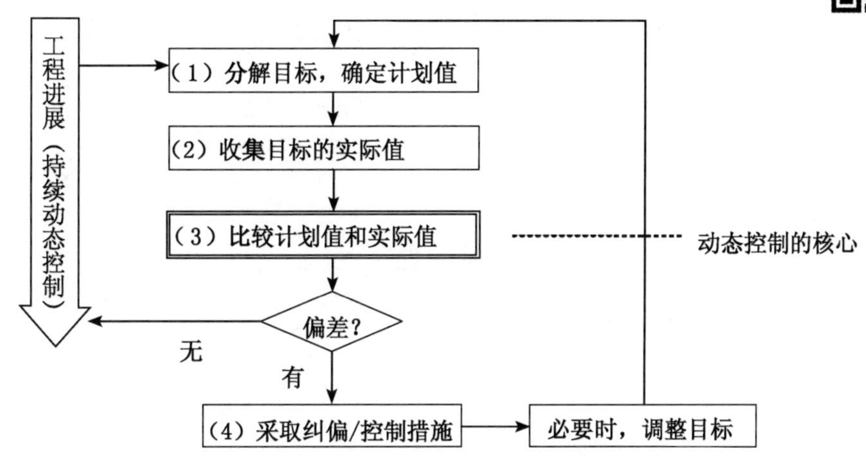

图 2-22　项目目标的动态控制

注：进度、投资的动态控制也适用本图流程。

【助记】分、集、比、纠、调——**分几笔就跳**

故事：**大家分奖金**（分解），**分几笔就跳**，**激动得失态**（动态控制）

二、动态控制相关要点（见表 2-20）

表 2-20　动态控制相关要点

题　眼	要　点
动态控制	在项目实施过程中，必须随着情况的变化，**不断地进行控制与调整**，进行项目目标的动态控制
最基本的方法论	项目目标的**动态控制**是项目管理**最基本的方法论**
动态控制的核心	项目目标动态控制的核心是在项目实施的过程中**定期地进行项目目标的计划值和实际值的比较**
目标实现的决定性因素	**组织**是目标能否实现的决定性因素。应充分**重视组织措施**对项目目标控制的作用
“定量比较”的成果	进度的计划值和实际值的比较应是定量的数据比较，比较的成果是**进度跟踪**和**控制报告**

三、投资动态控制中计划值与实际值的比较（见图 2-23）

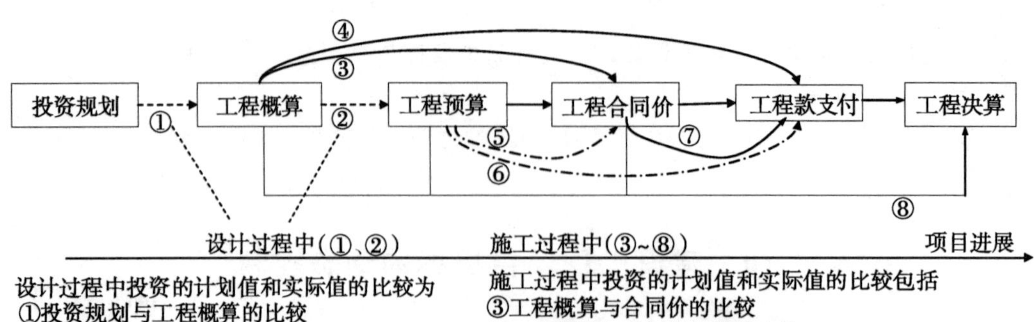

设计过程中投资的计划值和实际值的比较为
①投资规划与工程概算的比较
②工程概算与预算的比较

记住本图的图形，考试时画草图推导就能分别推出①、②和③~⑧项内容

施工过程中投资的计划值和实际值的比较包括
③工程概算与合同价的比较
④工程概算与工程款支付的比较
⑤工程预算与合同价的比较
⑥工程预算与工程款支付的比较
⑦工程合同价与工程款支付的比较
⑧工程概算、工程预算和工程合同价与工程决算的比较

图 2-23　两阶段动态控制中投资的计划值与实际值的比较内容

注：1. 图中箭尾对应的为计划值，箭头所指为实际值（计划值与实际值是相对的）。

2. 除去“投资规划”，剩下的五项两两之间几乎都可比较，仅工程决算较特殊，与工程款支付不作比较。

＊＊练习题＊＊

71. 建设工程项目目标动态控制的核心是(　　)。

A. 合理确定计划值　　B. 认真收集实际值

C. 适当调整工程项目目标　　D. 比较分析，采取纠偏措施

72. 项目管理最基本的方法论是(　　)。

A. 项目目标的策划　　B. 项目目标的动态控制

C. 项目管理的目标　　D. 项目管理的的信息化

73. 运用动态控制原理控制建设工程项目进度时，第一步工作是(　　)。(2011 年真题)

A. 收集工程进度实际值

B. 进行进度目标的调整

C. 进行工程进度的计划值和实际值的比较

D. 进行项目目标分解，确定目标控制的计划值

74. 运用动态控制原埋进行建设过程项目投资控制，首先进行的工作是(　　)。(2010 年真题)

A. 分析投资构成，确定投资控制的重点

B. 分析并确定影响投资控制的因素

C. 进行投资目标分解，确定投资控制的计划值

D. 收集经验数据，为投资控制提供参考值

75. 在项目目标动态控制的工作程序中，第一步工作内容是(　　)。

A. 项目决策策划　　B. 制定纠偏措施　　C. 目标分解　　D. 收集实际数据

76. 运用动态控制原理实施工程项目的进度控制，下列各项工作中应首先进行的工作

是(　　)。

A. 对工程进度的总目标进行逐层分解

B. 定期对工程进度计划值和实际值进行对比

C. 分析进度偏差的原因及其影响

D. 按照进度控制的要求，收集工程进度实际值

77. 建设工程项目施工过程中，投资的计划值与实际值的比较包括(　　)的比较。

A. 调整进度管理的方法　　B. 工程预算与工程概算

C. 工程合同价与工程概算　　D. 工程款支付与工程概算

E. 工程决算与工程概算

78. 在工程项目施工过程中，运用动态控制原理进行投资控制，投资的计划值和实际值比较是指(　　)。

A. 工程预算与工程概算的比较　　B. 工程合同价与工程预算的比较

C. 工程合同价与工程概算的比较　　D. 工程款支付与工程合同价的比较

E. 工程款支付与工程预算的比较

79. 应用动态控制原理控制建设工程项目施工成本时，若将工程进度款作为实际值，则可作为计划值的是(　　)。

A. 工程合同价　　B. 工程变更款　　C. 工程索赔款　　D. 工程结算价

80. 应用动态控制原理进行建设工程项目投资控制时，相对于工程合同价而言，投资的计划值有(　　)。

A. 投资规划　　B. 工程概算　　C. 工程预算　　D. 工程进度款

E. 工程决算

考点 11　施工企业项目经理的工作性质、任务和责任

一、施工企业项目经理的工作性质

性质决定任务和职能，见第一章总结的逻辑主线（见图 1-1），此原理对项目经理来说当然也不例外。因此，分析项目经理的职责和权限首先应从分析项目经理的性质入手，见表 2-21 和表 2-22。

表 2-21　国内、国际项目经理的工作性质比较

	国　内	国　际
性质	受企业法定代表人委托，对工程施工过程全面负责的项目管理者，是施工企业法定代表人在工程项目上的代表人（“代表的代表”）	是企业任命的一个项目的管理现场负责人，但不一定是企业法定代表人在项目上的代表
责任范围	对工程项目施工过程全面负责	仅限于主持项目管理工作，主要是项目目标控制和组织协调
权限	在企业法定代表人授权范围内行使管理权力	一个项目的项目管理班子的负责人（领导人）

表 2-22　建造师与项目经理的区别

	建造师	项目经理
性质	一种专业人士的名称	一个工作岗位的名称
资格的取得	取得建造师执业资格的人员表示其知识和能力符合建造师执业的要求，但其在企业中的工作岗位则由企业视工作需要和安排而定	大中型项目施工的项目经理必须由取得建造师注册证书的人员担任，是否担任由企业自行决定 受企业法定代表人委托才能取得项目经理任职资格
执业范围/任务	在国际上，建造师的执业范围相当宽，可以在施工企业、政府管理部门、建设单位、工程咨询单位、设计单位、教学和科研单位等单位执业	项目经理的任务包括**项目的行政管理**和**项目管理**两个方面

二、施工企业项目经理的责与权（考试重点）

1.《项目管理目标责任书》相关要点（见表 2-23）

表 2-23　《项目管理目标责任书》相关要点

项　目	内容要点
签订方式	由企业法定代表人或其授权人与项目经理协商制定
签订时间	应在项目实施之前签订
编制依据	（1）项目合同文件 （2）组织的管理制度（施工企业的管理制度） （3）项目管理规划大纲 （4）组织（施工企业）的经营方针和目标
内　容	共 9 项，见教材相关内容，根据常识即可推理判断

2. 项目经理的责权

（1）分析项目经理责权的思路要点

1）项目经理不是企业经理，其权力和职责只限于具体工程项目和必须由项目部配合的工作，对于关系到项目部实现目标的企业层面的事［如招标投标、选择合作单位（包括分包单位、材料供应单位等）、签合同］，项目经理只有参与权，无决定权。

2）分清内外（项目部之内还是项目部以外），再据以辨别：有决定权还是参与权，是主持还是参与或协助，这是分析项目经理职责和权限的诀窍。

例如，项目管理实施规划的编制是项目部内部能完成的工作，因此应由项目经理主持；"规划大纲"则不同，因为其是在组建项目部之前编制的。

3）项目经理的管理、控制（包括相关审核），是自控，不是监控，是内审，不是外审，项目经理不是技术岗位，而是管理岗位（当然也需要有技术），因此，诸如施工组织设计、专项施工方案等，项目技术负责人要审，项目经理要审，项目部之外的施工企业技术负责人（技术方面的上级）也要审，但都是自控，都是内审，还必须经过监理方审批。

（2）项目经理的具体责权

利用"内外有别"原则（见第一章），将项目经理的职责和权限划分为内外两类，就不难掌握此部分常考内容，见图 2-24 和图 2-25。

		具体工作的归纳	职责	权限
内	应在项目部层面完成的工作（项目部"内部"工作）	(1) 为达成项目部的目标应该完成的工作 (2) 项目部的内部管理工作 (3) 授权范围内的工作	（对本企业）负全责 【特征词】主持、建立、管理、分配、处理、接受	项目经理有自主权、决定权
外	属企业层面的工作（项目部外部工作）	(1) "两选、一签、一组建"（见图2-25） (2) 参与验收、协助评奖	只负"参与或协助"的责任	只有参与权，没有自主权、决定权

图 2-24　项目经理职责与权限归纳

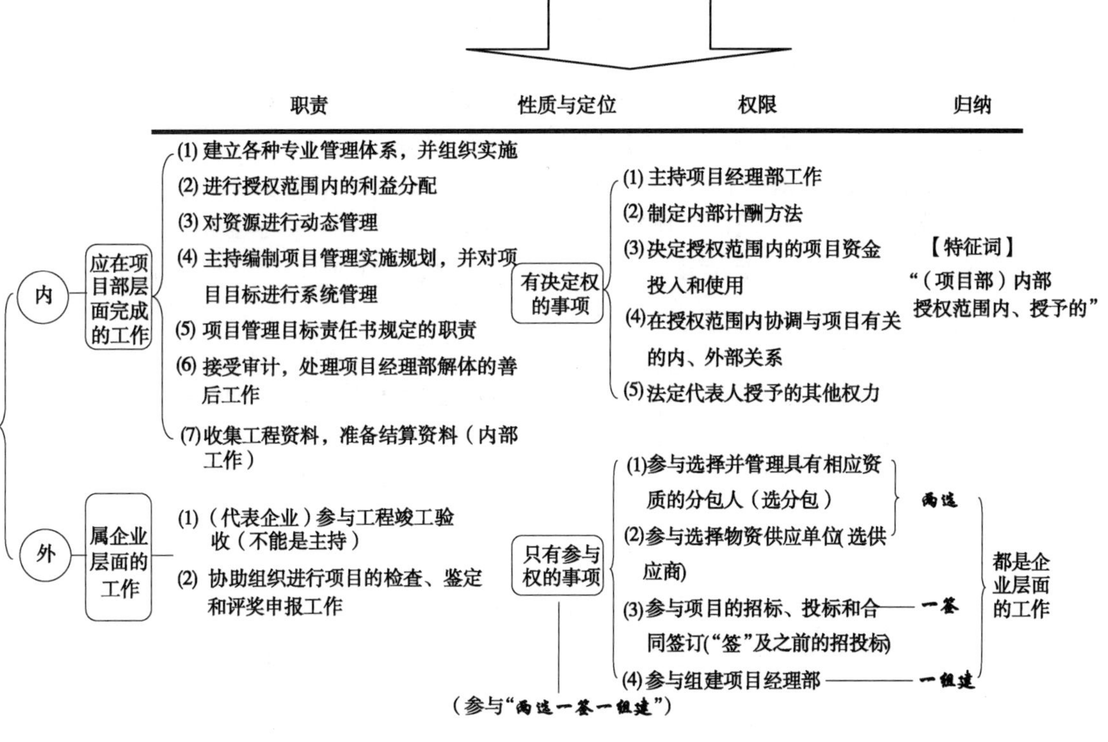

图 2-25　项目经理的责任、权限及其归类分析

注：1. 组建项目经理部是要从外界（此时项目部还未正式成立呢）选派人员，因此应归为"外"部工作。

2. 凡目的是要签订合同的工作（如招标、投标、选分包等）都是企业层面的工作。

＊＊练习题＊＊

81. 施工项目经理在承担工程项目施工的管理过程中，是以（　　）身份处理与所承担的工程项目有关的外部关系。(2011 年真题)

A. 施工企业决策者　　B. 施工企业法定代表人

C. 施工企业法定代表人的代表　　D. 建设单位项目管理者

82. 根据国发［2003］5 号文，取得建造师注册证书的人员是否担任工程项目施工的

项目经理，由(　　)决定。(2010年真题)

A. 建筑业企业　　B. 建设行政主管部门　　C. 项目业主　　D. 项目监理单位

83. 建筑施工企业项目经理是指受企业(　　)委托对工程项目施工过程全面负责的项目管理者。

A. 董事会　　B. 总工程师　　C. 法定代表人　　D. 股东代表大会

84. 按照我国现行管理体制，施工方项目经理(　　)。

A. 是施工企业法定代表人

B. 是施工企业法定代表人在工程项目上的代表人

C. 是一个技术岗位，而不是管理岗位

D. 须在企业项目管理部领导下主持项目管理工作

85. 下列关于建造师于项目经理关系的表述中，正确的是(　　)。

A. 取得建造师注册证书的人员即可成为施工项目经理

B. 建造师是管理岗位，项目经理是技术岗位

C. 建造师经注册后，有权以建造师的名义担任项目经理

D. 取得建造师注册证书的人员只能担任施工项目经理

86. 施工项目的安全检查应由(　　)组织，定期进行。(2010年真题)

A. 项目技术负责人　　B. 项目经理　　C. 专职安全员　　D. 企业安全生产部门

87. 根据《建设工程项目管理规范》(GB/T 50326—2006)，项目经理的权限包括(　　)。(2010年真题)

A. 签订承包合同　　B. 自主选择分包单位

C. 参与选择物资供应单位　　D. 主持项目经理部工作

E. 制定内部计酬办法

88. 根据《建设工程项目管理规范》(GB/T 50326—2006)，项目经理的职责有(　　)。

A. 对资源进行动态管理

B. 建立各种专业管理体系，并组织实施

C. 收集工程资料，准备结算资料，参与工程竣工验收

D. 进行整个项目的利益分配

E. 协助组织进行项目的检查、鉴定和评奖申报工作

89. 在本企业法定代表人授权范围内，建设工程施工方项目经理的管理权力包括(　　)。

A. 调配企业人力及机械设备　　B. 调整项目投资目标

C. 审定危险性较大的工程专项施工方案　　D. 调整项目技术负责人

90. 根据《建设工程项目管理规范》(GB/T 50326—2006)，项目经理应具有的权限包括(　　)。(2011年真题)

A. 主持项目经理部工作　　B. 代表本企业与业主签定承包合同

C. 制定项目经理部内部计酬办法　　D. 参与选择物资供应单位

E. 负责组建项目经理部

91. 施工项目经理的职责包括(　　)。

A. 确保项目建设资金的落实到位　　　　B. 贯彻执行有关的法律法规

C. 确保工程质量　　　　D. 预防重大工程质量安全事故的发生

E. 确保工程工期

92. 建筑施工企业项目经理在承担工程项目施工管理工作中，行使的管理权力有(　　)。

A. 调配并管理进入工程项目的各种生产要素

B. 负责组建项目经理部

C. 执行项目承包合同约定的应由项目经理负责履行的各项条款

D. 负责选择并使用具有相应资质的分包人

93. 根据《建设工程项目管理规范》(GB/T 50326—2006)，施工方项目经理的管理权限包括(　　)等。

A. 主持项目的投标工作　　　　B. 组建工程项目经理部

C. 制订项目经理部内部计酬办法　　　　D. 选择具有相应资质的分包人

考点 12　沟通管理、人力资源管理、劳动用工管理

一、沟通管理

(1) 沟通过程包括五个要素，即沟通主体、沟通客体、沟通介体、沟通环境和沟通渠道。

(2) 沟通能力包含着表达能力、争辩能力、倾听能力和设计能力（形象设计、动作设计、环境设计）等。

(3) 沟通障碍（见图 2-26）

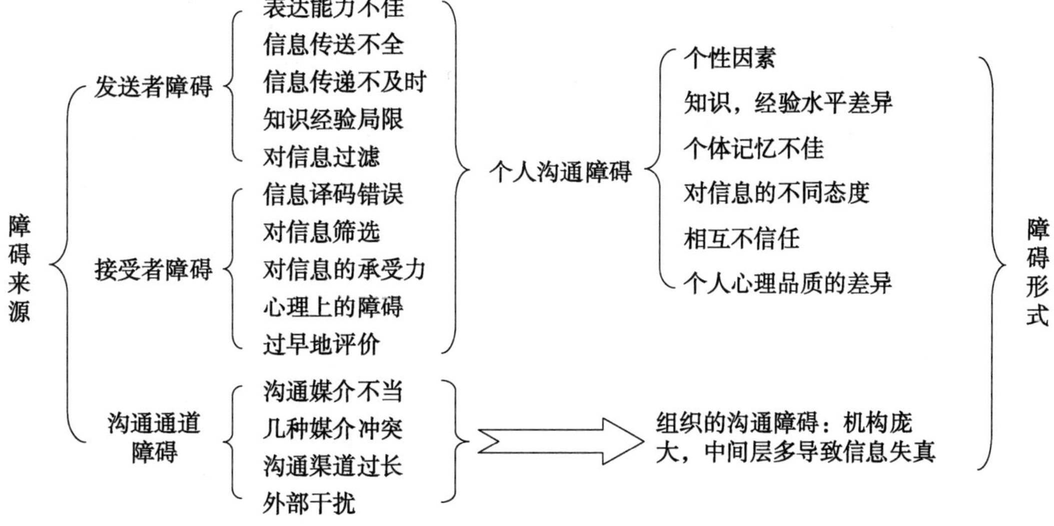

图 2-26　沟通障碍

二、施工企业人力资源管理的任务

资源管理包括人力资源管理、材料管理、机械设备管理、技术管理和资金管理（人、材、机、技术、资金五项管理）。

项目人力资源管理的目的是调动所有项目参与人的积极性，在项目承担组织的内部和外部建立有效的工作机制，以实现项目目标。其内容见图 2-27。

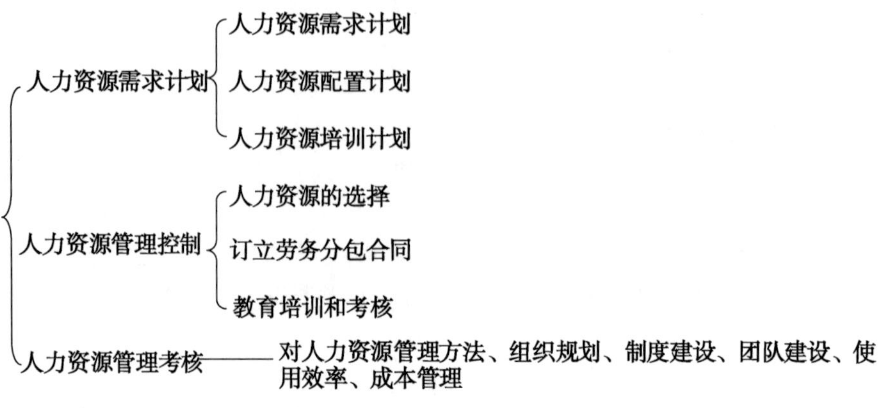

图 2-27 项目人力资源管理的内容

三、施工企业劳动用工和工资支付管理

1. 劳动用工管理（见表 2-24）

表 2-24 劳动用工管理

关键词	内容要点
办手续	建筑施工企业（包括总包、专业分包、劳务分包单位）应当按照相关规定办理用工手续，**不得使用零散工**，不得允许未与企业签订劳动合同的劳动者在施工现场从事施工活动
签劳动合同	**自用工之日起**按照劳动合同法规的规定**订立书面劳动合同**。劳动合同应一式三份，双方当事人各持一份，**劳动者所在工地保留一份备查** 【助记】**先签合同后用工**（用工之日起）
用工监督	施工总承包企业和专业承包企业应当加强对劳务分包企业与劳动者签订劳动合同的监督，不得允许劳务分包企业使用未签订劳动合同的劳动者
建立劳务档案	施工企业应当将每个工程项目中的施工管理、作业人员劳务档案中有关情况在当地建筑业企业信息管理系统中按规定如实填报。人员发生变更的，应当在变更后 7 个工作日内，在建筑业企业信息管理系统中相应变更

2. 工资支付管理（见表 2-25）

表 2-25 工资支付管理

关键词	内容要点
不得拖欠	建筑施工企业不得以工程款被拖欠、结算纠纷、垫资施工等理由克扣劳动者工资
至少每月支付一次	企业应**至少每月**对劳动者应得的工资进行**核算并支付一次工资**（且不得低于当地最低工资标准，每季度末结清劳动者剩余应得的工资），并**由劳动者本人签字**
直接发放给本人	企业应当将工资**直接发放给劳动者本人**，不得将工资发放给包工头或者不具备用工主体资格的其他组织或个人
出勤记录作为发工资的依据	企业应当对劳动者**出勤情况**进行**记录**，作为发放工资的依据，并按照工资支付周期**编制工资支付表**，不得伪造、变造、隐匿、销毁出勤记录和工资支付表

续表

关键词	内容要点
劳动者的权益保护	（1）企业因暂时生产经营困难无法按劳动合同约定的日期支付工资的，应当向**劳动者说明情况，并经与工会或职工代表协商一致后，可以延期支付工资，但最长不得超过30日**，超过30日不支付劳动者工资的，属于无故拖欠工资行为 （2）企业与劳动者终止或者依法解除劳动合同，应当在办理终止或解除合同手续的同时一次性付清劳动者工资

【例2-9】一般来说，沟通者的沟通能力包含（　　）。（2014年真题）

A. 表达能力、争辩能力、倾听能力和设计能力

B. 思维能力、表达能力、倾听能力和说服能力

C. 思维能力、表达能力、把控能力和说服能力

D. 想象能力、表达能力、说服能力和设计能力

【答案】A

【解析】沟通能力包含着表达能力、争辩能力、倾听能力和设计能力（形象设计、动作设计、环境设计）。

【例2-10】建设工程项目总承包方项目管理工作涉及（　　）的全过程。（2014年真题）

A. 决策阶段

B. 实施阶段

C. 使用阶段

D. 全寿命周期

【答案】B

【解析】本题考查的是项目总承包方项目管理的目标。项目总承包方项目管理工作涉及项目实施阶段的全过程，即设计前的准备阶段、设计阶段、施工阶段、动用前准备阶段和保修期。

＊＊练习题＊＊

94. 项目人力资源管理的目的是(　　)。(2010年真题)

A. 调动项目参与人的积极性　　B. 建立广泛的人际关系

C. 招聘或解聘员工　　D. 对项目参与人员进行绩效考核

95. 建设工程项目人力资源管理的目的是(　　)。

A. 减少项目管理班子人员数量　　B. 调动所有项目参与人的积极性

C. 降低项目管理人工成本　　D. 组建项目管理班子

96. 关于建筑施工企业劳动用工的说法，错误的是(　　)。(2011年真题)

A. 建筑施工企业与劳动者应当自试用期满后，按照劳动合同法规的规定签订书面劳动合同

B. 建筑施工企业应当按相关规定办理用工手续，不得使用零散工

C. 建筑施工企业应当将每个工程项目中的施工管理、作业人员劳务档案中有关情况在当地建筑业企业信息管理系统中按规定如实填报

D. 劳动合同应一式三份，双方当事人各持一份，劳动者所在工地保留一份备查

考点 13　建设工程监理

一、工程监理的性质、任务、方法（见表 2-26）

表 2-26　工程监理的性质、任务、方法

	内容要点
工程监理的性质	工程监理服务，在国际上通常归为工程咨询（工程顾问）服务，我国的建设工程监理属于业主方项目管理范畴 工程监理企业与建设单位之间是委托合同关系，与施工承包单位之间是监理与被监理的关系 建设工程监理的性质体现为“四性”：服务性、科学性、独立性、公正性（科公服毒），具体含义如下所示 科——科学性：科学组织、方法和手段及监理工程师参与管理 公——公正性：在维护业主的合法权益时，不损害承包商的合法权益 服——服务性 毒——独立性：非依附性，不得与承包商、材料供应商等有利害关系
各阶段的监理任务	监理的工作任务一般分为 6 个阶段（设计阶段→施工招标阶段→材料和设备采购阶段→施工准备阶段→工程施工阶段→竣工验收阶段），其中“施工招标阶段”和“材料和设备采购阶段”在图 2-1 中未体现出来，是单列出来的 关于监理方在各阶段的工作任务，本书仅就其中考试要点归纳如下（详细说明见教材相关内容） （1）施工准备阶段的任务主要包括：参加设计交底，开工条件审查，相关体系制度检查，审查施组，工前资质检查 （2）竣工验收阶段的任务：受理竣工验收报告，提出质量检验报告，组织工程预验收，参加业主组织的竣工验收 （3）施工阶段的任务中，与工期有关的为进度控制任务，与“量”或“钱”有关的是投资控制任务
监理工作的方法	监理工程师应当按照工程监理规范的要求，采取旁站、巡视和平行检验等形式，对建设工程实施监理 工程监理人员认为工程施工不符合工程设计要求、施工技术标准和合同约定的，有权要求建筑施工企业改正。施工单位拒不整改或者不停止施工的，工程监理单位应当及时向有关主管部门报告 工程监理人员发现工程设计不符合建筑工程质量标准或者合同约定的质量要求的，应当报告建设单位要求设计单位改正

二、工程建设监理规划及监理实施细则

在建设工程项目施工作业实施过程中，应根据监理规划和监理实施细则的规定进行监督控制，还应根据实际情况进行补充、修正和完善（见表 2-27）。

表 2-27　监理规划与监理实施细则的比较

	监理规划	监理实施细则
性质	指导性文件	操作性文件
编制时间	签订委托监理合同及收到设计文件后开始编制，应在第一次工地会议前报送业主	在相应工程施工开始前编制完成
编制责任人员	由总监主持，专业监理工程师参加编制	相关的专业监理工程师参与编制
审批	须经监理单位技术负责人审核批准	须经总监审核、批准
要求	具有明确的目标，具有可操作性	中型及以上，或专业性较强的项目应编制
依据	**委托监理合同**、**监理大纲**、相关法律法规及标准、项目审批文件、设计文件等	监理规划、相关专业工程法律法规标准、施工组织设计

三、监理人的权限

监理方的权限大致可分为以下三类，由强到弱依次如图 2-28 所示。

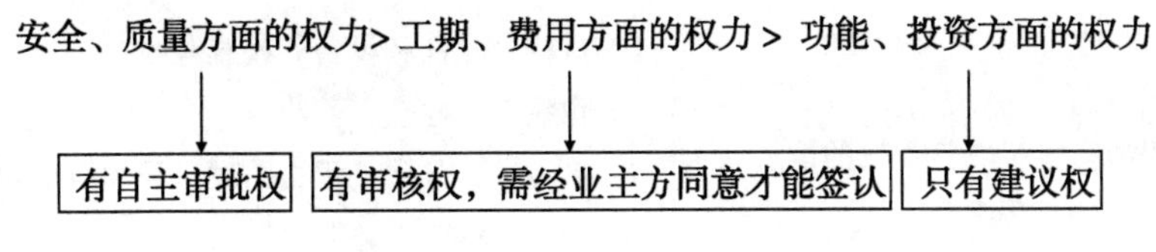

图 2-28　监理方的权力强弱排列图

监理方的具体权限及其分类见图 2-29。

监理人的权力		事项
自主审批权类	审核签认权（有自主审批权） 否定权 监督认可权	对分包人资质的审核认可权 对材料、施工质量有检验权、签认权或否定权 对安全违规事项有否定权 施工合同约定内的工程款支付的审核、签认权 施工合同范围内的工程结算的复核确认、否决权 审批施工组织设计和技术方案 工程实际进度的检查、监督权，竣工日期签认权
需经业主同意类	审核签认权（需经业主认可） 否定权（需经业主认可）	发布开/复工令、停工令 工程暂停或变更（紧急状况下未能事先报委托人批准的，应事后报业主） 合同约定之外或超出授权范围的各类事项的审批、签认
建议类	建议权	选择工程总承包人 工程建设中有关事项（包括工程规划、设计标准、规划设计、生产工艺设计和使用功能要求） 工程设计中的技术问题（应通过业主联系设计方）
	调解权	业主或承包人对对方的意见或要求（包括索赔）均需向项目监理机构提出，由项目监理机构研究处置意见，再同双方协商

图 2-29　监理人的权力

四、关于监理人责任的应掌握要点

（1）对承包人违反合同规定的质量要求和完工（交图、交货）时限，监理人不承担责任。

（2）因不可抗力导致监理人不能全部或部分履行合同，监理人不承担责任。

（3）不认真履行职责或提供超出其资质范围的咨询意见而给委托人造成损失的，应承担赔偿责任。

【归纳】监理方不承担非监理责任导致的项目目标失控。

五、总监理工程师和监理工程师的权限

现将可由监理工程师行使的权力归纳成图 2-30。除此以外，图 2-29 中各项权力都是总监理工程师才能行使的权力。

(1) 监理工程师有签字或验收权的情形
- 1）材料、配件和设备的检查验收
- 2）隐蔽工程检查、验收
- 3）检验批、分项工程由监理工程师组织验收，分部工程应由总监组织验收

(2) 除(1)外，监理工程师有否定权的情形
- 1）过程质量控制（如工序交接检查等）
- 2）安全监查（有安全隐患时，应签发监理工程师通知单；但暂停令需由总监签发，且应征得业主同意）
- 3）审核、批准承包单位对测量控制点的复核成果

图 2-30 可由监理工程师行使的权力

关于监理工程师职责的两个要点：

- 编制监理实施细则，在此之前应在总监主持下编制监理规划；
- 在总监主持下审查施工组织设计。

* * 练习题 * *

97. 关于监理人的权利，下列说法正确的是(　　)。

A. 当发现工程设计不符合设计合同约定的质量标准时，有权通知设计人更正

B. 对不符合设计要求的材料，有权通知承包人停止使用

C. 对工程实际竣工日期有签认权

D. 对工程结算有否决权

E. 无须征得委托人同意，有权发布停工令

98. 我国实行的建设工程监理，属于(　　)项目管理的范畴。

A. 政府主管部门　　B. 业主方　　C. 质量监督机构　　D. 建设工程项目总承包方

99. 在工程项目竣工验收阶段，项目监理机构的主要工作任务有(　　)。

A. 督促施工单位及时整理各种文件和资料，受理单位工程竣工验收报告，并提出意见

B. 根据施工单位的竣工报告，提出工程质量检验报告

C. 对工程主要部位、主要环节及技术复杂工程进行检查

D. 组织工程预验收，参加业主组织的竣工验收

E. 在质量责任缺陷期间，监督和检查质量问题的处理结果

100. 在工程监理过程中，监理人如果发现工程承包人的人员工作不力，可以要求(　　)。(2010 年真题)

A. 终止承包人合同　B. 承包人调换有关人员　C. 业主撤换有关人员　D. 暂停施工

101. 根据《建设工程监理规范》(GB 50319—2000)，编制工程建设监理规划应遵循的程序和依据是(　　)。

A. 在收到设计文件后开始编制　　　　B. 在签订委托监理合同前编制完成

C. 完成后必须经监理单位技术负责人审核批准　D. 应由总监理工程师主持编制

E. 依据项目审批文件编制

102. 对专业性较强的工程项目，项目监理机构应编制工程建设监理实施细则，并必须经(　　)批准后执行。

A. 监理单位技术负责人　B. 总监理工程师　C. 专业监理工程师　D. 专业工程师

103. 工程建设监理规划编制完成后，必须经(　　)审核批准。(2011 年真题)

A. 业主　B. 总监理工程师　C. 监理单位技术负责人　D. 专业监理工程师

第三章　建设工程合同与管理

考点 14　建设工程的招标与投标

一、施工招标

1. 招标程序

有关施工招标的内容在本套丛书的“法规分册”中作了比较详细的介绍，故此处不再重复。本书将主要知识点进行归纳，如图 3-1 所示。

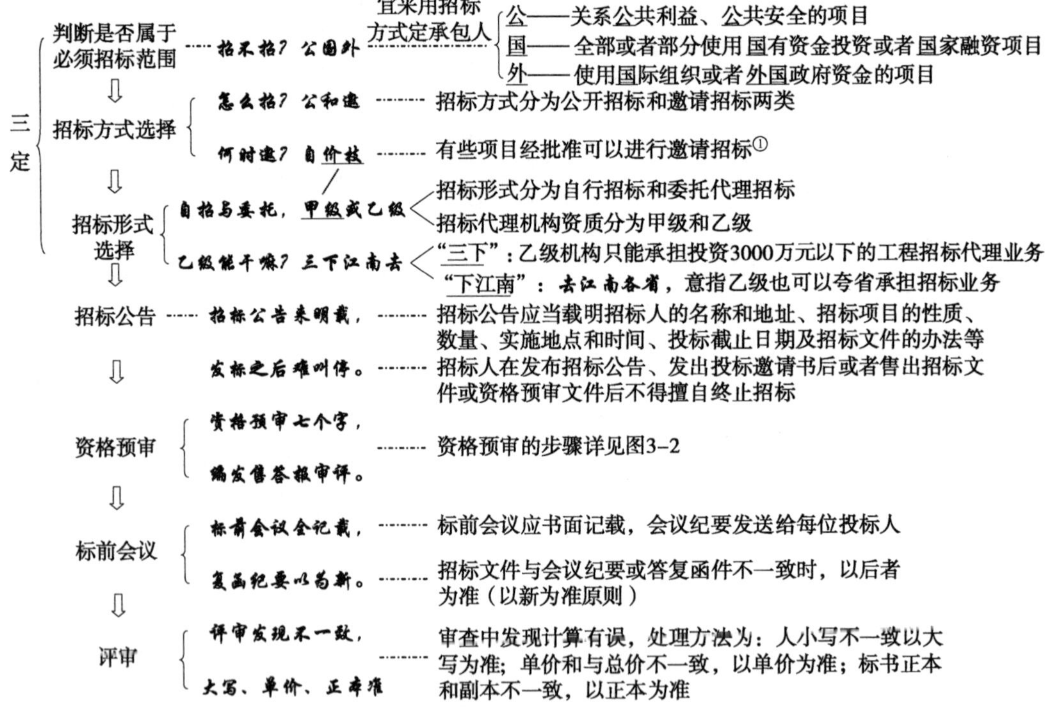

图 3-1　施工招标程序

① 经批准可以进行招标的项目：

a. 受自然地域环境限制的；（**自**）

b. 拟公开招标的费用与项目的价值相比，不值得的；（**价**）

c. 项目技术复杂或有特殊要求，只有少量几家潜在投标人可供选择的；（**技**）

d. 涉及国家安全、国家秘密或者抢险救灾，适宜招标但不宜公开招标的；（**此点较特殊**）

e. 法律、法规规定不宜投标邀请书。

资格预审的步骤见图 3-2。

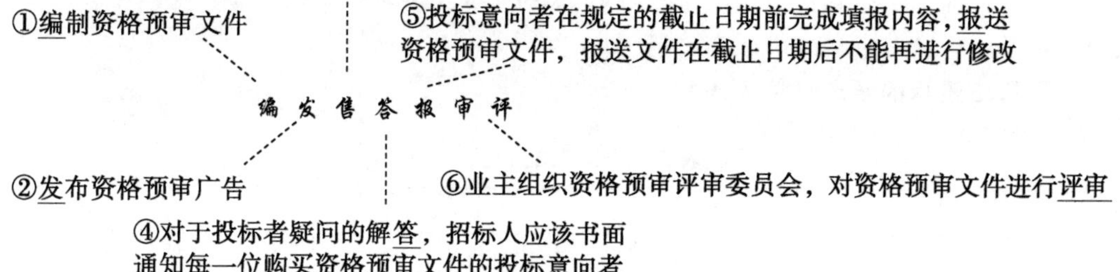

图 3-2 资格预审的步骤

二、招投标程序时限要求

本书招标过程涉及的时限要求可归纳如下（见图 3-3）：

发标二零改一五，售标前后至少五，报府备案要十五。

三个 30 得牢记，定标、签约、“保证期”。

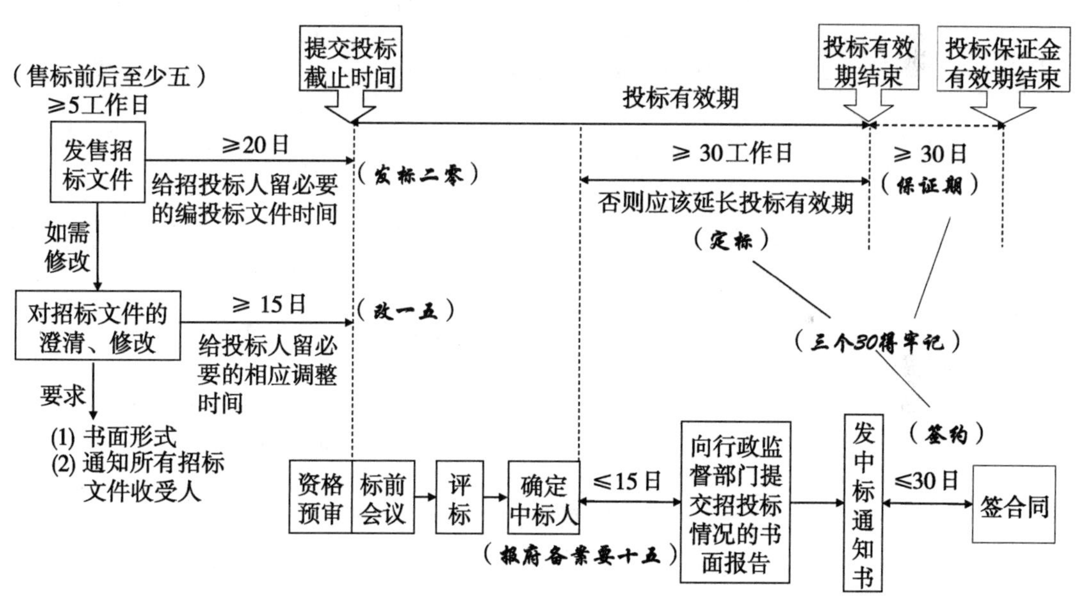

图 3-3 招标流程时限要求

有关上述时限的具体解释如下：

（1）依法必须进行招标的项目，自招标文件开始发出之日起至投标人提交投标文件截止之日止，最短不得少于 20 日；（**发标二零**）

（2）若招标人对已发出的招标文件进行澄清或者修改，应在投标文件截止时间至少 15 日前完成；（**改一五**）

（3）自招标文件或者资格预审文件出售之日起至停止出售之日止，最短不得少于 5 个工作日；

（4）招标人最迟应当在投标有效期结束日前 30 个工作日确定中标人；（**定标**）

(5) 招标人和中标人应当自中标通知书发出之日起30日内，按照招标文件和中标人的投标文件订立书面合同；（**签约**）

(6) 投标保证金有效期应当超出投标有效期30天。（**“保证期”≥“投标有效期+30天”**）

三、施工投标的要点（见表3-1）

表3-1 施工投标的要点

序号	项目	要点
1	投标人须知	“投标人须知”是招标人向投标人传递基础信息的文件，包括**工程概况、招标内容、招标文件的组成、投标文件的组成、报价原则、招投标时间安排**等关键信息
2	复核工程量	对于单价合同，投标人应根据图纸仔细核算工程量，当发现相差较大时，投标人应向招标人要求澄清 对于固定总价合同，如果业主在投标前对争议工程量不予更正，而且是对投标者不利的情况，投标者在投标时要附上声明：工程量表中某项工程量有错误，施工结算按实际完成量计算
3	选择施工方案	施工方案是报价的基础和前提，也是招标人评标时要考虑的重要因素之一 施工方案应由投标人的**技术负责人**主持制定，主要应考虑施工方法、主要施工机具的配置、各工种劳动力的安排及现场施工人员的平衡、施工进度及分批竣工的安排、安全措施等
4	确定投标策略	正确的投标策略对提高中标率并获得较高的利润有重要的作用。常用的投标策略有**以信誉取胜、以低价取胜、以缩短工期取胜、以改进设计取胜**或者**以先进或特殊的施工方案取胜**等

【例3-1】投标人根据招标文件在约定期限内向招标人提交投标文件的行为，称为（ ）。（2014年真题）

A. 要约　　B. 承诺　　C. 要约邀请　　D. 合同生效

【答案】A

【解析】招标人通过媒体发布招标公告，或向符合条件的投标人发出招标邀请，为要约邀请；投标人根据招标文件内容在约定的期限内向招标人提交投标文件，为要约；招标人通过评标确定中标人，发出中标通知书，为承诺；招标人和中标人按照中标通知书、招标文件和中标人的投标文件等订立书面合同时，合同成立并生效。

＊＊练习题＊＊

1. 对于采用单价合同的招标工程，如投标书中有明显的数学计算错误，业主有权先做修改再评标。当总价和单价的计算结果不一致时，正确的做法是（ ）。（2010年真题）

A. 分别调整单价和总价　　B. 按市场价调整单价

C. 以总价为准调整单价　　D. 以单价为准调整总价

2. 按现行规定，建设工程项目允许采用邀请招标方式的情形是（ ）。

A. 因潜在投标人多而导致招标工作量太大的

B. 因潜在投标人不了解信息而导致投标人太少的

C. 公开招标程序过于烦琐的

D. 受自然地域环境限制的

3. 经过审批部门批准应当采用邀请招标方式招标的是（ ）。

A. 涉及国家安全而不适宜招标的项目

B. 施工企业自建自用工程，且该施工企业资质等级符合工程要求的项目

C. 拟公开招标的费用与项目的价值相比，不值得公开招标的项目

D. 在建工程追加的附属小型工程，原中标人仍具备承包能力的项目

4. 根据我国现行招标投标的有关规定，下列说法正确的是(　　)。

A. 招标人必须委托招标代理机构代为办理招标事宜

B. 工程招标代理机构的资格分为甲、乙两级

C. 乙级工程招标代理机构只能承担工程投资额5000万元以下的工程招标代理业务

D. 乙级工程招标代理机构不可以跨省、自治区、直辖市承担业务

5. 根据《中华人民共和国招标投标法》，招标人对已发出的招标文件进行必要的澄清或修改的，应当在招标文件要求提交投票文件截止时间至少(　　)日之前书面通知。(2011年真题)

A. 7　　B. 15　　C. 14　　D. 21

6. 根据我国有关法规规定，下列关于招标文件出售的说法中，正确的是(　　)。

A. 自招标文件出售之日起至停止出售之日止，最短不得少于5日

B. 对招标文件的收费应合理，遵循微利的原则

C. 招标人在售出招标文件后，可随时终止招标

D. 招标文件售出后，不予退还

7. 依法必须进行施工招标的项目，招标人应在(　　)之日起15日内向有关行政监督部门提交招标投标情况的书面报告。

A. 发出中标通知书　　B. 合同签订　　C. 投标有效期结束　　D. 确定中标人

8. 根据《中华人民共和国招标投标法》，招标人和中标人订立书面合同的时候是(　　)后30日内。

A. 合同谈判开始　　B. 开标　　C. 评标　　D. 中标通知书发出

9. 根据《中华人民共和国招标投标法》，若招标人需要对已发出的招标文件进行必要的澄清或者修改，应当至少在招标文件中规定的投标文件截至时间前(　　)日，以书面形式通知所有投标文件收受人。

A. 14　　B. 15　　C. 28　　D. 30

10. 工程施工投标过程中，施工方案由投标人的(　　)主持制定。(2011年真题)

A. 拟派项目经理　　B. 分管投标的副总经理

C. 技术负责人　　D. 分管生产的副总经理

11. 投标人须知是招标人向投标人传递基础信息的文件，投标人应特别注意其中的(　　)等内容。(2010年真题)

A. 招标工程的范围　　B. 招标人的责权利　　C. 施工技术说明

D. 投标文件的组成　　E. 重要时间安排

12. 某按工程量清单计价的招标工程，投标人在复核工程量清单时发现工程数量与设计文件和现场实际有较大的差异，则投标人的正确处理方式是(　　)。

A. 自行调整清单数量，在附录中加以说明，并按调整后的数量投标

B. 根据清单数量和投标人复核的数量分别报价，供业主选择

C. 以适当的方式要求业主澄清，视结果进行投标
D. 不予理会，按照招标文件提供的清单数量进行投标

考点 15　施工合同的谈判与签约

一、合同订立的程序（见图 3-4）

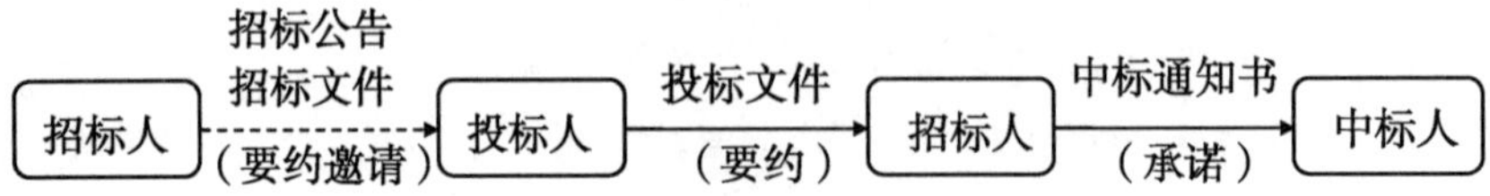

图 3-4　以招投标方式订立施工合同的程序

有关要约邀请、要约、承诺等的具体解释详见本套丛书“法律法规”分册。

二、合同的谈判的内容

施工合同的谈判内容有 7 个方面，又可归纳为三类，即“量的问题”、“钱的问题”、“时间的问题”，如图 3-5 所示。

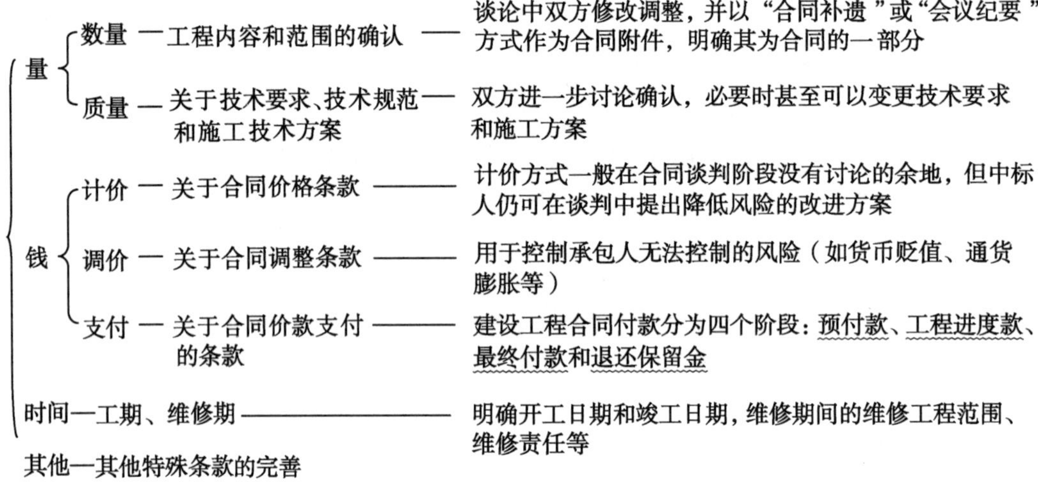

图 3-5　合同谈判的内容

三、施工承包合同的最后文本确定和合同签订

在合同谈判阶段双方谈判的结果一般以“合同补遗”的形式，或“合同谈判纪要”（会议纪要）的形式，形成书面文件。

在谈判结束后，应按上述内容和形式形成一个完整的合同文本草案，经双方代表认可后形成正式文件。双方核对无误后，由双方代表草签，至此合同谈判阶段即告结束。此时，承包人应及时准备和递交履约保函，准备正式签署施工承包合同。

＊＊练习题＊＊

13. 建设工程合同的订立程序中，属于要约的是(　　)。(2011 年真题)

A. 招标人通过媒体发布招标公告

B. 向符合条件的投标人发出招标文件

C. 投标人根据招标文件内容在规定的期限内向招标人提交投标文件

D. 招标人通过评标确定中标人，发出中标通知书

14. 下列建设工程项目招投标活动中，属于合同要约行为的是(　　)。(2010 年真题)

A. 提交投标文件　　B. 订立承包合同　　C. 发出中标通知书　　D. 发布招标公告

15. 招标人和中标人在签订合同的谈判中，为了防范货币贬值或者通货膨胀的风险，一般通过(　　)约定风险承担方式。

A. 调整投标价格　　B. 价格调整条款　　C. 调整中标价格　　D. 调整工作范围

16. 业主依据建设工程施工承包合同支付工程合同款可分为(　　)四个阶段进行。

A. 履约担保金、工程预防款、工程进度款和最终付款

B. 履约担保金、工程进度款、工程预付款和退还保留金

C. 工程预付款、工程进度款、工程变更款和最终付款

D. 工程预付款、工程进度款、最终付款和退还保留金

17. 施工单位中标后与建设工程项目招标人进行合同谈判后达到一致的内容，应以(　　)方式确定下来作为合同的附件。

A. 合同补遗　　B. 会议纪要　　C. 协议书　　D. 投标补充文件　　E. 工程变更文件

考点 16　建设工程合同的内容

一、工程项目中涉及的主要合同分类（见图 3-6）

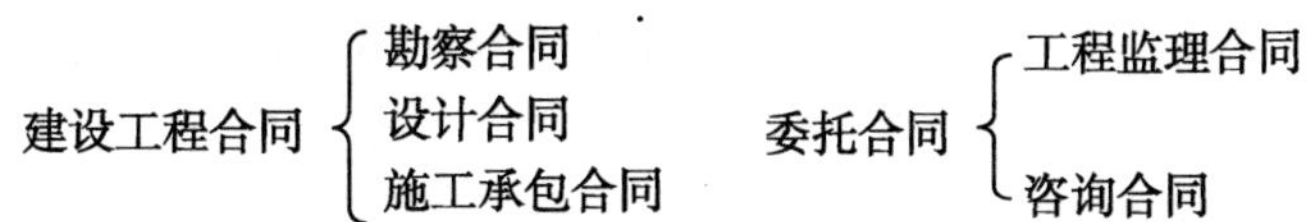

图 3-6　建设工程项目主要合同分类

二、施工承包合同

1. 合同文件的组成

各种施工合同示范文本一般由三部分组成，即协议书、通用条款和专用条款。有关合同通用条款规定的优先解释顺序见图 3-7。

2. 施工承包合同中双方的义务

详见考点 17 总分包问题与各类施工合同。

3. 工程试车（见表 3-2）

表 3-2　工程试车

竣工前试车	单机无负荷试车	承包人组织
	联动无负荷试车	发包人组织
竣工后试车	投料试车	发包人组织

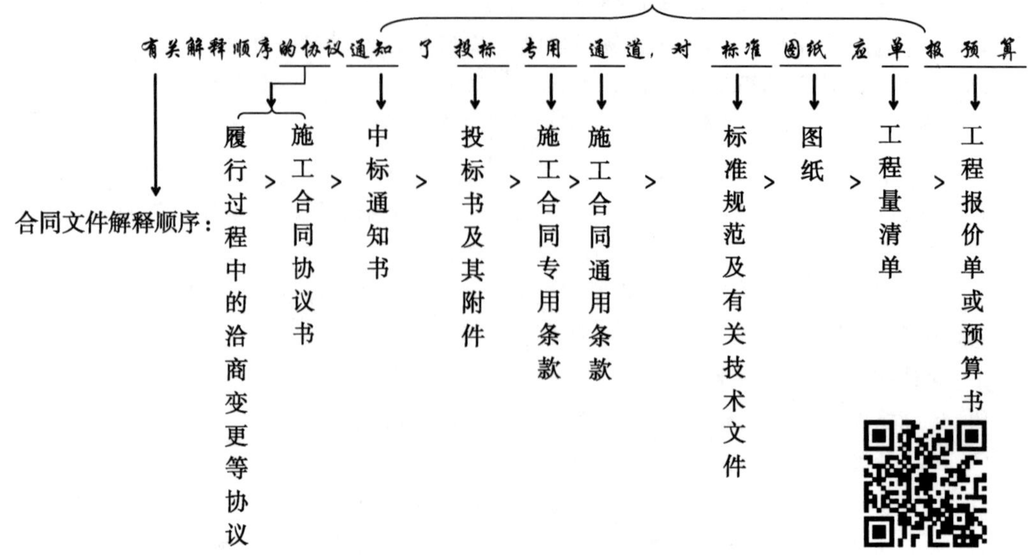

图 3-7　合同解释顺序的口诀记忆

单机无负荷试车所需的环境条件在承包人负责施工的现场范围内能解决，因此由承包人组织试车（承包人只负责组织单机无负荷试车）。

联动无负荷试车需要外部的配合条件，因此由发包人组织试车。

投料试车较联动无负荷试车更进了一步，当然应由发包人组织。

4. 保修期

承包人对交付发包人使用的工程在质量保修期内承担质量保修责任。承包人应在工程竣工验收之前，与发包人签订质量保修书。作为合同附件，主要内容包括工程质量保修范围和内容、质量保修期、质量保修责任和质量保修金的支付方法等（助记方式见下图）。

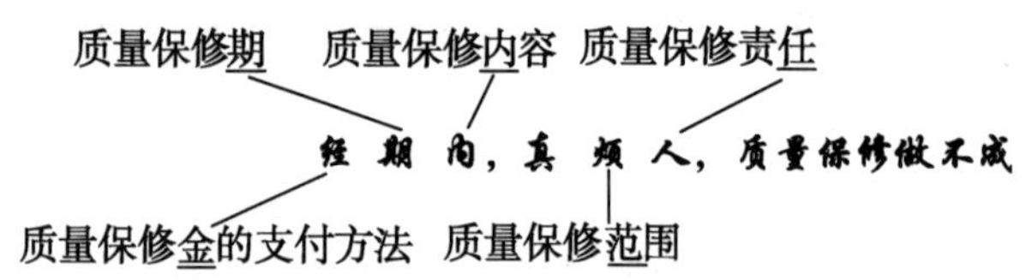

图 3-8　质量保修书的内容助记

保修期满，承包人履行了保修义务，发包人应在质量保修期满后 14d（天）内结算，将剩余保修金和按工程质量保修书约定银行利率计算的利息一起返还承包人。（保修金是要计息的）

三、物资采购合同

物资采购合同的双方当事人为供方和需方。供方一般为物资供应单位或建筑材料和设备的生产厂家，需方为建设单位（业主）、项目总承包单位或施工承包单位。供方应对其生产或供应的产品质量负责，而需方则应根据合同的规定进行验收。

1. 材料采购合同（见表 3-3）

表 3-3　材料采购合同

项目	要　点
交货期限	应明确具体的交货时间。如果分批交货，要注明各个批次的交货时间 交货日期的确定可以按照下列方式 （1）供方负责送货的，以**需方收货戳记**的日期为准 （2）采购方提货的，以供方按合同规定**通知的提货日期为准** （3）凡委托运输部门或单位运输、送货或代运的产品，一般以供方发运产品时**承运单位签发**的日期为准，不是以向承运单位提出申请的日期为准
价格	（1）有国家定价的材料，应按国家定价执行 （2）按规定应由国家定价的但国家尚无定价的材料，其价格应报请物价主管部门的批准 （3）不属于国家定价的产品，可由供需双方协商确定价格 【助记】**定价效力——国家定价＞部门批价＞双方协商定价**

2. 材料采购合同的违约责任（见表 3-4）

表 3-4　材料采购合同的违约责任

		责任承担的补救措施
供货方违约	逾期交货	（1）采购方的损失，应由供货方承担费用 （2）供货方应在发货前与采购方就发货事宜进行协商，发出发货协商通知 （3）若采购方仍需要货时，供货方可继续发货照数补齐，并承担逾期交货责任
	提前交付货物	（1）由供货方发出提前提货通知 （2）采购方可以根据自己的实际情况拒绝提前提货；也可以接收货物，但仍按合同规定的时间付款 （3）对于多出的货物部分，或是不符合约定的部分，可由采购方代为保管，但是代为保管期内实际支出的保管、保养等费用由供货方承担
采购方违约		（1）采购方要求中途退货，应向供货方支付按退货部分货款总额计算的违约金，并要承担由此给供货方造成的损失 （2）采购方不能按期提货，除支付违约金以外，还应承担逾期提货给供货方造成的代为保管费、保养费等 （3）采购方逾期付款，应该按照合同约定支付逾期付款利息

3. 设备采购合同

设备采购的合同价款一般分三次支付：

（1）设备制造前，采购方支付设备价格的10%作为预付款；

（2）供货方按照交货顺序在规定时间内将货物送达交货地点，采购方支付该批设备价格的 80%；

（3）剩余10%作为设备保证金，带保证期满，采购方签发最终验收证书后支付。

【助记】**首尾双十购设备**（采购前后都为 10%，中间只剩 1－2×10%＝80%）

【例 3-2】某建筑材料采购合同中，约定由采购方于 2011 年 6 月 30 日到指定地点提取约定数量的货物，7 月 10 日支付货款总额；6 月 25 日采购方接到了提前提货通知，采购方派车于 6 月 28 日接收货物；发现供货方交货数量大于约定数量。那么采购方可采取的正确行为有(　　)。(2011 年真题)

A. 应在 7 月 8 日支付货款总额　　B. 仍可在 7 月 10 日交付货款总额

C. 只提取约定数量的货物　　D. 支付 6 月 25～28 日未及时提货的保管费用

E. 对多交货部分代为保管，但保管费应由供货方承担

【答案】BE

【解析】选项C建议不选，建造师考试教材中并未对此有特别说明。而根据有关规定，当交付数量多于合同规定时，应作如下处理：

①合同双方在同一城市的，采购方可以拒收多交部分；

②合同双方不在同一城市的，采购方应先把货物接收下来并负责保管（目的是尽量减少损失），在到货后10天内将详情和处理意见通知对方。

【例3-3】根据《建设工程施工合同（示范文本）》（GF—2013—0201），工作缺陷责任期自（ ）起计算。（2014年真题）

A. 合同签订日期　　B. 竣工验收合格之日

C. 实际竣工日期　　D. 颁发工程接收证书之日

【答案】C

【解析】缺陷责任期自实际竣工日期起计算，合同当事人应在专用合同条款约定缺陷责任期的具体期限，但该期限最长不超过24个月。

＊＊练习题＊＊

18. 根据《中华人民共和国合同法》，下列合同中属于建设工程合同的有（ ）。

A. 勘察合同　　B. 设计合同　　C. 施工承包合同　　D. 工程监理合同

E. 咨询合同

19. 按照建设工程承发包方式分类，建设工程合同类型包括（ ）

A. 勘察、设计或施工总承包合同

B. 总价合同

C. 工程项目总承包合同

D. 工程监理合同

E. 建设工程物资采购合同

20. 我国《建设工程施工合同〈示范文本〉》（GF－1999－0201）由（ ）三部分组成。

A. 协议书、合同条款和工程图纸　　B. 协议书、合同条款和专用条款

C. 合同条款、专用条款和工程图纸　　D. 协议书、通用条款和专用条款

21. 根据《建设工程施工合同（示范文本）》（GF－1999－0201），关于合同文件的优先解释顺序，正确的有（ ）。

A. 投标书优先于合同专用条款　　B. 合同专用条款优先于标准、规范

C. 标准、规范优先于图纸　　D. 工程量清单优先于图纸

E. 工程量清单优先于工程报价单

22. 根据《建设工程施工合同（示范文本）》（GF－1999－0201），建设工程的投料试车应（ ）。

A. 在工程竣工验收前由承包人负责　　B. 在工程竣工验收前由供货人负责

C. 在工程竣工验收后由供货人负责　　D. 在工程竣工验收后由发包人负责

23. 在建筑材料采购合同中，委托运输部门运输、送货或代运的产品，其交货期限一

般以(　　)的日期为准。(2010 年真题)

A. 货物送达交货地点　　B. 供方向承运单位提出申请

C. 承运单位签发　　D. 需方收货戳记

24. 建筑施工企业与物资供应企业就某建筑材料的供应签订合同，如该建筑材料不属于国家定价的产品，则其价格应(　　)。

A. 报请物价主管部门确定

B. 参考国家定价确定

C. 按当地工程造价管理部门公布的指导价确定

D. 由供需双方协商确定

考点 17　总分包问题与各类施工合同

一、劳务分包与专业分包（见表 3-5）

表 3-5　劳务分包与专业分包

	专业工程分包	劳务作业分包
定义	指施工总承包单位将其承包工程中的专业工程发包给具有相应资质的其他建筑业企业完成的活动	指承包单位或者专业分包单位（均可视为劳务作业的发包人）将其承包工程中的劳务作业发包给分包单位（劳务作业承包人）完成的活动 注意：包工包料已超出劳务分包的范畴，不属于劳务分包
资质要求	专业承包序列企业的资质设二至三个等级，60 个资质类别	劳务分包序列企业资质设一至二个等级，13 个资质类别，如同时发生多类作业可划分为结构劳务作业、装修劳务作业、综合劳务作业等

二、禁止转包和违法分包

（1）建设工程主体结构和主要工程量禁止分包；

（2）禁止承包单位将其承包的全部建筑工程转包给他人，禁止承包单位将其承包的全部建筑工程肢解以后以分包的名义分别转包给他人；

（3）总承包单位依法将建设工程分包给其他单位的，分包单位应当按照分包合同的约定对其分包工程的质量向总承包单位负责，总承包单位与分包单位对分包工程的质量承担连带责任；

（4）专业工程分包人经承包人同意可将其劳务作业分包，并对劳务作业承担责任；

（5）劳务分包人不得将劳务作业转包或再分包。

三、指定分包

国内的有关法规规定建设单位不得直接指定分包工程承包人，但在国际工程合同中，业主可以根据施工承包合同的约定，选择某个单位作为指定分包商，指定分包商一般应与承包人签订分包合同，接受承包人的管理和协调。

四、承包合同及分包合同中合同双方的义务

1. 工程承包合同中发包人与承包人的义务（见表 3-6）

表 3-6 施工承包合同中发包人与承包人的义务对比（仅列出易混淆部分）

发包人义务	承包人义务
（1）向承包人提供施工场地及施工条件 （2）“四通”——水、电、道路、通信线路接至施工场地 （3）提供水文地质勘探资料和地下管线资料，提供现场测量基准点、基准线和水准点及有关资料，以书面形式交给承包人，并进行现场交验，提供图纸等其他与合同工程有关的资料	（1）根据发包人委托，在其设计资质等级和业务允许的范围内，完成施工图设计或与工程配套的设计，经工程师确认后使用 （2）按专用条款约定的数量和要求，向发包人提供施工场地办公和生活的房屋及设施
（4）协调处理施工场地**周围**地下管线和邻近建筑物、构筑物（包括文物保护建筑）、古树名木的保护工作	（3）按专用条款约定做好施工场地地下管线和邻近建筑物、构筑物（包括文物保护建筑）、古树名木的保护工作
（5）**办理《施工许可证》**及**其他施工所需证件、批件**和临时用地、**停水、停电、中断道路交通、爆破作业**等的申请批准手续（证明承包人自身资质的证件除外）	（4）遵守政府有关主管部门对**施工场地交通、施工噪声以及环境保护和安全生产**等的管理规定，按规定办理有关手续（如《**夜间施工许可证**》），并以书面形式通知发包人，发包人承担由此发生的费用，因承包人责任造成的罚款除外
（6）组织承包人和设计单位进行图纸会审和设计交底	

2. 专业工程分包合同中承包人与分包人的义务

分包人就是分包工程的承包人，所以应在其分包工程的范围内，承担相当于承包人在总包合同中的义务，但又有所不同，如分包人不需向发包人提供施工场地办公和生活的房屋及设施，这是承包人的义务（见表 3-7）。

表 3-7 专业工程分包合同中承包人与分包人的义务对比（仅列出易混淆部分）

承包人义务	分包人义务
（1）向分包人提供与分包工程相关的各种证件、批件和各种相关资料，向分包人提供具备施工条件的施工场地和通道 （2）提供合同专用条款中约定的设备和设施，并承担因此发生的费用 （3）及时向分包人提供所需的指令、批准、图纸等	（1）按分包合同的约定，对分包工程进行设计（分包合同有约定时）、施工和保修 （2）分包人应执行承包人根据分包合同所发出的所有指令，并须服从承包人转发的发包人或工程师与分包工程有关的指令 （3）未经承包人允许，分包人不得以任何理由与发包人或工程师发生直接工作联系
（4）**负责整个施工场地的管理工作**，协调分包人与同一施工场地的其他分包人之间的交叉配合	（4）涉及分包人施工场地以内需要保护的文物或古树名木的保护工作；分包工程成品保护
（5）承包人**应提供总包合同供分包人查阅**（价格内容除外）	（5）遵守政府有关主管部门对**施工场地交通、施工噪声以及环境保护和安全生产**等的管理规定，按规定办理有关手续，并以书面形式通知承包人
（6）组织分包人参加发包人组织的图纸会审，向分包人进行设计图纸交底	（6）向承包人**提交详细的施工组织设计、进度计划**及相应的**进度统计报表**

【理解】

（1）专业工程的专业性较强，因此，分包人应就其分包工程范围提交施工组织设计并负责保修；当合同有约定时，还应对分包工程进行设计（这三项与劳务分包的义务不同）

（2）由于专业分包工程的发包人是承包人，因此分包人应对承包人负责，本表中分包人义务中的第（2）、（3）两条也就不难理解了，这与劳务分包人的义务相同

3. 劳务分包合同中承包人与劳务分包人的义务（见表3-8、表3-9）

表3-8 劳务分包合同中承包人和劳务分包人的义务对比要点

	承包人在劳务分包合同中的义务	劳务分包人对承包人的义务
管理方面	组建项目管理班子，组织实施项目管理各项工作	（1）**安全教育；现场管理** （2）自觉接受承包人及有关部门的管理、监督和检查 （3）与现场其他单位协调配合，照顾全局
技术文件与计划	负责**编制施工组织设计**及年、季、月**施工计划**	按时提交**施工计划、作业计划**，按时提交报表、完整的原始技术经济资料，配合工程承包人办理交工验收
技术方面	负责**工程测量定位、沉降观测**、技术交底，组织图纸会审	（1）按要求**精心组织施工** （2）做好施工场地周围建筑物、构筑物、地下管线和已完工程部分的成品保护工作
应提供之物	及时交付材料、设备；**向劳务分包人提供生产、生活临时设施**	**投入人力、物力；保证工期**
工作联系	**负责与发包人、监理、设计及有关部门联系**，协调现场工作关系	不擅自与发包人及有关部门建立工作联系，须服从承包人转发的发包人及工程师的指令
保险	除右栏内容外，其他保险均应由承包人办理或获自发包人	劳务分包人应为从事危险作业的职工办理意外伤害保险，并为施工场地内自有人员生命财产和施工机械设备办理保险，支付保险费用（仅此一项）
归纳	承包人不仅要承担管理和技术方面的义务，还要承担类似于发包人的某些义务	劳务分包人的义务仅限于施工作业层面

注：从分包合同和劳务分包合同角度而言，承包人是分包工程和劳务分包作业的发包人。

表3-9 项目总承包合同双方的权利义务对比（仅列出易混淆部分）

发包人的义务和权利	项目总承包单位的责任和义务
使项目具备法律规定的开工条件（含负责办理项目的审批、核准或备案手续，取得项目用地的使用权，完成拆迁补偿等工作） 有权根据合同约定对承包人的设计、采购、施工等实施工作提出建议、修改和变更	（1）负责工程的设计所用设计人员或设计分包人必须事先征得业主代表的同意 （2）业主自行采购清单所列设备及材料的采购及交运以外的所有工作为总承包工作 （3）承包商的所有工作（包括拟提供的设备和材料），均应按照合同规定的方法制造、加工与实施 （4）按专用条款约定的数量和要求，向发包人提供施工场地办公和生活的房屋及设施

五、合同价款与报酬（见表3-10）

表3-10 分包合同的计价方式

	专业工程分包合同	劳务分包合同
计价方式	固定价格 可调价格 成本加酬金	固定劳务报酬 计时单价 计件单价
支付方式	专业工程分包合同的支付方式与施工承包合同相近，可实行预付款、进度款（含变更款）、最终付款，其程序与施工承包合同相似	承包人确认劳务分包人提交的结算资料后14d内向劳务分包人支付劳务报酬尾款

＊＊练习题＊＊

25. 按照我国现行规定，建设企业专业承包序列企业资质设(　　)个等级，60个资质类别。

A. 1 至 2　　　B. 1 至 3　　　C. 2 至 3　　　D. 2 至 4

26. 根据《建设工程质量管理条例》，转包行为有(　　)。

A. 发包人与施工总承包商签订合同后又向总承包商指定分包

B. 承包商将其承包的全部建设工程转给他人承包

C. 承包商将其承包的全部工程肢解后以分包的名义分别转给他人承包

D. 施工总承包商将其承包的主体结构工程施工任务全部转包给他人承包

E. 分包人将其承包的建设工程再分包

27. 按照国际工程的惯例，当建设工程采用指定分包时，(　　)应对分包工程的工期目标和质量目标负责。(2011 年真题)

A. 业主方　　　B. 监理方　　　C. 施工总承包方　　　D. 劳务分包方

28. 有关建设工程项目总承包单位工作内容，正确的是(　　)。(2011 年真题)

A. 负责办理项目的审查、核准或手续，取得项目用地的使用权

B. 按照合同约定：完成设计、采购、施工、竣工试验和竣工后试验

C. 完成拆迁补偿工作，使项目具备法律规定的开工条件

D. 项目总承包单位可自主确定设计人员和设计分包者

29. 在建设工程项目总承包模式下，设计人员或者设计分包者如属项目总承包合同中未指定者，则其能否承担相应工程的设计须事先征得(　　)的同意。

A. 项目施工单位　　　B. 业主代表　　　C. 质量监督机构　　　D. 设计主管部门

30. 关于施工总承包单位安全责任的说法，正确的是(　　)。

A. 总承包单位的项目经理是施工企业第一负责人

B. 业主指定的分包单位可以不服从总承包单位的安全生产管理

C. 分包单位不服从管理导致安全生产事故的，总承包单位不承担责任

D. 总承包单位对施工现场的安全生产负总责

31. 关于对施工分包单位进行管理的说法，正确的有(　　)。

A. 对业主指定分包单位进行管理的第一责任主体是业主

B. 分包工程在分包人自检合格的基础上可以直接提请业主或监理工程师验收

C. 总承包单位要积极为分包工程的施工创造条件，协调各分包单位之间的关系

D. 分包单位的选择要符合资质类别和等级的有关规定，并经业主和监理机构的认可

E. 总承包单位建立工地例会制度，及时处理分包单位施工过程中出现的问题

32. 根据《建设工程施工合同（示范文本)》(GF－1999－0201)，下列工作内容中，属于承包人义务的有(　　)。(2010 年真题)

A. 支付施工现场邻近的古树保护费用　B. 办理夜间施工许可证　C. 照管未交工工程

D. 办理施工许可证　　　E. 办理施工现场爆破作业申请

33. 根据《建设工程施工劳务分包合同（示范文本)》(GF－2003－0214)，属于承包人工作的有(　　)。

A. 负责编制施工组织设计　　　B. 科学安排作业计划

C. 组织编制年、季、月施工计划　　　D. 负责工程测量定位

E. 负责与监理、设计及有关部门联系

34. 根据《建设工程施工合同（示范文本）》(GF－1999－0201)，以书面形式提供有关水文地质勘探资料和地下管线资料，提供现场测量基准点、基准线和水准点有关资料，并进行现场交验是(　　)的责任和义务。

A. 发包人　　B. 设计单位　　C. 承包人　　D. 监理人

35. 根据《建设工程施工劳务分包合同（示范文本）》(GF－2003－0214)，劳务分包人在施工场地内自有施工机械设备的保险手续应由(　　)办理，并支付保险费用。

A. 发包人　　B. 工程承包人　　C. 劳务分包人　　D. 工程师

36. 根据《建设工程施工劳务分包合同（示范文本）》(GF－2003－0214)，劳务分包人在施工现场使用的安全保护用品，由劳务分包人提供使用计划，经工程承包人批准后，由(　　)负责供应。

A. 劳务分包人　　B. 工程承包人　　C. 发包人　　D. 安全监督机构

37. 根据《建设工程施工劳务分包合同（示范文本）》(GF－2003－0214)，劳务分包人的义务之一是(　　)。

A. 负责编制施工组织设计　　B. 组织编制年、季、月施工计划

C. 负责与监理、设计及有关部门联系　　D. 做好已完工程部分的成品保护工作

38. 某工程采用建设工程项目总承包模式，业主依据总承包合同约定，委托一家装饰装修单位分包该工程的装饰装修任务，则该装饰装修单位应对的(　　)负责。

A. 业主　　B. 项目总承包单位　　C. 工程监理单位　　D. 质量监督机构

39. 施工总承包单位对分包单位编制的施工质量计划(　　)。

A. 需要进行指导和审核，但不承担施工质量的连带责任

B. 需要进行指导和审核，并承担施工质量的连带责任

C. 不需要审核，但应承担施工质量的连带责任

D. 需要进行指导和审核，并承担施工质量的全部责任

40. 根据《建设工程施工劳务分包合同（示范文本）》(GF－2003－0214)，劳务报酬可按(　　)计算。

A. 成本加酬金　B. 固定总价　C. 计时单价　D. 计件单价　E. 实际人工工资

41. 根据《建设工程施工劳务分包合同（示范文本）》(GF－2003－0214)，工程承包人应在确认劳务分包人递交的结算资料后(　　)天内向劳务分包人支付劳务报酬尾款。

A. 7　　B. 14　　C. 28　　D. 30

考点 18　合同计价方式

建设工程施工承包合同的计价方式主要有三种，即总价合同、单价合同和成本补偿（成本加酬金）合同。

一、总价合同与单价合同（见表 3-11）

表 3-11　合同计价方式

特点	一级分类	二级分类	工程量变化	价格调整（政策、通膨等导致）	量的风险	价的风险
单价优先	**单价合同**	变动单价合同	可变（大）	单价可变	发包人承担	发包人承担
		固定单价合同	可变（小）	单价固定	发包人承担	承包人承担
总价优先	**总价合同**	变动总价合同	固定	总价可变	承包人承担	发包人承担
		固定总价合同	固定	总价固定	承包人承担	承包人承担

注：施工期限一年左右的合同一般实行固定总价合同，但建设周期一年半以上的工程项目，则应考虑采用变动价合同，考虑工资上涨、造价变化、外汇变化等因素。

【原理】

（1）确定性大的一般可固定（量或价），所谓的固定并非是绝对的固定。

（2）确定性不大的不应固定（可调，或按实际），如：

- 工期长 → 市场价格（成本）不确定性大 → 价不能固定；
- 设计深度不够 → 工程量的不确定性大 → 量不能固定。

根据以上基本原理可以推导出相关合同价的风险承担和合同价特点及适用范围等，如下面例题所示。

【例 3-4】单价合同适用于(　　)的项目。

A. 工期长，工程量变化幅度很大　　B. 工期长，工程量变化幅度不太大

C. 工期短，工程量变化幅度不太大　　D. 工期短，工程量变化幅度很大

【答案】D

【例 3-5】采用单价合同时，最后工程结算的总价是根据(　　)计算确定的。(2011 年真题)

A. 发包人提供的清单工程量及承包方所填报的单价

B. 发包人提供的清单工程量及承包方实际发生的单价

C. 实际完成并经工程师计量的工程量及承包人实际发生的单价

D. 实际完成并经工程师计量的工程量及承包人所填报的单价

【答案】D

二、变动单价合同和固定总价合同的对比

由于任何一种合同价都会对承包人或发包人产生风险（特别是变动单价合同和固定总价合同），因此在订立合同价的过程中可以另行约定，以减小风险，如表 3-12 所示。

表 3-12　变动单价和固定总价对潜在风险的控制方法

	主要风险	解决办法
变动单价合同	发包人同时承担量和价的风险	（1）约定估计工程量，当实际工程量发生较大变化时对单价调整 （2）约定如何对单价进行调整 （3）约定当通货膨胀达到一定水平或国家相关政策发生变化时，对哪些工程的单价进行调整及如何调整
固定总价合同	承包人同时承担量和价的风险	（1）约定发生重大工程变更、累计工程变更超过一定幅度或者其他特殊条件下可以对合同价格进行调整 （2）承包商报价中增加一笔不可预见的风险费

三、成本加酬金合同（见表 3-13）

表 3-13　成本加酬金合同概述

项目	内容要点
概念	成本加酬金合同也称为成本补偿合同，这是与固定总价合同正好相反的合同，工程施工的最终合同价格将按照工程的实际成本再加上一定的酬金进行计算
风险	采用这种合同时承包商不承担任何价格变化或工程量变化的风险，这些风险都由业主承担，对业主投资控制很不利
适用特点	成本加酬金合同对承包商来说比较有积极性，对业主来讲风险很大，一定程度上来说业主不愿选择，除非不得已的情况。由此可以推理得知该合同价的适用特点 （1）工程特别复杂，工程技术、结构方案不能预选确定 （2）尽管可以确定工程技术和结构方案，但是不可能进行竞争性的招标活动并以总价合同或单价合同的形式确定承包商 （3）时间特别紧迫，如抢险救灾工程，来不及进行详细的计划和商谈 （4）在国际上，许多项目管理合同、咨询服务合同等也多采用成本加酬金合同的方式（如实行施工总承包管理模式或 CM 模式时，一般就采用成本加酬金合同）

成本加酬金合同主要有四种形式，主要归纳为以下四方面（见表 3-14）：

表 3-14　成本加酬金合同的主要形式

计价形式	计价方法	适用条件及对工期和成本的影响
成本加固定费用	成本＋固定报酬金	承包商为了获得酬金，会尽力缩短工期
成本加固定比例费用	成本×(1＋固定比例)	不利于缩短工期和降低成本
成本加奖金（实为奖罚）	以估算指标规定的底点和顶点为准，在顶点以上则收取罚款，底点之下则加大酬金	在招标时，当图纸、规范等准备不充分，不能据以确定合同价格，而**仅能制定一个估算指标时可采用这种形式**
最大成本加费用	最大成本＋固定酬金（超过则由承包人承担，节约部分归业主，或由甲乙双方分享）	设计深度达到可以报总价的深度时采用

注：1. 最后一种计价方式的“最大成本加费用”与其他三种“成本加酬金”形式的区别在于其他三种是可变的，待定的，而“最大成本”则是确定的，因此采用最大成本加费用的加价方式需要设计深度达到可以报总价的深度。

2. 成本加奖金形式无任何固定成分（其余三种都有一定的固定成分），因此适合设计文件最不成熟（**仅能制定一个估算指标时**）的情况采用。

＊＊练习题＊＊

42. 在固定总价合同形式下，承包人承担的风险是(　　)。(2010 年真题)

A. 全部工程量的风险，不包括通货膨胀的风险

B. 全部工程量和通货膨胀的风险

C. 工程变更的风险，不包括工程量和通货膨胀的风险

D. 通货膨胀的风险，不包括工程量的风险

43. 下列关于建设工程承包合同的说法中，正确的是(　　)。

A. 总价合同不允许对合同总价进行调整

B. 与单价合同相比，总价合同对施工单位更有利

C. 与总价合同相比，单价合同对业主更有利

D. 建设工程合同中可以混合采用单价与包干计价方式

44. 一般而言，采用固定总价合同时，承包商的投标报价较高的原因是(　　)。

A. 承包商丧失了今后一切的索赔权力

B. 业主因今后工程款结算的工作量减少而给予承包商的费用补偿

C. 业主今后可以增加工程范围和内容而不给予承包商另外的费用补偿

D. 承包商会将工程量及一切不可预见因素的风险补偿加到投标报价之中

45. 当建设工程施工承包合同的计价方式采用变动单价时，合同中可以约定合同单价调整的情况有(　　)。

A. 工程量发生比较大的变化　　B. 承包商自身成本发生比较大的变化

C. 业主资金不到位　　D. 通货膨胀达到一定水平

E. 国家相关政策发生变化

46. 关于成本加酬金合同的特点和应用，下列说法正确的是(　　)。

A. 采用该计价方式不利于业主方的投资控制

B. 采用该计价方式不利于业主方的进度控制

C. 该计价方式不宜用于项目管理合同

D. 该计价方式不宜用于施工总承包管理合同

47. 某工程由于图纸、规范等准备不充分，招标方仅能制定一个估算指标，则在招标时宜采用成本加酬金合同形式的(　　)。(2011 年真题)

A. 成本加固定费用合同　　B. 成本加固定比例费用合同

C. 成本加奖金合同　　D. 最大成本加费用合同

考点 19　建设工程担保

《中华人民共和国担保法》规定的担保方式有五种：保证、抵押、质押、留置和定金。建设工程中经常采用的担保种类有：投标担保、履约担保、支付担保、预付款担保、工程保修担保。

一、各类担保的要点归纳（见表 3-15）

表 3-15　建设工程各类担保要点汇总

类别	担保对象	主要形式	额　　度	期　　限
投标担保	投标人向招标人提交担保	(1) 现金及现金支票 (2) 保兑支票 (3) 银行汇票 (4) 不可撤销信用证 (5) 银行保函 (6) 由保险公司或担保公司出具投标保证书	(1) 施工投标保证金一般不超过 2%，且最多不得超过 80 万元 (2) 勘察设计投标保证金不超过 2%，最多不得超过 10 万元 (3) 国际上常见为 2%～5%	国内：投标有效期满后 30d 内有效 国际：28d 内

续表

类别	担保对象	主要形式	额　　度	期　　限
履约担保	中标人向招标人提交担保	(1) 银行履约保函 (2) 履约保证书（由担保公司或保险公司开） (3) 保留金	(1) 履约保函通常为合同金额的 10% (2) 保留金一般为每次工程进度款 10%，累计不超合同总价款 5%（最高不超 10%）；竣工时退还一半的保留金，保修期满支付剩下的一半	始于开工之日，止于竣工交付或保修期满之日
预付款担保	承包人向发包人提交担保	(1) 银行保函 (2) 其他形式（担保公司担保，抵押等）	一般为合同金的 10%	
支付担保	招标人向中标人提交担保	(1) 银行保函 (2) 履约保证金 (3) 担保公司担保	履约金分段滚动担保，为工程合同总额的 20%～25%	

【助记】关于保证金额度的助记如图 3-9 所示。

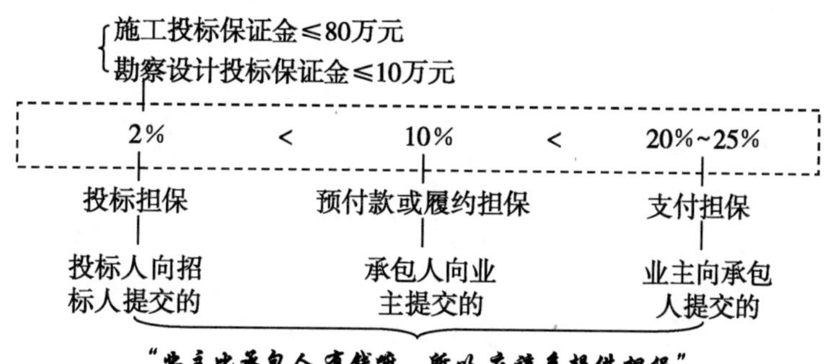

图 3-9　保证金额度

二、各类担保的作用

一般而言，担保的作用主要有两方面：一方面是保护获担保方的利益；另一方面是对提供担保方有所制约，促进施工合同的落实。

【例 3-6】预付款担保的主要作用是（　　）。(2010 年真题)

A. 促使承包商履行合同约定，保护业主的合法权益

B. 确保工程费用及时支付到位

C. 保证承包人能够按合同规定进行施工，偿还发包人已支付的全部预付金额

D. 保护招标人不因中标人不签约而蒙受经济损失

【答案】C

【解析】选项 A 促使承包商履约显然是履约担保的作用；选项 B 确保支付到位是支付担保的作用；选项 D 保护招标人利益则为投标担保的作用。

三、关于担保的相关规定

1.《世界行采购指南》对投标保证金的规定

投标保证金在投标有效期满后28d 内一直有效，其目的是给招标人需要索取保证金时，有足够的时间采取行动。

2. FIDIC[1]《土木工程施工合同条件》对履约担保的规定

承包人应在收到中标函之后28d内，按投标书附件中注明的金额取得担保，并将此保函提交给业主。该保函与投标书附件中规定的货币种类及其比例一致。当向业主提交此保函时，承包人应将这一情况通知工程师。该保函采取本条件附件中的格式或由业主和承包人双方同意的格式。提供担保的机构须经业主同意。除非合同另有约定，执行本款时所发生的费用应由承包人负担。

在承包人根据合同完成施工和竣工并修补了任何缺陷之前，履约担保将一直有效。在发出缺陷责任证书之后，即不应对该担保提出索赔，并在上述缺陷责任证书发出后14d内将该保函退还给承包人。

3.《建设工程合同（示范文本）》对于支付担保的规定

（1）一方违约后，另一方可要求提供担保的第三人承担相应责任；

（2）提供担保的内容、方式和相关责任，发包人和承包人除在专用条款中约定外，被担保方与担保方还应签订担保合同，作为本合同附件。

* * 练习题 * *

48. 建设工程中采用的投标保函、履约保函等方式，属于《中华人民共和国担保法》中的（　　）。（2011年真题）

A. 抵押　　B. 留置　　C. 定金　　D. 保证

49. 下列工程担保中，以保护发包人合法权益为目的是（　　）。（2011年真题）

A. 投标担保　B. 履约担保　C. 预付款担保　D. 支付担保　E. 工程保修担保

50. 建设工程施工预付款担保的主要形式是（　　）。

A. 银行保函　　B. 支票　　C. 现金　　D. 汇票

51. 预付款担保的主要作用是（　　）。（2010年真题）

A. 促使承包商履行合同约定，保护业主的合法权益

B. 确保工程费用及时支付到位

C. 保证承包人能够按合同规定进行施工，偿还发包人已支付的全部预付金额

D. 保护招标人不因中标人不签约而蒙受经济损失

52. 根据《工程建设项目施工招标投标办法》，施工投标保证金的数额一般不得超过投标总价的2%，最高不超过（　　）万元人民币。

A. 80　　B. 90　　C. 100　　D. 120

53. 建设工程项目工程款的支付担保是指（　　）提供的担保。

A. 发包人向承包人　　B. 承包人向发包人

C. 发包人向建设行政主管部门　　D. 承包人向建设行政主管部门

54. 下列担保中，担保金额在担保有效期内逐步减少的是（　　）。（2011年真题）

A. 预付款担保　　B. 投标担保　　C. 履约担保　　D. 支付担保

55. 下列建设工程担保中，由承包人（投标人）提交担保的有（　　）。（2010年真题）

---

[1] FIDIC是国际咨询工程师联合会（Fédération Internationale Des Ingénieurs Conseils）的法文缩写。

A. 支付担保　　B. 投标担保　　C. 履约担保　　D. 预付款担保
E. 工程保修担保

56. 招标人在招标文件中要求中标的投标人提交保证履行合同义务和责任的担保，其形式有(　　)。

A. 保留金　B. 履约担保书　C. 银行保函　　D. 投标保函　　E. 保兑支票

57. 投标保证金通常采用的形式有(　　)。

A. 现金　　B. 动产抵押　　C. 不动产抵押　　D. 银行保函　　E. 银行汇票

58. 施工承包合同履约担保的有效期始于(　　)之日。(2010 年真题)

A. 投标截止　　B. 发出中标通知书　　C. 施工承包合同签订　　D. 工程开工

59. 根据 FIDIC《土木工程施工合同条件》，下列关于履约担保的表述中正确的有(　　)。

A. 承包人应在收到中标函 28d 内提交履约担保
B. 银行保函的货币种类必须是本国货币
C. 提供机构必须经发包人同意
D. 在缺陷责任证书发出 14d 内应将履约担保退还承包人
E. 因提供履约担保所发生的费用应由发包人负担

60. 根据《世界银行采购指南》的规定，投标保证金的有效期应当超过投标有效期(　　)d。

A. 14　　B. 15　　C. 28　　D. 30

61. 下列关于发包人支付担保的阐述中，正确的有(　　)。

A. 可由担保公司提供担保
B. 担保的额度为工程合同价总额的 10%
C. 实行履约金分段滚动担保
D. 支付担保的主要作用是确保工程费用及时支付到位
E. 实行支付担保的担保合同应作为施工承包合同的附件

考点 20　建设工程施工合同的实施

一、合同分析的目的和作用（见表 3-16）

表 3-16　合同分析的目的和作用

	内容要点
合同分析的目的	合同分析是**从合同执行的角度**去分析、补充和解释合同的具体内容和要求，将合同目标和合同规定落实到合同实施的具体问题和具体时间上，用以指导具体工作，使合同能符合日常工程管理的需要，使工程按合同要求实施，为合同执行和控制确定依据
合同分析的责任人	合同分析往往由企业的合同管理部门或项目中的合同管理人员负责

续表

	内容要点
合同分析的作用	（1）分析合同中的漏洞，解释有争议的内容 （2）分析合同风险，制定风险对策 （3）合同任务分解、落实

【助记】——合同分析的作用

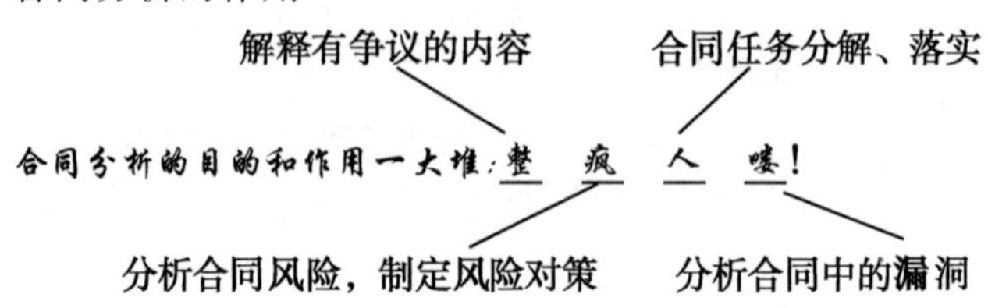

二、合同分析的内容中的几个要点（见表 3-17）

表 3-17 合同分析的内容中的几个要点

项目	要 点
承包人的主要任务	（1）承包人的总任务，即合同标的 （2）工作范围，由合同中的工程量清单、图纸、工程说明、技术规范所定义 （3）工程变更规定，工程变更的补偿范围，通常以合同金额一定的百分比表示，通常这个百分比越大，承包人的风险越大
发包人的责任	这里主要分析发包人的**合作责任**，主要表现在以下几个方面：业主及工程师各自的责任及划分，平行的各承包人之间及供应商之间的责任划分，发包人提供的相关资料图纸、施工条件等，发包人及时支付工程款，及时接收已完工程等
合同价格	（1）合同所采用的计价方式及合同价格所包括的范围（方法） （2）工程量计量程序，工程款结算（包括进度款、竣工结算、最终结算）方法和程序（量） （3）合同价格的调整，即费用索赔的条件、价格调整方法、计价依据、索赔有效期规定（价） （4）拖欠工程款的合同责任（拖欠责任）
违约责任	（1）承包人不能按合同规定工期完成工程的违约金或承担业主损失的条款 （2）由于管理上的疏忽造成对方人员和财产损失的赔偿条款 （3）由于预谋或故意行为造成对方损失的处罚和赔偿条款等 （4）由于承包人不履行或不能正确的履行合同责任，或出现严重违约时的处理规定 （5）由于业主不履行或不能正确的履行合同责任，或出现严重违约时的处理规定，特别是对业主不及时支付工程款的处理规定
验收、移交或保修	对重要的**验收要求、时间、程序以及验收所带来的法律后果**作说明 竣工验收合格即办理移交。移交作为一个重要的合同事件，同时又是一个重要的法律概念

三、建设工程施工合同交底的目的和任务（见表 3-18）

表 3-18 合同交底的目的和任务

	内容要点
定义	施工合同交底即由合同管理人员在对合同分析的基础上，通过组织项目管理人员、各个工程小组人员或分包单位学习合同条文和合同总体分析结果，使大家熟悉合同中的主要内容、规定、管理程序，了解合同双方的合同责任和工作范围、各种行为的法律后果等

	内容要点
施工合同交底的目的和任务	(1) 对合同的主要内容达成一致理解 (2) 明确相关事件之间的逻辑关系 "三控" {(3) 将工程项目和任务分解，明确其质量和技术要求以及实施的注意要点 (4) 明确各项工作或各个工程的工期要求 (5) 明确成本目标和消耗标准} "三责任"划分 {(6) 将各种合同事件的责任分解落实到各工程小组和分包人 (7) 明确各个工程小组（分包人）之间的责任界限 (8) 明确合同有关各方（如业主、监理工程师）的责任和义务} (9) 明确完不成任务的影响和法律后果 【助记】 合同分析是为了合同执行的落实 合同交底是为了让项目实施人员和分包单位明确执行合同的一系列事项

四、施工合同跟踪（见表 3-19）

表 3-19　施工合同的跟踪

项　目		内容要点
施工合同跟踪	定义	承包单位合同管理部门 —跟踪、检查、监督→ 项目经理部项目参与人 —跟踪、检查、对比→ 合同执行情况
	跟踪的依据	(1) 合同以及依据合同而编制的各种计划文件（重要依据） (2) 各种实际工程文件如原始记录、报表、验收报告等 (3) 管理人员对现场情况的直观了解，如现场巡视、交谈、会议、质量检查等
	跟踪的对象	(1) 承包的任务（自己的活） (2) 工程小组或分包人的工程和工作（分派、分包出去的活） (3) 业主和其委托工程师的任务（业主的责任）
合同实施偏差	分析	偏差的原因：可采用鱼刺图、因果关系分析图（表）、成本量差、价差、效率差分析等方法定性或定量地进行 偏差的责任：责任分析必须以合同为依据，按合同规定落实双方的责任 合同实施趋势：分析、预测合同执行的结果
	处理	调整措施有：组织措施、技术措施、经济措施、合同措施（详见第九章）

五、工程变更（见表 3-20）

表 3-20　FIDIC 施工合同条件中工程变更的内容

项　　目	要　　点
两个要点	(1) 变更可以由承包商、业主方、设计方三方中任何一方提出 (2) 工程变更单应由总监理工程师签发
承包人应无条件执行变更	根据工程惯例，除非工程师明显超越合同权限，**承包人应该无条件地执行工程变更的指示**。即使工程变更价款没有确定，或者承包人对工程师答应给予付款的金额不满意，承包人也必须一边进行变更工作，一边根据合同寻求解决办法 **承包人不能为了便于施工而申请设计变更**

六、施工合同履行中的诚信自律

诚信行为信息包括良好行为记录和不良行为记录，由中华人民共和国住房和城乡建设部负责制定全国统一的建筑市场各方主体的诚信标准。

属于《全国建筑市场各方主体不良行为记录认定标准》范围的不良行为记录，除在当地发布外，还将由中华人民共和国住房和城乡建设部统一在全国公布，公布期限与地方确定的公布期限相同，各省、自治区、直辖市建设行政主管部门应将确认的不良行为记录在当地发布之日起 7d 内报建设部。

公布流程见图 3-10，不良行为记录公布期限一般为 6 个月至 3 年，良好行为记录信息公布一般为 3 年。企业整改并经审查后可申请缩短其不良行为记录公布期限，但最短期限不得少于 3 个月。

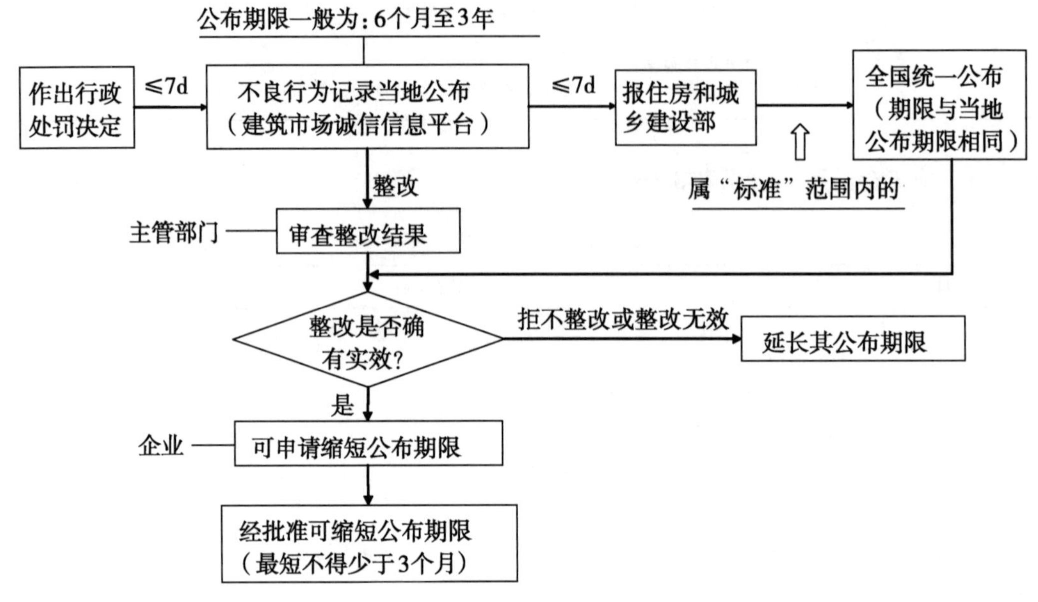

图 3-10　建筑市场不良行为的公布时限

＊＊练习题＊＊

62. 承包人在履行和实施合同前进行合同分析，其目的和作用有(　　)。(2010 年真题)

A. 分析合同漏洞，解释有争议的内容

B. 分析签订合同依据的法律法规，了解法律情况

C. 分析合同风险，制订风险对策

D. 分析合同文件组成及结构，有利于合同查阅

E. 分解和落实合同任务，便于实施和检查

63. 在对合同中质量验收、工程移交和保修条款的分析中，应对重要的验收要求、(　　)以及验收所带来的法律后果作说明。(2011 年真题)

A. 时间、程序　　B. 时间、地点　　C. 人员、责任　　D. 质量、进度

64. 施工合同签订后，承包人应对施工合同进行跟踪，跟踪的对象包括(　　)等。

A. 业主的工作　　B. 工程师的工作　　C. 设计人的工作

D. 承包人的工作　　E. 工程分包人的工作

65. 在合同分析中，应明确工程变更的补偿范围，工程变更补偿范围通常以合同金额一定的百分比表示，百分比越大，则(　　)。

A. 合同金额越高　　B. 承包商利润越高

C. 承包商的风险越大　　D. 对承包商的补偿越多

66. 对建设工程施工合同中发包人的责任进行分析时，主要分析其(　　)。

A. 报批责任　　B. 监督责任　　C. 合作责任　　D. 组织责任

67. 在实施建设工程合同前，对合同价格的分析内容包括(　　)。

A. 合同所采用的计价方法　　B. 工程计量程序　　C. 合同价格的调整

D. 拖欠工程款的合同责任　　E. 定额的编制方法

68. 施工合同交底是指由合同管理人员组织相关人员(　　)。(2010 年真题)

A. 参与起草合同条款　　B. 参与合同谈判和合同签订

C. 研究分析合同中的不妥之处　　D. 学习合同的主要内容和合同分析结果

69. 施工合同交底的主要目的和任务有(　　)。

A. 将各种合同事件的责任分解落实到各工程小组或分包人

B. 明确各项工作或各个工程的工期要求

C. 明确各个工程小组（分包人）之间的责任界限

D. 争取对自身有利的合同条款

E. 明确完不成任务的影响和法律后果

70. 按照建设工程监理规范关于工程变更的有关规定，下列做法正确的是(　　)。

A. 设计单位对原设计存在的缺陷提出的变更应编制设计变更文件

B. 在发包人和承包人未能就工程变更的费用等方面达成协议时，项目变更不能实施

C. 工程变更单应由总监理工程师签发

D. 建设单位提出的变更应提交专业监理工程师审查

E. 有设计变更文件的工程变更单应附设计变更文件

71. 按照《建设工程施工合同（示范文本)》（GF—1999—0201）进行工程变更，下列说法正确的是(　　)。

A. 承包人对于发包人的变更通知没有拒绝的权利

B. 承包人为了便于施工可对原工程设计进行变更

C. 因承包人原因导致的工程变更，承包人无权要求追加合同价款

D. 工程师确认增加的工程变更价款作为追加合同价款，与工程进度款同期支付

E. 由于承包人甲的原因造成进度滞后，干扰了承包人乙的施工，工程师发布指令导致甲的施工成本增加，承包人甲有权要求补偿

72. 合同分析的目的和作用主要体现在(　　)等方面。

A. 根据合同要求制订投标策略

B. 分析合同中的漏洞，制订履行合同的对策

C. 分析合同风险，制订风险管理对策

D. 分解合同任务，并落实到具体的部门、人员

E. 总结合同执行情况，完善竣工验收报告

73. 某工程施工过程中发现图纸设计错误，因修改设计而发生新的工程量清单项目，其作为结算依据的综合单价应(　　)。

A. 由发包人提出，经工程师确认　　B. 由工程师提出，经发包人确认
C. 由承包商提出，经发包人确认　　D. 由发包人提出，经承包商确认

74. 在建设工程项目施工过程中，由于实际地质条件与勘察资料不符，而发生了设计变更，使基底换填增加了工程量，对于该新增工程量的综合单价，应(　　)作为结算的依据。

A. 由设计单位提出，经发包人确认后　　B. 由承包人提出，经发包人确认后
C. 由发包人提出，经承包人确认后　　D. 由监理工程师提出，经设计单位复核后

75. 根据《建筑市场诚信行为信息管理办法》，不良行为记录信息公布期限一般为(　　)。(2011 年真题)

A. 1 年至 3 年　　B. 3 个月至 3 年　　C. 3 年以上　　D. 6 个月至 3 年

考点 21　索赔的条件及程序

一、建设工程索赔概述（见表 3-21）

表 3-21　建设工程索赔概述

项　目	要　点
索赔的对象	索赔的对象必须是有合同关系的对方当事人，无合同关系的双方之间不应提出工程索赔
索赔成立的条件	应同时具备以下三个条件（无先后主次之分） （1）事件已造成了承包人施工成本的额外支出，或总工期延误（造成了实际损失） （2）造成费用增加或工期延误的原因，既非承包人的原因、责任，亦非承包人应承担的风险（"非乙因、则非乙险"） （3）承包人按合同规定的程序和时限提交了索赔意向通知和索赔报告（符合索赔程序和时限要求）
索赔证据	可以作为索赔证据的材料主要有以下 7 种：书证，物证，证人证言，视听材料，被告人供述和有关当事人陈述，鉴定结论，勘察、检验笔录 索赔证据有 5 个基本要求：有效性（有）、关联性（关）、全面性（全）、真实性（真）、及时性（时→士） 【助记】有关的全真教士都有索赔证据

二、建设工程索赔的程序（见图 3-11）

＊＊练习题＊＊

76. 按照当事人之间的关系对索赔进行分类，可能有(　　)之间的索赔。

A. 发包人与承包人　B. 发包人与分包人　C. 承包人与分包人　D. 承包人与监理人
E. 分包人与监理人

77. 关于建设工程索赔成立的条件，下列说法中正确的是(　　)。

A. 导致索赔的事件必须是对方的过错，索赔才能成立
B. 只要对方有过错，不管是否造成损失，索赔都可以成立
C. 只要索赔事件的事实存在，在合同有效期内任何时候提出索赔都可以成立
D. 不按照合同规定的程序提交索赔报告，索赔不能成立

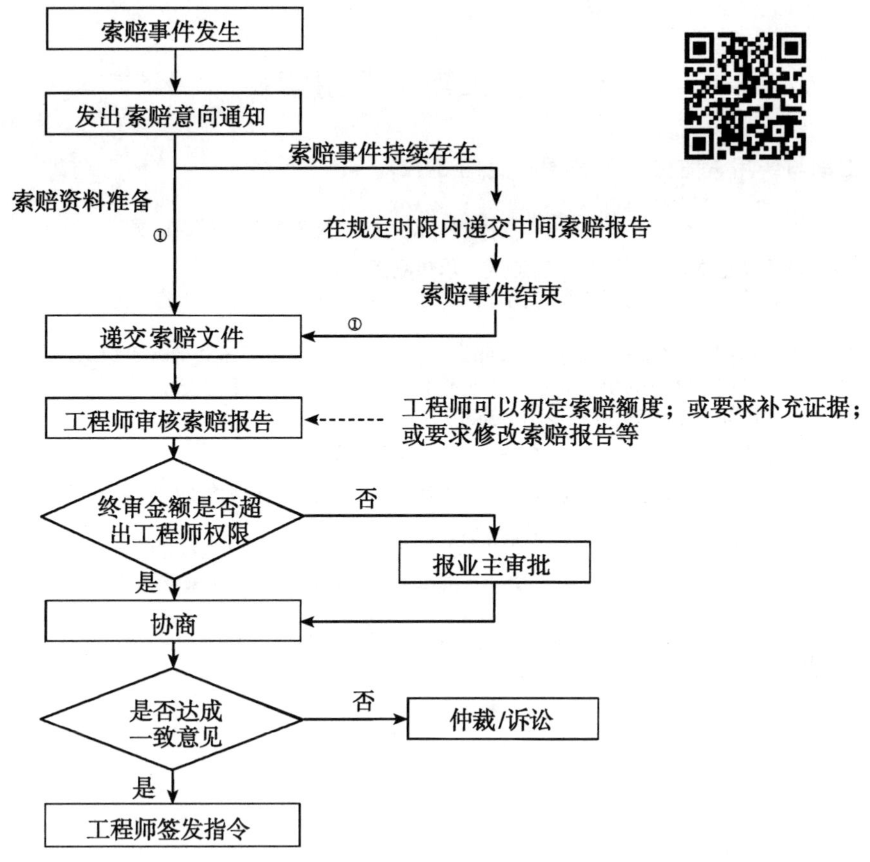

图 3-11　承包人向发包人索赔的程序

①　上一程序完成 28d 之内承包人开始下一程序；若超过 28d，工程师和发包人有权拒绝。

78. 下列工程资料中，可以作为承包人向业主索赔依据的是(　　)。(2010 年真题)

A. 合同履行中发包人和承包人洽商形成的协议

B. 承包人与分包人签订的分包合同

C. 承包人安全交底会议纪要

D. 承包人技术交底纪要

79. 在工程实施过程中发生索赔事件以后，承包人首先应(　　)。(2011 年真题)

A. 向工程师发出书面索赔意向通知　　B. 向建设主管部门报告

C. 收集索赔证据并计算相应的经济和工期损失　　D. 向工程师递交正式索赔报告

80. 承包人向发包人索赔时，所提交索赔文件的主要内容包括(　　)。(2010 年真题)

A. 索赔证据　　B. 索赔事件总述　　C. 索赔合理性论述

D. 索赔要求计算书　　E. 索赔意向通知

考点 22　工期与费用索赔

一、工期与费用索赔知识系统图（见图 3-12）

承包商索赔

- 工期：非承包商原因引起的总工期延误，承包商都可以索赔工期
  - 总工期——工作的延误时间应大于本工作的总时差
  - （除外情况：一周内非承包商原因停水、停电等累计未超过8h的情况）
- 费用：若费用增加属非承包商原因且非承包商应承担的风险，承包商都可以索赔
  （不可抗力之下的承包商自身人员伤亡、机械损坏、停工的费用损失等均属承包商应承担的风险，不可索赔）
  - 直接费（人工、材料、机械）——非承包商原因
  - 现场管理费——因工期延误、额外工作、索赔事项工作所增加的现场管理费
  - 总部管理费——因工期延误所增加的管理费
  - 利润——工程范围的变更、文件有缺陷、技术性错误、业主未能提供现场（扁鹊吾未尝）

图 3-12　承包商索赔工期和费用的情况总结

二、费用索赔

（一）有关风险的承担（见图 3-13）

- 不可控制的因素
  - 特殊风险——战争、叛乱等
  - 人力不可抗拒灾害——自然灾害——可通过投保建筑工程一切险来索赔
  - 承包人可索赔工期，但人员伤亡、机械损坏、停工损失等由承包人自己承担
- 不可预见的外部障碍——发现地下障碍物、地下文物，地质条件变化等
  - 发包人承担风险，承包人可索赔费用和工期
- 合同约定的风险承担——如通货膨胀等，视不同的合同计价方式而承担风险

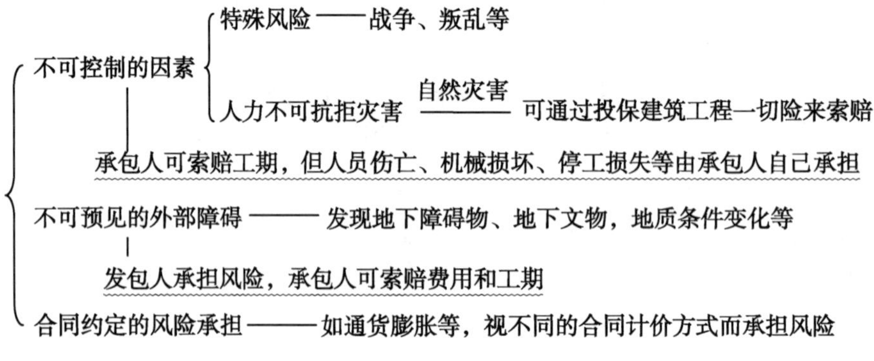

图 3-13　相关风险责任承担

需特别注意的是，一个有经验的承包商可以预见的自然灾害是承包商应该承担的风险，如季节性不利天气等。但若为异常恶劣的气候、难以预料的不利天气，或 20 年一遇的极端气候等情况，则应视为不可抗力处理。

（二）费用索赔的组成

可索赔的费用由分包费、总部管理费、利润构成（见图 3-14）。

1. 人工费、材料费、施工机械使用费（见表 3-22）

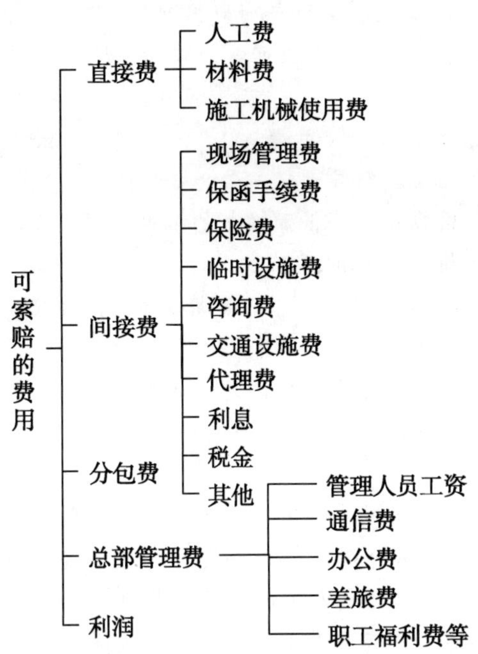

图 3-14　可索赔费用的组成

表 3-22　索赔费用的举例

费　用	可索赔的情况
人工费	(1) 完成合同之外的额外工作所花费的人工费用 (2) 由于非承包商责任的工效降低所增加的人工费用 (3) 超过法定工作时间加班费用 (4) 法定人工费增长以及非承包商责任工程延误导致的人员窝工费和工资上涨费等
材料费	(1) 由于索赔事项材料实际用量超过计划用量而增加的材料费 (2) 由于**客观原因材料价格大幅度上涨** (3) 由于非承包商责任工程延误导致的材料价格上涨和超期储存费用
施工机械使用费	(1) 由于完成额外工作增加的机械使用费 (2) 非承包商责任功效降低增加的机械使用费 (3) 由于业主或监理工程师原因导致的机械停工的窝工费

凡属非承包商原因、责任且非承包商应承担的风险的情况，费用损失均可索赔，工期索赔则需看总工期是否被延误。相反，凡属承包商自身人员或设备原因的，都不能索赔，分包人的错误视为承包人原因；工程师指令错误视为发包人原因，见下面例题。

【例 3-7】在建设工程项目施工索赔中，可索赔的人工费包括(　　)

A. 完成合同之外的额外工作所花费的人工费用

B. 施工企业因雨季停工后加班增加的人工费用

C. 法定人工费增长费用

D. 非承包商责任造成的工期延长导致的工资上涨费

E. 不可抗力造成的工期延长导致的工资上涨费

【答案】ACD

【解析】选项 B 属于一个有经验的承包商应该预见的情况，故不应索赔。

【例 3-8】下列各种情况中，施工单位可索赔施工机械使用费的是(　　)。(2006 年真题)

A. 完成额外工作而增加的机械使用费

B. 业主方未及时提供施工图纸导致机械停工的窝工费

C. 机械配置原因导致机械工效降低而增加的机械使用费

D. 施工机械故障导致机械停工的窝工费

E. 经监理工程师批准的施工方案不当导致机械停工的窝工费

【答案】AB

【解析】选项 CD 都是施工机械自身的问题，属承包商原因，不应索赔；对于选项 E，虽然是监理工程师批准了的方案，但方案本身有缺陷，责任在于承包人（见第一章不免除原则）。

【例 3-9】某工程由于业主方提供的施工图纸有误，造成施工总包单位人员窝工 75 工日，增加用工 8 工日；由于施工分包单位设备安装质量不合格返工处理造成人员窝工 60 工日，增加用工 6 工日。合同约定人工费日工资标准为 50 元，窝工补偿标准为日工资标准的 70%，则业主应给予施工总包单位的人工费索赔金额是(　　)元。(2006 年真题)

A. 5425　　B. 4150　　C. 3025　　D. 2905

【答案】C

【解析】分包人原因造成质量不合格，承包人不应向业主索赔，相反，业主可以因此向承包方索赔。故：索赔金额＝50 元/工日×8 工日＋50 元/工日×75 工日×70%＝3025 元。

2. 利润索赔

关于利润索赔常见的有四项，如图 3-15 所示。对于工程暂停的索赔，由于利润通常是包括在每项实施工程内容的价格之内的，而延长工期并未影响削减某些项目的实施，也未导致利润减少。所以，一般监理工程师很难同意在工程暂停的费用索赔中加进利润损失。

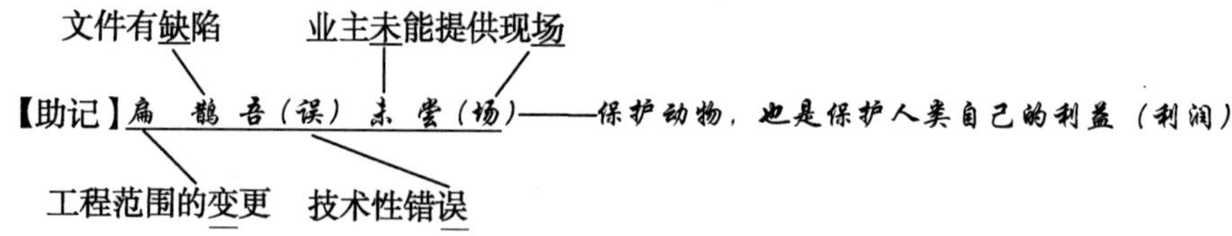

图 3-15　关于利润索赔的辅助记忆

【例 3-10】由于非承包商责任造成承包商自有机械设备窝工，其索赔费按(　　)计算。

A. 台班费　　B. 台班折旧费　　C. 折算租金　　D. 折管租金乘以规定的降效系数

【答案】B

【解析】机械窝工的使用费如图 3-16 所示：

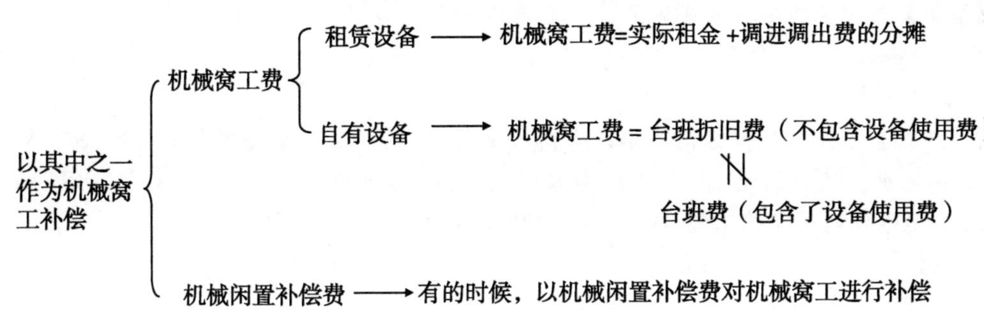

图 3-16　机械窝工的使用费

（三）费用索赔的计算方法（见表 3-23）

表 3-23　费用索赔的计算方法

	计算方法	适用程度
实际费用法	以承包商为某项索赔工作所支付的实际开支为根据 索赔金额＝直接费的额外费＋间接费＋利润	最常用
总费用法	索赔金额＝实际总费用－投标报价估算费用	难以用“实际费用法”时采用
修正总费用法	索赔金额＝某工作调整后的实际总费用－该项工作的报价费用	

三、工期延误索赔（见表 3-24）

表 3-24　工期延误的索赔

项　　目	要　　点
索赔的条件	工期索赔必须同时满足以下两个条件 （1）属非承包商原因（但一周内非承包商原因停水、停电等累计未超过 8h 的情况除外 （2）造成**总工期**延误 1）关键工作受延误将造成总工期延误（一般默认 $T_P=T_C$） 2）对于非关键工作，其延误时间须大于其总时差才可索赔工期 （有关关键工作的确定，及 T_P、T_C 的概念详见本书第五章）
索赔的分类	按照延误事件之间的关联性划分 （1）单一延误 （2）共同延误：两个或两个以上的延误事件从发生到终止的时间完全相同时的情况。此情况下，当业主引起的延误或双方不可控制因素引起的延误与承包商引起的延误共同发生时，即可索赔延误与不可索赔延误同时发生时，可索赔延误就将变成不可索赔延误，这是工程索赔的惯例之一 （3）交叉延误：当两个或两个以上的延误事件从发生到终止只有部分时间重合时，称为交叉延误
索赔计算方法	（1）直接法 （2）比例分析法 （3）网络分析法

【例 3-11】债务人不转移对拥有财产的占有，将该财产作为债权的担保；债务人不履行债务时，债权人有权依法将该财产折价或者拍卖，变卖该财产的价款中优先受偿。这种担保方式是(　　)担保。

A. 保证　　B. 质押　　C. 抵押　　D. 留置

【答案】C

【解析】抵押是指债务人或者第三人不转移对所拥有财产的占有，将该财产作为债权的担保。债务人不履行债务时，债权人有权依法从将该财产折价或者拍卖、变卖该财产的价款中优先受偿。

【例 3-12】某土方工程合同约定，合同工期为 60 天，工程量增减超过 15%时，承包商可提出变更。实施中因业主提供的地质资料不实，导致工程量由 3200m³ 增加到 4800m³，则承包商可索赔工期（ ）天。(2014 年真题)

A. 0　　B. 16.5　　C. 21　　D. 30

【答案】C

【解析】（4800-3200）/3200＝50%＞15%，需要变更。可以索赔的天数＝（4800-3200×1.15）/（3200/60）＝21（天）。

＊＊练习题＊＊

81. 按国际惯例，承包商可索赔的总部管理费包括(　　)。

A. 现场管理费　B. 保函手续费　C. 管理人员工资　D. 差旅费　E. 办公费

82. 在施工期间，承包商可能遇到不能预见的地下岩石，导致工期拖延，这类风险应由(　　)承担。

A. 发包人　　B. 承包人　　C. 发包人和承包人共同　　D. 监理工程师

83. 下列事件中，承包商可以向业主提出费用索赔的有(　　)。

A. 工程量发生变化，引起承包商费用的增加

B. 货币出现贬值，导致承包商实际费用的增加

C. 业主延期支付应付工程款，造成利润损失

D. 由于不可抗力，造成停工损失

E. 施工中出现了承包商难以预计的地下暗河，导致费用增加

84. 按照国际惯例，承包商可索赔的材料费包括(　　)。(2011 年真题)

A. 由于索赔事项导致材料实际用量超过计划用量而增加的材料费

B. 由于客观原因造成材料价格大幅上涨而增加的材料费

C. 由于非承包商责任造成工期延误而导致的材料价格上涨和超期储存的费用

D. 由于承包商管理不善，造成材料损坏失效引起的损失费

E. 承包商使用不合格材料引起的损失费用

85. 在建设工程项目施工索赔中，可索赔的材料费包括(　　)。

A. 非承包商原因导致材料实际用量超过计划用量而增加的费用

B. 因政策调整导致材料价格上涨的费用

C. 因质量原因进行工程返工所增加的材料费

D. 因承包商提前采购材料而发生的超期储存费用

E. 由业主原因造成的材料损耗费

86. 某建设工程项目施工单位在施工中发生如下人工费：完成业主要求的合同外工作花费 3 万元；由于业主原因导致工效降低，使人工费增加 2 万元；施工机械故障造成人员窝工损失 1 万元。则施工单位可向业主索赔的人工费为(　　)万元。

A. 6　　B. 5　　C. 4　　D. 3

87. 下列索赔事件中，承包人可以索赔利润的是(　　)。(2010 年真题)

A. 工程变更　　B. 工程暂停　　C. 材料价格上涨　　D. 工期延期

88. 承包商可以向业主索赔利润的情况有(　　)。

A. 工程范围变更　B. 文件有缺陷　C. 分部工程延期施工　D. 文件技术性错误

E. 业主未能提供现场

89. 非承包商原因导致非关键线路上的某项工作延误，如果延误时间小于该项工作的总时差，则对此项延误的补偿是(　　)。

A. 业主既应给予工期顺延，也应给予费用补偿

B. 业主一般不会给予工期顺延，但给予费用补偿

C. 业主既不会给予工期顺延，也不给予费用补偿

D. 业主一般不会给予工期顺延，但可能给予费用补偿

90. 关于工期索赔，下列说法正确的是(　　)。

A. 单一延误是可索赔延误　　B. 共同延误是不可索赔延误

C. 交叉延误可能是可索赔延误　　D. 非关键线路延误是不可索赔延误

考点 23　国际建设工程承包合同

合同争议解决的方式一般包括协商、调解、仲裁或诉讼等，此部分内容详见本丛书“法规”分册。

一、国际常用的几种建设工程成本合同条件（见表 3-25）

表 3-25　国家常用的几种建设工程合同条件

	适用工程	合同计价
FIDIC《施工合同条件》	发包人或咨询工程师设计的房屋建筑和土木工程	单价合同
FIDIC《永久设备和设计——建筑条件》	承包商设计的工程项目	总价合同
FIDIC《EPC 交钥匙项目合同条件》	交钥匙的基础上进行的工程项目的设计和施工	固定总价
《简明合同格式》	投资较低的一般不需要分包的建筑工程或设施；或尽管投资高，但工作内容简单、重复，或建设周期短	单价合同、总价合同或其他形式
英国 ICE 合同条件（NCE、ECC）	适用于所有领域，如土木、电气、机械、房屋建筑工程等	
美国 AIA 系列合同条件	私营的房屋建筑工程	

二、争端裁决委员会（Dispute Adjudication Board，DAB）方式（见表 3-26）

表 3-26　DAB 方式

项　目	内容要点
概　述	这是一种国际上的争议解决方式，该方式通过合同双方的协商，选定一个独立公正的争端裁决委员会，当发生争议时，由该委员会对其争议作出决定。合同双方收到决定后 28d 内均未提出异议，则该决定即为**最终的**，对双方均具有约束力

项　目	内容要点
DAB 成员	DAB 在施工前任命，通常由 1 人、3 人、5 人（单数）组成，可以由工程师兼任。DAB 成员一般为**技术和管理**方面的专家，**但不应为合同任何一方的代表**，不得与任何一方有利益及业务联系，其报酬与 DAB 成员由三方协商确定，费用由甲乙方各担一半
优　点	(1) DAB 委员可以在项目开始就介入，了解项目管理存在的问题 (2) DAB 委员公正性、中立性的规定通常情况下可以保证其不带任何主观色彩 (3) 周期短，可以及时解决争议 (4) DAB 费用低 (5) DAB 委员由甲乙方自己选择的，其裁决意见容易为他们所接受 (6) 其裁决不具有强制性，终局性，因此，仍然可以提请仲裁或诉讼

【例 3-13】在 FIDIC 系列合同工作中，《EPC 交钥匙项目合同条件》的合同计价采用(　　)。(2014 年真题)

A. 固定单价　　B. 变动单价　　C. 固定总价　　D. 变动总价

【答案】C

【解析】《EPC 交钥匙项目合同条件》适用于在交钥匙的基础上进行的工程项目的设计和施工，承包商要负责所有的设计、采购和建造工作，在交钥匙时，要提供一个设施配备完整、可以投产运行的项目。合同计价采用固定总价方式，只有在某些特定风险出现时才调整价格。

【例 3-14】根据 FIDIC《施工合同条件》，对投标书中明显数字计算错误的修正，正确的是(　　)。(2014 年真题)

A. 业主应征求投标人意见后才能进行评标

B. 当总价和单价计算结果不一致时，以总价为准调整单价

C. 当总价和单价计算结果不一致时，以单价为准调整总价

D. 投标人有一次修改报价的机会

【答案】C

【解析】本题考查的是单价合同的运用。单价合同的特点是单价优先，例如 FIDIC 土木工程施工合同中，业主给出的工程量清单表中的数字是参考数字，而实际工程款则按实际完成的工程量和合同中确定的单价计算。虽然在投标报价、评标以及签订合同中，人们常常注重总价格，但在工程款结算中单价优先，对于投标书中明显的数字计算错误，业主有权力先作修改再评标，当总价和单价的计算结果不一致时，以单价为准调整总价。

* * 练习题 * *

91. 国际工程承包合同的争议解决应该首选(　　)方式。

A. 协商　　B. 调解　　C. 仲裁　　D. 诉讼

92. 国际工程承包合同争议解决的方式包括(　　)。

A. 协商　　B. 调解　　C. 仲裁　　D. 诉讼　　E. 单方解除合同

93. 与诉讼方式相比，采用仲裁方式解决国际工程承包合同争议的优点有(　　)。(2010 年真题)

A. 效率高　　B. 周期短　　C. 费用少　　D. 约束力强　　E. 保密性好

94. 关于 FIDIC 条件中，采用 DAB（争端裁决委员会）方式解决争议的说法，正确的是(　　)。(2011 年真题)

A. 业主应按支付条件支付 DAB 报酬的 70%

B. DAB 提出的裁决具有终局性

C. 特聘争端裁决委员的任期与合同期限一致

D. DAB 的成员一般是工程技术和管理方面的专家

95. 与诉讼相比，采用争端裁决委员会（DAB）方式解决工程纠纷的优点是(　　)。

A. 更加公正　　B. 费用较低　　C. 及时解决纠纷

D. 裁决有更强的约束力　　E. 终局性

96. FIDIC 系列合同条件中，采用固定总价方式计价，只有在出现某些特定风险时才能调整价格的合同是(　　)。

A. 施工合同条件　　B. EPC 交钥匙项目合同条件

C. 永久设备和设计—建造合同条件　　D. 简明合同格式

97. 从合同的计价方式看，FIDIC1999 年版《施工合同条件》（新红皮书）是(　　)合同。

A. 单价　　B. 固定总价　　C. 可调总价　　D. 成本加酬金

98. FIDIC 1999 年出版的《施工合同条件》（新红皮书）主要用于(　　)的施工。

A. 由发包人设计的房屋建筑工程 B. 由承包人设计的房屋建筑工程

C. 由发包人设计的土木工程　　D. 由承包人设计的土木工程

E. 由咨询工程师设计的土木工程

99. 美国建筑师学会（AIA）的合同条件主要用于(　　)工程。

A. 房屋建筑　　B. 铁路和公路来源　　C. 石油化工　　D. 大型基础设施

第四章　建设工程项目施工成本控制

【内容提要】

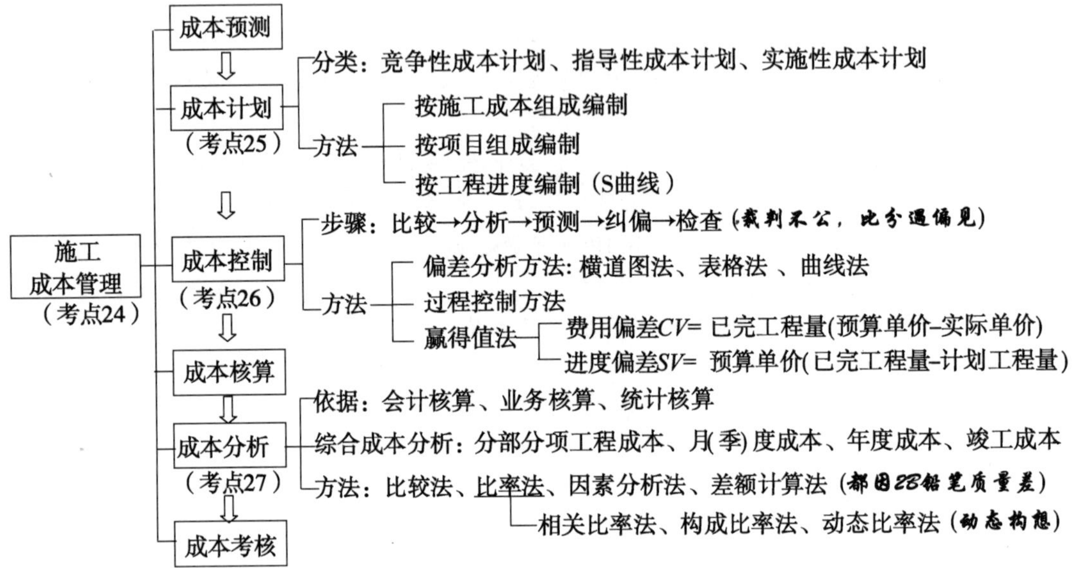

注：1. 施工成本控制应贯穿于项目从投标阶段开始直至竣工验收的全过程。

2. 施工成本分析应贯穿于施工成本管理的全过程。

【理解】不先预测，就会因没有成本目标而无法计划，没有计划，就谈不上比较和分析偏差，也就谈不上控制。

考点 24　工程项目施工成本管理的任务和措施

一、工程项目施工成本管理的几个重要概念

项目施工成本管理的时期：应从工程投标报价开始，直至项目竣工结算完成为止，贯穿于项目实施的全过程。

责任成本目标：反映组织对施工成本目标的要求。

计划成本目标：是责任成本目标的具体化，将施工成本目标从组织管理层落实到了项目经理部。

成本管理责任体系见图 4-1。

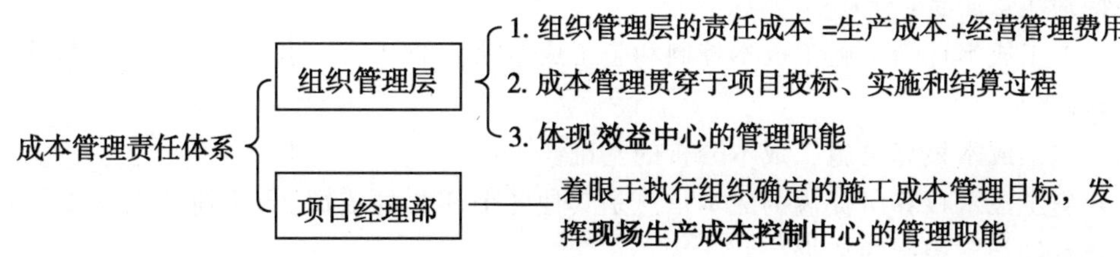

图 4-1 施工单位成本管理责任体系

二、施工成本管理的基础工作内容

1. 施工成本管理的基础工作内容（见表 4-1）

表 4-1 施工成本管理的基础工作

序号	关键词	具体内容
1	建体系	建立健全成本管理责任体系（最根本、最重要的基础工作）
2	统格式	统一组织内部工程项目成本计划的内容和格式
3	立定额	建立并保持企业内部施工定额
4	集信息	建立生产资料市场价格信息的收集网络和必要的询价网点，做好市场行情预测，保证采购价格信息的及时性和准确性
5	科学设计	科学设计施工成本核算账册体系、业务台账、成本报告表

2. 施工成本管理的措施

通常将施工成本管理的措施归纳为组织措施、技术措施、经济措施、合同措施（经济的组合降成本），详见本书第九章。

二、施工成本管理的任务

1. 施工成本管理的任务和环节

施工成本管理主要有六个基本环节，如图 4-2 所示。

【助记】成本管理：预测当先，计控析双核，其中，核算后才好分析。

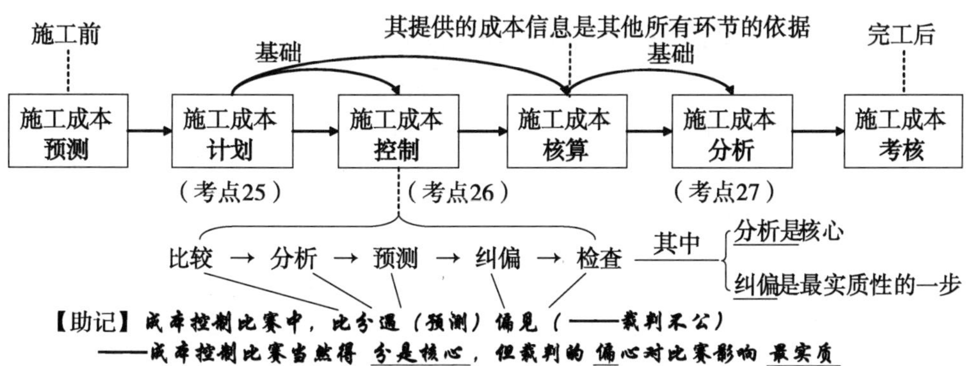

图 4-2 施工成本管理的六个基本环节

注：1. 成本管理有两次“预测”，先做施工成本预测，后做成本控制中的预测。

2. 成本管理有两次“分析”，先做控制的分析（分析偏差），后做成本分析。

要特别注意的是：

（1）施工成本计划是施工成本控制和施工成本核算的基础，也是建立施工项目管理责任制的基础。

（2）施工成本核算是施工成本分析的基础。

（3）施工成本核算所提供的成本信息是其他各个环节的依据。（本阶段的成本核算是下阶段成本计划和控制的依据）。

2. 成本计划、控制、核算、分析、考核概述（见表4-2、表4-3）

表4-2　施工成本计划、成本控制、成本分析主要知识点概述

	施工成本计划（考点25）	施工成本控制（考点26）	施工成本分析（考点27）
主要依据	（1）工程合同、分包合同 （2）投标报价文件 （3）施工组织设计或施工方案 （4）施工成本预测资料 （共计12项，详见考点25）	（1）工程承包合同、分包合同 （2）施工成本计划 （3）进度报告 （4）工程变更 （5）施工组织设计	（1）会计核算 （2）业务核算 （3）统计核算
主要方法	（1）按施工成本组成编制 （2）按项目组成编制 （3）按工程进度编制	（1）过程控制方法 （2）赢得值（挣值）法 （3）偏差分析方法	（1）比较法 （2）因素分析法 （3）差额计算法 （4）比率法
理解	计划是编制而成的	控制必然是在过程中完成的	“2比”都是分析方法

【理解】

（1）计划是针对尚未发生之事，成本计划是计划尚未施工部分的施工成本，因此只能依据在编计划时已经产生的资料，如合同、投标文件、施组和预测资料等，而那些在编计划时尚未产生的资料显然不能成为编制施工成本计划的依据，如进度报告和工程变更（都是在施工实施过程中产生的）。

（2）与成本计划不同，成本控制是在施工过程中进行的，施工过程中已经可能产生了进度报告和工程变更等文件，因此这类文件也可以作为成本控制的依据。故成本控制的依据是合同、施工成本计划、施组、进度报告和工程变更。

表4-3　施工成本核算与成本考核主要知识点概述

项　　目		内容要点
成本核算	两个核算环节	一是按照规定的成本开支范围对施工费用进行归集和分配，计算出施工费用的实际发生额；二是根据成本核算对象，采用适当的方法计算出该施工项目总成本和单位成本
	核算对象	一般以单位工程为对象，其核算内容除了成本组成的5项内容外（详见表4-7），还有结构件费用核算、分包工程成本核算、项目月度施工成本报告编制
	核算要求	形象进度、产值统计、实际成本归集三同步，即三者的取值范围应是一致的。形象进度表达的工程量、统计施工产值的工程量和实际成本归集所依据的工程量均应是相同的数值
	核算的责任主体与核算目的	负责核算分析的部门 ⇩ / 核算目的 ⇩ 竣工工程现场成本 —— 项目经理部 —— 考核项目管理绩效 竣工工程完全成本 —— 企业财务部门 —— 考核企业经营效益

续表

项目		内容要点
施工成本考核	概念	施工成本考核是指在施工项目完工后，施工项目成本形成中的各责任者，按施工项目成本目标责任制的有关规定，将成本的实际指标与计划、定额、预算进行对比和考核，评定施工项目成本计划的完成情况和各责任者的业绩，并以此给予相应的奖励或处罚
	考核指标	施工成本降低额和施工成本降低率
	考核对象	对参与项目的部门和个人的考核，而非对项目本身的考核
【归纳】施工成本核算针对项目或企业绩效；施工成本考核针对部门或个人		

* * 练习题 * *

1. 施工成本控制的各工作步骤中，最核心的工作是(　　)。(2011 年真题)

A. 分析　　B. 预测　　C. 比较　　D. 纠偏

2. 施工成本控制的基本步骤为(　　)。(2010 年真题)

A. 比较—纠偏—分析—预测—检查　　B. 比较—分析—预测—纠偏—检查

C. 比较—预测—分析—检查—纠偏　　D. 比较—检查—预测—纠偏—分析

3. 施工成本分析是在(　　)的基础上，对成本的形成过程和影响因素进行分析。

A. 施工成本计划　　B. 施工成本预测　　C. 施工成本核算　　D. 施工成本考核

4. 施工项目经理部应依据项目施工成本计划，在对施工成本实际值与计划值比较的基础上进行(　　)，这是施工成本控制的工作的核心。

A. 预测　　B. 分析　　C. 检查　　D. 核算

5. 建设工程项目施工成本控制包括若干环节，其中最具实质性的是(　　)。

A. 纠偏　　B. 分析　　C. 比较　　D. 检查

6. 工程项目施工成本控制的依据有(　　)。(2010 年真题)

A. 工程造价　　B. 施工组织设计　　C. 工程承包合同　　D. 进度报告

E. 工程变更

7. 项目经理部对竣工工程成本核算的目的是(　　)。

A. 考核项目管理绩效　　B. 寻求进一步降低成本的途径

C. 考核企业经营效益　　D. 分析成本偏差的原因

考点 25　施工成本计划

一、施工成本计划应满足的要求

(1) 合同规定的项目质量和工期要求；

(2) 组织对成本管理目标的要求；

(3) 以经济合理的项目实施方案为基础的要求（经济的方案）；

(4) 有关定额和市场价格的要求（定额、市场价）；

【助记】*施工成本计划应满足三控目标、经济的方案，并满足定额与市场价要求*

二、施工成本计划的具体内容

施工成本计划的具体内容包括：编制说明、施工成本计划指标、工程量清单理出的单位工程计划成本汇总表、按成本性质划分的单位工程成本汇总表。施工成本计划的一般有三类指标，如图 4-3 所示。

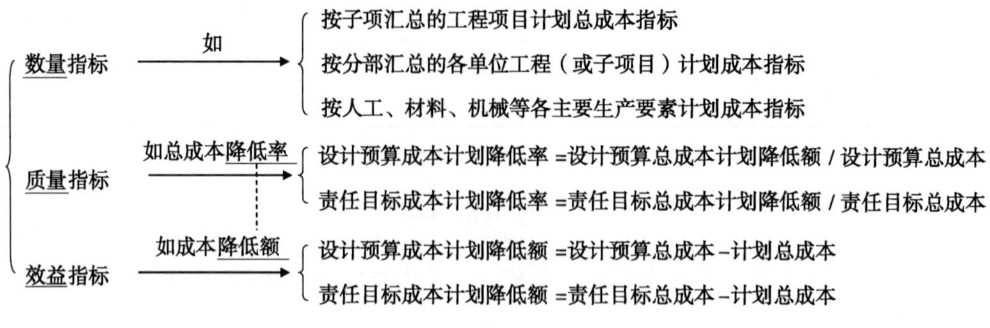

图 4-3　施工成本计划的三类指标

【理解】效益指标是绝对指标，故为成本降低额（*省了多少钱*?）；

质量指标是相对指标，故为成本降低率（*降的程度多大*?）

三、施工成本的类型（见表 4-4）

表 4-4　施工成本计划分类（按作用分）

“三性”	编制阶段	编制依据
竞争性成本计划	投标及签订合同阶段的预算成本计划	合同条件、投标者须知、技术规程、设计图纸、工程量清单
指导性成本计划	选派项目经理阶段的预算成本计划	以合同标书为依据，按照企业的预算定额制定的设计预算成本计划
实施性成本计划	施工准备阶段的施工预算成本计划	以**施工实施方案**及**施工预算**成本为依据，采用**施工定额**通过**施工预算**编制施工成本计划

结合表 4-4 与表 4-5、表 4-6，不难发现，施工图预算具有竞争性和指导性意义，而施工预算则更偏向于实施性。

表 4-5　施工预算和施工图预算的比较（一）

“两算”	编制依据	适用范围	作用
施工预算	施工定额	施工单位**内部**	施工单位经济核算、考核工效等的依据
施工图预算	预算定额（计价定额）	施工单位与建设单位都适用	投标报价的主要依据

表 4-6　施工预算和施工图预算的比较（二）

对比项目	施工预算	施工图预算	产生差别的原因
人工量及人工费	一般较低（比施工图预算低 6% 左右）	高	计价定额包括了材料、半成品的超运距用工，还考虑了在施工定额中未包括而在一般正常施工条件下又不可避免发生的一些零星用工因素
材料消耗量及材料费	一般低于施工图预算	高	施工定额的材料损耗率一般都低于计价定额，同时编制施工预算时还要考虑扣除技术措施的材料节约量
施工机械费	施工预算机械费是根据施工组织设计或施工方案规定的实际进场机械，按其种类、型号、台数、使用期限和台班单价计算；而施工图预算的施工机械是计价定额综合确定的，与实际情况可能不一致		
周转材料使用费	施工预算的脚手架是根据施工方案确定的搭设方式和材料；施工图预算则综合了脚手架搭设方式，按不同结构和高度，以建筑面积为基数计算；施工预算模板是按混凝土与模板的接触面积计算；施工图预算的模板则按混凝土体积综合计算		

四、施工成本计划的编制依据

施工成本计划是实现降低施工成本任务的指导性文件。如果针对施工项目所编制的成本计划达不到目标成本要求时，就必须组织施工项目的管理班子的有关人员重新研究寻找降低成本的途径，重新进行编制。施工成本的编制依据主要可以归纳为三个方面，如图 4-4所示。

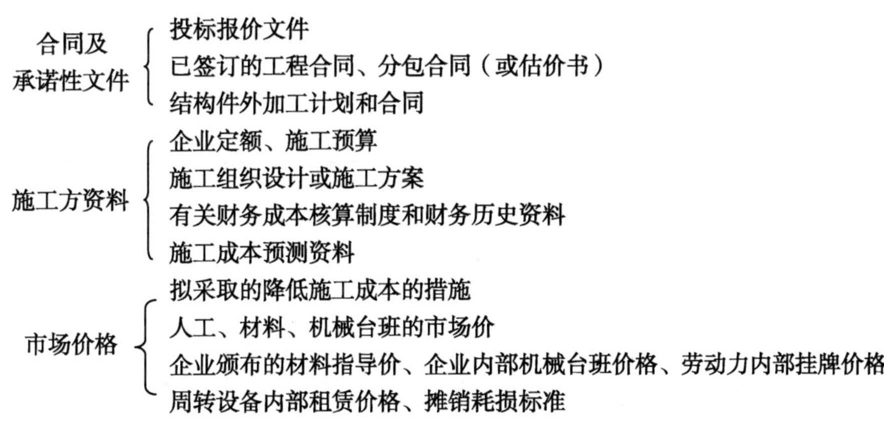

图 4-4　施工成本计划的编制依据

投资预算、投资概算等属于建设单位文件，与施工方的成本控制无直接关系，不应作为施工成本计划的编制依据。

五、施工成本计划的编制方法

施工成本计划的编制以成本预测为基础，关键是确定目标成本。一般情况下，施工成本计划总额应控制在目标成本的范围内，并使成本计划建立在切实可行的基础上。

施工成本计划编制的主要方法：

（1）按施工成本组成编制施工成本计划；

（2）按项目组成编制施工成本计划；

（3）按工程进度编制施工成本计划。

这三种编制施工成本计划的方式并不是相互独立的，在工程实践中，经常将三种方法结合起来编制，从而可以取得扬长避短的效果（见表 4-7）。

表 4-7　施工成本计划编制的主要方法

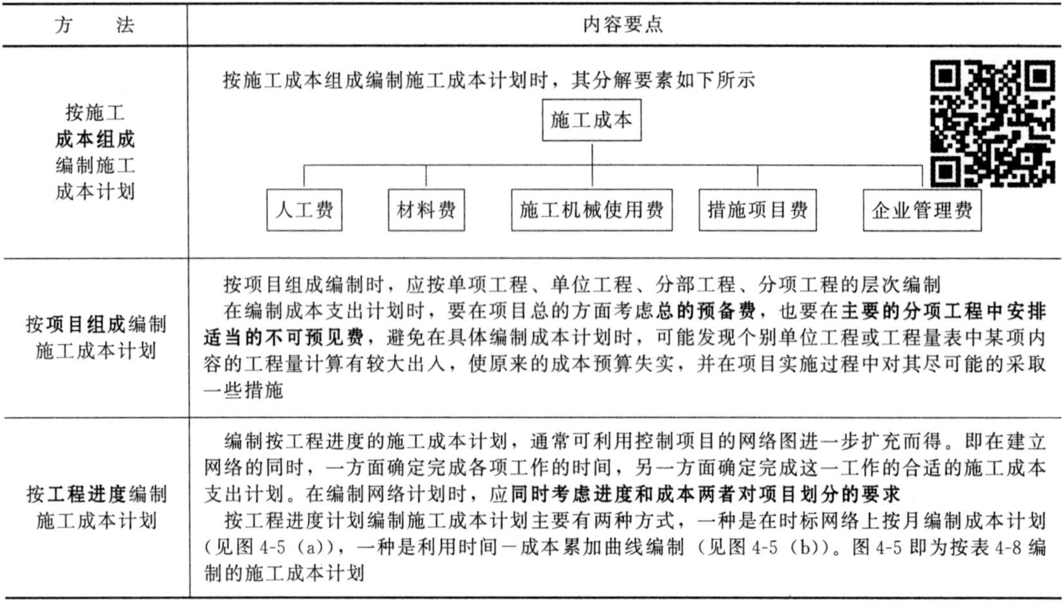

方　　法	内容要点
按施工**成本组成**编制施工成本计划	按施工成本组成编制施工成本计划时，其分解要素如下所示 施工成本 人工费　材料费　施工机械使用费　措施项目费　企业管理费
按**项目组成**编制施工成本计划	按项目组成编制时，应按单项工程、单位工程、分部工程、分项工程的层次编制 在编制成本支出计划时，要在项目总的方面考虑**总的预备费**，也要在**主要的分项工程中安排适当的不可预见费**，避免在具体编制成本计划时，可能发现个别单位工程或工程量表中某项内容的工程量计算有较大出入，使原来的成本预算失实，并在项目实施过程中对其尽可能的采取一些措施
按**工程进度**编制施工成本计划	编制按工程进度的施工成本计划，通常可利用控制项目的网络图进一步扩充而得。即在建立网络的同时，一方面确定完成各项工作的时间，另一方面确定完成这一工作的合适的施工成本支出计划。在编制网络计划时，应**同时考虑进度和成本两者对项目划分的要求** 按工程进度计划编制施工成本计划主要有两种方式，一种是在时标网络上按月编制成本计划（见图 4-5（a）），一种是利用时间一成本累加曲线编制（见图 4-5（b））。图 4-5 即为按表 4-8 编制的施工成本计划

表 4-8　某施工项目月成本计划

月	1	2	3	4	5	6
月成本（万元）	100	300	500	600	400	200
累计成本（万元）	100	400	900	1500	1900	2100

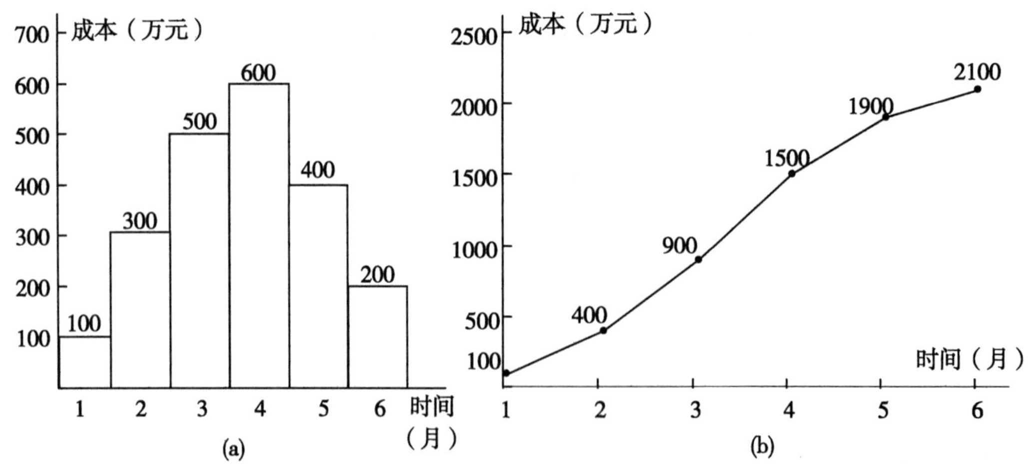

图 4-5　按进度编制施工成本计划的两种表示方法

（a）时标网络图上按月编制的成本计划；（b）时间一成本累加曲线（S 曲线）

＊＊练习题＊＊

8. 施工成本计划通常有三类指标，即(　　)。

A. 拟完工作预算成本指标、已完工作预算成本指标和成本降低率指标

B. 成本计划的数量指标、质量指标和效益指标

C. 预算成本指标、计划成本指标和实际成本指标

D. 人、财、物成本指标

9. 施工企业在工程投标阶段编制的估算成本计划是一种(　　)成本计划。(2010 年真题)

A. 指导性　　B. 实施性　　C. 作业性　　D. 竞争性

10. 建筑施工企业编制实施性成本计划时，宜以(　　)为依据。

A. 施工图预算成本　　B. 工程概算成本　　C. 施工预算成本　　D. 施工结算成本

11. 项目施工准备阶段的成本计划是以项目实施方案为依据，采用(　　)编制而形成的实施性施工成本计划。

A. 概算定额　　B. 单位估价表　　C. 预算定额　　D. 施工定额

12. 施工项目的成本计划按其作用可分为(　　)。

A. 单位工程成本计划　　B. 分部分项工程成本计划　　C. 竞争性成本计划

D. 指导性成本计划　　E. 实施性成本计划

13. 关于施工图预算和施工预算的说法，错误的是(　　)。(2011 年真题)

A. 施工预算的材料消耗量一般低于施工图预算的材料消耗量。

B. 施工预算是施工企业内部管理的一种文件，与建设单位无直接关系。

C. 施工图预算中的脚手架是根据施工方案确定的搭设方式和材料计算的。

D. 施工预算的用工量一般比施工图预算的用工量低。

14. 施工项目管理班子成员编制的施工项目成本计划如果达不到目标要求，则应(　　)，并重新编制成本计划。(2010 年真题)

A. 重新分解落实成本目标　　B. 寻找降低成本的途径

C. 对项目成本进行再分解　　D. 修订企业定额

15. 施工成本计划的编制以成本预测为基础，关键是确定(　　)。(2011 年真题)

A. 目标成本　　B. 预算成本　　C. 计划成本　　D. 实际成本

16. 施工成本计划是施工项目成本控制的一个重要环节。一般情况下，施工成本计划总额应控制在(　　)的范围内。

A. 固定成本　　B. 目标成本　　C. 预算成本　　D. 实际成本

17. 常用的建设工程项目施工成本计划可按(　　)编制。

A. 施工成本组成　　B. 人力资源需求　　C. 子项目组成

D. 工程进度　　E. 材料种类

18. 建设工程项目施工成本计划可分别按施工成本组成、子项目组成和工程进度编制，在工程实践中，经常(　　)。

A. 按施工成本组成编制　　B. 按子项目组成编制

C. 按工程进度编制　　D. 将三种方法结合起来编制

19. 施工成本可以按成本构成分解为人工费，材料费和(　　)等。(2011 年真题)

A. 措施项目费　　B. 施工机械使用费　　C. 暂估价

D. 规费　　　　　　　　　E. 企业管理费

20. 施工成本构成的内容包括(　　)。

A. 人工费　　B. 材料费　　C. 利润　　D. 税金　　E. 设备工器具购置费

21. 对大中型工程项目，按项目组成编制施工成本计划时，其总成本分解的顺序是(　　)。

A. 单项工程成本→单位（子单位）工程成本→分部（子分部）工程成本→分项工程成本

B. 单位（子单位）→工程成本→单项工程成本→分部（子分部）工程成本→分项工程成本

C. 分项工程成本→分部（子分部）工程成本→单位（子单位）工程成本→单项工程成本

D. 分部（子分部）工程成本→分项工程成本→单项工程成本→单位（子单位）工程成本

22. 编制大中型建设工程项目施工成本支出计划时，要在项目总的方面考虑总的预备费，也要在(　　)中考虑不可预见费。

A. 前期工作　　B. 主要分项工程　　C. 企业管理费　　D. 所有的分项工程

23. 已知某施工项目的计划数据资料如表 4-9 所示，则第 3 周的施工成本计划值是(　　)万元。(2011 年真题)

A. 30　　　　B. 60　　　　C. 75　　　　D. 90

表 4-9　某施工项目的计划数据

编号	项目名称	时间（周）	费用（万元/周）	工程进度（周）									
				1	2	3	4	5	6	7	8	9	10
11	地面平整	1	10	—									
12	土方开挖	3	15	—	—	—							
13	混凝土垫层	3	15		—	—	—						
14	混凝土基础	6	60			—	—	—	—	—	—		
15	土方回填	3	15								—	—	—

24. 如按工程进度编制施工成本计划，在编制网络计划时应充分考虑进度控制对项目分解深度的要求，同时还应考虑施工成本支出计划对(　　)的要求。

A. 成本目标　　　B. 项目目标　　　C. 成本分解　　　D. 项目划分

25. 关于施工成本计划编制的说法，正确的有(　　)。(2010 年真题)

A. 在编制施工成本支出计划时，无需考虑不可预见费

B. 施工成本可分解为人工费、材料费、机械费、间接费和税金

C. 编制施工成本计划可利用控制项目进度的网络进度计划

D. 编制施工成本计划的关键是确立目标成本

E. 按进度编制的施工成本计划可以用“时间—成本累积曲线”来表示

考点 26　施工成本控制

一、施工成本控制的步骤（见表 4-10）

表 4-10　施工成本控制的步骤

序号	步骤	内容要点
1	行为控制	管理行为控制的目的是确保每个岗位人员在成本管理过程中的管理行为符合事先确定的程序和方法的要求。从这个意义上讲，首先要清楚企业建立的成本管理体系是否能对成本形成的过程进行有效地控制，其次要考察体系是否处在有效的运行状态。管理行为控制程序就是为规范项目施工成本的管理行为而制定的约束和激励机制
2	指标控制	指标控制程序则是成本进行过程控制的重点。能否达到预期的成本目标，是施工成本控制是否成功的关键。对各岗位人员的成本管理行为进行控制，就是为了保证成本目标的实现

【例 4-1】在施工成本控制过程中，采取措施纠正成本偏差之前需要完成的工作有(　　)。

A. 检查纠偏措施的执行情况和效果　　B. 比较计划值与实际值

C. 确定偏差的严重性及偏差产生的原因　　D. 估计完成项目所需的总费用

E. 考核成本降低的实际效果

【答案】BCD

二、施工成本控制的方法

（一）过程控制方法（见表 4-11）

表 4-11　过程控制的方法

<table>
<tr><th>项次</th><th colspan="3">内容要点</th></tr>
<tr><td rowspan="2">控制人工费的方法</td><td colspan="2">加强劳动定额管理</td><td>制定先进合理的企业内部劳动定额，严格执行劳动定额全面推行全额计件的劳动管理办法和单项工程集体承包的经济管理办法，以不突破施工图预算人工费指标为控制目标，对各班组实行工资包干制度</td></tr>
<tr><td colspan="2">提高劳动生产率，降低工程耗用人工工日</td><td>提高生产工人的技术水平和作业队的组织管理水平，合理搭配各工种工人的数量，加强培训
提倡技术革新和推广新技术实行弹性需求的劳务管理制度，提倡一专多能，提高劳动力的利用效率</td></tr>
<tr><td rowspan="5">控制材料费的方法</td><td rowspan="4">控制材料用量</td><td>定额控制</td><td>定额控制，对于有消耗定额的材料，以消耗定额为依据，实行限额领料制度</td></tr>
<tr><td>指标控制</td><td>指标控制，对于没有消耗定额的材料，则实行计划管理和按指标控制的办法。根据以往项目的实际耗用情况，结合具体施工项目的内容和要求，制定领用材料指标，以控制发料。超过指标的材料，必须经过一定的审批手续方可领用</td></tr>
<tr><td>计量控制</td><td>计量控制，准确做好材料物资的收发计量检查和投料计量检查</td></tr>
<tr><td>包干控制</td><td>包干控制，在材料使用过程中，对部分小型及零星材料（如钢钉、钢丝等）根据工程量计算出所需材料量，将其折算成费用，由作业者包干使用</td></tr>
<tr><td colspan="2">控制材料价格</td><td>材料价格主要由材料采购部门控制。</td></tr>
</table>

续表

<table>
<tr><th>项次</th><th colspan="2">内容要点</th></tr>
<tr><td rowspan="2">施工机械使用费的控制</td><td>控制台班数量</td><td>制订设备需求计划，合理安排施工生产等</td></tr>
<tr><td>控制台班单价</td><td>加强现场设备的维修、保养工作，降低大修、经常性修理等各项费用的开支，提高机械设备的完好率</td></tr>
<tr><td>施工分包费用的控制</td><td colspan="2">做好分包工程询价、验收和结算等工作，建立稳定的分包关系网，订立平等的分包合同</td></tr>
</table>

注：其中人工费、材料费均实行“量、价分离”的原则。

（二）赢得值（挣值）法

1. 三个基本参数（“三个值”）

$$已完工作预算费用(BCWP)=已完成工作量\times预算(计划)单价 \quad (4\text{-}1)$$

$$计划工作预算费用(BCWS)=计划工作量\times预算(计划)单价 \quad (4\text{-}2)$$

$$已完工作实际费用(ACWP)=已完成工作量\times实际单价 \quad (4\text{-}3)$$

$ACWP$ 也称为事件发生成本或已完工作实际成本。

其中要特别注意的是已完成工作预算费用（$BCWP$），业主正是根据这个值支付承包人已完成的相应工作量的费用，也就是承包人获得（挣得）的金额，故称赢得值或挣值。这个值的关键还在于，进度偏差和费用偏差的计算公式中都以它作为第一项（即被减项）。（**挣得值总是被减数**）

2. 四个评价指标计算

四个指标是：成本偏差 CV（Cost Variance），进度偏差 SV（Schedule Variance），成本绩效指数 CPI，进度绩效指数 SPI。其计算公式如下：

$$SV=BCWP-BCWS=已完成工作量\times预算单价-计划工作量\times预算单价 \quad (4\text{-}4)$$

$$CV=BCWP-ACWP=已完成工作量\times预算单价-已完成工作量\times实际单价 \quad (4\text{-}5)$$

$$SPI=BCWP\div BCWS=(已完成工作量\times预算单价)\div(计划工作量\times预算单价) \quad (4\text{-}6)$$

$$CPI=BCWP\div ACWP=(已完成工作量\times预算单价)\div(已完成工作量\times实际单价) \quad (4\text{-}7)$$

【助记】

三个值来四公式，挣得值总是被减数。

已完预算是挣值[❶]，比较需要同口径，

比进度（算进度偏差），成本应为同一口径，

比成本（算成本偏差），进度应为同一口径。

偏差相减与零比，指数相除与一比。大于零、大于一都有利。

偏差与指数，一个减来一个除，换换符号就搞定。

一般的解题步骤如下：

第一步：推导公式。

（1）利用口诀将挣得值的计算式写出，并置于被减数的位置，见图 4-6，口诀为：

---

❶ 已完预算是挣值——施工单位挣得的产值一定是实际完成工程量（已完）乘以合同价格（即预算价）。

“挣得值总是被减数，已完预算是挣值”。

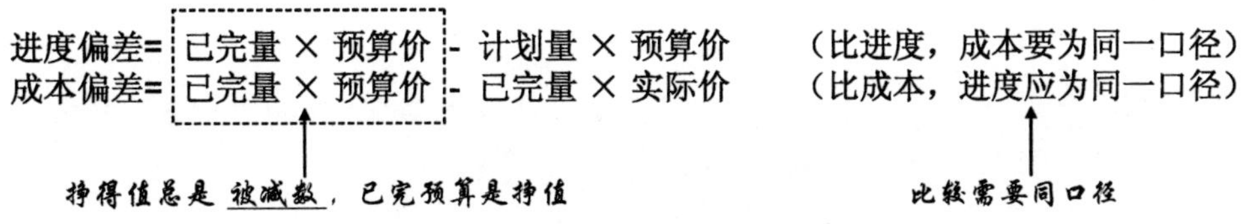

图 4-6 进度偏差和费用偏差公式的推导助记

（2）利用口诀可将两式的减数分别推出，见图 4-6。

1）先写出减数中与被减数同口径的那个乘数项，根据“**比进度，成本应为同一口径，比费用，进度应为同一口径**”的原则可知，进度偏差公式中，减数的价格与被减数的价格应一致，均为预算单价。同理，费用偏差公式中，减数的工程量口径与被减数的工程量口径应一致，均为已完成工程量。

2）另一个乘数项与被减数中对应的乘数项则应相反。例如，被减数为“已完量”，则减数中对应的项应为“计划量”，被减数为“预算价”，则减数中对应的项应为“实际价”。

（3）*CPI* 和 *SPI* 的公式推导

将进度偏差计算公式中等式右边的减号用除号替换，并将等式左边的进度偏差改为进度绩效指数，即得到计算进度绩效指数（*SPI*）的公式。同样方法可得到计算成本绩效指数（*CPI*）的公式。

第二步：根据已知条件和式（4-1）、（4-2）、（4-3）分别计算三个值。

第三步：根据式（4-4）、（4-5）、（4-6）、（4-7）计算偏差。

四个评价指标的应用见表 4-12。

表 4-12 四个评价指标的判别

CV	<0	项目运行超出预算费
	>0	项目运行节支，实际费用没有超出预算费用
CPI	<1	表示超支，即实际费用高于预算费用
	>1	表示节支，即实际费用低于预算费用
SV	<0	表示进度延误，即实际进度落后于计划进度
	>0	表示进度提前，即实际进度快于计划进度
SPI	<1	表示进度延误，即实际进度比计划进度拖后
	>1	表示进度提前，即实际进度比计划进度快

【助记】**偏差相减与零比，指数相除与 1 比**。**大于零、大于一都有利**。——相减宜大于零，比值宜大于 1；大于 0、大于 1 的情况都是好事，说明节资、工期提前。

【例 4-2】某施工企业进行土方开挖工程，按合同约定 3 月份的计划工作量为 2400m^3，计划单价是 12 元/m^3；到月底检查时，确认承包商完成的工程量为 2000m^3，实际单价为 15 元/m^3。则该工程的进度偏差（SV）和进度绩效指数（SPI）分别为（　　）。（2010 年真题）

A. 0.6 万元；0.80　　　　B. −0.6 万元；0.83

C. −0.48 万元；0.83　　　　　D. 0.48 万元；0.80

【答案】C

【解析】

SV=预算单价×(已完工程量−计划工程量)=12×(2000−2400)=−4800(元)

SPI=已完工程量/计划工程量=2000/2400=0.83

（三）偏差分析的表达方法（见表 4-13）

表 4-13　比较偏差分析的方法

方　法	定　义	特　点
横道图法	用不同的横道标记各种投资，横道的长度与其金额成正比	形象、直观，能准确地表达出投资的**绝对偏差**，而且能一眼感受到偏差的严重性，但反映的**信息量少**
表格法	将各项参数综合归纳入一张表格中，直接在表格中进行比较	**最常用的一种分析方法**，灵活、适应性强，信息量大，表格处理可借助于计算机
曲线法（见图 4-7）	用投资累计曲线来进行投资分析的方法	形象直观，但是**很难直接用于定量分析**

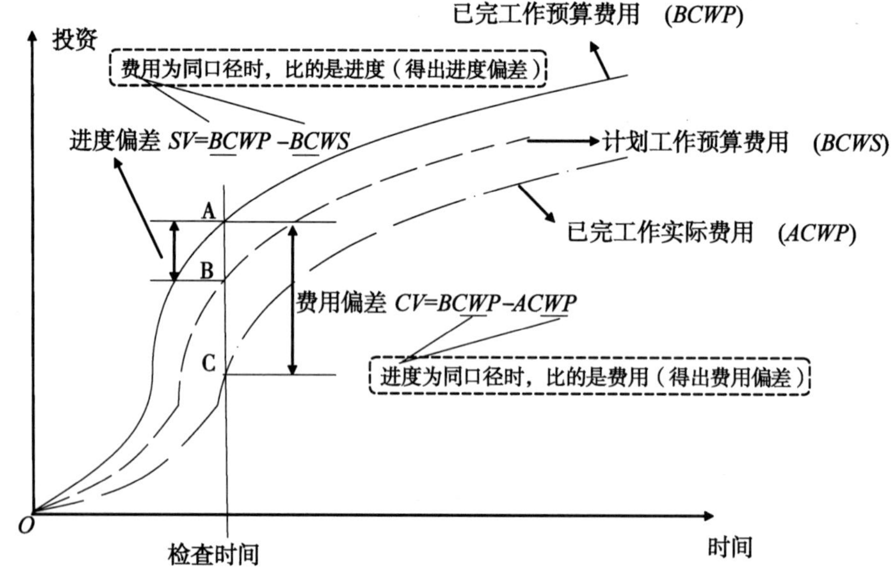

图 4-7　曲线法中进度偏差和费用偏差的表示方法

（四）偏差原因分析与纠偏措施

偏差分析的一个重要目的就是要找出引起偏差的原因，从而有可能采取有针对性的措施，减少或避免相同原因的再次发生。

通常要压缩已经超支的费用而不损害其他目标是十分困难的，一般只有当给出的措施比原计划已选定的措施更为有利，或使工程范围减少，或生产效率提高，成本才能降低。

【例 4-3】应用 S 形曲线法进行施工成本偏差分析时，已完工作实际成本曲线与已完工作预算成本曲线的竖向距离表示施工(　　)。(2011 年真题)

A. 进度累计偏差　　B. 成本累计偏差　　C. 进度局部偏差　　D. 成本局部偏差

【答案】B

【解析】解此类问题有两个要点，一要记住纵坐标轴代表投资额（成本），横坐标轴代表时间；二要记住在进度为同一口径时比的是成本，在成本为同一口径时，比的是进度。

＊＊练习题＊＊

26. 采用过程控制的方法控制施工成本时，控制的要点有（　　）。

A. 人工费、材料费按量价分离原则进行控制

B. 材料价格由项目经理负责控制

C. 零星材料采用定额控制方法进行控制

D. 合理安排施工生产，减少因安排不当引起的设备闲置

E. 对分包费用的控制，重点是做好分包工程询价、验收和结算等工作

27. 某分部工程计划工程量 5000 m^3，计划成本 380 元/m^3，实际完成工程量为 4500m^3，实际成本 400 元/m^3。用赢得值法分析该分部工程的施工成本偏差为（　　）元。（2011 年真题）

A. －100000　　B. －190000　　C. －90000　　D. －200000

28. 某工程主体结构混凝土工程量为 3200m^3，预算单价为 550 元/m^3。计划 4 个月内均衡完成。开工后，混凝土实际采购价格为 560 元/m^3。施工至第二个月月底，实际累计完成混凝土工程量为 1800m^3，则此时的进度偏差为（　　）万元。

A. 11.8　　B. 11.2　　C. 11.0　　D. －1.8

29. 某分项工程计划完成工程量 3000m^3，计划成本 15 元/m^3，实际完成工程量 2500m^3，实际成本 20 元/m^3。则该分项工程的施工进度偏差（　　）。

A. 拖后 7500 元　　B. 提前 7500 元　　C. 拖后 12500 元　　D. 提前 12500 元

30. 关于项目费用偏差分析方法的说法，正确的有（　　）。（2011 年真题）

A. 横道图法是最常用的一种方法　　B. 横道图法形象、直观

C. 曲线法能够直接用于定量分析　　D. 表格法反映信息量大

E. 表格法具有灵活，适用性强的特点

31. 工程成本偏差分析可采用不同的表达方法，常用的有（　　）。

A. 横道图法、表格法和曲线法　　B. 网络图法、横道图法和表格法

C. 比较法、因素分析法和差额计算法　　D. 网络图法、表格法和曲线法

32. 下列方法中，可用于分析建设工程项目施工成本偏差的方法是（　　）。

A. 因素分析法和比较法　　B. 曲线法和表格法

B. 连环置换法和比率法　　D. 连环置换法和曲线法

33. 横道图法是分析建设工程项目施工成本偏差的常用方法，其特点包括（　　）。

A. 能够直观地显示偏差分析所需用的资料

B. 能够准确表达施工成本的绝对偏差

C. 能够准确表达施工成本的相对偏差

D. 能够直观地显示施工成本的局部偏差和累计偏差

E. 能够直观地显示偏差的严重程序

34. 作为施工企业全面成本管理的重要环节，施工项目成本控制应贯穿于(　　)的全过程。

A. 从项目策划开始到项目开始运营　　B. 从项目设计开始到项目开始运营

C. 从项目投标开始到项目竣工验收　　D. 从项目施工开始到项目竣工验收

考点 27　施工成本分析

施工成本分析，一方面，是根据会计核算、业务核算和统计核算提供的资料，对施工成本的形成过程和影响成本升降的因素进行分析，以寻求进一步降低成本的途径；另一方面，通过成本分析，可从账簿、报表反映的成本现象看清成本的实质，从而增强项目成本的透明度和可控性，为加强成本控制，实现项目成本目标创造条件。施工成本分析贯穿于成本管理的全过程。成本偏差分为局部偏差和累计成本偏差。

一、施工成本分析的依据

施工成本分析的依据主要由会计核算、业务核算、统计核算三部分组成，如表 4-14 所示。

表 4-14　施工成本分析的依据

序号	依据	内容要点
1	会计核算	会计核算主要是价值核算。会计是对一定单位的经济业务进行计量、记录、分析和检查，作出预测，参与决策，实行监督，旨在实现最优经济效益的一种管理活动。**资产、负债、所有者权益、收入、费用和利润**等会计六要素指标，主要是通过会计来核算。由于会计记录具有**连续性、系统性、综合性**等特点，所以是施工成本分析的重要依据
2	业务核算	业务核算是各业务部门根据业务工作的需要而建立的核算制度。业务核算的范围比会计、统计核算要广，**会计和统计核算一般是对已经发生的经济活动进行核算；而业务核算，不但可以对已经发生的，而且还可以对尚未发生或正在发生的经济活动进行核算**。业务核算的目的，**在于迅速取得资料，在经济活动中及时采取措施进行调整**
3	统计核算	统计核算是利用会计核算资料和业务核算资料，将**客观现状数据**，按统计方法加以系统整理，表明其规律性。它的计量尺度比会计宽，可以用货币计算，也可以用实物或劳动量计量。它通过全面调查和抽样调查等特有的方法，**不仅能提供绝对数指标，还能提供相对数和平均数指标**，可以计算当前的实际水平，确定变动速度，预测发展的趋势

二、施工成本分析的方法

施工成本分析的基本方法包括比较法（指标对比分析法）、因素分析法（连环置换法）、差额计算法、比率法（见表 4-15）。

表 4-15　施工成本分析的方法

方　法	内容要点
比较法	又称为“指标对比分析法”，就是通过技术经济指标的对比，检查目标的完成情况，分析产生差异的原因，进而挖掘内部潜力的方法。通常有下列形式：将实际指标与目标指标对比；本期实际指标与上期实际指标对比；与本行业平均水平、先进水平对比

续表

方　法	内容要点
因素分析法	因素分析法又称为**连环置换法**，这种方法可用来分析各种因素对成本的影响程度。这种方法进行分析时，应首先确定一个因素发生了变化，其他因素不变，然后逐个替换，分别计算结果，见【例 4-4】
差额计算法	差额计算法是因素分析法的一种简化形式，它利用各个因素的目标值与实际值的差额来计算其对成本的影响程度
比率法	比率法是指用两个以上指标的比例进行分析的方法。它的基本特点是：先把对比分析的数值变成相对数，再观察其相互之间的关系。常用的比率法有：相关比率法、构成比率法、动态比率法 【助记】动态构想（相）比率法

施工成本分析的方法　比较法、比率法　差额计算法

【助记】电脑分析不识别机读卡——还（环）因2B铅笔质量差

连环置换法（因素分析法）

【例 4-4】某分项工程的混凝土成本数据如表 4-16 所示。应用因素分析法分析各因素对成本的影响程度，可得到的正确结论是(　　)。(2011 年真题)

表 4-16　混凝土成本数据

项　　目	单　　位	目　　标	实　　际
产量	立方米	800	850
单价	元	600	640
损耗率	%	5	3

A. 由于产量增加 50m³，成本增加 21300 元

B. 由于单价提高 40 元，成本增加 35020 元

C. 实际成本与目标成本的差额为 56320 元

D. 由于损耗下降 2%，成本减少 9600 元

【答案】C

【解析】见表 4-17。

表 4-17　例 4-4 解析

顺　序	替换的数	连环替代计算	差　值	因素分析
目标数		=800×600×1.05 =504000		
第一次替代	850 替换 800	=850×600×1.05 =535500	=535500−504000 =31500	由于产量增加 50m³，成本增加 31500 元
第二次替代	640 替换 600	=850×640×1.05 =571200	=571200−535500 =35700	由于单价提高 40 元，成本增加 35700 元
第三次替代	3 替换 5	=850×640×1.03 =560320	=560320−571200 =−10880	由于耗损率下降 2%，成本减少 10800 元

注：替换的顺序为——先实物量，后价值量；先绝对值，后相对值。

因此，实际成本与目标成本的差值为 31500+35700−10880=56320 元。

【例 4-5】关于施工成本控制的说法，正确的是(　　)。(2014 年真题)

A. 施工成本管理体系由社会有关组织进行评审和认证

B. 要做好施工成本的过程控制，必须制定规范化的过程控制程序

C. 管理行为控制程序是进行成本过程控制的重点

D. 管理行为控制程序和指标控制程序是相互独立的

【答案】B

【解析】本题考查的是施工成本控制。要做好施工成本的过程控制，必须制定规范化的过程控制程序。

【例 4-6】单位工程竣工成本分析的内容包括（　　）。(2014 年真题)

A. 专项成本分析

B. 竣工成本分析

C. 成本总量构成比例分析

D. 主要资源节超对比分析

E. 主要技术节约措施及经济效果分析

【答案】BDE

【解析】本题考查的是单位工程竣工成本分析，应包括以下 3 方面内容：① 竣工成本分析；②主要资源节超对比分析；③主要技术节约措施及经济效果分析。

三、综合成本的分析方法

所谓综合成本，是指涉及多种生产要素并受多种因素影响的成本费用，如分部分项工程成本、月（季）度成本、年度成本等（见表 4-18）。

表 4-18　综合成本分析方法

方　法	内容要点
分部分项工程成本分析	分部分项工程成本分析是**施工项目成本分析的基础**。分部分项工程成本分析的**对象为已完成的分部分项工程**。分析的方法是：**进行预算成本、目标成本和实际成本的“三算”对比**，分别计算实际偏差和目标偏差，分析偏差产生的原因，为今后的分部分项工程成本寻求节约途径 分部分项工程成本分析的资料来源是**预算成本来自投标报价成本，目标成本来自施工预算，实际成本来自施工任务单的实际工程量、实耗人工和限额领料单的实耗材料** 不可能也没有必要对每一个分部分项工程都进行成本分析，但对主要的分部分项工程则必须进行成本分析，而且要做到**从开工到竣工进行系统的成本分析**。因为通过系统分析，可以基本上了解项目成本形成的全过程，为竣工成本分析和今后的项目成本管理提供一份宝贵的参考资料
月（季）度成本分析	月（季）度成本分析的**依据是当月（季）的成本报表**，分析的方法主要有以下几个方面 (1) 通过实际成本与预算成本的对比，分析当月（季）的成本降低水平；通过累计实际成本与累计预算成本的对比，分析累计的成本降低水平，预测实现项目成本目标的前景 (2) 通过实际成本与目标成本的对比，分析目标成本的落实情况，以及目标管理中的问题和不足，进而采取措施，加强成本管理，保证成本目标的落实 (3) 通过对各成本项目的成本分析，可以了解成本总量的构成比例和成本管理的薄弱环节
年度成本分析	企业成本要求一年结算一次，**不得将本年成本转入下一年度**；而项目成本则以项目的寿命周期为结算期，要求从开工到竣工到保修期结束连续计算，最后结算出成本总量及其盈亏 年度成本分析的**依据是年度成本报表**。年度成本分析的内容，除了月（季）度成本分析的六个方面以外，重点是针对下一年度的施工进展情况规划切实可行的成本管理措施，以保证施工项目成本目标的实现
竣工成本的综合分析	如果施工项目只有一个成本核算对象（单位工程），就以该成本核算对象的竣工成本资料作为成本分析的依据。单位工程竣工成本分析，应包括以下三方面内容 (1) 竣工成本分析 (2) 主要资源节超对比分析 (3) 主要技术节约措施及经济效果分析 通过以上分析，可以全面了解单位工程的成本构成和降低成本的来源，对今后同类工程的成本管理很有参考价值

＊＊练习题＊＊

35. 施工成本分析是施工成本管理的主要任务之一，下列关于施工成本分析的表述中正确的是(　　)。

A. 施工成本分析的实质是在施工之前对成本进行估算

B. 施工成本分析是指科学地预测成本水平及其发展趋势

C. 施工成本分析是指预测成本控制的薄弱环节

D. 施工成本分析应贯穿于施工成本管理的全过程

36. 业务核算是施工成本分析的依据之一，其目的是(　　)。

A. 预测成本变化发展的趋势　　B. 迅速取得资料，及时采取措施调整经济活动

C. 计算当前的实际成本水平　　D. 记录企业的一切生产经营活动

37. 在施工成本的各种核算方法中，业务核算比(　　)。

A. 会计核算和统计核算的范围广

B. 会计核算的范围窄，比统计核算的范围广

C. 会计核算的范围广，比统计核算的范围窄

D. 会计核算和统计核算的范围窄

38. 对已经发生的、正在发生的和尚未发生的经济活动进行核算，属于(　　)。

A. 会计核算　　B. 业务核算　　C. 动态核算　　D. 统计核算

39. 工程项目施工成本分析的基本方法有(　　)。(2010 年真题)

A. 比较法　　B. 因素分析法　　C. 统计核算法　　D. 差额计算法

E. 比率法

40. 施工成本分析常用的方法包括(　　)。

A. 比较法　　B. 比率法　　C. 差额计算法　　D. 连环置换法

E. 实际费用法

41. 常用于施工成本分析的比率法有(　　)。

A. 相关比率法　　B. 构成比率法　　C. 置换比率法　　D. 动态比率法

E. 连环比率法

42. 能够通过技术经济指标的对比，检查目标的完成情况，分析产生差异的原因，进而挖掘内部潜力的分析方法是(　　)。

A. 因素分析法　　B. 差额分析法　　C. 差率法　　D. 比较法

43. 在建设工程项目施工成本分析方法中，可用来分析各种因素对成本的影响程度的方法是(　　)。

A. 相关比率法　　B. 比重分析法　　C. 连环置换法　　D. 动态比率法

44. 进行分部分项工程施工成本分析时，其资料来源包括(　　)。

A. 工程合同总价　　B. 实耗人工和材料　　C. 施工预算　　D. 工程概算

E. 实际工程量

45. 分部分项工程成本分析采用的“三算”对比分析法，其“三算”对比指的是(　　)的比较。

A. 概算成本、预算成本、决算成本　　B. 预算成本、目标成本、实际成本

C. 月度成本、季度成本、年度成本　　　　D. 预算成本、计划成本、目标成本

46. 施工项目月度成本分析的依据是当月的成本报表，分析的方法和内容包括(　　)。

A. 通过实际成本与预算成本的对比，分析当月的成本降低水平

B. 通过实际成本与目标成本的对比，分析目标成本的落实情况

C. 通过累计实际成本与累计预算成本的对比，分析竣工成本降低水平

D. 通过对各成本项目的成本分析，了解成本总量的构成比例

E. 通过对技术组织措施执行效果的分析，寻求更加有效的节约途径

47. 单位工程竣工成本分析包括的内容有(　　)。

A. 目标利润分析　　　　B. 目标成本分析　　C. 预算成本分析

D. 主要资源节超对比分析　　E. 主要技术节约措施及其经济效果分析

48. 关于施工成本及其管理的说法，正确的是(　　)。(2011 年真题)

A. 施工成本管理就是在保证工期和满足质量要求的情况下，采取相应措施把成本控制在计划范围内，并最大程度地节约成本

B. 施工成本是指施工过程中消耗的构成工程实体的各项费用支出

C. 施工成本考核是在施工成本核算的基础上，对成本形成过程和影响成本升降的因素进行分析，以寻求进一步降低成本的途径

D. 施工成本预测是以货币形式编制施工项目在计划期内的生产费用，成本水平，成本降低率及降低成本措施的书面方案

第五章　建设工程项目进度控制

考点 28　建设工程项目进度控制与进度计划系统

一、进度控制的过程

建设工程项目是在动态条件下实施的，因此进度控制也就必须是一个动态的管理过程（见图 5-1）。

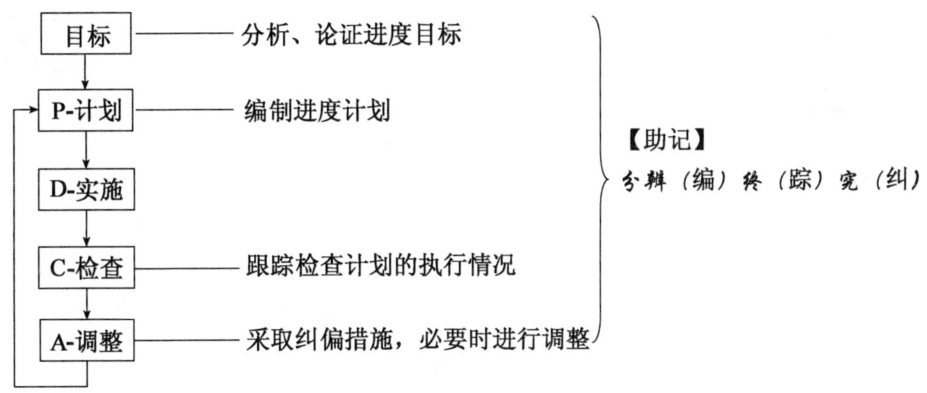

图 5-1　进度控制的管理过程

二、建设工程项目进度控制的目的

施工进度控制并不仅关系到施工进度目标能否实现，它还直接关系到工程的质量和成本。在工程施工实践中，必须树立和坚持一个最基本的工程管理原则，即在确保工程质量的前提下，控制工程的进度。

三、建设工程项目进度控制的任务（见表 5-1）

表 5-1　各方进度控制任务

参与各方	进度控制角度	具体内容
业主方	**全方位**	控制整个项目实施阶段的进度，包括控制设计准备阶段的工作进度、设计工作进度、施工进度、物资采购工作进度，以及项目动用前准备阶段的工作进度
设计方	设计进度	依据**设计任务委托合同**对设计工作进度的要求控制设计工作进度。其中，**出图计划是设计方进度控制的依据，也是业主方控制设计进度的依据**
施工方	施工进度	依据是合同对施工要求控制的施工进度，视项目的特点和施工进度控制的需要，编制深度不同的**控制性、指导性和实施性施工的进度计划**，以及按不同**计划周期（年度、季度、月度和旬）**的施工计划等
供货方	供货进度	供货进度计划应包括供货的所有环节，如采购、加工制造、运输等

通过上表不难理解：业主方和项目参与各方都有各自的进度控制任务，而且其控制的目标和时间范畴并不相同。

另外还要特别注意的是业主方编制的整个项目实施的进度计划、设计方编制的进度计划、施工和设备安装方编制的进度计划与采购和供货方编制的进度计划之间的联系和协调。

四、建设工程项目进度计划系统的建立

建设工程项目进度计划系统是由多个相互关联的进度计划组成的系统，它是项目进度控制的依据。由于各种进度计划编制所需要的必要资料是在项目进展过程中逐步形成的，因此项目进度计划系统的建立和完善也是逐步形成的。四种常见的进度计划系统见表 5-2。

表 5-2　四种常见的进度计划系统

由不同**深度**的计划构成 • 总进度规划（计划） • 项目子系统进度规划（计划） • 项目子系统中的单项工程进度计划等	由不同**功能**的计划构成 • 控制性进度规划（计划） • 指导性进度规划（计划） • 实施性（操作性）进度计划等
由不同项目**参与方**的计划构成 • 业主方编制的整个项目实施的进度计划 • 设计进度计划 • 施工和设备安装进度计划 • 采购和供货进度计划等	由不同**周期**的计划构成 • 5 年建设进度计划 • 年度、季度、月度和旬计划等

【助记】**进度计划深缠**（参与方）**周工**（功能），**进度控制要“分辨（编）终（踪）究（纠）”**（见图 5-1）

总进度计划一般分为总进度纲要、二级进度计划、三级进度计划、四级进度计划，而进度计划系统可能有多个不同类型的计划系统构成，如图 5-2 所示。

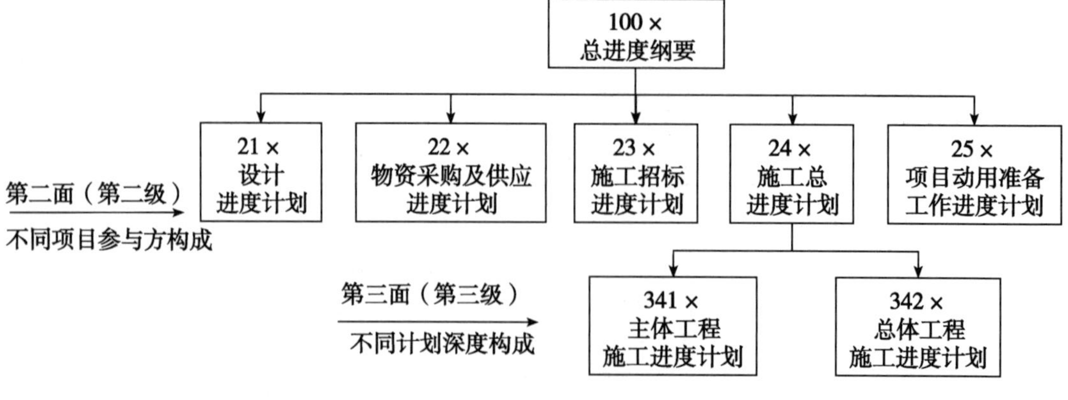

图 5-2　建设工程项目进度计划系统示例

* * 练习题 * *

1. 建设工程项目进度控制的主要工作环节包括（　）。(2011 年真题)

A. 分析和论证进度目标　　B. 跟踪检查进度计划执行情况

C. 确定进度目标　　D. 编制进度计划

E. 采取纠偏措施

2. 建设工程项目进度控制的主要工作环节包括（　）等。

A. 进度目标的分析和论证　　B. 进度控制工作职能分工

C. 定期跟踪进度计划的执行情况　　D. 采取纠偏措施及调整进度计划

E. 进度控制工作流程的编制

3. 就建设工程项目进度控制的主要工作环节而言，其正确的工作程序为（　）。

A. 编制计划、目标的分析和论证、调整计划、跟踪计划的执行

B. 编制与调整计划、跟踪计划的执行、目标的分析和论证

C. 目标的分析和论证、跟踪计划的执行、编制与调整计划

D. 目标的分析和论证、编制计划、跟踪计划的执行、调整计划

4. 建设项目设计方进度控制的任务是依据（　）对设计工作进度的要求，控制设计工作进度。(2011 年真题)

A. 可行性研究报告　　B. 设计大纲

C. 设计总进度纲要　　D. 设计任务委托合同

5. 建设工程项目的业主和参与各方都有进度控制的任务，各方(　)。

A. 控制的目标相同，但控制的时间范畴不同

B. 控制的目标不同，但控制的时间范畴相同

C. 控制的目标和时间范畴均相同

D. 控制的目标和时间范畴各不相同

6. 施工方应视项目特点和进度控制的需要，编制（　）。(2010 年真题)

A. 项目动用前准备工作计划　　B. 施工进度计划

C. 设计进度计划　　D. 主要设备采购工作计划

7. 为了有效地控制工程项目的施工进度，施工方应根据工程项目的特点和施工进度控制的需要，编制（　）。

A. 项目动用前准备阶段的工作计划　　B. 年度、季度、月底和旬施工计划

C. 采购计划、供货进度计划　　D. 设计准备工作计划、设计进度计划

E. 控制性、指导性和实施性的施工进度计划

8. 在建设工程项目进度计划系统中，由业主方、设计方、施工和设备安装方编制的进度计划应与（　）编制的进度计划相互协调。

A. 监理方　　B. 政府行政主管部门　　C. 投资方　　D. 采购和供货方

9. 作为建设工程项目进度控制的依据，建设工程项目进度计划系统应（　）。

A. 在项目的前期决策阶段建立　　B. 在项目的初步设计阶段完善

C. 在项目的进展过程中逐步形成　　D. 在项目的准备阶段建立

10. 建设工程项目进度计划系统分为总进度计划、子系统进度计划和单项工程进度计

划，这是根据进度计划的不同（　　）编制的。(2011 年真题)

A. 功能　　B. 深度　　C. 周期　　D. 编制主体

11. 在建设工程项目进度计划系统中，按计划的深度不同划分的进度计划包括（　　）。

A. 总进度规划　　B. 设计进度计划　　C. 项目子系统进度计划

D. 施工进度计划　　E. 业主方项目实施进行计划

12. 建设工程项目进度计划系统的内容包括（　　）。

A. 总进度纲要　　B. 二级进度计划　　C. 进度计划审批程序

D. 进度计划实施效果分析　　E. 工程实际进度信息

13. 某建设工程项目进度计划系统如图 5-3 所示。该进度计划系统的第二平面是多个相互关联的不同（　　）的进度计划。

A. 计划深度　　B. 计划功能　　C. 项目参与方　　D. 计划周期

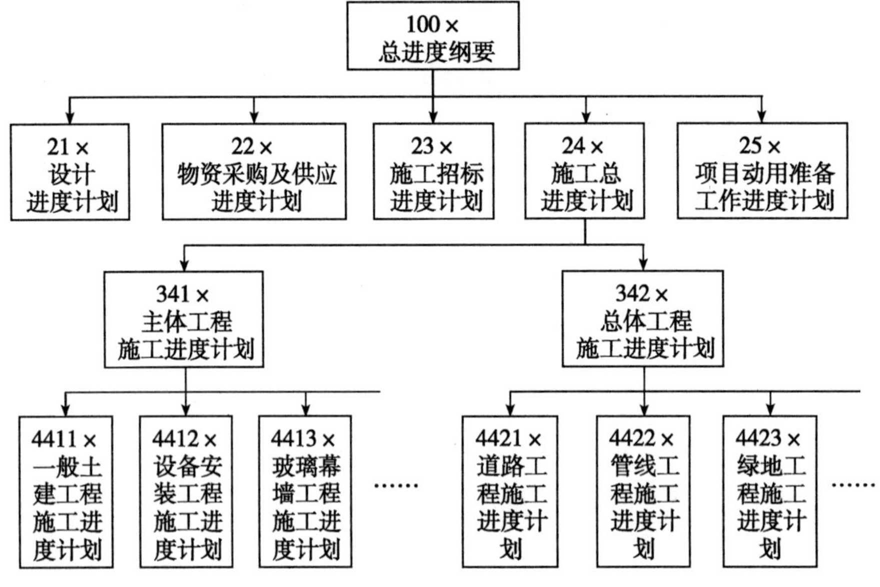

图 5-3　某工程项目进度计划

14. 用项目管理专业软件编制工程网络计划能够（　　）。

A. 确保工程网络计划计算的准确性　　B. 确保工程网络计划原始资料的准确性

C. 确保工程网络计划的按时完成　　D. 有利于工程网络计划的及时调整

E. 有利于编制资源需求计划

15. 为顺利地实施建设工程项目的进度控制，项目管理者应当强化（　　）的管理理念。(2011 年真题)

A. 与供方互利　　B. 系统方法　　C. 动态控制　　D. 多方案比选

E. 以顾客为关注焦点

16. 关于项目进度控制的说法，正确的是（　　）。(2011 年真题)

A. 进度控制必须要保证工程质量和成本

B. 进度目标的分析和论证是进度控制的首要工作

C. 项目进度控制的依据是实施性进度计划

D. 进度计划软件是基于横道图原理开发的

考点 29 建设工程项目总进度目标的论证

一、建设工程项目总进度目标概述

• **定义时间**：项目决策阶段项目定义时确定的；

• **谁的任务**：业主方项目管理的任务（若采用建设项目工程总承包的模式，协助业主进行项目总进度目标的控制也是建设项目工程总承包方项目管理的任务）；

• **首要内容**：分析和论证进度目标实现的可能性；

• **大型建设工程项目总进度目标论证的核心工作**：通过编制总进度纲要论证总进度目标实现的可能性。

二、建设工程项目总进度目标论证的工作内容（见表 5-3）

表 5-3 项目总进度计划与项目总进度纲要

在项目的**实施阶段**，**项目总进度**应包括	大型建设工程项目**总进度纲要**的主要内容包括
（1）设计前准备阶段的工作进度 （2）设计工作进度 （3）招标工作进度 （4）施工前准备工作进度 （5）工程施工和设备安装进度 （6）工程物资采购工作进度 （7）项目动用前的准备工作进度等	（1）项目实施的总体部署 （2）总进度规划 （3）各子系统进度规划 （4）确定里程碑事件的计划进度目标 （5）总进度目标实现的条件和应采取的措施等 【助记】总部总署与子规，条件措施里程碑

三、建设工程项目总进度目标论证的工作步骤

（1）调查研究和收集资料；

（2）项目结构分析；

（3）进度计划系统的结构分析；

（4）项目的工作编码；

（5）编制各层进度计划；

（6）协调各层进度计划的关系，编制总进度计划；

（7）若所编制的总进度计划不符合项目的进度目标，则设法调整；

（8）若经过多次调整进度目标仍无法实现，则报告项目决策者。

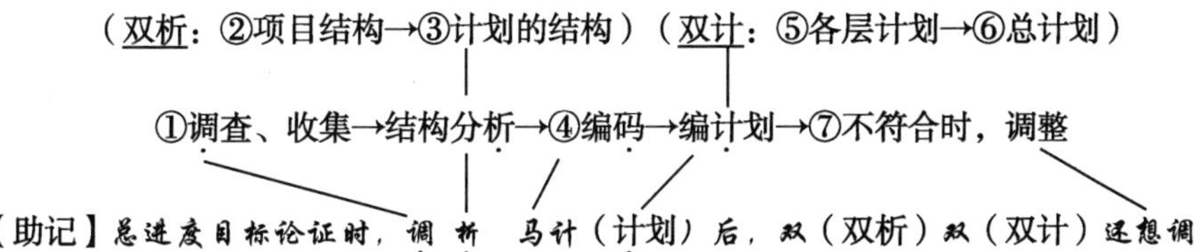

总进度目标论证的工作步骤是历年的重要考点，例题见本书第一章练习题 8。

【解题要点】

有了上述助记方法之后，只需要理解步骤（2）应在步骤（3）之前、步骤（5）应在步骤（6）之前（先分后总），此类题就成了送分题，理解技巧如下：

（1）进度计划系统的结构分析以及进度计划的编制之前，需要先进行编制对象的结构分析（与“先定对象，后编计划”的道理相同→（2）应在（3）和（4）之前）。

（2）分解、下达目标与论证目标的顺序是相反的。论证目标时，进度计划的编制应“先分后总”（即（5）应在（6）之前，这与最初编制计划时应“先总后分”不同）。

大型建设工程项目的结构分析是根据编制总进度纲要的需要，将整个项目进行逐层分解，并确立相应的工作目录。

项目的工作编码指的是每一个工作项的编码，编码有各种方式。编码时应考虑下述因素：

- 对不同**计划层**的标识；
- 对不同**计划对象**的标识（如不同子项目）；
- 对不同**工作**的标识（如设计工作、招标工作和施工工作等）。

【助记】**计划工作的对象层面有变吗**（编码）？

＊＊练习题＊＊

17. 在进行建设工程项目总进度目标控制前，首先应（　　）。（2010 年真题）

A. 制定项目进度控制的措施　　B. 对项目实施进行总体部署

C. 分析和论证进度目标实现的可能性　　D. 编制施工总进度规划

18. 大型建设工程项目总进度目标论证的核心工作是通过（　　）。

A. 编制总进度纲要，论证总进度目标实现的可能性

B. 分析工程发包组织方式，论证总进度目标分解的合理性

C. 分析施工技术方面的资料，论证总进度目标的控制措施

D. 分析施工组织资料，论证总进度目标实现的条件

19. 在建设工程项目进度控制工作中，分析和论证进度目标的目的是分析和论证（　　）。

A. 进度目标的合理性及实现的可能性

B. 进度目标实现措施的经济性和可操作性

C. 进度目标与成本目标、质量目标的匹配性

D. 进度目标与成本目标、质量目标的一致性

20. 在建设工程项目的实施阶段，项目总进度应包括（　　）等。

A. 设计工程进度　　B. 施工前准备工作进度

C. 工程物资采购工作进度　　D. 项目动用前准备工作进度

E. 项目后评价工作进度

21. 大型建设工程项目总进度纲要的内容之一是（　　）。

A. 里程碑事件的计划进度目标　B. 工程项目总进度计划

C. 工程项目设计总进度计划　　D. 工程项目施工总进度计划

22. 对建设工程项目进度目标进行分析和论证，其目的是（　　）。（2010 年真题）

A. 论证进度目标是否合理　　B. 制定进度控制措施

C. 论证进度目标实现的经济性　D. 确定调整进度目标的方法

23. 建设工程项目总进度目标论证的工作包括：①项目结构分析；②编制各层进度计划；③进度计划系统的结构分析；④项目的工作编码。其正确的工作顺序是（　　）。(2011 年真题)

A. ①—③—④—②　B. ①—③—②—④　C. ③—②—①—④　D. ④—①—③—②

24. 建设工程项目总进度目标论证的工作有：①项目的工作编码；②项目结构分析；③编制各层进度计划；④进度计划系统的结构分析等。对上述四项工作而言，其正确的工作步骤是（　　）。

A. ②—④—①—③　B. ①—②—④—③　C. ①—③—④—②　D. ②—④—③—①

25. 论证建设工程项目总进度目标时，需要进行：①编制各层进度计划：②项目的工作编码；③进度计划系统的结构分析等项工作。对上述三项工作而言，正确的工作步骤是（　　）。

A. ①—②—③　　B. ②—①—③　　C. ②—③—①　　D. ③—②—①

26. 论证建设工程项目总进度目标，需要进行：①总进度计划的编制；②进度计划系统结构分析；③项目结构的分析等多项工作。仅就上述三项工作而言，其正确的顺序为（　　）。

A. ①—②—③　　B. ②—③—①　　C. ③—①—②　　D. ③—②—①

27. 论证建设工程项目总进度目标时，其工作内容包括：①编制总进度计划；②项目的工作编码；③项目结构分析等工作。上述三项工作正确的程序为（　　）。

A. ③—②—①　　B. ①—③—②　　C. ②—①—③　　D. ①—②—③

28. 论证大型建设工程项目总进度目标时，项目结构分析是指（　　）。

A. 根据建立进度计划系统的需要，分析进度计划之间的关系

B. 根据项目合同体系，分析影响总进度目标实现的合同交界面

C. 根据建立进度计划系统的需要，分析确定进度计划的层次

D. 根据编制总进度纲要的需要，将整个项目逐层分解并确定相应的工作目录

29. 在建设工程项目总进度目标论证中，项目的工作编码是指一个工作项的编码，编码时应考虑的因素包括对不同（　　）的标识。

A. 计划层　B. 计划对象　C. 工作类别　D. 计划方式　E. 计划目标

30. 在建设工程项目总进度目标论证过程中，项目的工作编码应考虑对不同的（　　）进行标识。

A. 计划形式　B. 计划层　C. 计划对象　D. 计划方法　E. 资源类别

考点 30　横道图进度计划与工程网络计划

一、横道图的优缺点（见表 5-4）

表 5-4　横道图的优缺点及适用性

	内容要点
优点	表达方式较直观，易看懂计划编制的意图
缺点	工作之间的逻辑关系难以表达，不能确定计划的关键工作、关键路线与时差
适用性	适用于手工编制计划、小型项目或大型项目的子项目上，难以适应于大的进度计划系统

二、网络计划概述（见表 5-5）

表 5-5　网络计划的划分

按工作持续时间的特点划分 • 肯定型网络计划 • 非肯定型网络计划 • 随机型网络计划	《工程网络计划技术规程》JGJ/T 121—1999 中推荐的划分 • 双代号网络计划 • 双代号搭接网络计划 • 单代号网络计划 • 单代号搭接网络计划
按工作和事件在网络图中的表示方法划分 • 事件网络 • 工作网络	按计划平面个数划分 • 单平面网络计划 • 多平面网络计划

时标网络计划是严格按照时间标尺上对应的时间长度绘制的双代号网络计划，既具有网络计划的优点，又具有横道计划直观易懂的优点，它将网络计划的时间参数直观地表达出来。

双代号网络图又称为箭线式网络图，它是以箭线及其两端节点的编号表示工作；同时，节点表示工作的开始或结束以及工作之间的连接状态。

单代号网络图又称为节点式网络图，它是以节点及其编号表示工作，箭线表示工作之间的逻辑关系。

箭线、工作和节点在网络图中的表示方法见表 5-6。

表 5-6　箭线、工作和节点的表示方法

	双代号网络图	单代号网络图
工作的表示方法	以箭线及其两端节点的编号表示	以节点及其编号表示
节点的含义	表示工作的开始或结束以及工作之间的连接状态	表示工作
箭线的含义	表示工作	箭线表示工作之间的逻辑关系
虚工作（虚箭线）的情况	经常存在	不可能有虚箭线，虚工作只可能出现在起始节点或终点节点处

续表

	双代号网络图	单代号网络图
工作 A 的图示（其中 2 表示工作 A 的持续时间）	①—A/2→②	A/2
整个网络计划的图示	见图 5-4（b）	见图 5-4（c）

为便于对比，将同一项工程的网络计划分别用双代号时标网络图、双代号网络图和单代号网络图表示，如图 5-4 所示。

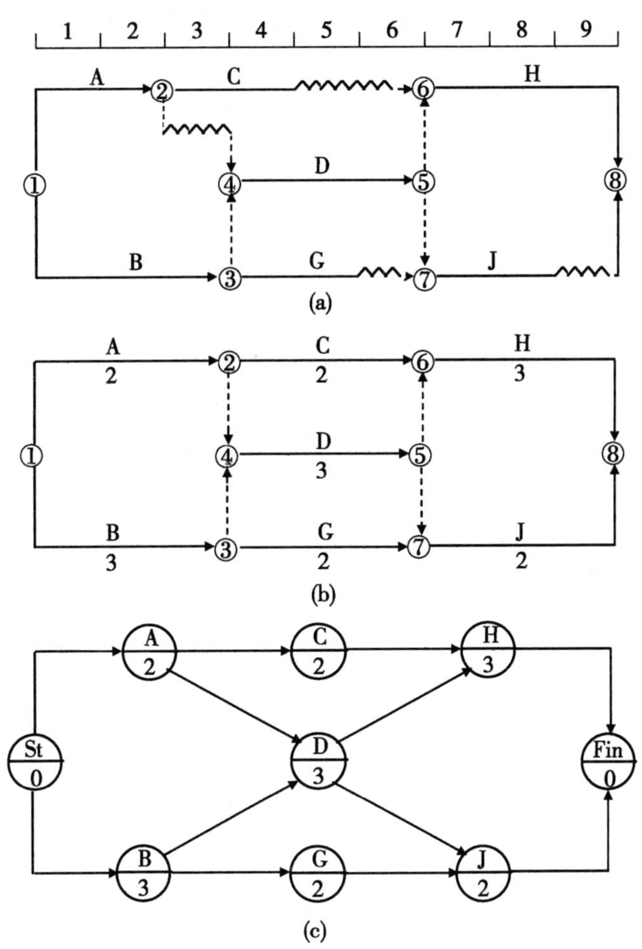

图 5-4　同一个网络计划分别绘制成三种网络图的对比

（a）双代号时标网络图；（b）双代号网络图；（c）单代号网络图

三、双代号网络图的绘制要求

（1）必须正确表达已确定的逻辑关系；

（2）不允许出现循环回路；

（3）在节点之间不能出现带双向箭头或无箭头的连线；

（4）不能出现没有箭头节点或没有箭尾节点的箭线；

(5) 双代号网络图中应只有一个起点节点和一个终点节点；

(6) 节点编号不能有误，也不能重复。

双代号网络图辨别错误的解题技巧“五步法”：

(1) 首先检查是否有指向左方的水平箭线或箭头偏向左方的斜向箭线。如果有，即为错误，且此处很可能存在循环回路。

(2) 再检查每一条箭线上箭尾节点编号是否均小于箭头节点编号。如果有箭尾节点编号大于箭头节点编号的情况存在，即为错误。此错误也称为节点编号有误。

(3) 应检查节点编号和工作编号有无重复，有重复即为错误。

(4) 应检查是否只有一个起点节点和一个终点节点，即除最左端的一个节点和最右端的一个节点外，其他所有节点都应既有入箭线，也有出箭线。否则，即存在多个起点节点或多个终点节点。

(5) 不能出现双向箭头和无箭头的连线，也不能在箭线上引入或引出箭线，否则为错。

【例 5-1】某分部工程双代号网络计划如图 5-5 所示，图中的错误有（　　）。

A. 工作代号重复　　B. 节点编号有误　　C. 多个起点节点

D. 多个终点节点　　E. 存在循环回路

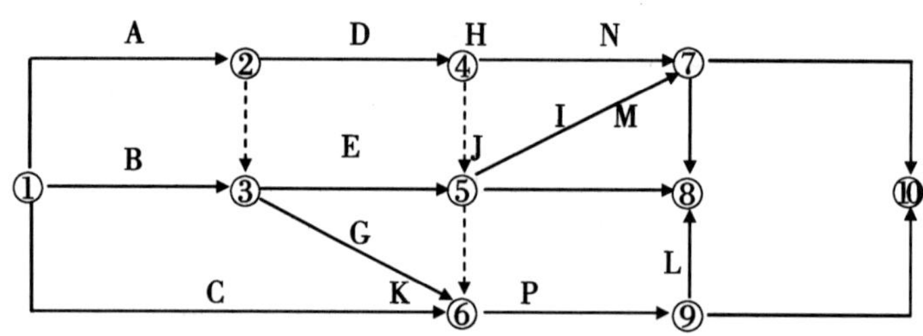

图 5-5　某工程的双代号网络计划

【答案】BD

【解析】根据上述“五步法”，找出图中存在两种错误。

错误之一：箭线⑨—⑧的箭尾节点编号大于箭头节点编号，属节点编号有误；

错误之二：节点⑧和节点⑩均只有入箭线而无出箭线，属终点节点，故存在多个终点节点；

选项 A、C、E 所述错误在本图中不存在。

四、网络计划的参数

1. 工期（见表 5-7）

表 5-7　三种工期的概念

工期	计算工期	计算工期是根据网络计划时间参数计算而得到的工期，用 T_c 表示
	要求工期	要求工期是任务委托人所提出的指令性工期，用 T_r 表示（一般可认为合同工期是要求工期）
	计划工期	计划工期是指根据要求工期和计算工期所确定的作为实施目标的工期，用 T_p 表示：①已规定了要求工期时，计划工期不应超过要求工期，即 $T_p \leqslant T_r$；②未规定要求工期时，可令计划工期等于计算工期，即 $T_p = T_c$

2. 工作的六个时间参数（见表 5-8）

表 5-8　工作的六个时间参数

	定　义	表示方法	
		双代号网络	单代号网络
最早开始时间	工作的最早开始时间是指在其所有紧前工作全部完成后，本工作有可能开始的最早时刻	ES_{i-j}	ES_i
最早完成时间	工作的最早完成时间是指在其所有紧前工作全部完成后，本工作有可能完成的最早时刻	EF_{i-j}	EF_i
最迟开始时间	工作的最迟开始时间是指在不影响整个任务按期完成的前提下，本工作必须开始的最迟时刻	LS_{i-j}	LS_i
最迟完成时间	工作的最迟完成时间是指在不影响整个任务按期完成的前提下，本工作必须完成的最迟时刻	LF_{i-j}	LF_i
自由时差	工作的自由时差是指在不影响其紧后工作最早开始时间的前提下，本工作可以利用的机动时间	FF_{i-j}	FF_i
总时差	总时差是指在不影响总工期的前提下，本工作可以利用的机动时间	TF_{i-j}	TF_i

注：由总时差和自由时差的定义可知，对于同一项工作而言，自由时差不会超过总时差。当工作的总时差为零时，其自由时差必然为零。另外 D_{i-j} 表示 i→j 工作的持续时间（单代号网络计划中 D_i 表示工作持续时间）。

＊＊练习题＊＊

31. 与工程网络计划方法相比，横道图进度计划方法的缺点是不能（　　）。

A. 直观表示计划中工作的持续时间　　B. 确定实施计划所需要的资源数量

C. 直观表示计划完成所需要的时间　　D. 确定计划中的关键工作和时差

32. 横道图进度计划的优点是（　　）。

A. 便于确定关键工作　　B. 工作之间的逻辑关系表达清楚

C. 表达方式直观　　D. 工作时差易于分析

33. 按工作持续时间的特点不同，工程网络计划可划分为（　　）。

A. 肯定型网络计划　　B. 随机型网络计划　　C. 分级型网络计划

D. 事件型网络计划　　E. 非肯定型网络计划

34. 某工程双代号网络计划如图 5-6 所示，图中的错误是（　　）。

A. 有多个起点节点　　B. 有多个终点节点

C. 有双向箭头联线　　D. 有循环回路

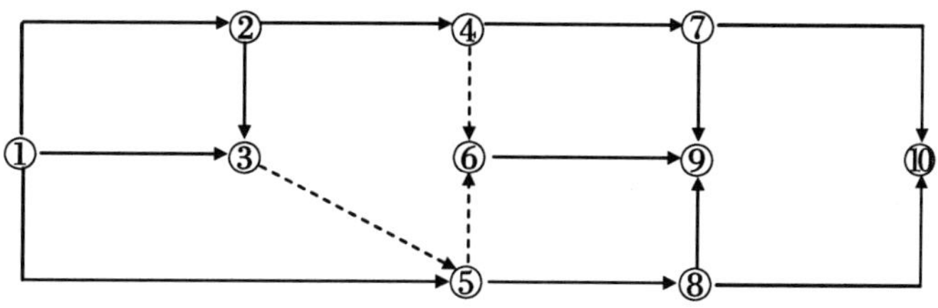

图 5-6　某工程双代号网络计划

35. 根据表 5-9 中逻辑关系控制的双代号网络图，图 5-7 中存在的作图错误是（　）。（2011 年真题）

A. 有多个终点节点　　　　B. 节点编号不对

C. 逻辑关系不对　　　　D. 有多个起点节点

表 5-9　某工程工作次序

工作名称	A	B	C	D	E	G	H
紧前工作	—	—	A	A	A、B	C	E

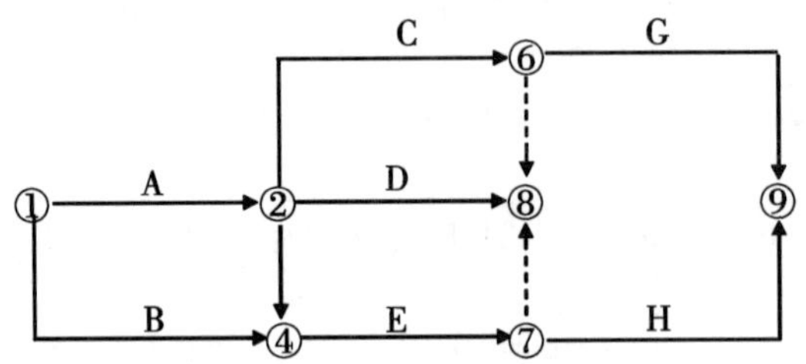

图 5-7　某工程双代号网络计划

考点 31　双代号时标网络计划

一、概述

双代号时标网络计划（简称时标网络计划）必须以水平时间坐标为尺度表示工作时间（见图 5-9）。时标的时间单位应根据需要在编制网络计划之前确定，可以是小时、天、周、月或季度等。

在时标网络计划中：

（1）实箭线表示工作，实箭线的水平投影长度（不含波形线）表示该工作的持续时间。

（2）虚箭线表示虚工作，由于虚工作的持续时间为零，故虚箭线只能垂直画，仅虚箭线中的波形线应该水平画。故波形线的长度必为波形线的水平投影长度。

（3）波形线的意义。波形线用来表示工作或线路的机动时间，因此，由波形线可以判定工作的自由时差和总时差，也可判定相邻两项工作之间的时间间隔，判定方法见图 5-8。

二、双代号时标网络计划中时间参数的判定

下面以例 5-2（2005 年考试真题，本书略有改动）的网络计划图为例说明双代号时标网络计划中时间参数的判定。

【例 5-2】某工程双代号时标网络计划如图 5-9 所示（单位：周），试找出该网络计划的关键线路，并判定以下参数：①计算工期 T_c，②工作 E 和 I 之间的时间间隔 LAG_{E-I}，③工作 C 和工作 I 的各项时间参数。

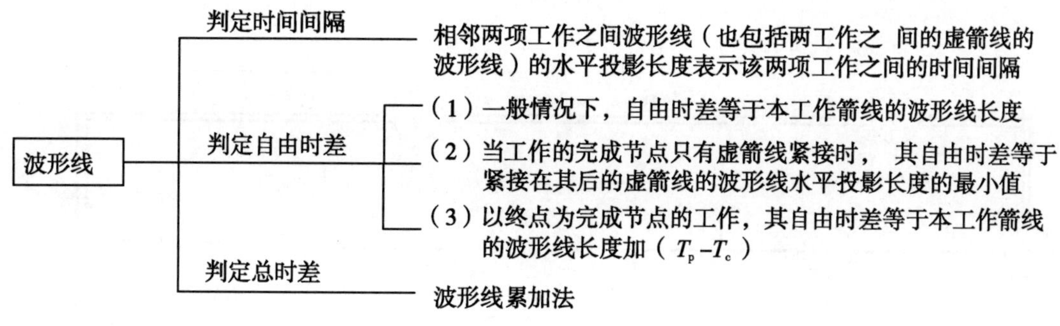

图 5-8 波形线的意义

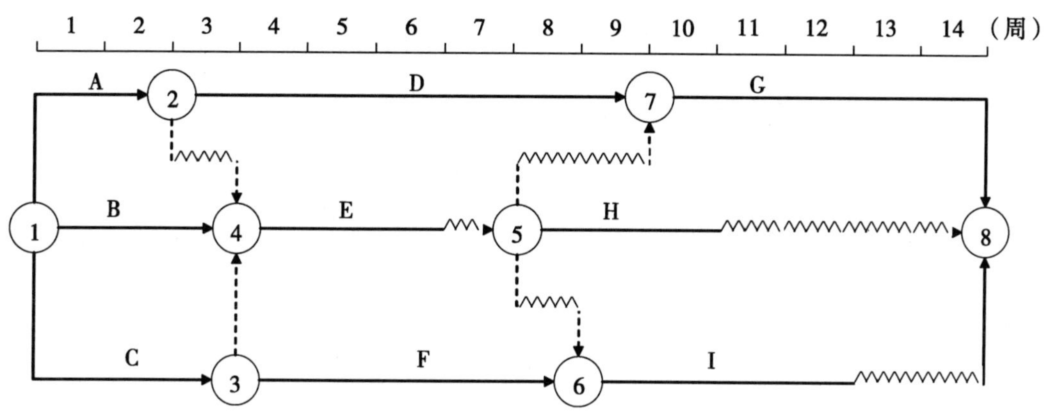

图 5-9 某双代号时标网络图

1. 关键线路和计算工期的判定

（1）关键线路。找时标网络计划中的关键线路，可从网络计划的终点节点开始，沿逆着箭线的方向进行判定。凡自始至终不出现波形线的线路即为关键线路。不出现波形线，就说明在这条线路上相邻两项工作之间的时间间隔全部为零。例如，图 5-9 中网络计划的关键线路是 A－D－G，如图 5-10 所示。

（2）计算工期（T_c）。网络计划的计算工期应等于终点节点所对应的时标值与起点节点所对应的时标值之差。例如，图 5-10 中计算工期 $T_c=14-0=14$（周）。

2. 相邻两项工作之间时间间隔的判定

除以终点节点为完成节点的工作外，工作箭线中波形线的水平投影长度表示工作与其紧后工作之间的时间间隔（包括两工作之间虚箭线的波形线水平投影的长度）。

例如，图 5-10 中工作 E 和 I 之间的时间间隔 LAG_{E-I} 等于工作 E 波形线的水平投影长度与虚箭线⑤→⑥上的波形线水平投影长度之和，即 2 周。

3. 工作时间参数的判定

（1）工作的持续时间。工程箭线中实箭线的水平投影长度即为工作的持续时间（见图 5-11）工作 C 的持续时间为 3，工作 I 的持续时间为 4。

（2）工作最早开始时间和最早完成时间。最早开始时间和最早完成时间在时标网络计划中的判定如图 5-11 所示。最早开始时间（ES）等于工作箭线左端节点所对应的标时标

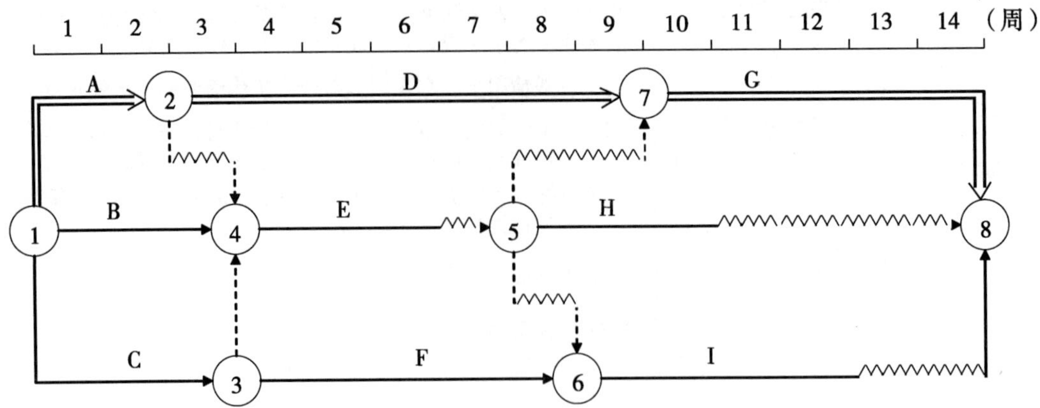

图 5-10　标注关键线路后的双代号时标网络计划

值。工作最早完成时间（EF）等于其最早开始时间加上其持续时间，可用式（5-1）计算。

$$EF_{i-j}=ES_{i-j}+D_{i-j} \tag{5-1}$$

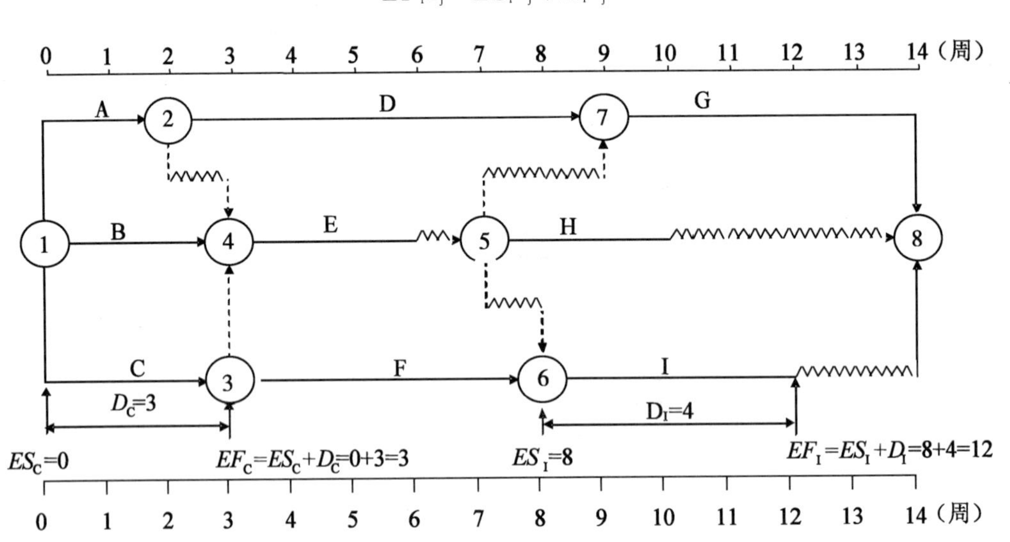

图 5-11　时标网络计划中最早开始时间和最早完成时间的判定

图 5-11 中，工作 C 的最早开始时间 $ES_C=0$，最早完成时间 $EF_C=3$；工作 I 的最早开始时间 $ES_I=8$，最早完成时间 $EF_I=12$。

（3）工作的自由时差（FF）。

- 自由时差和总时差均指某种机动时间（见表 5-10）。
- 波形线和时间间隔均是表示机动时间的工具。因此，借助波形线或时间间隔来计算自由时差和总时差较为简便。

表 5-10　自由时差和总时差的计算原理对比

	定　义	计算原理
自由时差（*FF*）	指在不影响其紧后工作最早开始时间的前提下，本工作可以利用的机动时间	自由时差所表示的机动时间是指本工作与各紧后工作之间的机动时间的最小值
总时差（*TF*）	指在不影响总工期[①]的前提下，本工作可以利用的机动时间	总时差所表示的机动时间是指本工作各条宽松线路[②]的机动时间中的最小值。线路的机动时间是指本条线路上的波形线长度之和或时间间隔之和

① 当 $T_c = T_p$ 时，“不影响总工期”等价于“不影响关键线路”。

② 宽松线路的概念见下文“工作总时差的计算”。

在时标网络计划中，可由波形线判定工作的自由时差，本书将其称为“波形线法”。当工作的完成节点有实箭线紧接时，工作的自由时差等于本工作箭线的波形线长度（本书所指“波形线长度”，其全称应为波形线水平投影长度，因遇到的波形线都是水平的，故将“水平投影”四字省略，下同）。

当工作的完成节点没有实箭线紧接时，工作的自由时差不一定等于其波形线长度。具体见图 5-8 中（2）和（3）两种情况。

在图 5-9 所示的网络计划中，$FF_C = 0$；$FF_I = 2$ 周。

【例 5-3】某工程时标网络计划如图 5-12 所示，计划工期 $T_p = 15$ 周，试分别求工作 B、工作 D、工作 E、工作 H 和工作 J 的自由时差。

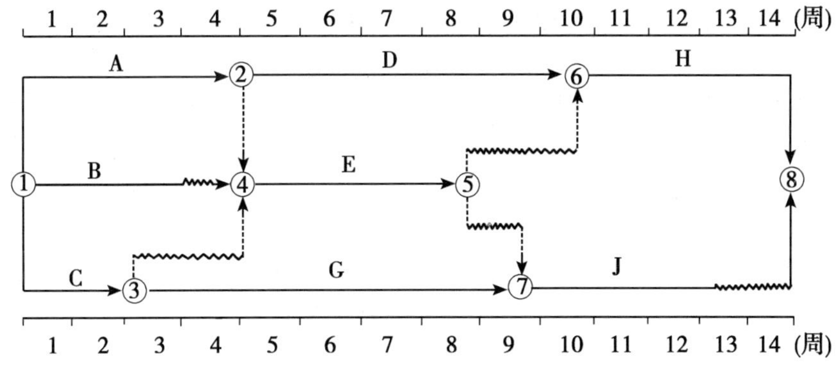

图 5-12　某工程双代号时标网络计划

【解析】

（1）工作 B 和 D 和均属于完成节点有实箭线紧接的情况，其自由时差等于其工作箭线本身的波形线长度，因此得出：$FF_B = 1$，$FF_D = 0$。

（2）工作 E 属于其完成节点只有虚箭线紧接的情况。这种情况下，虽然工作 E 本身没有波形线，但仍然可能有自由时差。工作 E 的自由时差为紧后的虚箭线的波形线长度的最小值之和，即 1 周（两条虚箭线的波形线长度分别为 2 周和 1 周）。

（3）工作 H 和 J 属于以终点为完成节点的工作，其自由时差等于本工作箭线的波形线长度加（$T_p - T_c$），本例的计划工期大于计算工期，$T_p - T_c = 15 - 14 = 1$（周）。

工作 H 无波形线，其自由时差 $FF_H = 0 +（T_p - T_c）= 1$（周）。

工作 J 的波形线长度为 2 周，其自由时差 $FF_J = 2 +（T_p - T_c）= 2 + 1 = 3$（周）。

(4) 工作总时差（TF）。在时标网络计划中，用波形线累加法计算工作的总时差最为便捷。

1) 波形线累加法介绍。工作的总时差等于本工作的各条宽松线路❶上各箭线的波形线长度按线路分别累加之结果的最小值加（T_p-T_c）❷。

几点说明：

a. 宽松线路特指计算某项工作总时差的线路，即通过本工作（以本工作为第一项工作）的各条后续线路，每条线路只可取到本线路与关键线路的第一个交点为止❸。顾名思义，宽松线路就是有可能为本工作提供机动时间的线路。

某项工作的“各条宽松线路”应满足“两个所有”：工作的开始节点（首端点）与后续线路同关键线路的所有第一交点（尾端点）之间的所有线路，不能有遗漏。

b. 对于以关键节点为完成节点的工作，其宽松线路只有本工作的一根箭线，波形线累加法同样适用，其总时差等于本工作箭线的波形线水平投影长度加（T_p-T_c）。

c. 在宽松线路上，虚箭线上的波形线同样应参加累加。

2) 波形线累加法计算总时差的具体步骤。

第一步：首先找出所有的关键线路。从终点节点起逆着箭线找，凡自始至终不出现波形线的线路均为关键线路。

第二步：找出本工作的所有宽松线路。

a. 自本工作完成节点开始，沿节点的所有出箭线拾取宽松线路（顺箭线方向），每经过一个节点时，该节点的所有出箭线都要拾取，包括虚箭线，每一条线路均应取到关键节点为止。

b. 每条宽松线路的起点节点均为本工作的开始节点，终点节点均为该条后续线路到达关键线路的第一个交点，不能漏项。

第三步：将各条宽松线路上波形线的水平投影长度按线路分别累加，取最小值，即为本工作的总时差。当 $T_p>T_c$ 时，还应加上 T_p-T_c。

【例 5-4】求例 5-2 中工作 C 和工作 I 的总时差，见图 5-10，网络计划的关键线路为①－②－⑦－⑧。为求工作 C 的总时差，应先找出工作 C 的所有宽松线路。

(1) 自本工作完成节点开始，沿节点的所有出箭线拾取后续线路，每一条线路均应取到关键节点为止。

(2) 每条后续线路加上本工作的箭线即为本工作总时差的宽松线路。

---

❶ 某项工作的宽松线路可能有多条，每条宽松线路均须以该工作的开始节点为起点，以本条线路与关键线路的第一个交点为终点。同一对起点和终点之间可能有多条宽松线路，如图 5-10 中工作 E 有三条宽松线路，其中，在同一对起点和终点之间有两条宽松线路，分别为④－⑤－⑧和④－⑤－⑥－⑧，另外一条为④－⑤－⑦。

❷ 网络图终点节点的时标值为计算工期 T_c。当 $T_p>T_c$ 时，（T_p-T_c）的值亦为工作的机动时间，应为各项工作总时差的组成部分。但此部分不能反映为波形线，故应加（T_p-T_c）。当 $T_p=T_c$ 时，（T_p-T_c）项可省略。

❸ 每一条后续线路均只取到本线路与关键线路的第一个交点为止，因为关键节点之后必有 条线路属于关键线路，此部分线路无机动时间。因此，线路一旦到达关键节点即不再有机动时间（$T_p>T_c$ 的情况除外），因而“不再宽松”。

该网络计划中，工作 C 的宽松线路共有四条，即①－③－④－⑤－⑦、①－③－④－⑤－⑧、①－③－④－⑤－⑥－⑧和①－③－⑥－⑧。

(3) 将本工作每一条宽松线路的波形线水平投影长度累加。

本例中，线路①－③－④－⑤－⑦的波形线水平投影长度累加值为 0＋1＋2＝3；线路①－③－④－⑤－⑧的波形线水平投影长度累加值为 0＋1＋4＝5；线路①－③－④－⑤－⑥－⑧的波形线水平投影长度累加值为 0＋1＋1＋2＝4；线路①－③－⑥－⑧的波形线水平投影长度累加值为 0＋0＋2＝2。

(4) 取最小值。上述四个值中，最小值为 2，又因 $T_P-T_C=0$，故总时差 $TF_C=2+0=2$。

同理可求工作 I 的总时差，工作 I 只有一条宽松线路，即⑥－⑧，所以其总时差为箭线⑥－⑧的波形线长度 2 周。

(5) 工作最迟开始时间和最迟完成时间的计算。

1) 工作的最迟开始时间等于本工作最早开始时间与其总时差之和，即 $LS_{i-j}=ES_{i-j}+TF_{i-j}$。

2) 工作的最迟完成时间等于本工作的最早完成时间与其总时差之和，即 $LF_{i-j}=EF_{i-j}+TF_{i-j}$。

以上两式可由总时差的计算公式 (5-2) 推得，根据定义计算总时差的方法可称为“最迟减最早”法。

$$TF_{i-j}=LF_{i-j}-EF_{i-j}=LS_{i-j}-ES_{i-j} \tag{5-2}$$

与式 (5-1) 同理，工作的最迟完成时间与其最迟开始时间的关系为式 (5-3)。

$$LF_{i-j}=LS_{i-j}+D_{i-j} \tag{5-3}$$

【例 5-5】计算例 5-2 中工作 C 和工作 I 的最迟开始时间和最迟完成时间。

【答案】$LS_C=ES_C+TF_C=0+2=2$；$LF_C=EF_C+TF_C=3+2=5$

$LS_I=ES_I+TF_I=8+2=10$；$LF_I=EF_I+TF_I=12+2=14$

* * 练习题 * *

36. 双代号时标网络计划中，波形线表示工作的（　　）。(2010 年真题)

A. 总时差　　B. 相干时差　　C. 工作时间　　D. 自由时差

37. 双代号时标网络计划的特点之一是（　　）。

A. 可以在图上直接显示工作开始与结束时间和自由时差，但不能显示关键线路

B. 不能在图上直接显示工作开始与结束时间，但可以直接显示自由时差和关键线路

C. 可以在图上直接显示工作开始与结束时间，但不能显示自由时差和关键线路

D. 可以在图上直接显示工作开始与结束时间、自由时差和关键线路

38. 某工程双代号时标网络计划如图 5-13 所示（时间单位：周），在不影响总工期的前提下，工作 B 可利用的机动时间为（　　）周。

A. 1　　B. 2　　C. 3　　D. 4

39. 某工程双代号时标网络计划如图 5-14 所示，在不影响总工期的前提下，其中工作 E 可利用的机动时间为（　　）周。

A. 0　　B. 1　　C. 2　　D. 3

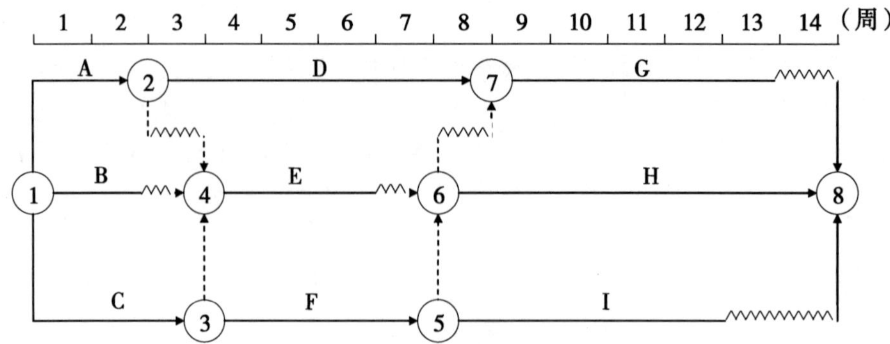

图 5-13　某工程双代号时标网络计划

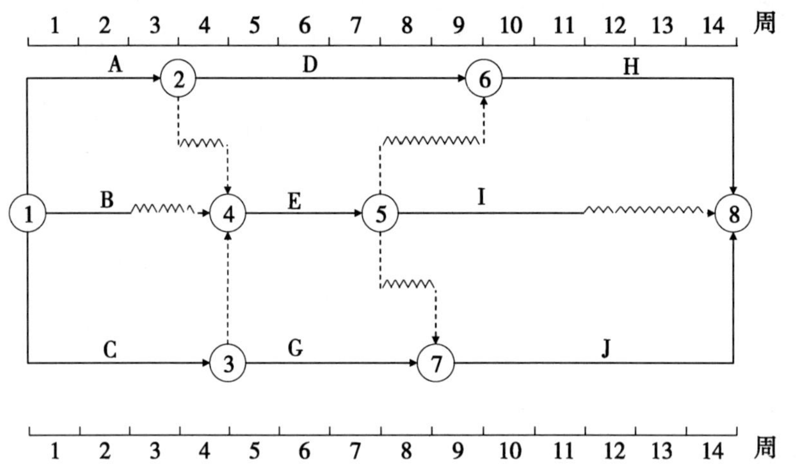

图 5-14　某工程双代号时标网络计划

40. 图 5-15 为某工程的双代号时标网络计划图，图中工作 B 的总时差为（　　）d。

A. 6　　B. 2　　C. 4　　D. 5

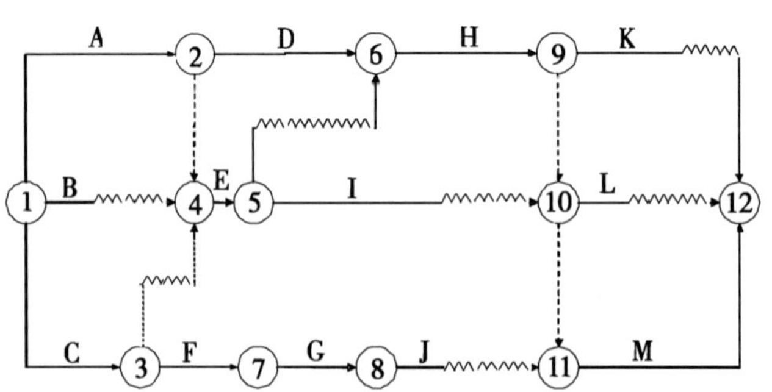

图 5-15　某工程双代号时标网络计划

考点 32　双代号网络计划

一、万能标号法概要

万能标号法是本书作者独创的计算网络计划时间参数的新方法，简单实用，可解决所有类型的网络计划。在标号法的基础上，万能标号法巧妙地利用了节点标号值，使双代号网络计划变成某种意义上的时标网络计划，可简便、快捷地计算出各种时间参数。因为标号法是万能标号法的基础，下面首先介绍标号法。

二、标号法

【例 5-6】已知双代号网络计划如图 5-16 所示，请找出该网络计划的关键线路并求出计算工期。

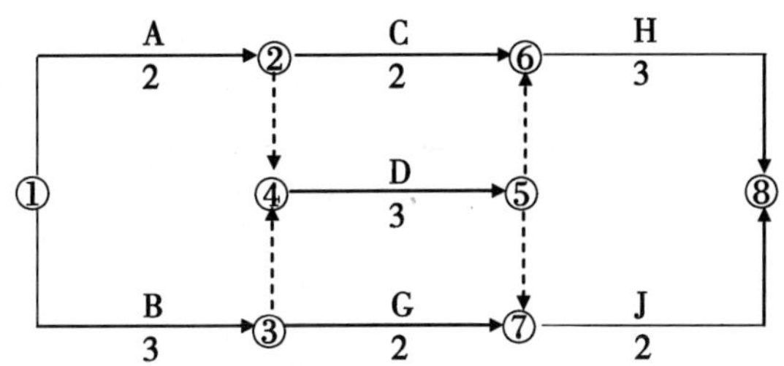

图 5-16　某工程双代号网络计划

1. 计算节点标号值并找出关键线路

第一步：计算节点的标号值。对于双代号网络计划，节点的标号值即为节点的最早时间。在万能标号法中，节点标号值的计算与传统的标号法完全相同，计算程序和方法如下：

（1）确定起始节点的标号值。若未规定开始时间，则先将网络计划起始节点的标号值定为零，即 $b_1=0$。

（2）计算其他节点的标号值。从起始节点开始，按节点编号从小到大的顺序逐个计算各节点的标号值，公式为：

$$b_j=\max\ \{b_i+D_{i-j}\} \tag{5-4}$$

式中，　b_j——节点 j 的标号值；

b_i——节点 j 的紧前节点 i 的标号值；

D_{i-j}——上述两个节点之间箭线所代表工作的持续时间。虚箭线代表虚工作，其持续时间为零。

$\max\ \{b_i+D_{i-j}\}$——有多个紧前节点时，应分别针对每个紧前节点计算 b_i+D_{i-j} 的值（包括虚箭线也应计算），再取其中的最大值作为本节点的标号值（见图 5-17、图 5-18，口诀：**顺推取大**）。

各节点标号值的计算如表 5-11 所示。

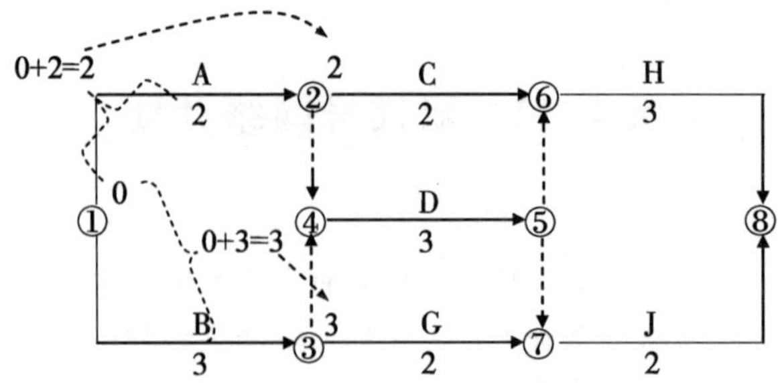

图 5-17　只有一个紧前节点的节点标号值计算

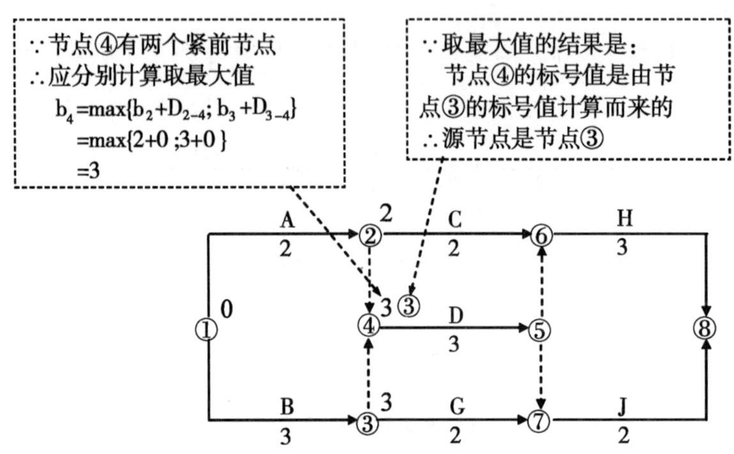

图 5-18　有多个紧前节点的节点标号值计算

表 5-11　节点标号值计算表

本节点	本节点的紧前节点	本节点的节点标号值	本节点的源节点及标注情况
①	无	$b_1=0$	无
②	①	$b_2=b_1+D_{1-2}=0+2=2$	①（省略不标）
③	①	$b_3=b_1+D_{1-3}=0+3=3$	①（省略不标）
④	②；③	$b_4=\max\{b_2+D_{2-4},\ b_3+D_{3-4}\}$ $=\max\{2+0,\ 3+0\}=3$	③，应标注
⑤	④	$b_5=b_4+D_{4-5}=3+3=6$	④，省略不标
⑥	②；⑤	$b_6=\max\{b_2+D_{2-6},\ b_5+D_{5-6}\}$ $=\max\{2+2,\ 6+0\}=6$	⑤，应标注
⑦	③；⑤	$b_7=\max\{b_5+D_{5-7},\ b_3+D_{3-7}\}$ $=\max\{6+0,\ 3+2\}=6$	⑤，应标注
⑧	⑥；⑦	$b_8=\max\{b_6+D_{6-8},\ b_7+D_{7-8}\}$ $=\max\{6+3,\ 6+2\}=9$	⑥，应标注

注：1. 本节点的紧前节点为紧排在本节点之前的节点（与紧前工作的概念相似），本节点有几根入箭线就有几个紧前节点。

2. 本表是为了让读者查看方便，解题时不需要列表，直接标注在图上即可。

至此，本例网络计划中各节点的标号值均已计算完毕，如图 5-19 所示。

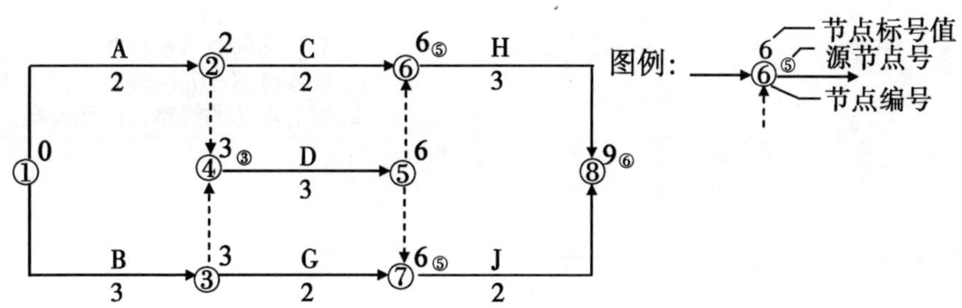

图 5-19 用万能标号法标注了节点标号值及源节点号的网络计划图

下面给出一个多个源节点的例子。在图 5-20 的网络计划中，节点④有两个紧前节点，且按式（5-4）计算，节点②和③都是其源节点，应分别将其编号②和③标注在节点标号值的右下角。同理，节点⑧的标号值也有两个源节点。

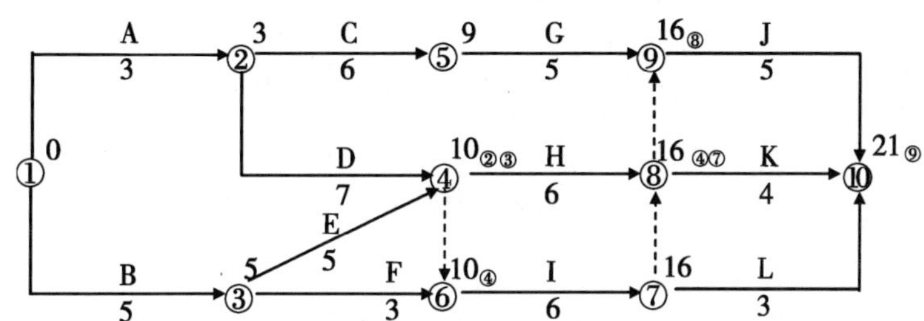

图 5-20 万能标号法标注后的某双代号网络计划

第二步：得出计算工期，并找出关键线路。

（1）网络计划的计算工期就是其终点节点的标号值，即

$$T_c = b_n \tag{5-5}$$

本例中（见图 5-21），终点节点的标号值为 9，即计算工期为 9 天。

（2）找出关键线路。应从网络计划的终点节点开始，逆着箭线按源节点拾取关键线路，直至起始节点。

1）当已拾取到的节点标有源节点号时，只能严格按号拾取源节点，并拾取本节点与源节点之间的箭线，标有几个源节点号就拾取几根箭线；

2）当已拾取到的节点未标源节点号时，其唯一的紧前节点就是源节点（此情况下已省略不标）。此时，应拾取其唯一的入箭线和源节点。

如图 5-21 所示，当节点标号值的计算完成后，从终点节点⑧开始逆着箭线拾取关键线路，因节点⑧标有源节点号⑥，故只能拾取节点⑥及箭线⑥－⑧；节点⑥标有源节点号⑤，同样只能拾取节点⑤和箭线⑤－⑥；而节点⑤未标有源节点号，必然要拾取它唯一的入箭线及紧前节点，以此类推，一直到起始节点。这样，该网络计划的关键线路就全找出来了，为①－③－④－⑤－⑥－⑧。

注意，凡拾取到标有多个源节点号的节点，继续往该节点上游拾取关键线路时，有几个源节点号，就应拾取几根入箭线。例如，在图 5-22 所示网络计划中，节点④和节点⑧标有两个源节点号。因此，在拾取关键线路时，两条来源线路都要拾取，图上用双线标记的线路就是所拾取的全部关键线路。

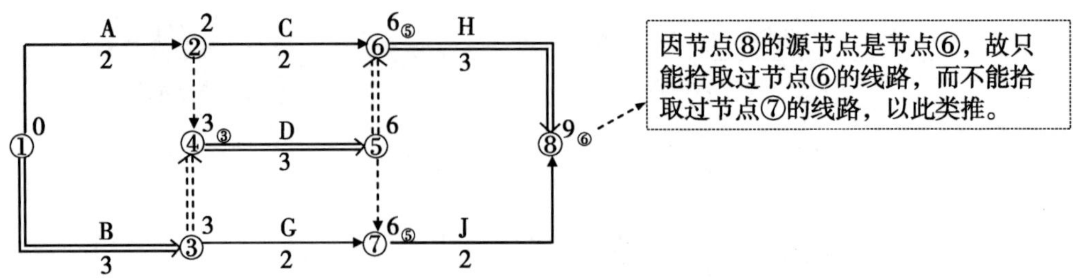

图 5-21 用万能标号法标注后的某双代号网络计划

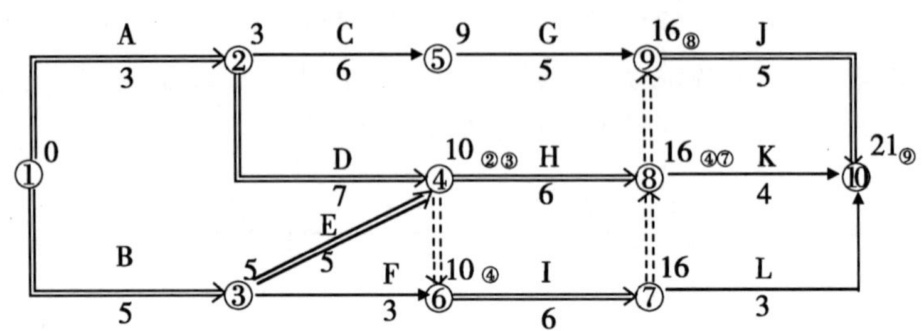

图 5-22 标出关键线路后的某双代号网络计划

(3) 关键线路数量的统计。

在统计关键线路的数量时，应注意将各种组合统计周全。例如，图 5-22 所示网络计划中，关键线路有 4 条，分别为①－②－④－⑧－⑨－⑩、①－②－④－⑥－⑦－⑧－⑨－⑩、①－③－④－⑧－⑨－⑩和①－③－④－⑥－⑦－⑧－⑨－⑩。

三、时间参数的计算

传统的标号法的缺点是不能计算网络计划的时间参数，因此其应用有很大的局限。本书介绍的万能标号法借助节点标号值以及用其计算出的“隐形波形线”长度，巧妙地使双代号网络计划变成某种意义上的时标网络计划，工作的自由时差和总时差立刻“手到擒来”。

万能标号法的计算原理：

- 让隐形的波形线“现形”——利用节点标号值可计算出“波形线”的水平投影长度；
- 节点标号值可起到时标网络计划中时标值的作用，可直接得出工作的最早开始时间和最早完成时间。

为了让读者有一个直观的认识，下面先举一个计算实例，再作系统归纳。

【例 5-7】仍以例 5-6 所示的双代号网络计划为例，分别计算（1）工作 A、C、D 的总时差和自由时差；(2) 工作 A、C、D 的其余四个时间参数。

利用节点标号值可计算出各箭线隐形波形线的水平投影长度。因此，完全可按照时标网络计划的方法，计算双代号网络计划各项工作的时间参数。

第一步：计算节点标号值并找出关键线路（方法同标号法）。

计算过程见前文，计算结果如图 5-23 所示。

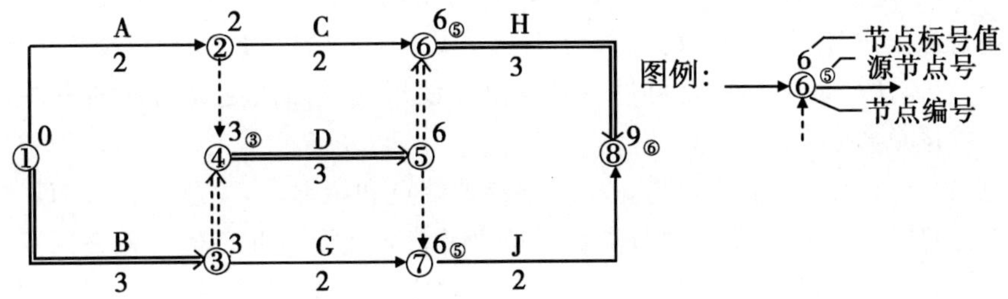

图 5-23　某工程双代号网络计划（标号并标定关键线路后）

第二步：关键工作的自由时差和总时差可直接判定。

工作 D 在关键线路上，是关键工作，且本题中 $T_p - T_c = 0$，因此 $FF_D = 0$，$TF_D = 0$

第三步：找出工作 A 的宽松线路。

方法同时标网络计划，宽松线路即通过本工作（以本工作的开始节点为起点）的各条后续线路，每条线路只可取到本线路与关键线路的第一个交点为止。工作 A 的宽松线路共有两条，分别为①－②－⑥和①－②－④。

第四步：计算宽松线路上各项工作的隐形波形线长度。

由节点标号值可算得隐形波形线的长度（记为$\underline{FF}_{i-j}$），见式（5-6）。

$$\underline{FF}_{i-j} = b_j - b_i - D_{i-j} \tag{5-6}$$

式中，$\underline{FF}_{i-j}$——箭线 i—j 的隐形波形线长度，当$\underline{FF}_{i-j}$的计算结果为零时，表明该箭线无波形线；

b_j——本箭线完成节点的标号值；

b_i——本箭线开始节点的标号值；

D_{i-j}——本箭线所代表的工作的持续时间。

【助记】***首尾之差减历时***，意为：箭线末端节点与开始节点的标号值之差减去本箭线所代表工作的持续时间。对单根箭线而言，“首尾之差减历时”就是其波形线长度。

利用式（5-6），在图 5-23 所示的网络计划中，箭线①－②、②－④和②－⑥的隐形波形线长度计算如下：

$\underline{FF}_{1-2} = b_2 - b_1 - D_{1-2} = 2 - 0 - 2 = 0$（为零表示无隐形波形线）

$\underline{FF}_{2-4} = b_4 - b_2 - D_{2-4} = 3 - 2 - 0 = 1$

$\underline{FF}_{2-6} = b_6 - b_2 - D_{2-6} = 6 - 2 - 2 = 2$

第五步：借助“波形线”计算自由时差和总时差。

（1）自由时差用波形线法判定。工作 A 和 C 的完成节点均有实箭线紧接，其自由时差等于其自身箭线的隐形波形线长度，即 $FF_A = \underline{FF}_{1-2} = 0$，$FF_C = \underline{FF}_{2-6} = 2$。

（2）总时差的计算有两种方法：

1）“波形线”累加法（与时标网络计划中的波形线累加法相同）。

a. 工作 C 的宽松线路就是它本身的箭线②－⑥，故 $TF_C = \underline{FF}_{2-6} = 2$。

b. 工作 A 的宽松线路有两条，分别为①－②－⑥和①－②－④，线路①－②－⑥的波形线长度累加之和为$\underline{FF}_{1-2} + \underline{FF}_{2-6} = 0 + 2 = 2$，线路①－②－④的波形线长度累加之和为$\underline{FF}_{1-2} + \underline{FF}_{2-4} = 0 + 1 = 1$，工作 A 的总时差为上述两个结果中的最小值，即

$$TF_{1-2}=\min\{\underline{FF}_{1-2}+\underline{FF}_{2-6},\underline{FF}_{1-2}+\underline{FF}_{2-4}\}=\min\{2,1\}=1$$

只要题目未给出计划工期，均可认为 $T_p=T_c$，公式中的（T_p-T_c）项均可省略。

2）首尾总差法。由上述思路可进一步推出比波形线累加法更为简便的方法，本书将其命名为“首尾总差法”。

顾名思义，“首尾”两字分别指宽松线路的首端点和尾端点，“总差”有两层含义：一是指不仅要计算首端点和尾端点的节点标号值之差值，还要将此差值再减去两点之间总的持续时间（简称为“历时”），首尾之差再减历时之差称为“总差”；二是取“总时差”之意。

概言之，所谓“首尾总差法”，就是“首尾之差减历时”——利用宽松线路的两端点及其之间的持续时间求总时差，即将工作的每一条宽松线路当成一根箭线来处理，以类似于式（5-6）计算箭线的波形线长度的方法来计算整条宽松线路的总的波形线长度。唯一的区别是，以单根箭线计算时，式中 D_{i-j} 表示单项工作的持续时间；以整条线路计算时，式中 $\sum D$ 表示整条宽松线路上各项工作的持续时间之和。首尾总差法的计算公式为式(5-7)。

$$TF=\min\{(b_{尾}-b_{首}-\sum D),\cdots\}+(T_p-T_c) \tag{5-7}$$

式中，TF——工作的总时差；

$b_{尾}$——该工作的宽松线路的终点的节点标号值；

$b_{首}$——该工作的宽松线路的始点的节点标号值；

$\sum D$——本条宽松线路上各工作的持续时间之和；

T_p-T_c——计划工期减计算工期的差值，仅当 $T_p>T_c$ 时才需要加此项。

【助记】***“首尾之差减历时”的最小值是总时差***，意为：宽松线路的末端节点与开始节点的标号值之差减去这两点之间所有工作的总持续时间的差值（有多条宽松线路时，应取各线路计算结果的最小值），是该工作的总时差。即某项工作的总时差等于该工作的各条宽松线路的“首尾之差减历时”的最小值。

下面利用首尾总差法解例 5-7 的总时差。在图 5-23 所示的网络计划中，工作 A 的宽松线路共有两条，分别为①－②－⑥和①－②－④。线路①－②－⑥的始点是节点①，终点是节点⑥，线路上共有两项工作，持续时间均为 2。线路①－②－④的情况不再赘述，代入式（5-7），得

$$TF_A=\min\{(b_6-b_1-2-2),(b_4-b_1-2-0)\}=\min\{(6-0-2-2),(3-0-2-0)\}=1$$

可见，两种计算方法的计算结果完全相同。

第六步：计算工作 A、C、D 的其余四个时间参数。

（1）最早开始时间和最早完成时间。工作的最早开始时间就是本工作开始节点的节点标号值，即

$$ES_{i-j}=b_i \tag{5-8}$$

工作的最早完成时间由式（5-1）计算，即 $EF_{i-j}=b_i+D_{i-j}$。

$$ES_A=b_1=0;\ EF_A=b_1+D_{1-2}=0+2=2$$

$$ES_C=b_2=2;\ EF_C=b_2+D_{2-6}=2+2=4$$

$$ES_D=b_4=3;\ EF_D=b_4+D_{4-5}=3+3=6$$

（2）最迟完成时间和最迟开始时间。这两种时间由式（5-2）计算。

$LS_A = ES_A + TF_A = 0 + 1 = 1$；$LF_A = EF_A + TF_A = 2 + 1 = 3$

$LS_C = ES_C + TF_C = 2 + 2 = 4$；$LF_C = EF_C + TF_C = 4 + 2 = 6$

$LS_D = ES_D + TF_D = 3 + 0 = 3$；$LF_D = EF_D + TF_D = 6 + 0 = 6$

四、万能标号法计算双代号网络计划总结

万能标号法计算双代号网络计划步骤总览（见图 5-24）。

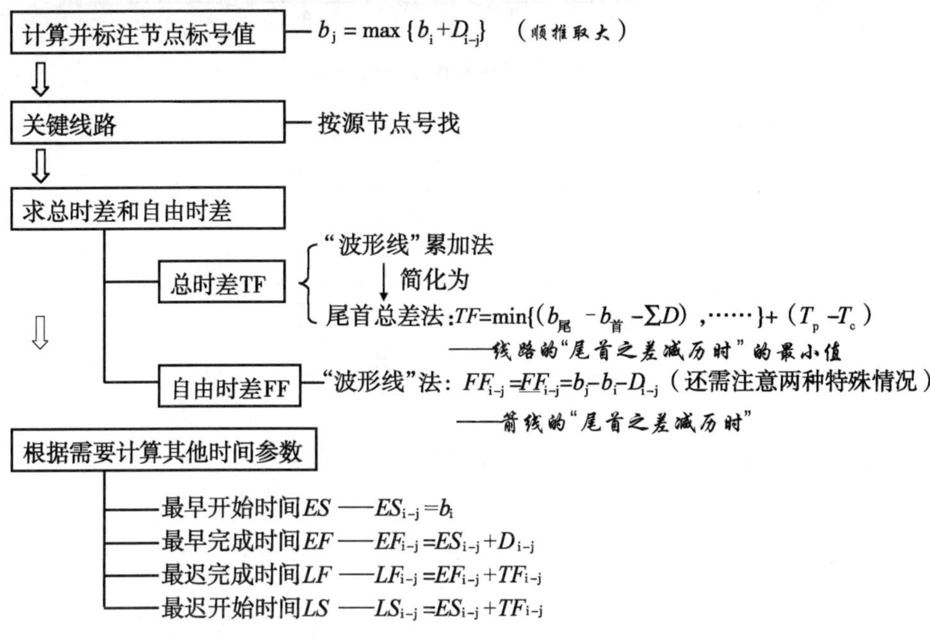

图 5-24　万能标号法解双代号网络计划总览图

＊＊练习题＊＊

41. 某工程双代号网络计划如图 5-25 所示，其关键线路有（　　）条。

A. 1　　B. 2　　C. 3　　D. 4

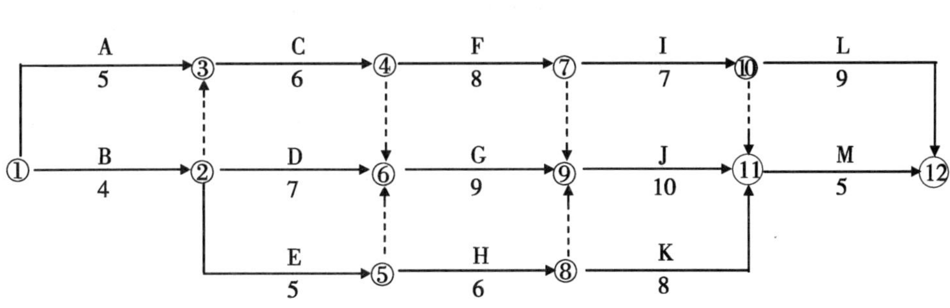

图 5-25　某工程双代号网络计划

42. 某工程双代号网络计划如图 5-26 所示，该网络计划中有（　　）条关键线路。

A. 1　　B. 2　　C. 3　　D. 4

43. 某双代号网络计划如图 5-27 所示（时间：天），则工作 D 的自由时差是（　　）天。

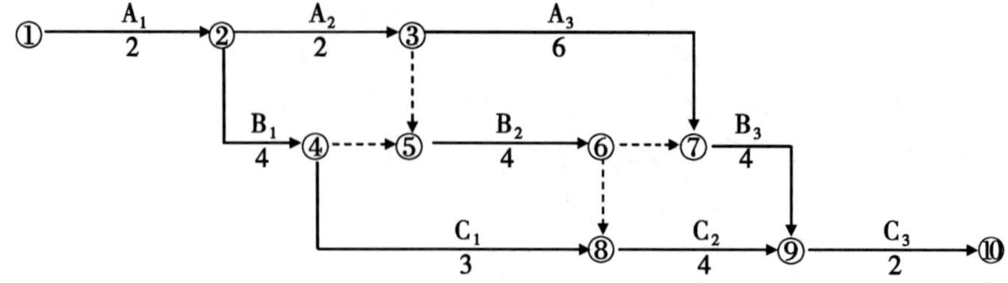

图 5-26　某工程双代号网络计划

A. 3　　　　B. 2　　　　C. 1　　　　D. 0

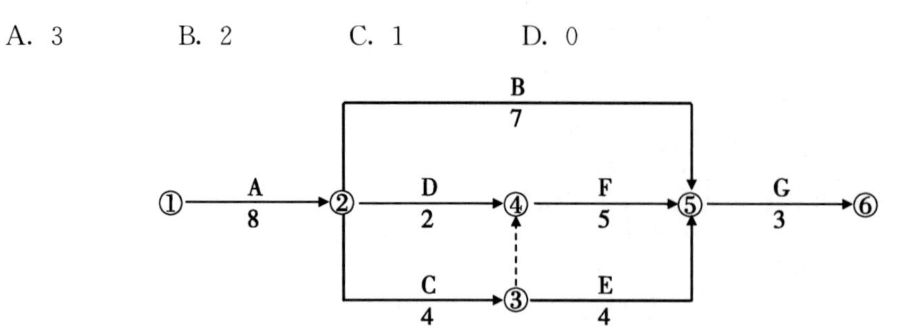

图 5-27　某工程双代号网络计划

44. 已知双代号网络计划图如图 5-28 所示，试计算工作 A 的总时差。

A. 0　　　　B. 1　　　　C. 2　　　　D. 3

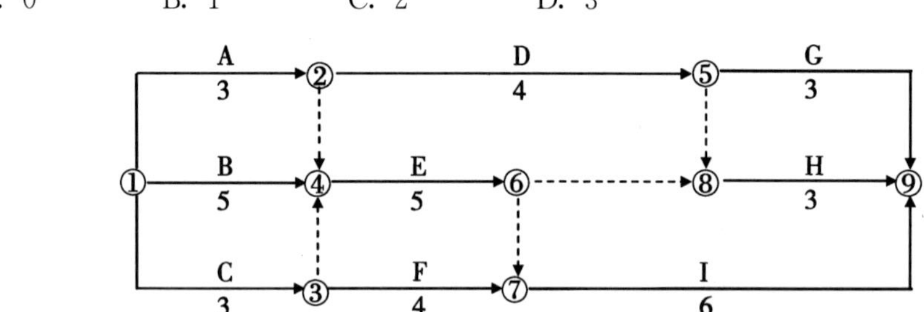

图 5-28　某工程双代号网络计划

45. 在图 5-29 所示的双代号网络计划中，工作 C 的总时差为(　　)。

A. 0　　　　B. 3　　　　C. 5　　　　D. 8

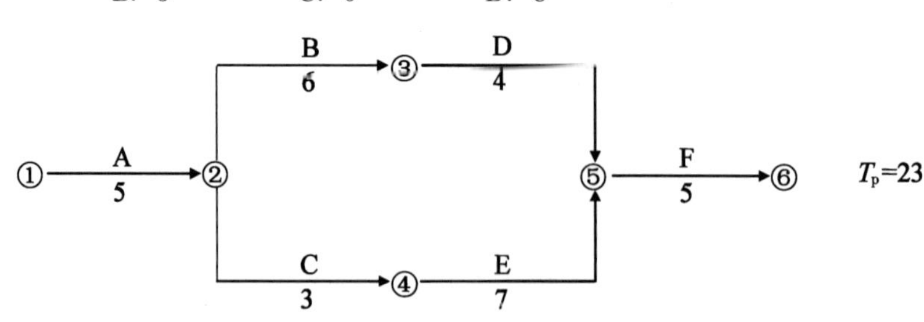

图 5-29　某工程双代号网络计划

考点 33 公式法计算时间参数暨多种方法的归纳

当已知某些工作的某些时间参数时，可直接利用传统公式计算其余参数（简称为公式法）。特别是有的选择题，题目已知条件只给出网络计划的一个局部，无法用万能标号法中的首尾总差法或波形线累加法计算总时差，此时须利用传统的公式计算。以下是万能标号法（在双代号网络计划中）和公式法计算工作时间参数的归纳（见表 5-12、表 5-13）。

1. 工作的最早开始时间 ES

有两种计算方法。

（1）利用节点标号值计算。工作的最早开始时间等于本工作开始节点的节点标号值。

$$ES_{i-j}=b_i \tag{5-9}$$

（2）紧前取大法——利用紧前工作的最早完成时间计算。本工作的最早开始时间等于紧前工作的最早完成时间的最大值。（**最早顺推，取最大**）

$$ES_{i-j}=\max\{EF_{h-i}\} \tag{5-10}$$

2. 工作的最早完成时间 EF

工作的最早完成时间等于其最早开始时间加本工作的持续时间。

$$EF_{i-j}=ES_{i-j}+D_{i-j} \tag{5-1}$$

利用式（5-1），可实现工作的最早完成时间和最早开始时间之间的相互换算。

3. 工作的最迟开始时间 LS 和最迟完成时间 LF

（1）总时差换算法。由式（5-2）可推得：

$$LS_{i-j}=ES_{i-j}+TF_{i-j}$$

$$\text{或 } LF_{i-j}=EF_{i-j}+TF_{i-j} \tag{5-11}$$

可见，利用总时差可实现最早时间和最迟时间之间的换算。

（2）紧后取小法。

1）工作的最迟完成时间是其紧后工作的最迟开始时间的最小值。

$$LF_{i-j}=\min\{LS_{j-k}\} \tag{5-12}$$

2）当各项工作的最迟时间未知时，可从网络计划的终点开始逆着箭线逐项推算，终点工作的最迟完成时间为网络计划的计划工期（T_p）。（**最迟逆推，取最小**）

$$LF_{i-n}=T_p \tag{5-13}$$

4. 时间间隔

相邻两项工作之间的时间间隔是指本工作的最早完成时间与其紧后工作最早开始时间之间可能存在的差值（**后早始减前早完**）。工作 i－j 与工作 j－k 之间的时间间隔用 $LAG_{i-j,j-k}$ 表示。时间间隔不单指某一项工作，而是指相邻两项工作之间可能存在的时间上的间隔，其计算公式如下。

$$LAG_{i-j,j-k}=ES_{j-k}-EF_{i-j} \tag{5-14}$$

$$\text{或 } LAG_{i-j,j-k}=b_j-b_i-D_{i-j} \tag{5-15}$$

5. 自由时差

以终点节点为完成节点的工作，其自由时差为计划工期与本工作最早完成时间之差。

$$FF_{i-n}=T_p-EF_{i-n} \tag{5-16}$$

其他的工作其自由时差为本工作之紧后工作最早开始时间减去本工作最早完成时间之差的最小值（**后早始的最小值减本早完**），也等于与其紧后工作之间的时间间隔的最小值。

$$FF_{i-j}=\min\{LAG_{i-j,j-k}\}=\min\{ES_{j-k}-EF_{i-j}\} \tag{5-17}$$

可简化为：$FF_{i-j}=\min\{ES_{j-k}\}-EF_{i-j}$

6. 总时差

（1）“最迟减最早”法：

$$TF_{i-j}=LS_{i-j}-ES_{i-j}=LF_{i-j}-EF_{i-j} \tag{5-18}$$

（2）紧后工作法：工作的总时差等于本工作与其各紧后工作之间的时间间隔加该紧后工作的总时差所得之和的最小值。

$$TF_{i-j}=\min\{LAG_{i-j,j-k}+TF_{j-k}\} \tag{5-19}$$

式（5-19）可由式（5-14）、式（5-2）、式（5-12）三式联立推导而得。注意式（5-19）不能写成 $TF_{i-j}=\min\{FF_{i-j}+TF_{j-k}\}$，此公式不成立。因为两相邻工作之间的时间间隔（或两工作间虚箭线的波形线长度）不能完全反映在本工作的自由时差中（因为自由时差是取最小值的结果），但它可能是构成总时差的一部分，按此式计算的总时差有可能小于正确值。

【例 5-8】已知工作 A 的紧后工作是 B 和 C，工作 B 的最迟开始时间为 14d，最早开始时间为 10d；工作 C 的最迟完成时间为 16d，最早完成时间为 14d；工作 A 的自由时差为 5d，则工作 A 的总时差为（　　）d。（2009 年真题）

A. 5　　B. 7　　C. 9　　D. 11

【答案】B

【解析】已知某项工作（以下简称该工作）的紧后工作的总时差时，可考虑利用式（5-19）计算该工作的总时差。条件是必须要能计算出该工作与其各项紧后工作之间的时间间隔。本题的已知条件不能确定 LAG_{A-B} 和 LAG_{A-C}，是题目限定条件不够，因此，工作 A 的总时差的值不是唯一的。

$TF_{i-j}=\min\{FF_{i-j}+TF_{j-k}\}$ 虽然不是正确的公式，但当题目已知条件不足且无其他稳妥办法时，也可以在此类单选题中使用，因为有的题本身就不严密，考的就是这个错公式。

网络计划中时间参数计算公式的对比见表 5-12、表 5-13。

表 5-12　网络计划中时间参数计算的相关公式

	工作之间的时间参数关系（公式下标不一样）	同一工作的时间参数的关系（公式下标一样）
最早时间	$ES_{i-j}=\max\{EF_{h-i}\}$　(5-10)	$EF_{i-j}=ES_{i-j}+D_{i-j}$　(5-1)
最迟时间	$LF_{i-j}=\min\{LS_{j-k}\}$　(5-12)	$LF_{i-j}=LS_{i-j}+D_{i-j}$　(5-3)
自由时差与总时差	$FF_{i-j}=\min\{ES_{j-k}-EF_{i-j}\}$　(5-17)	$TF_{i-j}=LF_{i-j}-EF_{i-j}=LS_{i-j}-ES_{i-j}$　(5-2)

【助记】

最早看紧前，多个取最大；(5-10)

最迟看紧后，多个取最小；(5-12)

开始与完成，相差其“历时”；(5-1、5-3，其差值为本工作的持续时间)

总时差好算，最迟减最早；(5-2)

自由时差稍麻烦，后早始的最小值减本早完。(5-17)

毛驴推磨有诀窍，顺推得起一大早，（顺着推很好推，不能睡懒觉）

逆着推要唱反调！（逆推相反，“多抗议才能少遭罪”）

——→顺推——取大——得“最早”；逆推——取小——得“最迟”

表 5-13　网络计划中时间参数的计算归纳表

六种参数的计算	时标图判定法	万能标号法（应用于双代号网络计划）	公式法
求解依据	波形线长度和时标值	节点标号值 b_j	参数的定义
最早开始时间 ES	ES=工作开始节点的时标值	$ES_{i-j}=b_i$	$ES_{i-j}=\max\{EF_{h-i}\}$
最早完成时间 EF	$EF_{i-j}=ES_{i-j}+D_{i-j}$		
自由时差 FF	波形线长度	$FF_{i-j}=\underline{FF}_{i-j}=b_j-b_i-D_{i-j}$	$FF_{i-j}=\min\{ES_{j-k}-EF_{i-j}\}$
	还有两种特殊情况，详见图 5-8		
总时差 TF	波形线累加法	首尾总差法	$TF_{i-j}=LF_{i-j}-EF_{i-j}$ $=LS_{i-j}-ES_{i-j}$
最迟完成时间 LF	$LF_{i-j}=EF_{i-j}+TF_{i-j}$		$LF_{i-j}=\min\{LS_{j-k}\}$
最迟开始时间 LS	$LS_{i-j}=ES_{i-j}+TF_{i-j}$		$LS_{i-j}=LF_{i-j}-D_{i-j}$

＊＊练习题＊＊

46. A、B 工作完成后 C 工作开始，C 工作完成后 D、E 两项工作开始。已知 A、B、C、D、E 五项工作持续时间分别为 3d、2d、4d，3d、5d，A、B 工作最早开始时间分别为 8d、12d，D、E 工作最迟完成时间分别为 25d、26d，则 A 工作的最迟开始时间应为（　　）d。

A. 11　　B. 14　　C. 19　　D. 17

47. 某双代号网络计划中（以天为时间单位），工作 K 的最早开始时间为 6，工作持续时间为 4；工作 M 的最迟完成时间为 22，工作持续时间为 10；工作 N 的最迟完成时间为 20，工作持续时间为 5。已知工作 K 只有 M、N 两项紧后工作，工作 K 的总时差为（　　）d。

A. 2　　B. 3　　C. 5　　D. 6

48. 已知工作 A 的紧后工作是 B 和 C，B 工作的最迟开始时间为第 14 天，最早开始时间为第 20 天，C 工作的最迟完成时间为第 16 天，最早完成时间为第 14 天。A 工作的自由时差为第 5 天，则 A 工作的总时差为（　　）天。(2011 年真题)

A. 0　　B. 7　　C. 5　　D. 9

49. A 工作的紧后工作为 B、C，A、B、C 工作的持续时间分别为 6d、5d、5d，A 工作最早开始时间为 8d，B、C 工作最迟完成时间分别为 25d、22d，则 A 工作的总时差应为（　　）d。

A. 0　　　B. 3　　　C. 6　　　D. 9

50. 某工程网络计划中，工作 F 的最早开始时间为第 11 天，持续时间为 5d，工作 F 有三项紧后工作，它们的最早开始时间分别为第 20 天、第 22 天和第 23 天，最迟开始时间分别为第 21 天、第 24 天和第 27 天，则工作 F 的总时差和自由时差分别为（　）。（2010 年真题）

A. 5；4　　　B. 11；7　　　C. 5；5　　　D. 4；4

考点 34　单代号网络计划及单代号搭接网络计划

一、单代号网络计划

下面以例 5-9 为例，简要说明万能标号法在单代号网络计划中的应用。

【例 5-9】某分部工程单代号网络计划如图 5-30 所示，节点中下方的数字为该工作的持续时间，单位为天。其关键线路有多少条？并求工作 E 的自由时差和总时差。

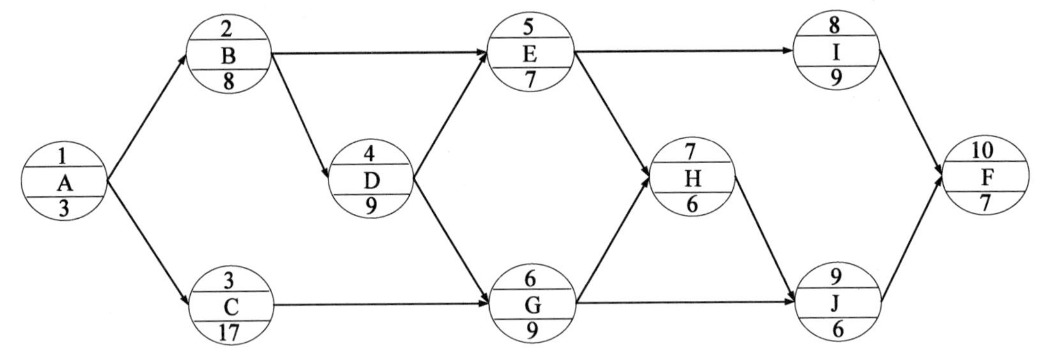

图 5-30　某工程单代号网络计划

下面用万能标号法计算本例题。

1. 计算节点的标号值

单代号网络计划节点标号值的计算方法与双代号网络计划相似，都是"顺推取最大"。

不同之处在于，在双代号网络计划中，节点表示工作的开始或结束，节点标号值即为节点的最早时间。当节点作为一项工作的开始节点时，节点标号值表示该工作的最早开始时间。而在单代号网络计划中，一个节点即表示一项工作，节点标号值（b_i）表示本工作的最早完成时间（EF_i），即 $b_j = EF_j$

若未规定网络计划的开始时间，应将起点节点的最早开始时间 ES_1 定为零，起始节点的节点标号值 $b_1 = EF_1 = ES_1 + D_1$。

本例题中：$ES_A = 0$，$b_A = EF_A = ES_A + D_A = 0 + 3 = 3$。

其他节点的标号值按式（5-20）计算。

$$b_j = \max\{b_i\} + D_j \tag{5-20}$$

（1）对只有一项紧前工作的工作，其节点标号值等于其紧前工作的节点标号值加本工作的持续时间。例如，工作 B 和工作 D：$b_B = b_A + D_B = 3 + 8 = 11$，$b_D = b_B + D_D = 11 +$

9＝20。

（2）对紧前工作多于 1 项的工作，其节点标号值等于其各个紧前工作节点标号值中的最大值加本工作的持续时间，并将该最大值的来源节点号标注在节点标号值的右下角。例如工作 E，$b_E = \max\{b_B, b_D\} + D_j = \max\{11, 20\} + 7 = 20 + 7 = 27$，紧前工作节点标号值中的最大值为 20，源自节点 D，故应将源节点号 D 标注在节点 E 的标号值的右下角。

（3）以此类推，将所有节点的标号值都计算出来，并对紧前工作多于一项的工作标注源节点号，结果如图 5-31 所示。

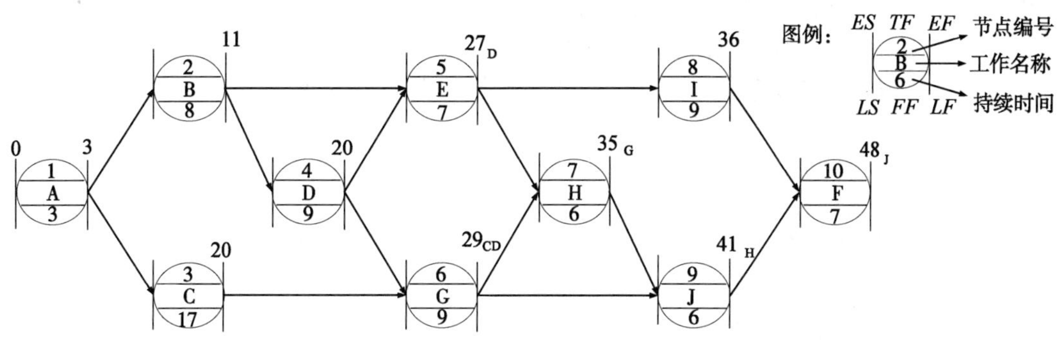

图 5-31　万能标号法标注的单代号网络计划

2. 找关键线路

自终点节点起，逆着箭线根据源节点号找出所有关键线路，如图 5-32 所示。本例的关键线路共有两条，分别是 A—B—D—G—H—J—F 和 A—C—G—J—H—J—F。

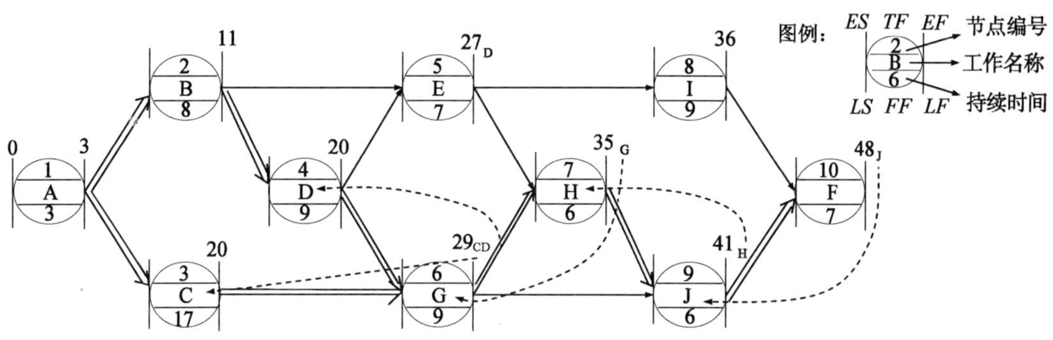

图 5-32　标注关键线路后的单代号网络计划

3. 计算总时差和自由时差

（1）关键工作的总时差及自由时差均为零（但当 $T_p > T_c$ 时例外，方法与双代号网络计划完全相同）。

（2）非关键工作的自由时差。根据节点标号值，可以求出所有工作的最早开始时间和最早完成时间，根据式（5-17）即可求出各工作的自由时差，也可利用节点标号值计算，如式（5-21）。

$$FF_i = \min\{LAG_{i,j}\} = \min\{ES_j - EF_i\} = \min\{b_j - D_j - b_i\} \tag{5-21}$$

式（5-21）中，终点节点所代表工作（必在关键线路上），其自由时差为 $T_P - T_C$。

本例中 $FF_{E}=\min\{b_{H}-D_{H}-b_{E};\ b_{I}-D_{I}-b_{E}\}=\min\{35-6-27;\ 36-9-27\}=0$

(3) 用首尾总差法计算非关键工作的总时差。在单代号网络计划中运用首尾总差法，具体如表 5-14 所示。

以本工作的每一条宽松线路的终点和始点的节点标号值之差，减去该线路上本工作之后所有工作的持续时间，在所得差值（每一条宽松线路应有一个计算结果）中取最小值，即得到该工作的总时差（当 $T_{p}>T_{c}$ 时，还应加上 $T_{p}-T_{c}$），公式为式（5-22）。

$$TF=\min\{(b_{尾}-b_{首}-\sum D),\cdots\}+(T_{p}-T_{c}) \tag{5-22}$$

式中，$b_{尾}$——该工作的宽松线路的终点的节点标号值；

$b_{首}$——该工作的宽松线路的始点的节点标号值；

$\sum D$——本条宽松线路上本工作的各项后续工作的持续时间之和，不应包括本工作的持续时间；

$T_{p}-T_{c}$——计划工期减计算工期之差值，仅当 $T_{p}>T_{c}$ 时，才需要计算此项。

表 5-14 首尾总差法在不同网络计划图中的应用差别

不同之处	双代号网络计划	单代号网络计划	原因分析
节点标号值 b 的意义	b 表示节点的最早时间，当该节点为工作的开始节点时，b 表示该工作的最早开始时间 ES	b 表示本工作的最早完成时间 EF	两种网络计划图中节点的意义不同
$\sum D$ 的计算范围	$\sum D$ 包含本工作的持续时间	$\sum D$ 不包含本工作的持续时间	宽松线路始点节点标号值的意义不同

本例中工作 E 的总时差用首尾总差法计算如下。

根据图 5-32 标定关键线路后的单代号网络计划，工作 E 有两条宽松线路，分别为 E—H 和 E—I—F。

$$\begin{aligned}TF_{E}&=\min\{(b_{H}-b_{E}-D_{H}),(b_{F}-b_{E}-D_{I}-D_{F})\}\\&=\min\{(35-27-6),(48-27-9-7)\}=2\end{aligned}$$

二、单代号搭接网络计划

单代号搭接网络计划（以下简称搭接网络计划）与单代号网络计划的主要区别是工作与工作之间的衔接关系不同。

对于搭接网络计划，并非只有紧前工作全部完成后本工作才能开始，其工作之间的衔接关系是由两工作之间的时距所决定的搭接关系。因此，对于搭接网络计划，应根据工作间的时距来计算各项工作的时间参数（见表 5-15）。

表 5-15 对应于不同时距的最早时间计算公式表

相邻两工作之间的时距		计算公式
代号	含义	
STF	开始到结束	$EF_{j}=ES_{i}+STF$
STS	开始到开始	$ES_{j}=ES_{i}+STS$
FTF	结束到结束	$EF_{j}=EF_{i}+FTF$
FTS	结束到开始	$ES_{j}=EF_{i}+FTS$

【例 5-10】某道路工程在进行基层和面层施工时，为了给面层铺设提供工作面和工作条件，需待基层铺设一定时间后才能进行面层摊铺，这种时间间隔是（　　）时距。

A. *STS*　　B. *FTF*　　C. *STF*　　D. *FTS*

【答案】A

【解析】基层开始铺设一段时间就能开始面层摊铺，并非须待基层铺设全部完毕才能开始铺面层，显然基层铺设与面层铺设之间的搭接关系是从开始到开始的时距关系。

本书介绍一种非常实用的技巧，利用式（5-23），由时距的首尾字母就可直接写出表 5-15中的计算公式，不必记忆公式。

$$\text{时距首字母所代表的参数} + \text{时距} = \text{时距尾字母所代表的参数} \tag{5-23}$$

式中，时距——本工作与紧前工作之间的时距。

时距首字母所代表的参数——时距的首字母代表紧前工作的时间参数有两种可能：若首字母为 S（Start），代表紧前工作的最早开始时间；若首字母为 F（Finish），代表紧前工作的最早完成时间。首字母为 S 的时距有 *STS* 和 *STF* 两种，首字母为 F 的时距有 *FTS* 和 *FTF* 两种。

时距尾字母所代表的参数——时距的尾字母代表两工作中紧后工作的最早时间参数也有两种可能：若尾字母为 S，代表紧后工作的最早开始时间；若尾字母为 F，代表紧后工作的最早完成时间。尾字母为 S 的时距有 *STS* 和 *FTS* 两种，尾字母为 F 的时距有 *STF* 和 *FTF* 两种。

利用式（5-23），由时距代号的首尾字母可写出求紧后工作最早时间的具体公式，图 5-33 更为直观地表达了式（5-23）的应用方法，结合图学习有助于理解并加深印象。

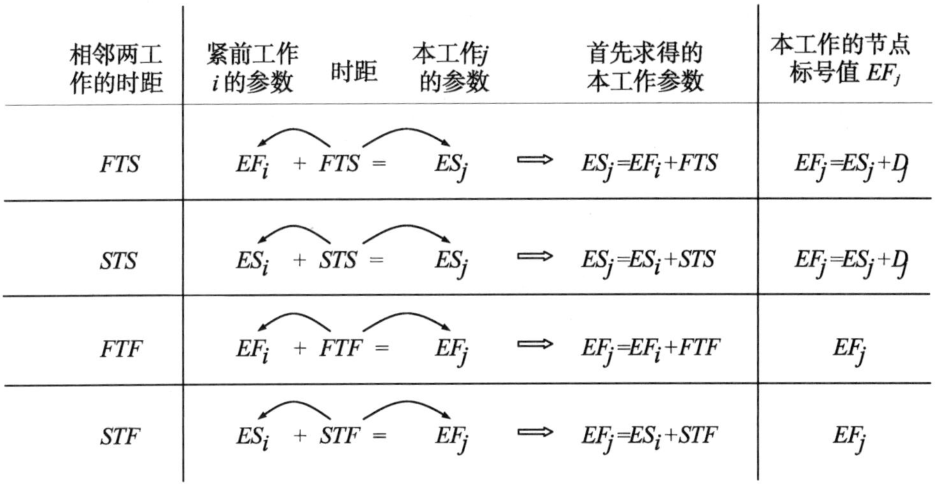

相邻两工作的时距	紧前工作 *i* 的参数		时距		本工作 *j* 的参数		首先求得的本工作参数	本工作的节点标号值 EF_j
FTS	EF_i	+	*FTS*	=	ES_j	⟹	$ES_j=EF_i+FTS$	$EF_j=ES_j+D_j$
STS	ES_i	+	*STS*	=	ES_j	⟹	$ES_j=ES_i+STS$	$EF_j=ES_j+D_j$
FTF	EF_i	+	*FTF*	=	EF_j	⟹	$EF_j=EF_i+FTF$	EF_j
STF	ES_i	+	*STF*	=	EF_j	⟹	$EF_j=ES_i+STF$	EF_j

图 5-33　根据时距推导公式的示意图

应注意，时距为 *STS* 或 *FTS* 时，计算结果为工作的最早开始时间；时距为 *STF* 或 *FTF* 时，计算结果为工作的最早完成时间，当各个结果对应的时间参数不一致时，应统一换算成最早完成时间再进行比较，取最大值。

关于单代号搭接网络计划，历年以来只考过两道概念题，计算题从未考过，即便今后可能会考，一次充其量也只考一题。本书从减轻广大应考人员负担的角度出发，不再详述，感兴趣的读者可阅读本书作者编著的“监理工程师执业资格考试轻松过关”的“进度控制”分册或“案例分析”分册，可进一步体会到万能标号法的实用与巧妙。

关于网络计划时间参数的各种计算方法比较见表 5-16。

表 5-16　网络计划时间参数的各种计算方法的比较

	时标图判定法	万能标号法		公式法
		双代号网络计划	单代号网络计划	
适用性	只能用于时标网络	一般应有完整网络计划图		题目已给出相关时间参数
找关键线路	没有波形线的线路	标号法确定		
求自由时差 FF	波形线长度	$FF_{i-j}=\underline{FF}_{i-j}$ $=b_j-b_i-D_{i-j}$	$FF_i=\min\{b_j-D_j-b_i\}$	$FF_{i-j}=\min\{ES_{j-k}-EF_{i-j}\}$
	还需考虑只接虚箭线的特殊情况			
求总时差 TF	波形线累加法	首尾总差法		$TF_{i-j}=LF_{i-j}-EF_{i-j}$ $=LS_{i-j}-ES_{i-j}$ $TF_{i-j}=\min\{LAG_{i-j,j-k}+TF_{j-k}\}$
当 $T_p-T_c>0$ 时	（1）当 $T_p-T_c>0$ 时，所有工作的总时差都应加 T_p-T_c （2）双代号网络计划中以终点节点为完成节点的工作以及单代号网络计划中终点节点表示的工作（必在关键线路上），其自由时差均为 T_p-T_c			公式中已经包含了 T_p-T_c 的值，不应再加（因为终点节点的最迟时间是 T_p）

考点 35　关键线路和关键工作

不同网络计划中的关键线路和关键工作见表 5-17。

表 5-17　不同网络计划中的关键线路和关键工作

	关键线路的判定条件	关键工作
双代号网络	（1）总的工作时间最长的线路 （2）自始至终由关键工作组成的线路	总时差最小的工作（当 $T_p=T_c$ 时，总时差为零的工作）
双代号时标网络	自始至终无波形线的线路	
单代号网络	（1）总的工作时间最长的线路 （2）相邻工作之间时间间隔全部为零	
单代号搭接网络	（1）总的工作时间（考虑搭接因素后）最长的线路 （2）相邻工作之间时间间隔全部为零	

【总结】

- 所有网络计划中，全部由关键节点组成的线路不一定是关键线路；
- 关键线路的判定与是否有虚箭线（虚工作）无关；
- 不能用时距和时距总和的大小判定关键线路。

因此，试题中选项涉及“节点”、“虚工作”、“时距”一般都是错误选项。

以下关于关键线路的说法（或判定）都是错误的：

× 双代号网络中由关键节点组成的线路是关键线路，如图 5-22 中线路①－③－⑥－⑦－⑩都由关键节点组成，但是不是关键线路。

× 双代号网络、双代号时标网络计划中相邻工作的时间间隔为零的线路是关键线路，如图 5-10 中线路 C—F—I，三项工作的时间间隔都为零，但很明显 C—F—I 不是关键线路。

× 单代号网络中由关键工作组成的线路是关键线路，如图 5-31 中线路 A—C—G—J—F 都由关键工作组成，但不是关键线路。

× 单代号搭接网络计划中总的工作持续时间的总和最长的线路是关键线路。

× 关键线路上各项工作的持续时间总和等于网络计划的计算工期（对搭接网络计划不适用）。

＊＊练习题＊＊

51. 关于双代号网络计划的说法，正确的有（　　）。(2011 年真题)

A. 总时差最小的工作为关键工作

B. 网络计划中以终点节点为完成节点的工作，其自由时差与总时差相等

C. 关键线路上允许有虚箭线和波形线

D. 某项工作的自由时差为零时，其总时差必为零

E. 除了以网络计划终点为完成节点的工作，其他工作的最迟完成时间应等于其所有紧后工作最迟开始时间的最小值

52. 在工程网络计划中，关键线路是指（　　）。

A. 单代号网络计划中总的工作持续时间最长的线路

B. 双代号网络计划中由关键节点组成的线路

C. 单代号搭接网络计划中总的工作持续时间最长的线路

D. 双代号时标网络计划中无虚箭线的线路

53. 在工程网络计划中，关键线路是指（　　）的线路。

A. 单代号网络计划中相邻工作之间时间间隔全部为零

B. 双代号网络计划中由关键节点组成

C. 双代号时标网络计划中无波形线

D. 双代号时标网络计划中无虚箭线

E. 单代号搭接网络计划中相邻工作之间时距之和最大

54. 关于关键线路和关键工作的说法，正确的有（　　）。(2010 年真题)

A. 关键线路上相邻工作的时间间隔为零　　B. 关键线路上各工作持续时间之和最长

C. 关键线路可能有多条　　D. 关键工作的总时差一定为零

E. 关键工作的最早开始时间等于最迟开始时间

55. 在工程网络计划中，当计划工期等于计算工期时，关键工作的判定条件是（　　）。

A. 该工作的总时差为零

B. 该工作与其紧后工作之间的时间间隔为零

C. 该工作的最早开始时间与最迟开始时间相等

D. 该工作的自由时差最小

E. 该工作的持续时间最长

56. 在工程网络计划中，关键工作是指（　　）的工作。

A. 最迟完成时间与最早完成时间的差值最小

B. 双代号时标网络计划中无波形线

C. 单代号搭结网络计划中时间间隔为零

D. 双代号网路计划中两端节点均为关键节点

57. 工程网络计划中的关键工作是指（　　）的工作。

A. 自由时差最小　　B. 总时差最小　　C. 工作持续时间最长　　D. 时距为零

58. 在工程网络计划中，关键工作是指（　　）的工作。

A. 双代号网络计划中持续时间最长

B. 单代号网络计划中与紧后工作之间时间间隔为零

C. 最迟完成时间与最早完成时间的差值最小

D. 最迟开始时间与最早开始时间的差值最小

E. 双代号时标网络计划中无波形线

59. 单代号搭接网络的时间参数计算时，若某项中间工作的最早开始时间为负值，则应当（　　）。(2011 年真题)

A. 将该工作与最后一项工作联系起来　　B. 在该工作与起点节点之间添加虚箭线

C. 增大该工作的时间间隔　　D. 调整其紧前工作的持续时间

考点 36　进度计划的检查与调整

一、进度计划的检查

若进度偏差超过本工作自由时差，会影响紧后工作的最早开始时间，若进度偏差超过本工作的总时差，将影响总工期，见表 5-18 和例 5-11。

表 5-18　进度计划的检查

序号	情　　况	影响什么	影响多少
1	进度偏差＞自由时差	紧后工作的最早开始时间	紧后工作的最早开始时间延迟量＝进度偏差－自由时差
2	进度偏差＞总时差	总工期	总工期延误时间＝进度偏差－总时差

【例 5-11】某工程网络计划中，工作 M 的总时差为 5d，自由时差为 3d。在计划执行情况的检查中，发现只有工作 M 的实际进度拖后了 4d，则关于工作 M 实际进度的说法，正确的是（　　）。(2010 年真题)

A. 使总工期拖后 1d，使后续工作最早开始时间拖后 1d

B. 不影响总工期，也不影响后续工作的正常进行

C. 使总工期拖后 1d，但不影响后续工作的正常进行

D. 不影响总工期，但使后续工作最早开始时间拖后 1d

【答案】D

【解析】本题总时差 $TF=5$，自由时差 $FF=3$，进度偏差＝4。进度偏差小于总时差，大于自由时差 1d，故不影响总工期，但将使紧后工作的最早开始时间拖后一天。

二、进度计划的调整（见图 5-34）

(1) 调整关键线路的长度
- 实际进度拖后，在尚未完成的关键工作中，选择资源强度小或费用低的工作缩短其持续时间
- 若不需提前工期，应选用资源占用量大或者直接费用高的后续关键工作，适当延长其持续时间，以降低其资源强度或费用

(2) 调整非关键工作时差——调整应在其时差的范围内进行，以便更充分地利用资源、降低成本或满足施工的需要（若为了赶工期，此项方法不起作用）

(3) 增、减工作项目

(4) 调整逻辑关系

(5) 重新估计某些工作的持续时间

(6) 对资源的投入作相应调整

图 5-34 进度计划的调整

三、实际进度前锋线

1. 实际进度与计划进度比较

(1) 建议将网络图上下坐标的检查日期点相连，形成一条竖直线，称为“检查日期线”，如例 5-12 所示。

(2) 当折线（前锋线）与某工作的交点（称为“实际进展点”）落在检查日期线左侧，表明该工作的实际进度拖后，拖后的时间为二者之间的水平距离。

(3) 实际进展点落在检查日期线右侧，表明该工作的实际进度超前，超前的时间同样为二者之间的水平距离。

2. 对工期的影响

(1) 当工作的延迟超过本工作的总时差时，才会影响总工期。

(2) 影响总工期的天数＝工作延迟的天数－本工作的总时差。

计算工作的总时差用波形线累加法。若图上有两条以上检查折线（前锋线），两线的检查情况互不影响。

【例 5-12】某工程双代号时标网络计划执行到第 3 周末和第 9 周末时，检查其实际进度如图 5-35 中前锋线所示，检查结果表明（　　）。

A. 第 3 周末检查时，工作 E 拖后 1 周，但不影响工期

B. 第 3 周末检查时，工作 C 拖后 2 周，将影响工期 2 周

C. 第 3 周末检查时，工作 D 进度正常，不影响工期

D. 第 9 周末检查时，工作 J 拖后 1 周，但不影响工期

E. 第 9 周末检查时，工作 K 提前 1 周，不影响工期

【答案】BC

【解析】

解析过程如图 5-36 所示。

1) 第三周末检查时，工作 E 的实际进展点落在检查日期线右侧，二者间的水平距离为 1 周，表明工作 E 超前 1 周，不影响总工期（工作 E 不是关键工作，故不会使总工期提前）。

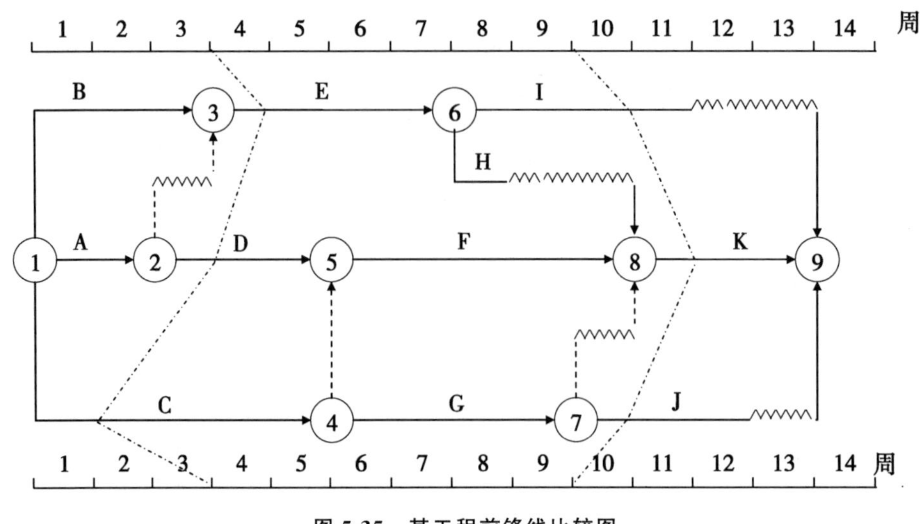

图 5-35 某工程前锋线比较图

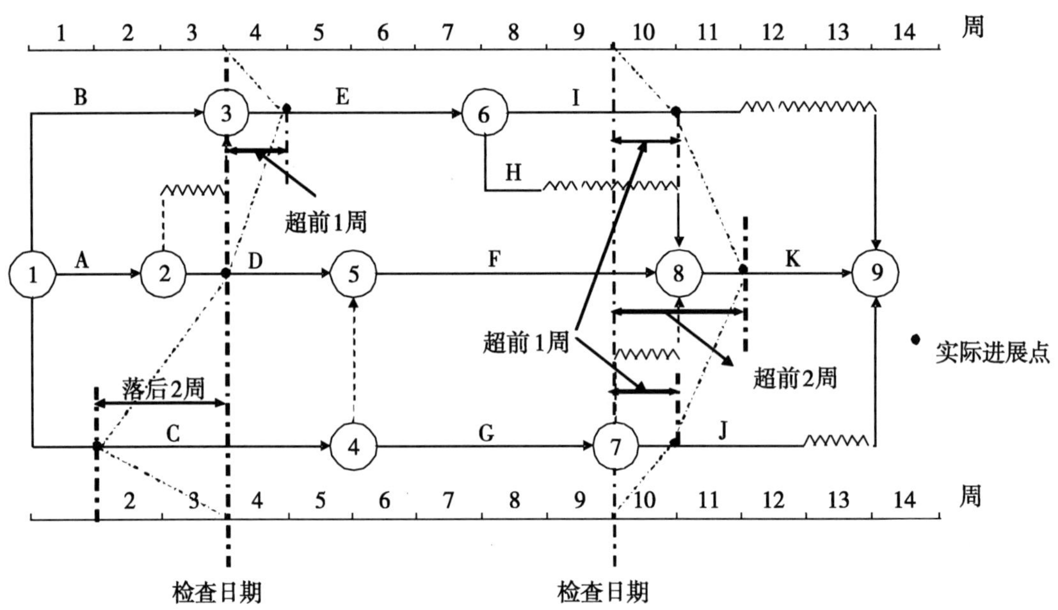

图 5-36 例 5-12 图解示意

同方法可判定，工作 C 拖后 2 周，其影响总工期的时间＝2－0（TF_c）＝2（周），因此 B 项正确。

工作 D 进度正常，不影响工期，C 项正确。

2）第 9 周末检查时，工作 J 的实际进展点落在检查日期线右侧，二者间的水平距离为 1 周，表明工作 J 超前 1 周，不影响总工期，因此 D 项错误。

同理，工作 K 提前 2 周，不会使总工期延迟，且工作 K 是关键工作，又是两条关键线路均包含的工作，故工作 K 的提前必然使网络计划的两条关键线路的总持续时间都缩短，必然会使总工期提前，E项错误。

【例5-13】关于单代号搭接网络计划时距的说法，正确的是（　　）。（2014年真题）

A. 时距是某工作具有的特殊时间参数

B. 相邻工作间只能有一种时距的限制

C. 时距一般标注在箭头的上方

D. 时距是时间间隔的特殊形式

【答案】C

【解析】本题考查的是单代号搭接网络计划。时距的种类有四类：STS、STF、FTF、FTS。一般标注在箭头的上方。

＊＊练习题＊＊

60. 在工程网络计划中，如果某项工作的拖延时间超过其自由时差但没有超过总时差，则（　　）。（2011年真题）

A. 该项工作使其紧后工作不能按最早时间开始

B. 该项工作的延误会影响工程总工期

C. 该项工作会变成关键工作

D. 该项工作对后续工作及工程总工期无影响

61. 某工程网络计划中工作M的总时差为3d，自由时差为0。该计划执行过程中，只有工作M的实际进度拖后4d，则工作M的实际进度将其紧后工作的最早开始时间推迟和使总工期延长的时间分别为（　　）。

A. 3d和0d　　B. 3d和1d　　C. 4d和0d　　D. 4d和1d

62. 某工程网络计划中工作M的总时差和自由时差分别为5d和3d，该计划执行过程中经检查发现只有工作M的实际进度拖后4d，则工作M的实际进度（　　）。

A. 既不影响总工期，也不影响其后续工作的正常执行

B. 将其紧后工作的最早开始时间推迟1d，并使总工期延长1d

C. 不影响其后续工作的继续进行，但使总工期延长1d

D. 不影响总工期，但使其紧后工作的最早开始时间推迟1d

63. 调整工程网络计划时，调整内容一般包括（　　）。

A. 非关键工作时差　　B. 关键线路长度　　C. 工作组织关系

D. 工作工艺过程　　E. 工作持续时间

64. 当工程施工的实际进度与计划进度不符时，需要对网络计划作出调整，调整的内容有（　　）。

A. 调整关键线路的长度　　B. 调整非关键工作时差

C. 调整组织结构　　D. 增减工作项目

E. 调整资源的投入

65. 当关键线路的实际速度比计划进度拖后时，应在尚未完成的关键工种中，选择（　　）的工作，压缩其作业持续时间。（2010年真题）

A. 资源强度小或费用低　　B. 资源强度小且持续时间短

C. 资源强度大或持续时间短　　D. 资源强度大且费用高

66. 当计算工期超过计划工期时，可压缩关键工作的持续时间以满足要求。在确定缩短持续时间的关键工作时，宜选择（　　）。(2010 年真题)

A. 缩短持续时间而不影响质量和安全的工作

B. 有多项紧前工作的工作

C. 有充足备用资源的工作

D. 缩短持续时间所增加的费用相对较少的工作

E. 单位时间消耗资源量大的工作

67. 某分部工程时标网络计划如图 5-37 所示，当计划执行到第 3 周末时和第 6 周末时，检查得到的实际进度如图中的实际进度前锋线所示，该图说明(　　)。(2011 年真题)

A. 第 3 周检查时预计工期拖后 1 周

B. 工作 A 和工作 D 在第 4 周至第 6 周内实际进度正常

C. 第 6 周末检查时预计工期拖后 1 周

D. 工作 B 和工作 E 在第 4 周至第 6 周内实际进度正常

E. 第 6 周末检查时工作 G 实际进度拖后 1 周

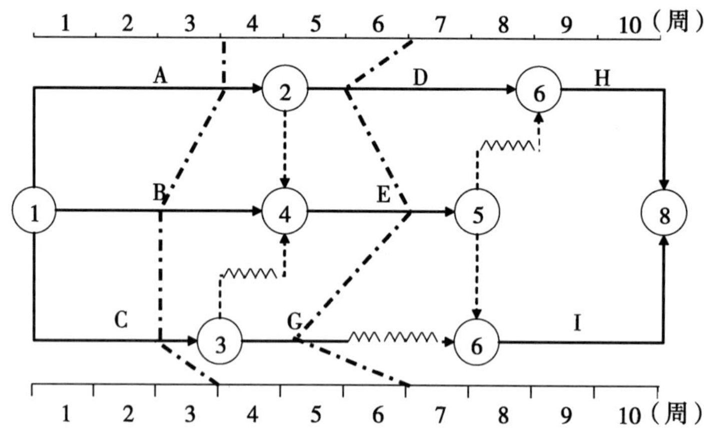

图 5-37　某分部工程前锋线比较图

第六章　建设工程项目施工质量控制

【内容提要】

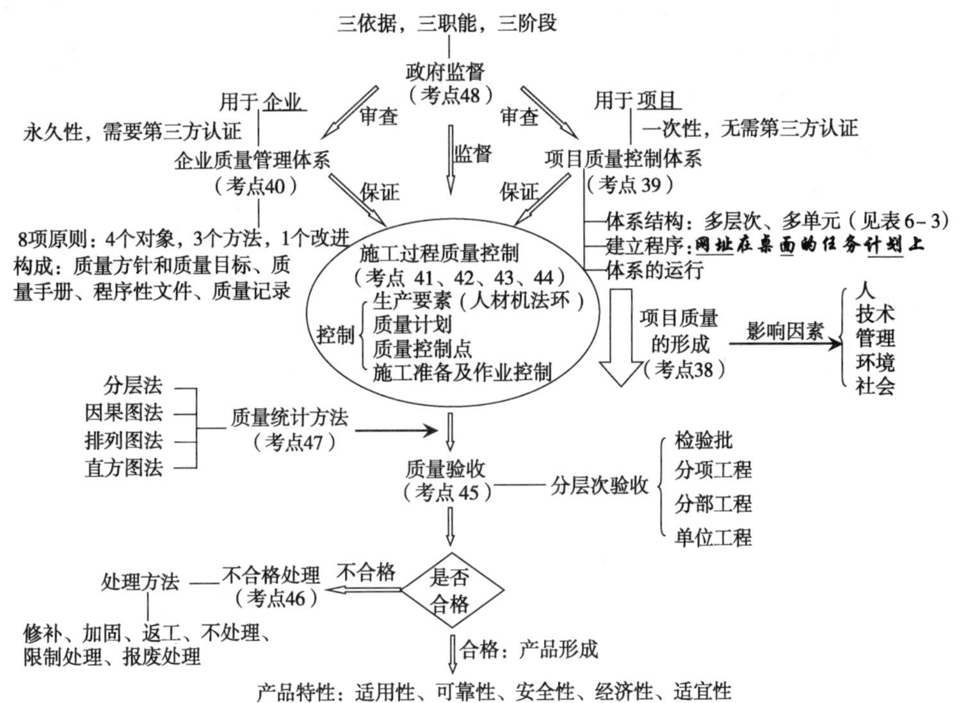

考点 37　质量管理与质量控制

一、有关定义及关系（见表 6-1）

表 6-1　质量管理的几个相关定义

项目	定　　义	
质量	质量是指一组固有特性满足要求的程度。就工程质量而言，其固有特性通常包括使用功能、寿命以及可靠性、安全性、经济性等特性	
质量管理	质量管理指**确立**质量方针及**实施**质量方针的全部职能及工作内容，并对其工作效果进行**评价**和**改进**的一系列工作	质量管理 质量控制
质量控制	**质量控制**是质量管理的一部分，是致力于满足质量要求的一系列相关活动，其主要活动包括设定标准、测量结果、评价、纠偏 质量控制活动涵盖了作业技术活动和管理活动 **作业技术方法的正确选择和作业技术能力的充分发挥**是质量控制的致力点	

二、全面管理的 TQC 思想

TQC 即全面质量管理，其基本原理就是强调在企业或组织的最高管理者质量方针的指引下，实行全面、全过程和全员参与的质量管理。TQC 的主要特点是以顾客满意为宗旨；领导参与质量方针和目标的制定；提倡预防为主、科学管理、用数据说话等。建设工程项目的质量管理，同样应贯彻以下“三全管理”的思想和方法。

(1) 全面质量管理——各方单位共同管理；

(2) 全过程质量管理——从项目决策到工程保修全过程管理；

(3) 全员参与质量管理——每个部门，每个岗位都参与。

三、质量管理的 PDCA 循环

质量管理的 PDCA 循环，与本书第一章介绍的“目标+PDCA”管理模式相似，但又自有特点，如图 6-1 所示。

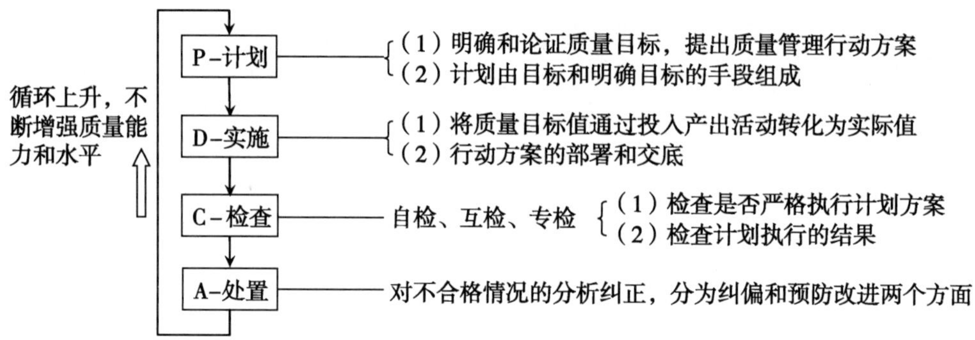

图 6-1　质量管理的 PDCA 循环

【助记】PDCA—话（划）实查处——话（划）不能实说，说实话要查处，这就是对质量控制循环工作方法的歪曲解释。

＊＊练习题＊＊

1. 根据《质量管理体系　基础和术语》(GB/T 19000—2008)，建设工程质量控制的定义是（　　）。(2011 年真题)

A. 参与工程建设者为了保证工程项目质量所从事工作的水平和完善程度

B. 对建筑产品具备的满足规定要求能力的程度所作的有系统的检查

C. 工程项目质量管理的一部分，致力于满足质量要求的一系列相关活动

D. 为达到工程项目质量要求所采取的作业技术和活动

2. 关于质量控制与质量管理的说法，正确的有（　　）。

A. 质量管理就是对施工作业技术活动的管理

B. 质量控制的致力点在于构建完善的质量管理体系

C. 质量控制是质量管理的一部分

D. 建设工程质量控制活动只涉及施工阶段

E. 质量控制活动包含作业技术活动和管理活动

3. 根据《质量管理体系　基础和术语》(GB/T 19000—2000) 的定义，质量管理是指确立质量方针及实施质量方针的全部职能及工作内容，并对其工作效果进行（　　）的

一系列工作。

A. 考核和评价　　B. 评价和记录　　C. 预测和评价　　D. 评价和改进

4. 根据《质量管理体系基础和术语》(GB/T 19000—2000)，确立质量方针及实施质量方针的全部职能及工作内容，并对其工作效果进行评价和改进的一系列工作称为(　　)。

A. 质量保证　　B. 质量控制　　C. 质量管理　　D. 质量计划

5. 下列质量管理的职能活动中，属于 PDCA 循环中“D”职能的活动是(　　)。(2010 年真题)

A. 制定实现质量目标的行动方案　　B. 明确项目质量目标

C. 专职质检员检查产品质量　　D. 行动方案的部署和交底

6. 质量管理的 PDCA 循环中，“D”的职能是(　　)。

A. 将质量目标值通过投入产出活动转化为实际值

B. 对质量检查中的问题或不合格及时采取措施纠正

C. 确定质量目标和制定实现质量目标的行动方案

D. 对计划执行情况和结果进行检查

7. 在 PDCA 循环中，P 阶段的职能包括(　　)等。

A. 确定质量改进目标，制定改进措施

B. 明确质量要求和目标，提出质量管理行动方案

C. 采取应急措施，解决质量问题

D. 规范质量行为，组织质量计划的部署和交底

考点 38　建设工程质量的特征及形成过程

一、建设工程项目的基本特征

建设工程项目和一般产品具有同样的质量内涵，即一组固有特性满足需要的程度。这些特性是指产品的适用性、可靠性、安全性、经济性以及环境的适宜性等，也可把建设工程项目质量的基本特性概括为功能性质量、安全可靠、艺术文化和建筑环境等几方面。

二、建设工程项目质量的形成过程

建设工程项目质量的形成过程体现了建设工程项目质量从目标决策、目标细化到目标实现的系统过程，主要包括：质量需求的识别过程、质量目标的定义过程和质量目标的实现过程，如图 6-2 所示。

三、建设工程项目质量的影响因素

建设工程项目质量的影响因素，主要是指在建设工程项目质量目标策划、决策和实现过程的各种客观因素和主观因素，包括人的因素、技术因素、管理因素、环境因素等。

不难理解，人、技术、管理和环境因素，对于建设工程项目而言是可控因素，存在于建设工程项目系统之外，一般情形下对于建设工程项目管理者而言，属于不可控因素，但可以通过自身的努力，尽可能做到趋利去弊。

【助记】虽然这个人既懂技术又懂管理，但并不意味着他一定能在复杂的社会环境中

生存，因为社会是不可控的（其他4项都可控）。

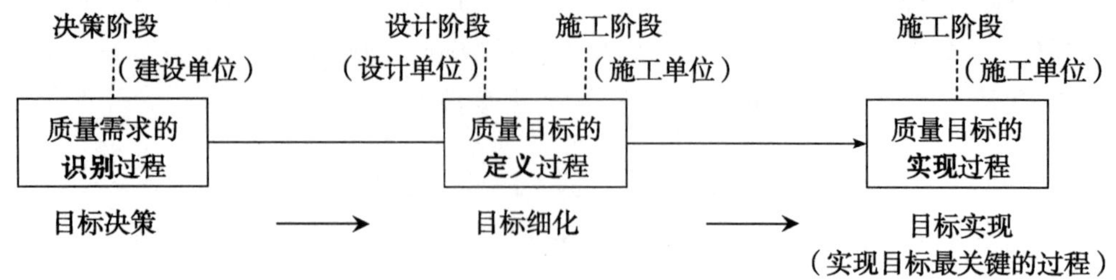

图 6-2　质量的形成过程

＊＊练习题＊＊

8. 在建设工程项目质量的形成过程中，应在建设项目的（　　）阶段完成质量需求的识别。(2010 年真题)

A. 设计　　B. 竣工验收　　C. 决策　　D. 施工

9. 建设工程项目质量的形成过程体现了建设工程项目质量（　　）的系统过程。

A. 从目标决策、目标细化到目标实现

B. 从目标定义、目标决策到目标实现

C. 从目标决策、目标细化到目标检验

D. 从目标定义、目标细化到目标检验

10. 建设工程项目质量的形成过程，体现细化到目标实现的系统过剧，而质量目标的决策是（　　）的职能。

A. 建设单位　　B. 设计单位

C. 项目管理咨询单位　　D. 建设项目工程总承包单位

11. 关于工序施工质量控制的说法，正确的有（　　）。

A. 工序施工条件控制的手段主要有检查、测试、跟踪监督等

B. 工序施工效果控制属于事后质量控制

C. 设计质量标准是工序施工条件控制的依据

D. 工序质量资料验收后即可进行下道工序

E. 来自作业者外部的监督不是必须的设防

12. 施工作业质量自控的有效制度有（　　）。

A. 质量例会制度　B. 质量会诊制度

C. 质量自检制度　D. 质量挂牌制度

E. 质量验收制度

13. 需要对施工作业交底进行监督的单位有（　　）。

A. 业主方　　B. 设计方　　C. 施工总承包方　D. 工程监理机构

E. 施工分包方

14. 建设工程项目建成后，在规定的使用年限和正常的使用条件下，应保证工程项目使用安全，建筑物、构筑物和设备系统性能稳定，这是项目质量的(　　) 要求。

A. 经济性　　B. 功能性　　C. 观感性　　D. 可靠性

考点 39　项目质量管理体系

一、项目质量控制体系与企业质量管理体系的区别

建设工程项目质量控制体系（考点 39）与企业按照 GB/T 19000—2008 标准建立的质量管理体系（考点 40）的区别如表 6-2 所示。

表 6-2　项目质量控制体系与企业质量管理体系的对比

五个“不同”	项目质量控制体系	企业质量管理体系
建立的目的不同	用于特定的建设工程项目质量控制	用于建筑企业或组织的质量管理
服务的范围不同	涉及建设工程项目实施过程所有的质量责任主体	只服务于某一个承包企业或组织机构
控制的目标不同	建设工程项目的质量标准	某一具体建筑企业或组织的质量管理目标
作用的时效不同	与建设工程项目管理组织系统相融合，是一**次性**的质量工作系统	**永久性**的质量管理体系
评价的方式不同	一般由建设工程项目管理的总组织者进行自我评价与诊断，不需要进行第三方认证	**需要进行第三方认证**（政府部门不参与认证）

简而言之，项目质量控制体系针对的是一次建设项目，而企业质量管理体系针对的是一个建筑企业。

二、项目质量控制体系的性质、结构及建立（见表 6-3）

表 6-3　项目质量控制体系的性质、结构及其建立

项　目	内容要点
对象	建设工程项目质量控制体系以工程项目为对象
谁组织建立	由工程实施的总组织者（总负责单位，见下栏）负责建立
结构特点	一般情况下形成多层次、多单元的结构形态，这是由实施任务的委托方式和合同结构所决定的 项目质控体系结构 多层次结构： 第一层次的质量控制体系由业主项目管理机构负责或委托代建方、受托项目管理机构、交钥匙式的工程总承包方负责 第二层次的质量控制体系由设计总负责单位或施工总承包单位负责 第三层次质量控制系统则由工程设计、施工、安装、材料供应的承包单位负责 多单元结构： 多单元结构是指在建设工程项目质量控制总体系下，第二层次的质量控制体系及其以下的质量自控或保证体系可能有多个

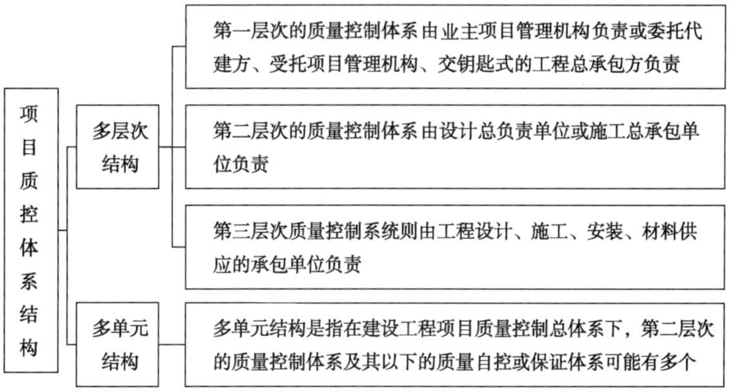

续表

项　目	内容要点
建立原则	（1）分层次规划的原则 （2）总目标分解的原则 （3）质量责任制的原则 （4）系统有效性的原则
建立程序	（1）确立质量控制网络（**网**） （2）制定质量控制制度（**址**） 包括质量控制例会制度、协调制度、报告审批制度、质量验收制度和质量信息管理制度等。形成建设工程项目质量控制系统的管理文件或手册，作为承担建设工程项目实施任务各方主体共同遵循的管理依据 （3）分析质量控制界面（**面**） 包括静态界面和动态界面。一般说静态界面根据法律法规、合同条件、组织内部职能分工来确定。动态界面是指项目实施过程设计单位之间、施工单位之间、设计与施工单位之间的衔接配合关系及其责任划分，必须通过分析研究，确定管理原则与协调方式。（**单位间的衔接配合及责任划分为动态界面，其他为静态界面**） （4）编制质量控制计划（**计划**） 【助记】**网址在桌面的任务计划上**
建立质量控制体系的责任主体	一般情况下，建设工程项目质量控制体系应由**建设单位或工程项目总承包企业的工程项目管理机构**负责建立；在分阶段依次对勘察、设计、施工、安装等任务进行分别招标发包的情况下，该体系通常应由建设单位或其委托的工程项目管理企业负责建立，并由各承包企业根据项目质量控制体系的要求，建立隶属于总的项目质量控制体系的分质量保证体系（可称为相应的质量控制子系统）

三、项目质量控制体系的运行（见表 6-4）

表 6-4　项目质量控制体系的运行

	内容要点	
运行环境	建设工程项目质量控制系统的运行环境，主要是指为系统运行提供支持的以下几方面条件 （1）建设工程的合同结构（管理关系） （2）质量管理的资源配置 （3）质量管理的组织制度	
运行机制	动力机制	保持合理的供方及分供方等各方关系，才能形成合力 动力机制是建设工程项目质量控制系统运行的核心机制
	约束机制	取决于各主体内部的自我约束能力和外部的监控效力
	反馈机制	对质量控制系统的能力和运行效果进行评价，并为及时做出处置提供决策依据
	持续改进机制	应用 PDCA 循环原理；注重抓好控制点的设置，加强**重点控制**和**例外控制**，并不断研究改进措施 【理解】首先，有动力才有意愿（这是核心），约束和反馈可使其不偏离“轨道”，持续改进才能提高并可持续发展。 【助记】**质控机制——吃（持）药（约）反动，动为核心**

＊＊练习题＊＊

15[1]．关于建设工程项目质量控制体系特点的说法，正确的是（　　）。（2010 年真题）

A．项目质量控制体系建立是为了建筑业企业的质量管理

---

[1] 根据教材的内容对 15～21 题进行了改动。

B. 项目质量控制体系的目标就是某一建筑业企业的质量管理的目标

C. 项目质量控制体系仅服务于某一个承包企业或组织机构

D. 项目质量控制体系是一次性的质量工作系统

16. 建设工程项目质量控制体系是面向工程项目建立的质量控制系统，该系统（　　）。

A. 属于一次性的系统　　B. 需要进行第三方认证

C. 仅涉及施工承包单位　　D. 需要通过业主认证

17. 建设工程项目质量控制体系呈多层次、多单元的结构形态。在实行“交钥匙”承包的情况下，第一层面的质量控制系统应由（　　）负责建立。

A. 工程总承包企业的项目管理机构

B. 施工承包企业的项目管理机构

C. 建设单位委托的监理机构

D. 建设单位的项目管理机构

18. 建立建设工程项目质量控制体系时，首先应完成的工作是(　　)。

A. 制定质量控制制度　　B. 编制质量控制计划

C. 分析质量控制界面　　D. 确立质量控制网络

19. 建设工程项目质量控制体系是面向建设工程项目而建立的质量控制系统，该系统（　　）。

A. 与建筑施工企业质量管理体系的目的相同

B. 必须通过第三方认证机构的认证

C. 必须通过监理单位的审核批准

D. 涉及工程项目实施中所有的质量责任主体

20. 建立工程项目质量控制体系时，确定质量责任静态界面的依据是法律法规、合同条件和（　　）。(2010 年真题)

A. 设计与施工单位间的责任划分　　B. 质量管理的资源配置

C. 组织内部职能分工　　D. 质量控制协调制度

21. 建设工程项目质量控制体系的管理文件或手册，是承担该项目实施任务各方应共同遵循的管理依据，它在（　　）过程中形成。

A. 分析系统质量控制界面　　B. 编制系统质量控制计划

C. 制定系统质量控制制度　　D. 明确系统质量控制网络

22. 建设工程项目质量控制体系运行的核心机制是（　　）。(2011 年真题)

A. 动力机制　　B. 约束机制　　C. 反馈机制　　D. 持续改进机制

考点 40　施工企业质量管理体系

一、质量管理八项原则

质量管理体系的一系列标准主要有以下八项质量管理原则，如图 6-3 所示，可以简记为“八项原则包括：四个对象，三种方法，一个改进”。

四个对象
- 以顾客为关注焦点——基本出发点和归缩点
- 领导作用——领导确立组织统一的质量宗旨和方向，在质量管理中起决定作用
- 全员参与
- 与供方互利的关系

三种方法
- 管理的系统方法——即采用网络的方法建立质量管理体系，实施系统管理
- 过程方法——输入、过程、输出等进行测量检查
- 基于事实的决策方法——建立在数据和信息分析的基础上

一个改进
- 持续改进——组织永恒的目标

图 6-3 质量管理体系的八项原则

二、质量管理体系文件的构成（见图 6-4）

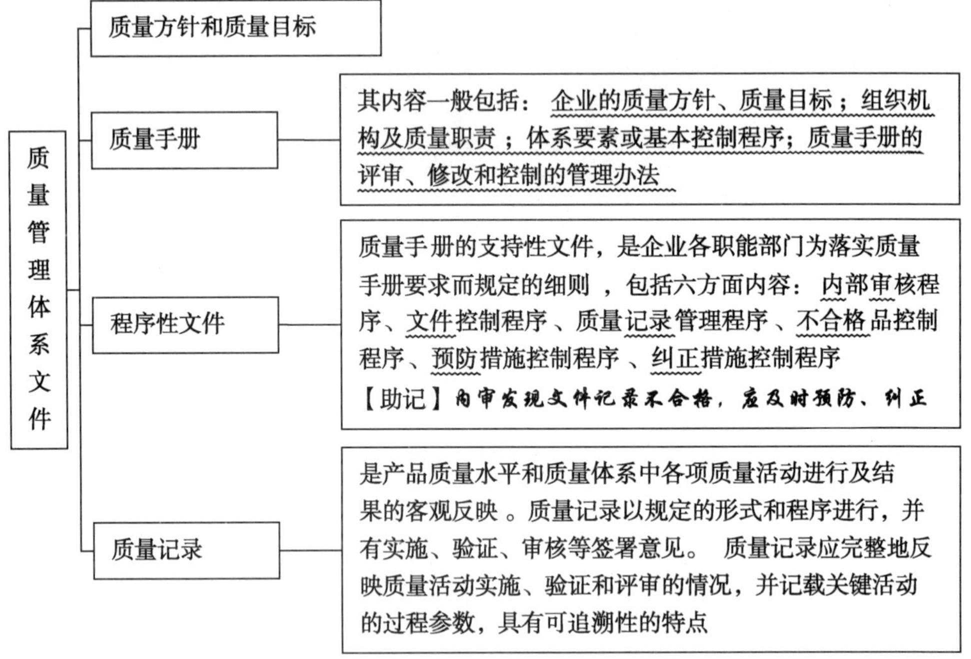

图 6-4 质量管理体系文件的组成

三、企业质量管理体系的建立和运行（见表 6-5）

表 6-5 企业质量管理体系的建立与运行

项　目	内容要点
体系建立	（1）应在确定市场及顾客需求的前提下，以八项质量管理原则为基本原则，将质量目标分解落实到相关层次、岗位 （2）组织企业对不同层次的员工进行培训 （3）建立需识别并提供实现质量目标和持续改进所需的资源

续表

项　目	内容要点
体系运行	企业质量管理体系的运行是在生产及服务的全过程，按质量管理体系文件所制定的程序、标准、工作要求及目标分解的岗位职责进行运作 落实质量管理体系的内部审核程序的主要目的是 (1) 评价质量管理程序的执行情况及适用性 (2) 揭露过程中存在的问题，为质量改进提供依据 (3) 建立质量管理体系运行的信息 (4) 向外部审核单位提供体系有效的证据
认证	申请和受理----要求：有法人资格、已建立并运行质量管理体系 ↓ 审核----认证机构派出审核组对申请方质量管理体系进行检查和评定 ↓ 审批与注册发证----符合要求予以注册，发给认证书
维持与监督	企业质量管理体系获准认证的有效期为3年。获准认证后，企业应通过经常性的内部审核，维持质量管理体系的有效性，并接受认证机构对企业质量管理体系实施监督管理 认证注销——企业的自愿行为（认证持证者提出注销的，认证机构予以注销，收回体系认证证书） 认证暂停——质量管理体系发生不符合认证要求情况时采取的警告措施 认证撤销——当获证企业发生质量管理体系存在严重不符合规定，或在认证暂停的规定期限未予整改的，或发生其他构成撤销体系认证资格情况时撤销认证。撤销认证的1年后可重新提出认证申请 除此以外，还要特别注意的是监督检查分为不定期和定期。定期检查通常是每年1次。认证合格有效期满前，如企业愿继续延长，可向认证机构提出复评申请。在认证证书有效期内，出现体系标准变更、体系认证范围变更、体系认证证书持有者变更，可按规定**重新换证**

＊＊练习题＊＊

23. 关于质量管理体系八项原则的说法，正确的有（　　）。(2010年真题)

A. 将相关资源和活动作为过程进行管理

B. 领导者确立本组织统一的质量宗旨和方向

C. 全员参与

D. 以事实为依据作出决策

E. 以产品为关注焦点

24. 按照质量管理体系八项原则，组织进行质量管理的基本出发点和归宿点是（　　）。

A. 建立组织与供方合作互利关系　　B. 满足顾客要求并争取超越顾客的期望

C. 持续改进总体业绩　　D. 建立科学、系统的质量管理体系

25. 在质量管理体系的八项原则中，体现组织进行质量管理的基本出发点与归宿点的原则是（　　）。

A. 以顾客为关注焦点　　B. 领导作用　　C. 基于事实的决策方法　　D. 持续改进

26. GB/T 19000—ISO9000（2000版）质量管理体系标准中的质量管理原则包括（　　）。

A. 质量第一　　B. 事前控制　　C. 领导作用　　D. 过程方法

E. 基于事实的决策

27. 质量手册是规定建筑业企业建立质量管理体系的文件，其内容包括（　　）。（2010 年真题）

A. 质量手册的发行数量　　B. 企业的质量方针和目标

C. 体系基本控制程序　　D. 管理标准和规章制度

E. 质量手册的评审、修改和控制的管理办法

28. 根据 GB/T 19000 质量管理体系标准，对企业质量体系作系统、完整和概要描述，规定企业组织建立质量管理体系的文件是(　　)。

A. 程序文件　　B. 质量手册　　C. 质量记录　　D. 管理标准

29. 在 GB/T 19000 质量管理体系文件中，用来规定企业组织管理质量管理体系的文件是（　　）。

A. 质量手册　　B. 程序文件　　C. 作业指导书　　D. 质量记录

30. 根据 GB/T 19000 质量管理体系标准，各类企业都编制质量体系程序文件均应制定的程序文件有（　　）。

A. 文件控制程序　　B. 质量目标管理程序

C. 安全生产管理程序　　D. 不合格品控制程序

E. 质量记录管理程序

31. 在 GB/T 19000 质量管理体系标准中，质量记录应完整地反映质量活动实施、验证和评审的情况，并记载关键活动的过程参数，达到（　　）的效果。

A. 事中控制　　B. 持续改进　　C. 可追溯　　D. 可存档

32. 质量记录是质量管理体系文件的组成部分，质量记录应以规定的文件形式和程序进行，并应有实施、验证、审核等人员的（　　）。

A. 职务任务　　B. 岗位职责　　C. 操作要求　　D. 签字及意见

33. 落实企业质量体系的内部审核程序、开展内部质量审核活动的主要目的是（　　）。

A. 评价质量管理程序的执行情况及适用性

B. 揭露施工过程中存在的问题，改进施工工艺

C. 向监理单位提供质量体系有效性的证据

D. 通过审核发现问题改进质量方针

34. 某企业在通过质量体系认证后由于管理不善，认证机构对其做出了撤销认证的决定。关于该企业重新认证的说法，正确的是（　　）。(2011 年真题)

A. 不能再重新提出认证申请　　B. 一年后方可重新提出认证申请

C. 半年后方可重新提出认证申请　　D. 三个月后方可重新提出认证申请

35. 质量管理体系认证制度是指（　　）对企业的产品及质量管理体系做出正确可靠的评价。

A. 各级质量技术监督局　　B. 各级消费者协会

C. 各单位行政主管部门　　D. 公正的第三方认证机构

36. 当获证企业的质量管理体系不符合认证要求时，认证机构可采取的警告措施是

（　　）。

A. 企业通报　　B. 监督检查　　C. 认证暂停　　D. 认证注销

37. 获得 ISO9000 质量管理体系认证的企业因质量体系严重不符合规定而被撤销认证的，最早可在撤销认证（　　）后重新提出认证申请。

A. 6 个月　　B. 1 年　　C. 2 年　　D. 3 年

38. 获得 ISO9000 质量管理体系认证的企业，若质量体系存在严重不符合项，并在规定时间内未予整改的，认证机构可以作出（　　）的决定。

A. 认证注销　　B. 认证暂停　　C. 认证撤销　　D. 重新认证

考点 41　施工阶段质量控制的目标、依据和基本环节

一、施工阶段质量控制的目标、依据、基本环节（见表 6-6）

表 6-6　施工阶段质量控制的目标、依据、基本环节

<table>
<tr><th colspan="2">项　　目</th><th>内容要点</th></tr>
<tr><td colspan="2">质量总目标</td><td>建设工程项目施工质量控制的总目标，是实现由建设工程项目决策、设计文件和施工合同所决定的预期使用功能和质量标准</td></tr>
<tr><td colspan="2">涵盖的子阶段</td><td>建设工程施工阶段的质量控制是从对投入原材料的质量控制开始，直到完成工程竣工验收和交工后服务的系统过程，分施工准备、施工、竣工验收和回访服务四个阶段</td></tr>
<tr><td rowspan="5">各方在施工阶段的质量目标</td><td>建设单位</td><td>在施工阶段，通过对施工全过程、全面的质量监督管理，保证整个施工过程及其成果达到项目决策所确定的质量标准</td></tr>
<tr><td>设计单位</td><td>通过对关键部位和重要分部分项工程施工质量验收签证、设计变更控制及纠正施工中发现的设计问题，采纳变更设计的合理化建议等，保证竣工项目的各项施工成果与设计文件（包括变更文件）所规定的质量标准相一致</td></tr>
<tr><td>施工单位</td><td>应根据施工合同的任务范围和质量要求，保证最终交付满足施工合同及设计文件所规定质量标准（含建设工程质量创优要求）的建设工程产品</td></tr>
<tr><td>供货单位</td><td>建筑材料、设备、构配件等供应厂商，应按照采购供货合同约定的质量标准提供货物及其合格证明，包括检验试验单据、产品规格和使用说明书，以及其他必要的数据和资料，并对其产品质量负责</td></tr>
<tr><td>监理单位</td><td>通过审核施工单位的施工质量文件、报告报表，采取现场旁站、巡视、平行检测（监理方独立检测）等形式进行施工过程质量监理，并应用施工指令和结算支付控制等手段，监控施工承包单位的质量活动行为，协调施工关系，正确履行对工程施工质量的监督责任，以保证工程质量达到施工合同和设计文件所规定的质量标准</td></tr>
<tr><td colspan="2">依据</td><td>质量控制依据：
共同性依据——通用的、具有普遍意义的（如《中华人民共和国建筑法》、《中华人民共和国招投标法》、《建筑工程质量管理条例》等）
专门技术法规性依据——针对不同行业、不同质量控制对象制定的技术法规文件（如《工程建设项目质量检验评定标准》等）</td></tr>
</table>

续表

<table>
<tr><th colspan="2">项　　目</th><th>内容要点</th></tr>
<tr><td rowspan="4">施工质量控制基本环节</td><td colspan="2">施工质量控制应贯彻全面、全过程质量管理的思想，运用动态控制原理，进行质量的事前控制、事中控制和事后控制</td></tr>
<tr><td>事前质量控制</td><td>事前质量控制要求针对质量控制对象的控制目标、活动条件、影响因素进行周密分析，找出薄弱环节，制定有效的控制措施和对策</td></tr>
<tr><td>事中质量控制</td><td>事中质量控制也称为作业活动过程质量控制，是指质量活动主体的自我控制和他人监控的控制方式，其中自我控制是第一位的。
事中质量控制的目标是确保工序质量合格，杜绝质量事故发生；控制的关键是坚持质量标准；控制的重点是工序质量、工作质量和质量控制点的控制</td></tr>
<tr><td>事后质量控制</td><td>事后质量控制也称为事后质量把关，以使不合格的工序或产品不流入后道工序、不流入市场。事后质量控制的任务就对质量活动结果进行评价、认定；对工序质量偏差进行纠正；对不合格产品进行整改和处理
控制的重点是发现施工质量方面的缺陷，并通过分析提出施工质量改进的措施，保持质量处于受控状态</td></tr>
</table>

二、施工阶段质量控制的自控主体与监控主体

工程质量控制的主体分为自控主体和监控主体，如图 6-5 所示。

施工阶段的监控主体：
- 建设单位
- 监理单位
- 设计单位①
- 政府的工程质量监督部门
- 质监站

施工阶段的自控主体：
- 总包单位
- 分包单位
- 供货单位

图 6-5　自控主体与监控主体

①　需要特别注意的是，站在施工阶段的角度，设计单位属于施工质量控制的监控主体，站在设计阶段或者全过程的角度，设计单位也属于施工质量控制的自控主体。

施工质量的自控和监控是相辅相成的系统过程。自我控制是第一位的，自控主体的质量意识和能力是关键，是施工质量的决定因素；但作为自控主体不能因为监控主体的存在和监控职能的实施而减轻或免除其质量责任。（不减免原则）

＊＊练习题＊＊

39. 某建设工程项目采用施工总承包方式，其中的幕墙工程和设备安装工程分别进行了专业分包，对幕墙工程施工质量实施监督控制的主体有（　　）等。（2010 年真题）

A. 建设行政主管部门　　B. 幕墙设计单位　　C. 设备安装单位　　D. 建设单位

E. 幕墙玻璃供应商

40. 某建设工程项目由于分包单位购买的工程材料不合格，导致其中某分部工程质量不合格。在该事件中，施工质量控制的监控主体是（　　）。

A. 施工总承包单位　　B. 材料供应单位　　C. 分包单位　　D. 建设单位

41. 建设工程项目施工质量控制的监控主体包括（　　）。

A. 施工各参与方　　B. 设计方　　C. 业主方　　D. 监理方

E. 供货方

42. 通过施工全过程的全面质量监督管理、协调和决策，保证竣工项目达到投资决策

所确定的质量标准，这是（　　）在施工阶段的质量控制目标。(2011 年真题)

A. 设计单位　　B. 施工单位　　C. 监理单位　　D. 建设单位

43. 建设单位在施工阶段进行施工质量控制的目标是（　　）。(2010 年真题)

A. 确保竣工项目达到投资决策确定的质量标准

B. 确定施工质量达到优良标准

C. 确保工程施工质量不出现质量缺陷

D. 确保施工活动的正常进行

44. 施工承包单位对工程质量问题的责任不能因（　　）而减轻责任。

A. 设计图纸错误　　B. 勘察资料失实

C. 监理机构验收失误　　D. 试桩检测有误

考点 42　施工质量计划

施工质量计划的主要内容见表 6-7。

表 6-7　施工质量计划

项　目	内容要点
定义	以施工项目为对象的质量计划即施工质量计划
三种形式	(1) 工程项目施工质量计划 (2) 工程项目施工组织设计（含施工质量计划） (3) 施工项目管理实施规划（含施工质量计划）
基本内容	(1) 工程特点及施工条件（合同条件、法规条件和现场条件）分析 (2) 质量总目标及其分解目标 (3) 质量管理组织机构和职责、人员及资源配置计划 (4) 确定施工工艺与操作方法的**技术方案**和**施工组织方案** (5) 施工材料、设备物资等的质量管理及控制措施 (6) 施工质量检验、检测、试验工作的计划安排及其实施方法与接收准则 (7) 施工质量控制点及其跟踪控制的方式与要求 (8) 质量记录的要求等
编制主体	施工承包单位编制（分包单位也应编自己范围内施工质量计划，作为施工总承包方质量计划的深化和组成部分）；施工总承包方**应对分包方施工质量计划的编制进行指导和审核，并承担相应施工质量的连带责任**
涵盖范围	满足施工承包合同的要求；按工程项目质量控制的要求，应**与建筑安装工程施工任务的实施范围相一致**，在**施工程序**、**控制组织**、**控制措施**、**控制方式**等方面形成一个有机的质量计划系统

续表

<table>
<tr><th>项　目</th><th colspan="2">内容要点</th></tr>
<tr><td rowspan="5">审批程序与原则</td><td colspan="2">编写----项目经理部主持
↓
内部审批----报企业组织管理层审批
↓
监理审查----总监理工程师签字
↓
报建设单位</td></tr>
<tr><td>编制</td><td>项目施工质量计划或施工组织设计由项目经理（部）主持编制</td></tr>
<tr><td>企业内审</td><td>应报企业组织管理层批准</td></tr>
<tr><td>外部审签</td><td>在工程开工前，总监理工程师应组织专业监理工程师审查承包单位报送的施工组织设计（方案）报审表，提出意见，并经总监理工程师审核、签认后报建设单位</td></tr>
<tr><td>修改</td><td>经过按规定程序审查批准的施工质量计划，在实施过程如果因条件变化需要对某些重要决定进行修改时，其修改内容仍应按照相应程序经过审批后执行</td></tr>
</table>

＊＊练习题＊＊

45. 关于施工质量计划的说法，正确的是（　　）。(2011年真题)

A. 施工质量计划是以施工项目为对象，由业主编制的质量计划

B. 施工质量计划中包括施工技术方案

C. 施工质量计划一经审核批准后不得修改

D. 施工总承包单位对分包单位编制的施工质量计划不需要审核

46. 施工质量计划的审批包括施工企业内部的审批和（　　）的审查。(2010年真题)

A. 建设行政主管部门　　B. 项目经理部　　C. 业主方　　D. 项目监理机构

47. 关于施工质量计划，下列说法正确的是（　　）。

A. 施工质量计划应由业主组织编制

B. 施工质量计划应包含施工技术方案

C. 施工质量计划经总监理工程师审核批准后，不得修改

D. 施工质量计划编制范围应与施工单位已有的质量管理体系的范围一致

48. 建设工程项目的施工质量计划编制完成后，应经（　　）批准确认后执行。

A. 企业技术负责人审核并报请工程监理单位或建设单位

B. 项目经理审核并报请工程监理单位或建设单位

C. 工程监理单位审核并报请建设单位

D. 工程监理单位审核并报请工程质量监督机构

考点 43　施工质量控制点及施工生产要素

一、施工质量控制点（见表 6-8）

表 6-8　施工阶段质量控制点的设置与管理

<table>
<tr><th>项　　目</th><th colspan="2">内容要点</th></tr>
<tr><td>质量控制点的设置</td><td colspan="2">关键部位、关键工序、隐蔽工程、薄弱环节、控制难度大、影响大、技术难度大、施工条件困难以及新材料、新技术、新工艺、新设备、用户反馈过去有返工的不良工序等
【助记】关键重要影响大，四新难度隐蔽点</td></tr>
<tr><td>重点控制对象</td><td colspan="2">根据对重要质量特性进行重点控制的要求，选择质量控制点的重点部位、重点工序和重点的质量因素作为质量控制点的控制对象，包括：人的行为、材料的质量与性能、施工方法与关键操作、施工技术参数、技术间歇、施工顺序、易发生或常见的质量通病、四新的应用、产品质量不稳定和不合格率较高的工序、特殊地基或特种结构</td></tr>
<tr><td rowspan="3">质量控制点管理</td><td>如何实施</td><td>通过控制点的动态设置（及时调整和更新）和动态跟踪管理实现对控制点的实施
事前预控、认真交底</td></tr>
<tr><td>见证点</td><td>如重要部位、特种作业、专门工艺等
施工方必须在该项作业开始前 24h 书面通知现场监理机构到位旁站，见证施工作业过程</td></tr>
<tr><td>待检点</td><td>如隐蔽工程等
施工方必须在完成施工质量自检的基础上，提前 24h 通知项目监理机构进行检查验收之后，才能进行工程隐蔽或下道工序的施工</td></tr>
</table>

二、施工生产要素的质量控制

施工生产要素是施工质量形成的物质基础，主要控制对象有五方面：劳动主体、劳动对象、施工设备、工艺方案、施工环境，如图 6-6 所示。

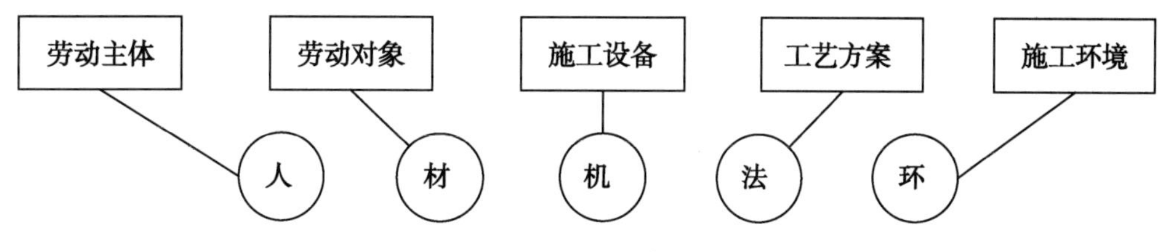

图 6-6　施工质量控制对象

工艺方案和施工环境因素的质量控制见表 6-9。

表 6-9　工艺方案的质量控制与施工环境因素的质量控制

		内容要点
工艺方案的质量控制	意义	施工工艺的先进合理是直接影响工程质量、工程进度及工程造价的关键因素，施工工艺的合理可靠也直接影响到工程施工安全。因此，在工程项目质量控制系统中，制定和采用技术先进、经济合理、安全可靠的施工技术工艺方案，是工程质量控制的重要环节
	主要内容	（1）深入正确地分析工程特征、技术关键及**环境条件**等资料，明确质量目标、验收标准、控制的重点和难点 （2）制定合理有效的有针对性的：施工技术方案（包括施工工艺、施工方法）；组织方案（包括施工区段划分、施工流向及劳动组织） （3）合理选用施工机械设备和施工临时设施，合理布置施工总平面图和各阶段施工平面图 （4）选用和设计保证质量和安全的模具、脚手架等施工设备 （5）编制工程采用的新材料、新技术、新工艺的专项技术方案和质量管理方案 （6）**针对工程具体情况，分析气象、地质等环境因素对施工的影响，制定应对措施** 【提示】以上带有环境字样的内容，不要与施工环境因素的控制内容混淆
施工环境因素的质量控制	方法	要消除对施工质量的不利影响，主要是采取预测预防的控制方法
	特点	环境因素对工程质量的影响，具有**复杂多变**和**不确定性**的特点
	施工现场自然环境因素	对地质、水文等方面影响因素，应根据设计要求分析工程岩土地质资料，预测不利因素，并会同设计等方面制定相应的措施，采取如基坑降水、排水、加固围护等技术控制方案 对天气气象方面的影响因素，应在施工方案中制定专项预案，明确在不利条件下的施工措施，落实人员、器材等方面以应对紧急情况，从而控制其对施工质量的不利影响
	施工质量管理环境因素	施工质量管理环境因素主要指**施工单位质量保证体系**、**质量管理制度**和**各参建施工单位之间的协调**等因素。要根据工程承发包的合同结构**理顺管理关系，建立统一的现场施工组织系统和质量管理的综合运行机制，确保质量保证体系处于良好的状态**，创造良好的质量管理环境和氛围，使施工顺利进行，保证施工质量
	施工作业环境因素	施工作业环境因素主要是指施工现场的给水排水条件，各种能源介质供应，施工照明、通风、安全防护设施，施工场地空间条件和通道，以及交通运输和道路条件等因素 要**认真实施经过审批的施工组织设计和施工方案，落实保证措施，严格执行相关管理制度和施工纪律**，保证上述环境条件良好，使施工顺利进行以及施工质量得到保证
	【要点】带有“实施”、“落实”、“执行”字样的，一般为施工作业环境因素	

说明：关于环境的因素，影响项目质量的环境因素，又包括项目的自然环境因素、社会环境因素、管理环境因素和作业环境因素。①自然环境因素，主要指工程地质、水文、气象条件和地下障碍物以及其他不可抗力等影响项目质量的因素。②社会环境因素主要是指会对项目质量造成影响的各种社会环境因素，包括国家建设法律法规的健全程度及其执法力度。③管理环境因素，主要是指项目参建单位的质量管理体系、质量管理制度和各参建单位之间的协调等因素。④作业环境因素，主要指项目实施现场平面和空间环境条件，各种能源介质供应，施工照明、通风、安全防护设施，施工场地给排水，以及交通运输和道路条件等因素。这些条件是否良好，都直接影响到施工能否顺利进行，以及施工质量能否得到保证。

＊＊练习题＊＊

49. 施工生产要素的质量控制中，对模板、脚手架等施工设施，除按使用的标准定型选用外，一般应按（　　）要求进行专项设计。(2010 年真题)

A. 施工质量　　B. 设计及施工　　C. 施工工艺　　D. 现场安全

50. 按现行施工管理制度规定，工地现场安装的危险性较大的起重机械设备安装完毕，必须经（　　）验收合格方能使用。

A. 建设单位　　B. 设备供应部门　　C. 安全管理部门　　D. 专业管理部门

51. 施工方案质量控制的内容有（　　）。

A. 合理划分施工区段　　B. 制定材料进场验收程序

C. 编制新材料专项技术方案　　　　D. 明确工序质量验收标准
E. 合理选用施工机械设备

考点 44　施工阶段的质量控制

一、施工准备工作与施工过程的质量控制概要（见图 6-7）

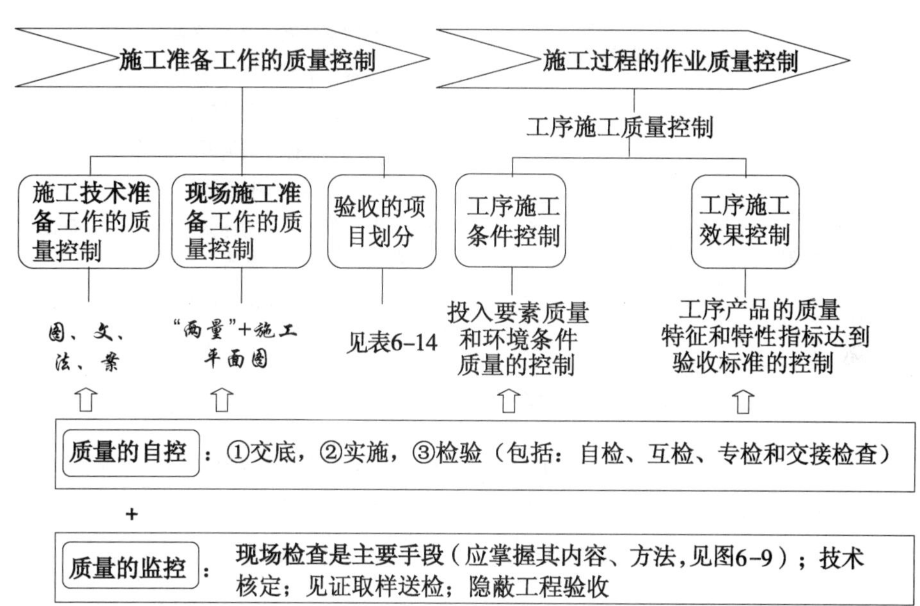

图 6-7　施工准备工作与施工过程的质量控制概要

二、施工准备工作与施工过程的质量控制的具体内容（见图 6-8）

三、施工作业质量的自控（见表 6-10）

表 6-10　施工过程作业的自控

项　　目	内容要点	
施工作业质量自控的程序	作业技术交底	最基层的技术和管理交底活动，将建设工程项目的施工组织设计和分部分项的工程施工计划，在实施之前对下级逐级交底，使实施人员理解管理者的计划和决策意图 具体交底内容包括：包括作业范围、施工依据、作业程序、技术标准和要领、质量目标以及其他与安全、进度、成本、环境等目标管理有关的要求和注意事项
	作业活动实施	首先要对作业条件进行再确认，其次严格按作业计划的要求和质量标准展开工序作业活动
	作业质量检验	包括施工组织内部的工序作业质量自检、互检、专检和交接检查，现场监理机构的旁站检查、平行检测等
施工作业质量自控的要求	①预防为主；②重点控制；③坚持标准；④记录完整	
施工作业质量自控的制度	①质量自检制度；②质量例会制度；③质量会诊制度；④质量样板制度；⑤质量挂牌制度；⑥每月质量讲评制度等	

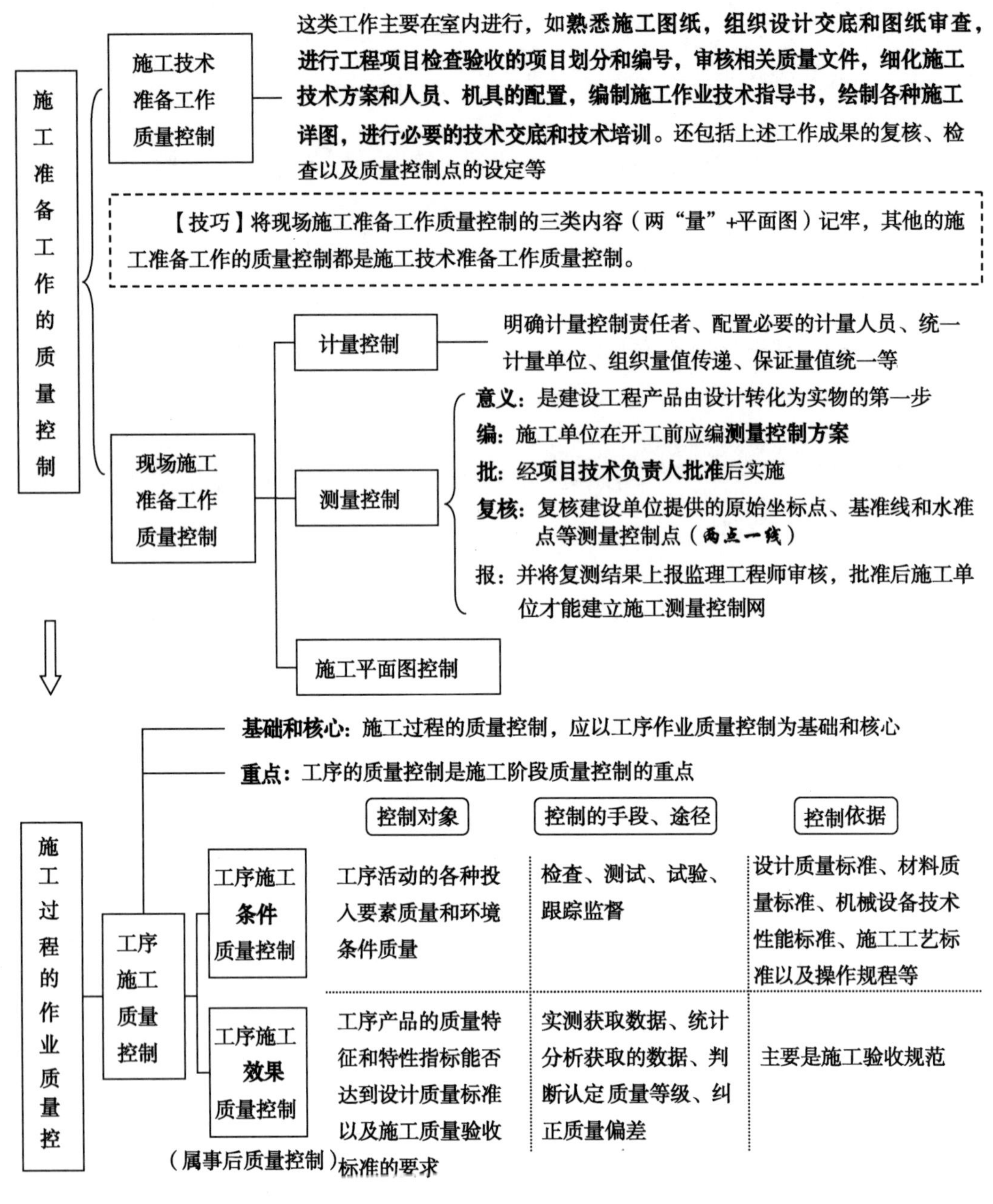

图 6-8　施工准备工作的质量控制

四、施工作业质量的监控

（1）现场质量检查是作业质量监控的主要手段，见图 6-9。

（2）技术核定与见证取样送检见表 6-11。

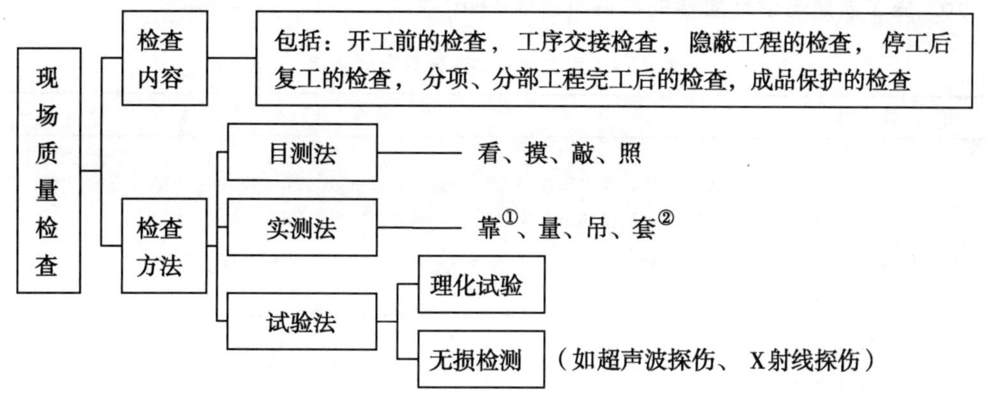

图 6-9 现场质量检查

① 靠就是用直尺、塞尺检查诸如墙面、地面、路面等的平整度

② 套是以方尺套方，辅以塞尺检查。例如，对阴阳角的方正、踢脚线的垂直度、预制构件的方正、门窗口及构件的对角线检查等。

表 6-11 技术核定与见证取样送检

类　别	内容要点
技术核定	需要通过设计单位明确或确认的地方，施工方必须以技术核定单的方式向监理工程师提出，报送设计单位核准确认
见证取样送检	见证人员由建设单位及工程监理机构中有相关专业知识的人员担任；送检的试验室应具备经国家或地方工程检验检测主管部门核准的相关资质

五、隐蔽工程验收与成品质量保护（见表 6-12）

表 6-12 隐蔽工程验收与成品质量保护

类　别	内容要点
隐蔽工程验收	隐蔽工程验的收程序如下图 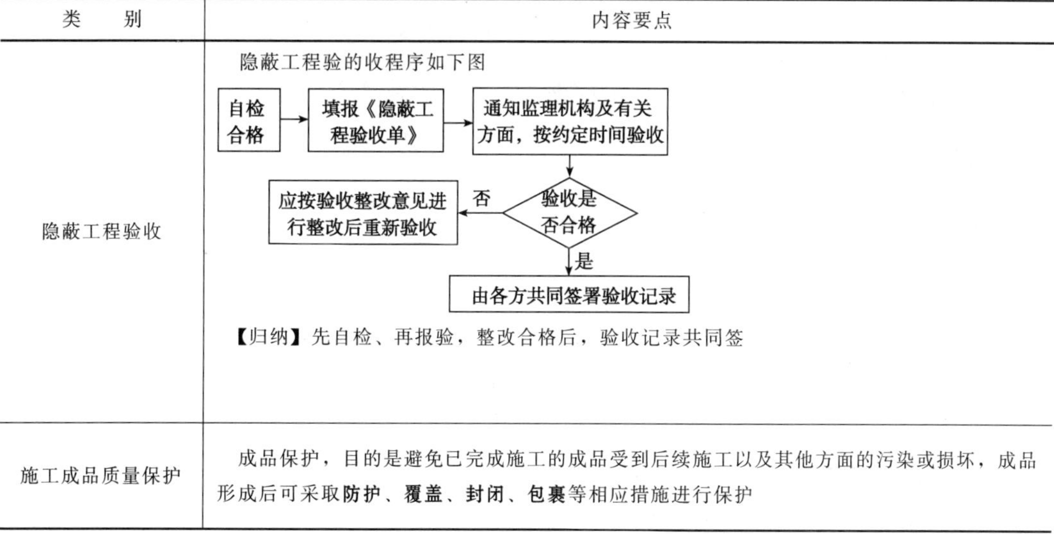 【归纳】先自检、再报验，整改合格后，验收记录共同签
施工成品质量保护	成品保护，目的是避免已完成施工的成品受到后续施工以及其他方面的污染或损坏，成品形成后可采取**防护**、**覆盖**、**封闭**、**包裹**等相应措施进行保护

六、施工质量与设计质量的协调（见表 6-13）

表 6-13　施工质量与设计质量的协调

项　目	内容要点
设计质量控制的内容	要保证施工质量，首先要控制设计质量。项目的设计质量以使用功能和安全可靠性为核心，进行下列设计质量的综合控制。设计质量控制的五项内容如下所示 ①观**感**性质量控制 ③**经济**性质量控制 ④**可**靠性质量控制 【助记】*赶（感）工（功）不经济，还得对设计质量两次认可*（两可） ②**功**能性质量控制 ⑤施工**可**行性质量控制
设计联络	主要目的在于 （1）了解设计意图、设计内容和特殊技术要求，分析其中的重点和难点 （2）了解设计进度 （3）为施工质量控制，提出合理化建议，优化设计
设计交底与图纸会审	**目的**：使实施单位充分理解设计意图，了解设计内容和技术要求，明确质量控制的重点和难点 **谁组织**：建设单位和监理单位组织 **谁向谁交底**：设计单位向所有的施工实施单位进行详细的设计交底
设计现场服务和技术核定	建设单位和监理单位应要求设计单位派出得力的设计人员到施工现场进行设计服务，解决施工中发现和提出的与设计有关的问题，及时做好相关设计核定工作
设计变更	无论是建设单位、设计单位或施工单位提出的设计变更，都必须先将变更意图或请求报送监理工程师审查，经设计单位审核认可并签发“设计变更通知书”后，再由监理工程师下达“变更指令”

＊＊练习题＊＊

52. 关于施工过程的作业质量控制的说法。正确的是（　　）。（2011 年真题）

A. 工序施工效果的控制属于事前质量控制

B. 在施工阶段，施工承包方和监理方都是质量自控主体

C. 工序质量控制包括作业者的自我控制和作业者外部的检查、监督

D. 工序施工质量控制主要包括工序施工效果控制和纠正质量偏差

考点 45　建设工程项目质量验收

一、工程质量检查验收层次的划分

1. 工程质量检查验收**层次**的划分及原则

建筑工程质量验收一般应划分为检验批、分项工程、分部（子分部）工程和单位（子

单位）工程四个层次（简记为：**批项目，找部位**，见图 6-10）。其中，检验批、分项工程、分部工程的验收为过程验收。单位工程作为具有独立使用功能的完整的建筑产品，进行竣工质量验收。

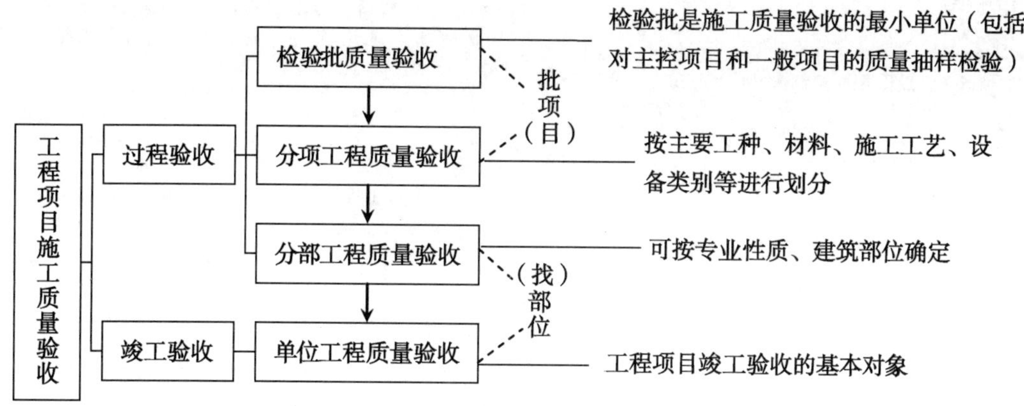

图 6-10　工程项目施工质量验收的层次划分

二、各层次验收划分的内容要点

有关各层次验收的划分方法、验收组织人（方）、验收参加人（方）以及各层次验收的质量合格条件详见表 6-14。

各层次验收的质量合格条件有以下几类：

（1）检验批是施工质量验收的最小单位，在开始进行检验批验收时，还未形成质量验收记录，故在检验批质量验收合格的条件中，不应为“质量验收记录”，而应为“施工操作依据和质量检查记录”。

（2）由于各分项工程的性质不尽相同。因此，分部工程不能在分项基础上简单地将其组合而加以验收，除在资料检查方面改为“质量控制资料应完整”外，尚须增加以下两类检查项目：

1）有关安全及功能的检验和抽样检测；

2）观感质量验收。

（3）只有所含的上一层次的验收全部合格，本层次的验收才有可能合格。故从分项工程验收开始，各层次的合格条件中都包含了“所含（上一层次）工程的质量均应验收合格”这一条件。

结合上述规律，再辅以下面这个助记小故事（见图 6-11），很容易将表 6-14 内容记住。

【助记】 **版（一般）主（主控）按批操作检查，想分项地做验收记录，但直到验收总部，关公**（观、功）**才安全到来，才开始要质控资料。关公还让各单位把两种资料都做完整，并抽查主要功能项目是否符合规范。**

表 6-14　工程质量检查验收层次的划分

	检验批	分项工程	分部（子分部）工程	单位（子单位）工程
划分方法	检验批可根据**施工**及**质量控制**和**专业验收**需要按楼层、施工段、变形缝等进行划分	分项工程应按主要**工种、材料、施工工艺、设备类别**等进行划分 分项工程可由一个或若干个检验批组成	分部工程的划分应按**专业性质、建筑部位**确定 当分部工程较大或较复杂时，可按材料种类、施工特点、施工程序、专业系统及类别等划分为若干子分部工程	具备独立施工条件并能形成独立使用功能的建筑物或构筑物为一个单位工程（两“独”） 规模较大的单位工程，可将其能形成独立使用功能的部分划为若干个子单位工程 一般室外单位工程可划分为室外建筑环境工程和室外安装工程
验收组织人（方）	专业监理工程师（或建设单位项目技术负责人）	专业监理工程师（或建设单位项目技术负责人）	总监理工程师（或建设单位项目技术负责人）	建设单位
验收参加人（方）	项目专业质量（技术）负责人	项目专业质量（技术）负责人	施工单位项目负责人和项目技术、质量负责人，地基基础和主体结构还应有勘察、设计单位项目负责人	施工（含分包单位）、设计、监理等单位（项目）负责人
各层次验收的质量合格条件（见图 6-11）	（1）主控项目和一般项目的质量经抽样检验合格（实体检验） （2）具有完整的施工操作依据、质量检查记录（资料检查）	（1）分项工程所含的检验批均应符合合格质量的规定（实体检验） （2）分项工程所含的检验批的质量验收记录应完整（资料检查）	（1）分部（子分部）工程所含分项工程的质量均应验收合格 （2）质量控制资料应完整 （3）地基与基础、主体结构和设备安装等分部工程有关安全、使用功能、节能、环境保护的检验和抽样检验结果应符合有关规定 （4）观感质量验收应符合要求	（1）单位（子单位）工程所含分部（子分部）工程的质量均应验收合格 （2）质量控制资料应完整 （3）单位（子单位）工程所含分部工程有关安全和功能的检测资料应完整 （4）主要功能项目的抽查结果应符合相关专业质量验收规范的规定 （5）观感质量验收应符合要求

注：各层次的验收都不能由施工单位的人组织，但施工单位的相关人员必须参加。

三、施工过程质量不合格情况处理（非正常情况下处理质量问题的“五项原则”）

（1）经返工重做或更换器具、设备的检验批，应重新进行验收。

（2）经有资质的检测单位检测鉴定能够达到设计要求的检验批，应予以验收。

（3）经有资质的检测单位检测鉴定达不到设计要求，但经原设计单位核算认可能够满足结构安全和使用功能的检验批，可予以验收。

（4）经返修或加固处理的分部、分项工程，虽然改变外形尺寸但仍能满足安全使用要求，可按技术处理方案和协商文件进行验收。这是有条件的让步验收，是对达不到正常验收条件的分部、分项工程予一条处理出路。因为如果将有问题但能满足安全使用要求的工程拆掉重做会造成更大的损失。

（5）通过返修或加固处理仍不能满足安全使用要求的分部工程、单位（子单位）工程，严禁验收。（经设计人员核算能满足安全使用要求是工程验收的底线）

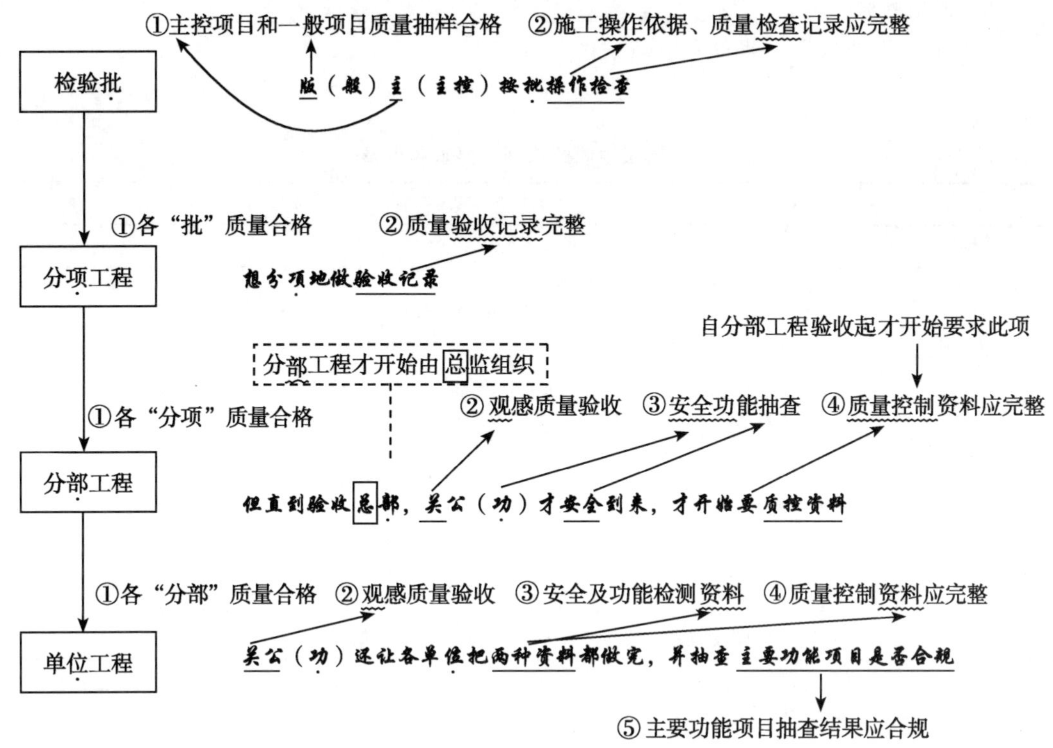

图 6-11　各层次质量验收的合格条件

注：1. 自分部工程验收起，应由总监组织验收（主体结构验收和正式竣工验收应由建设单位组织），并开始要求进行安全、功能（含节能环保）的检验及观感等质量验收；

2. 各层次的正式验收都不能由施工单位的人组织，检验批和分项工程的验收由监理工程师组织。

质量问题的处理原则可归纳为：

（1）经检测或原设计单位核算，能满足结构安全和使用功能的，可予以验收。

（2）能满足安全和使用要求，但因返修、加固，导致尺寸较原设计有改变时，可按技术处理方案和协商文件进行验收。

【助记】质量不符合要求时的处理规定

（一）	（二）
标准、规范须遵守	测、鉴达标应予验，核算满足可以验，
检测、鉴定作依据	更换、返修重新验，不满安、功严禁验。
设计人员的核算为底限	安、功满足尺寸变，可按技案、协文验。

【例 6-1】下列施工企业作业质量控制点中，属于“待检点”的是（　）。（2014 年真题）

A. 隐蔽工程　　B. 重要部位　　C. 特种作业　　D. 专门工艺

【答案】A

【解析】凡属“待检点”的施工作业，如隐蔽工程等，施工方必须在完成施工质量自检的基础上，提前通知项目监理机构进行检查验收。

四、竣工验收

1. 竣工验收的依据、要求和申请条件（见表 6-15）

表 6-15　竣工验收的依据、要求和申请条件

	具体内容
基本对象	单位工程是工程项目竣工质量验收的基本对象
竣工验收的依据	（1）工程施工承包合同（合同） （2）批准的设计文件、施工图纸及说明书（设计、图纸、说明） （3）工程施工质量验收统一标准（标准） （4）专业工程施工质量验收规范（规） （5）建设法律、法规、管理标准和技术标准（法、标准） 【助记】竣工要依据法规标准、设计图纸及合同说明
竣工验收的要求	（1）检验批的质量应按主控项目、一般项目验收 （2）工程质量的验收均应在施工单位自检合格的基础上进行 （3）隐蔽工程在隐蔽前应由施工单位通知有关单位进行验收，并应形成验收文件 （4）参加验收的人员应有资格（中级职称、5 年历①），检测单位应有资质 （5）涉及结构安全的试块、试件以及有关材料，应按规定进行见证取样检测 （6）涉及结构安全、使用功能、节能、环境保护等重要分部工程应进行抽样检测 【理解】试块可以见证取样，分部工程无法取走，只能就地抽样检测 （7）工程的观感质量应由验收人员通过现场检查**共同确认**

① 单位工程的验收人员应具备工程建设相关专业的中级以上技术职称，并具有 5 年以上从事工程建设相关专业的工作经历，参加单位工程验收的签字人员应为各方项目负责人。

2. 建设工程竣工验收的条件（见表 6-16）

表 6-16　建设工程竣工验收条件

序号	关键词	具体内容
1	工程实体——“硬件”	完成建设工程设计和合同约定的各项内容
2	档案资料——“软件”	有完整的技术档案和施工管理资料
3	试验报告	有工程使用的主要建筑材料、建筑构配件和设备的进场试验报告
4	质量合格文件	有勘察、设计、施工、工程监理等单位分别签署的质量合格文件
5	质量保修书	有施工单位签署的工程保修书

【助记】竣工条件“三完”：内容完成、资料完整、书件签完
竣工条件不难缠，合计内容都做完。（“合”——合同；“计”——设计）
资料档案要完全，修书必备乙方签。（“修书”——质量保修书）
试验报告料备件，质量合格各方签。（质量合格文件需各方分别签署）

3. 竣工工程质量验收的程序（见图 6-12）

【助记】　竣工验收分三步

准备、预验、正式验

乙方、监理、　甲方　分别组织［验收准备（自检自评）、预验收和正式验收分别由施工单位、监理单位、建设单位组织］

4. 竣工日期

工程竣工验收通过，实际竣工日期为承包人送交竣工验收报告的日期；工程按发包人

要求修改后通过验收的，实际竣工日期为承包人修改后提请发包人验收的日期。（有关竣工日期的司法解释详见本套丛书“法律法规”分册）

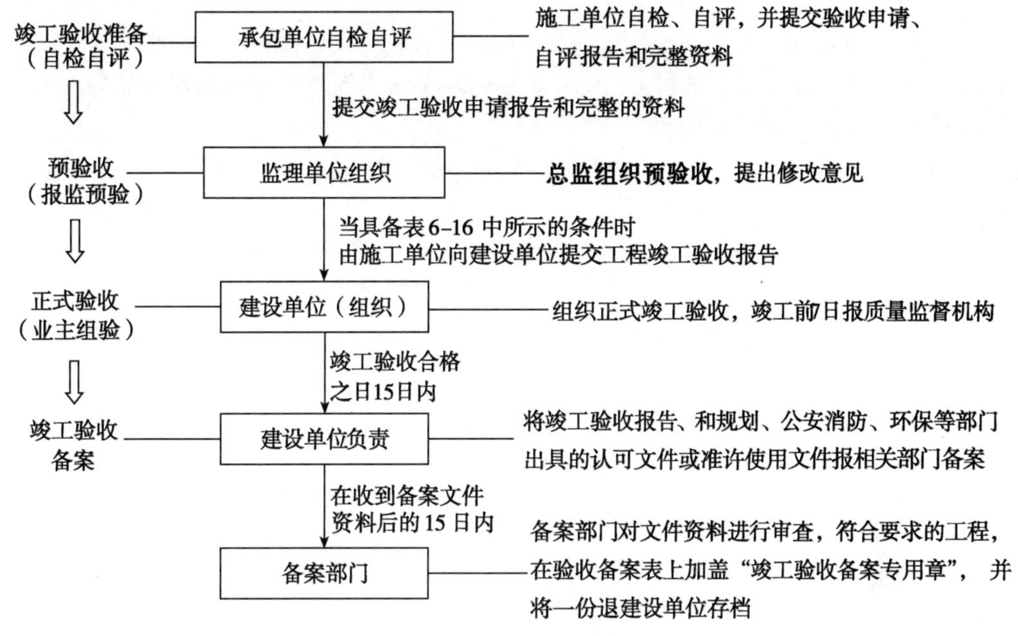

图 6-12　竣工验收的程序图

＊＊练习题＊＊

53. 根据“统一标准”，建筑工程质量验收划分为（　　）。（2011 年真题）

A. 分部工程、分项工程和检验批

B. 分部工程、分项工程、隐蔽工程和检验批

C. 单位工程、分部工程、分项工程和检验批

D. 单位工程、分部工程、分项工程、隐蔽工程和检验批

54. 下列施工过程质量验收环节中，应由专业监理工程师组织施工单位项目专业质量负责人等进行验收的有（　　）。

A. 分部工程　B. 分项工程　C. 单项工程　D. 检验批

E. 单位工程

55. 建设工程项目竣工验收应由（　　）组织。

A. 监理单位　B. 政府质量监督机构　C. 建设单位　D. 施工单位

56. 建设单位收到施工承包单位的单位工程验收申请后，应组织（　　）等方面人员进行验收，并形成验收报告。

A. 施工单位　B. 检测单位　C. 设计单位　D. 监理单位

E. 质量监督机构

57. 工程项目分部工程质量验收后格的基本条件是（　　）。（2011 年真题）

A. 所含分项工程验收合格　B. 质量控制资料完整

C. 观感质量验收应符合要求　D. 主控项目质量检验合格

E. 涉及安全和使用功能的分部工程检验结果符合规定

58. 根据《建筑工程施工质量验收统一标准》(GB 50300—2001)，检验批质量验收合格应满足的条件有（　　）。(2010 年真题)

A. 主控项目经抽样检验合格　　B. 一般项目经抽样检验合格

C. 具有完整的施工操作依据　　D. 具有总监理工程师的现场验收证明

E. 具有完全的质量检查记录

59. 建设工程施工质量验收时，对涉及结构安全和使用功能的重要部分工程、专业工程，应当进行（　　）。

A. 功能性全数检测　　B. 适用性全数检测

C. 功能性抽样检测　　D. 适用性抽样检测

60. 根据《建筑工程施工质量验收统一标准》(GB 50300—2001)，对于通过翻修可以解决质量缺陷的检验批，应（　　）。

A. 按验收程序重新进行验收

B. 按技术处理方案和协商文件进行验收

C. 经检测单位检测鉴定后予以验收

D. 经设计单位复核后予以验收

61. 某工程由于安装的生产设备存在质量缺陷，导致其中某分部工程质量不合格，施工单位在更换了该生产设备后，该分部工程应（　　）。

A. 按验收程序，重新组织检查验收

B. 经有资质的检测单位检测鉴定后，予以验收

C. 征得建设单位同意后，可予以验收

D. 按技术处理方案和协商文件，进行验收

62. 建设工程满足了竣工验收的条件，即应组织竣工验收，竣工验收的依据有（　　）等。

A. 工程质量体系文件　　B. 工程施工组织设计或施工质量计划

C. 工程施工承包合同　　D. 工程施工图纸

E. 质量检测功能性试验资料

63. 下列关于建设工程项目施工质量验收的表述中，正确的有(　　)。

A. 工程质量验收均应在施工单位自行检查评定的基础上进行

B. 参加工程施工质量验收的各方人员由政府部门确定

C. 工程外观质量通过现差检查后由质量监督机构确认

D. 隐蔽工程应在隐蔽前由施工单位通知有关单位进行验收，并形成验收文件

E. 单位工程施工质量应该符合相关验收规范

64. 建设工程项目竣工工程质量验收时，对于涉及结构安全和功能的主要分部分项工程应进行（　　）。(2010 年真题)

A. 外观检查　　B. 见证取样检测　　C. 剥露检验　　D. 抽样检测

65. 按现行有关规定，应对工程中涉及结构安全的材料及施工内容进行（　　）。

A. 封样鉴定　　B. 见证取样检测　　C. 模拟试件检测　　D. 同条件养护检测

66. 单位工程完工后，施工单位自行组织有关人员进行质量检查评定，在具备竣工验

收条件后，向（　　）提交工程验收报告。(2011 年真题)

A. 监理单位　　　　B. 建设单位

C. 勘察设计单位　　　　D. 政府建设工程质量监督部门

67. 根据《建设工程质量管理条例》，各类房屋建筑工程和市政基础设施工程应在竣工验收合格之日起（　　）日内，将验收文件报建设行政主管部门备案。

A. 45　　B. 30　　C. 20　　D. 15

68. 房屋建筑工程和市政基础设施工程验收合格后，建设单位应将验收报告报送政府管理部门（　　）。

A. 确认　　B. 审核　　C. 备案　　D. 复评

69. 工程竣工验收合格并办理了移交手续，表明（　　）。

A. 解除了承包人的所有责任　　　　B. 承包人即可获得全部工程价款

C. 承包人工程施工任务的完成　　　　D. 承包人和发包人所有关系的解除

70. 某工程竣工验收阶段，承包人于 6 月 1 日向工程师递交了竣工验收报告；发包人与 6 月 15 日组织生产设备启动试车检验；6 月 18 日试车完毕后发包人．承包人．工程师和设计代表在试车记录上签字确认质量合格；工程师于 6 月 20 日签发工程移交证书。则承包人的实际竣工日应为（　　）。(2011 年真题)

A. 6 月 15 日　　B. 6 月 18 日　　C. 6 月 1 日　　D. 6 月 20 日

考点 46　施工质量不合格的处理

有关质量事故的分类详见本套丛书“法律法规”分册，本书不再赘述。

一、质量事故的内容概述（见表 6-17）

表 6-17　质量事故的内容概述

项目		内容要点
事故责任分类	指导责任事故	由于工程实施指导或领导失误而造成的质量事故。例如，由于工程负责人片面追求施工进度，而降低标准造成的事故
	操作责任事故	在施工过程中，由于实施操作者不按规程和标准实施操作而造成的质量事故。例如，浇筑混凝土时随意加水，造成混凝土质量事故等
	自然灾害事故	由于突发的严重自然灾害等不可抗力造成的质量事故。例如，地震、台风、暴雨、雷电、洪水等对工程造成破坏甚至倒塌
事故发生原因	技术原因	工程项目设计、施工中在技术上的失误，如设计计算错误、对水文地质情况判断错误，以及采用了**不适合的施工方法或施工工艺**等
	管理原因	管理上的不完善或失误，如体系制度不健全、控制检验不严密、仪器设备管理不善、材料检验不严等（**体、制、查、控、验**）
	社会、经济原因	经济因素及社会上存在的**弊端和不正之风**，如某些施工企业**盲目追求利润而不顾工程质量**；在投标报价中**随意压低标价**，中标后则依靠违法的手段或修改方案追加工程款，甚至**偷工减料**等
	人为和自然灾害原因	人为的设备事故、安全事故，导致连带发生质量事故，以及严重的自然灾害等不可抗力造成质量事故
【助记】***单从社会经济角度管理技术是人与自然的灾害，要出质量事故的*** 【提示】社会经济原因与管理原因是易混淆点，应注意区别		

续表

项目	内容要点
预防措施	施工质量事故的预防措施主要包括：照章办事、认真勘测、科学地加固地基、设计审查复查、严把材料进场检验关、对施工人员进行技术培训、加强施工过程管理、做好不利条件施工和各种灾害的预案、加强施工安全与环境管理
处理依据	（1）质量事故的实况资料 （2）有关合同及合同文件 （3）有关的技术文件和档案 （4）相关的建设法规
处理要求	（1）质量事故的处理应达到安全可靠、不留隐患、满足生产和使用要求、施工方便、经济合理的目的 （2）重视消除造成事故的原因，注意综合治理 （3）正确确定处理的范围和正确选择处理的时间和方法 （4）加强事故处理的检查验收工作，认真复查事故处理的实际情况 （5）确保事故处理期间的安全

二、施工质量事故的处理方法（见表 6-18）

表 6-18　施工质量事故的处理方法

处理方法	内容要点
修补处理	某一部分质量存在缺陷但经过修补后可以达标时，可采用修补处理 【例】混凝土结构局部出现损伤，不影响使用和外观，可修补处理
加固处理	主要是针对危及承载力的质量缺陷的处理 【例】对混凝土结构常用加固的方法主要有：增大截面加固法、外包角钢加固法、粘钢加固法、增设支点加固法、增设剪力墙加固法、预应力加固法等
返工处理	经修补处理后仍不能达标的，或不具备补救可能性，则采取返工处理 【例】某公路桥梁工程预应力按规定张拉系数为 1.3，而实际仅为 0.8，属严重的质量缺陷，也无法修补，只能返工处理
限制处理	当工程质量缺陷按修补方法处理后无法保证达到规定的使用要求和安全要求，而又无法返工处理的情况下，不得已时可作出诸如结构卸荷或减荷以及限制使用的决定
不作处理	（1）不影响结构安全、生产工艺和使用要求的（如练习题 72） （2）后道工序可以弥补的质量缺陷 【例】混凝土结构表面的轻微麻面，可通过后续的抹灰、刮涂、喷涂等弥补，可不作处理 （3）法定检测单位鉴定合格的 【例】某检验批混凝土试块强度值不满足规范要求，但经法定检测单位检测证明其达到设计要求值时，可不作处理
报废处理	出现质量事故的工程，通过分析或实践，采取上述处理方法后仍不能满足规定的质量要求或标准，则必须予以报废处理

【助记】固废返修不作限？（固废还返修，真奇怪！）

三、施工质量事故的处理程序（见图 6-13）

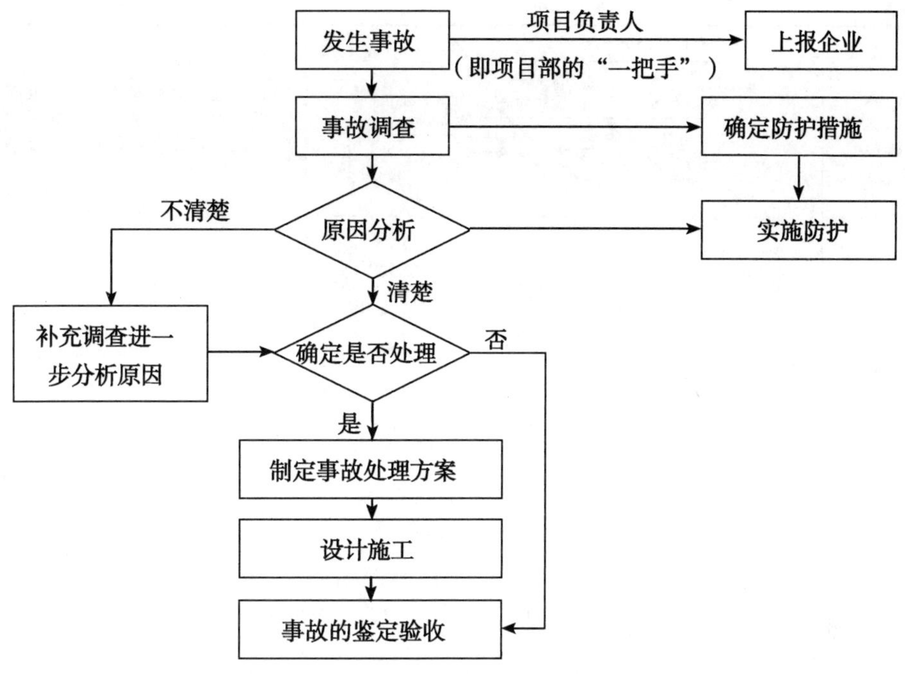

图 6-13　施工质量事故处理的一般程序

* * 练习题 * *

71. 下列导致施工质量事故发生的原因中，属于管理原因的是（　　）。（2011 年真题）

A. 施工工艺错误　　B. 盲目所求利润，偷工减料

C. 材料检验不严　　D. 操作者选用不合适施工方法

72. 某砖混结构住宅楼墙体砌筑时，监理工程师发现由于施工放线错误，导致山墙上窗户的位置偏离 30cm，正确的处理方法是（　　）。（2011 年真题）

A. 加固处理　　B. 修补处理　　C. 返工处理　　D. 不做处理

考点 47　工程质量统计方法

一、几种方法的对比（见表 6-19）

表 6-19　质量控制常用统计分析方法的归纳

名　称	图　　例	主要用途
分层法	为分层调查统计数据表 （详见教材相关内容）	对工程质量问题分门别类的进行分析，以便准确有效找出原因

续表

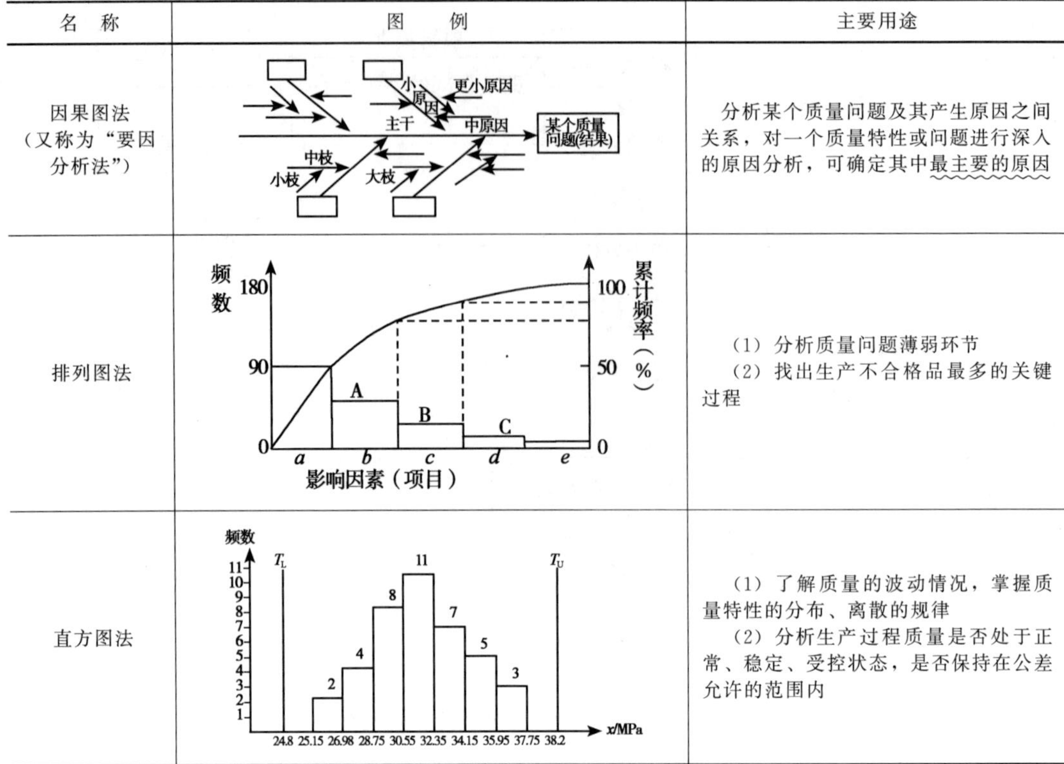

名　称	图　例	主要用途
因果图法（又称为“要因分析法”）	小 原因 更小原因 主干 中原因 某个质量问题(结果) 中枝 小枝 大枝	分析某个质量问题及其产生原因之间关系，对一个质量特性或问题进行深入的原因分析，可确定其中最主要的原因
排列图法	频数 180 90 0 累计频率（%） 100 50 0 A B C a b c d e 影响因素（项目）	（1）分析质量问题薄弱环节 （2）找出生产不合格品最多的关键过程
直方图法	频数 T_L T_U 11 8 7 5 4 3 2 24.8 25.15 26.98 28.75 30.55 32.35 34.15 35.95 37.75 38.2 x/MPa	（1）了解质量的波动情况，掌握质量特性的分布、离散的规律 （2）分析生产过程质量是否处于正常、稳定、受控状态，是否保持在公差允许的范围内

二、分层法

分层法应按以下方法取得原始数据：施工时间、地区部位、产品材料、检测方法、作业组织、工程类型和合同结构。

三、因果分析法

图 6-14 表示混凝土强度不合格的原因分析，其中人、材料、机械、环境、方法为第一层面的因素。因果分析法应用时应注意以下事项。

（1）一个质量特性或一个质量问题使用一张图分析。

（2）通常采用 QC 小组活动的方式进行，集思广益，共同分析。

（3）必要时可以邀请小组以外的有关人员参与，广泛听取意见。

（4）分析时要充分发表意见，层层深入，排出所有可能的原因。

（5）在充分分析的基础上，由各参与人员采用投票或其他方式，从中选择 1～5 项多数人达成共识的最主要原因。

四、排列图法

图 6-15 是根据表 6-20 所示的质量问题统计绘制的排列图。排列图中每个直方形都是一个质量问题或影响因素，其影响程度与直方形的高度成正比。

实际应用中，通常按累计频率划分为 0～80%、80%～90%、90%～100%三部分，与其对应影响因素为 ABC 三类，A 为主要因素，B 为次主要因素，C 为一般因素。图 6-15所示的排列图中，A 类即主要因素是截面平整度、截面尺寸。通过以上排列图表明下一步应重点解决 A 类的质量问题。

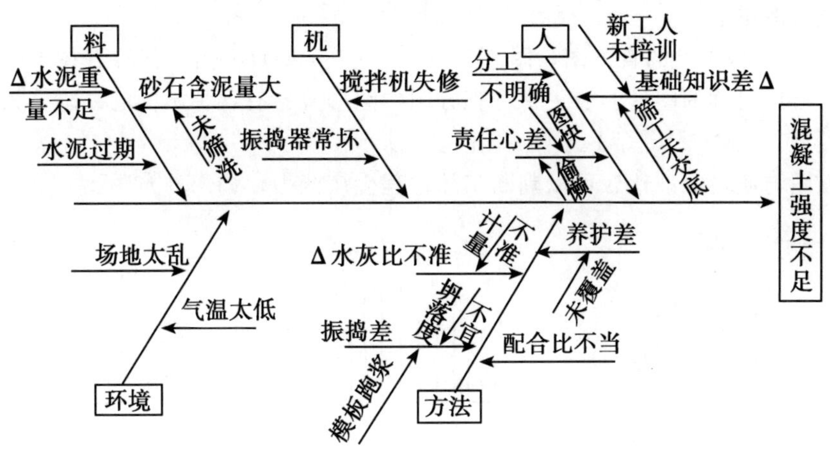

图 6-14　混凝土强度不合格因素

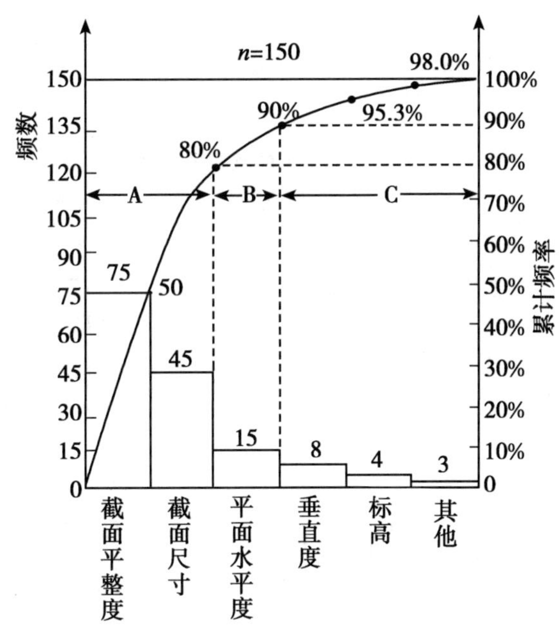

图 6-15　某混凝土构件不合格排列图

表 6-20　某混凝土构件抽样调查情况

	频　数	频率（%）	累计频率（%）
截面平整度	75	50.0	50
截面尺寸	45	30.0	80
平面水平度	15	10.0	90
垂直度	8	5.3	95.3
标高	4	2.7	98
其他	3	2.0	100

五、直方图法

图 6-16 是几种类型的直方图，图 6-16（a）为正常型直方图，其特点在于中间高，两侧低，左右接近对称的图形。非正常型直方图的图形分布有各种不同的缺陷，归纳起来一般有五种类型，如图 6-16（b）至图 6-16（f）所示。

将直方图与质量标准比较可以判断实际过程生产能力，如图 6-17 所示。

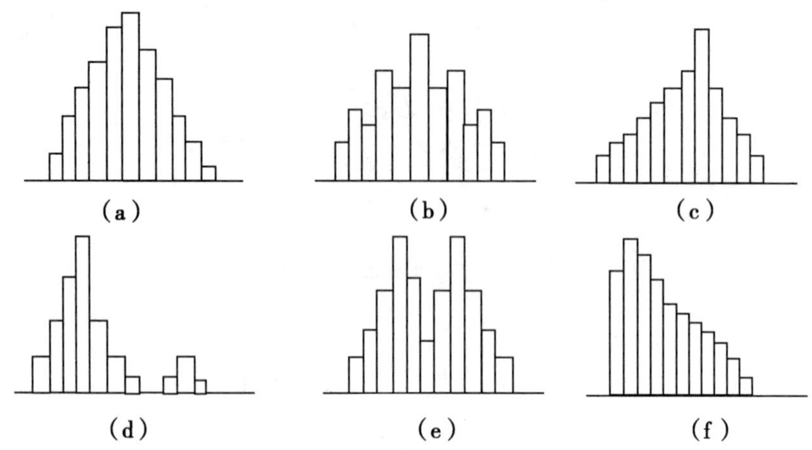

图 6-16　常见的直方图类型

（a）正常型；（b）折尺型；（c）缓坡型；（d）孤岛型；（e）双峰型；（f）峭壁型

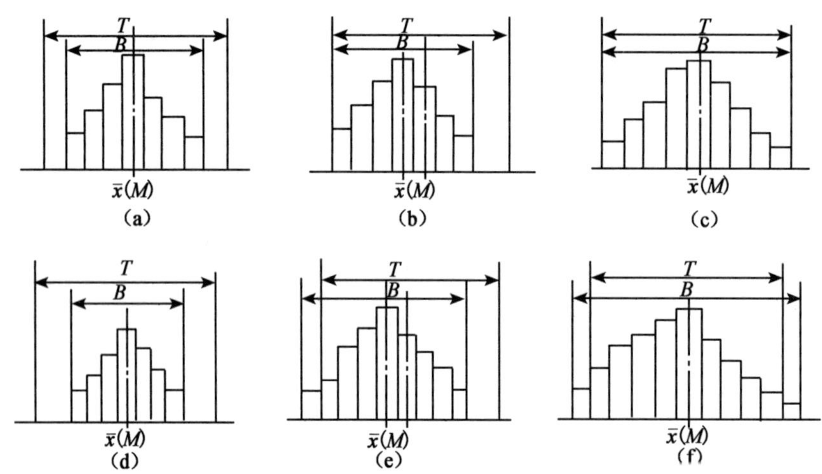

图 6-17　实际质量分析与标准比较

T——质量标准要求的界限；B——实际质量特征分布范围

对图 6-17 的 6 种情况的分析见表 6-21。

表 6-21　直方图实际质量分析与标准比较及结论

图　号	特　　点	结　　论
图 6-17（a）	B 在 T 中间，质量分布中心 x 与质量标准中心 M 重合	这样的生产过程质量是很理想的，在这种情况下生产出来的产品可认为全都是合格品
图 6-17（b）	B 虽然落在 T 内，质量分布中 x 与 T 的中心 M 不重合，偏向一边	如果生产状态一旦发生变化，就可能超出质量标准下限而出现不合格品出现这样情况
图 6-17（c）	B 在 T 中间，且 B 的范围接近 T 的范围，没有余地	生产过程一旦发生小的变化，产品的质量特性值就可能超出质量标准
图 6-17（d）	B 在 T 中间，但两边余地太大	说明加工过于精细，不经济
图 6-17（e）	质量分布范围 B 已超出标准下限之外	说明已出现不合格品
图 6-17（f）	质量分布范围完全超出了质量标准上、下界限，散差太大，产生许多废品	说明过程能力不足，应提高过程能力，使质量分布范围 B 缩小

【助记】

• 因果分析图法：**分析原因论因果，鱼刺指出众因素。集思广益小组内，层次深入找主因**（因果分析图法又称为鱼刺图法）。

• 排列图法：**分清主次靠排列，先排序来再累加；数量从高到低排，累计八成为主因；八九之间为次因，剩下一成算一般**。

• 直方图法：**分布状态看直方，分段计数挨个排，天生顺序不累加，类正态分布才正常**。

＊＊练习题＊＊

73. 在施工质量管理的工具和方法中，直方图一般用来（　　）。(2011 年真题)

A. 分析生产过程质量是否处于稳定状态

B. 分析生产过程质量是否处于正常状态

C. 分析质量水平是否保持在公差允许范围之内

D. 整理统计数据，了解统计数据的分布特征

E. 找出影响质量问题的主要因素

74. 某钢结构厂房在结构安装过程中，发现构件焊接出现不合格，施工项目部采用逐层深入排查的方法分析确定构件焊接不合格的主要原因，这种工程质量统计方法是（　　）。(2010 年真题)

A. 排列图法　　B. 因果分析图法　　C. 控制图法　　D. 直方图法

75. 工程质量统计分析方法中，因果分析图的主要作用是（　　）。

A. 对一个质量特性或问题进行深入的原因分析

B. 判断工程质量是否处于受控状态

C. 对工程项目的总体质量进行评价

D. 反映质量的变动情况

76. 某钢结构厂房，在结构吊装工程的一次质量检查中，发现漏焊现象严重。为找出造成漏焊的最主要原因，应选用的质量统计方法是（　　）。

A. 因果分析图法　　B. 直方图法　　C. 排列图法　　D. 分层法

77. 在运用分层法对工程项目质量进行统计分析时，通常可以按照（　　）等分层方法获取质量原始数据。

A. 作业班组　　B. 作业时间　　C. 工程材料　　D. 投资主体

E. 工程部位

78. 关于因果分析图的说法，正确的是（　　）。(2011 年真题)

A. 一张因果分析图可以分析多个质量问题

B. 通常采用 QC 小组活动的方式进行

C. 具有直观、主次分明的特点

D. 可以了解质量数据的分别特征

79. 使用质量特性要因分析法时，应注意的事项有（　　）。

A. 若干个质量问题可在一张图中一起分析

B. 应收集足够多的质量特性数据，一般不少于 50 个

C. 通常采用 QC 小组活动方式进行，以便集思广益，共同分析

D. 根据管理需要和统计目的，分类收集数据

E. 分析时要充分发表意见，层层深入，列出所有可能原因

80. 当采用排列图法分析工程质量问题时，将质量特性不合格累计频率为（　　）的定为 A 类问题，进行重点管理。

A. 0～50%　　B. 0～70%　　C. 0～80%　　D. 0～90%

81. 在进行直方图分部位置的观察分析时，如果质量特性数据的分布集中且边界与质量标准的上下界限有较大距离，说明生产过程的质量能力（　　）。(2010 年真题)

A. 适中，符合要求　　B. 偏大，不经济

C. 偏小，需要整改　　D. 处于临界状态，应采取措施

82. 某钢构件厂根据供货合同先后生产了 4 批钢构件，各批次的质量统计直方图如图 6-18 所示。其中出现不合格构件，必须采取措施纠偏的是（　　）。

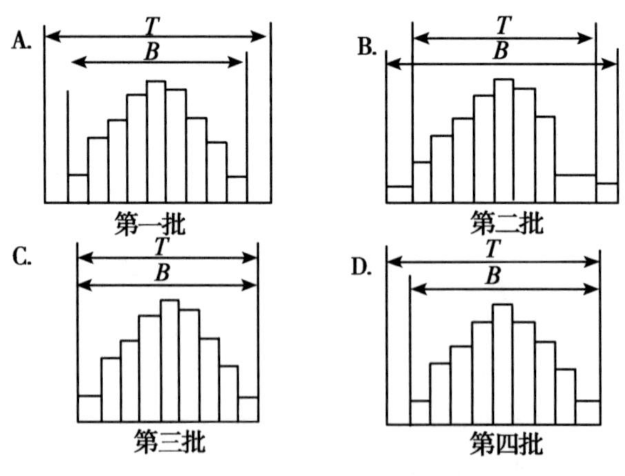

图 6-18　各批次的质量统计直方图

83. 对直方图的分布位置与质量控制标准的上下限范围进行比较时，如质量特性数据

分布（　　），说明质量能力偏大，不经济。

A. 偏下限　　B. 充满上下限

C. 居中且边界与上下限有较大距离　　D. 超出上下限

84. 用直方图法对工程质量进行统计分析时，通过对直方图的（　　）的观察分析，可以判断生产过程是否正常、稳定。

A. 位置　　B. 形状　　C. 比例　　D. 大小

考点 48　建设工程项目质量的政府监督

一、工程项目质量的政府监督概述

（一）政府质量监督的性质

政府质量监督的性质属于行政执法行为，是主管部门依据有关法律法规和工程建设强制性标准，对工程实体质量和工程建设、勘察、设计、施工、监理单位（以下简称工程质量责任主体）和质量检测等单位的工程质量行为实施监督。

工程实体质量监督，是指主管部门对涉及工程主体结构安全、主要使用功能的工程实体质量情况实施监督。工程质量行为监督，是指主管部门对工程质量责任主体和质量检测等单位履行法定质量责任和义务的情况实施监督。

对于建设工程项目质量的政府监督主要可归纳为“三依据，三职能，三阶段”，如图 6-19所示。

三依据——以国家法律、法规和工程建设强制性标准为依据

三职能：
- 监督单位的质量行为——监督各参与单位的质量行为是否符合国家法律法规及各项制度的规定
- 监督施工质量——监督检查工程实体的施工质量，尤其是地基基础、主体结构、专业设备安装等涉及结构安全和使用功能的施工质量
- 监督竣工验收——监督验收程序、验收的组织形式与方法、验收过程

三阶段：
- 开工前——主要审查质量管理体系和质量保证体系及所含具体内容
- 施工期间——依据施工情况进行不定期检查，对主体结构工程进行常规检查
- 竣工阶段——参与竣工验收会议、编制质量监督报告、建立相关档案

图 6-19　工程项目质量政府监督的主要内容

（二）政府质量监督的职权

政府建设行政主管部门和其他有关部门履行工程质量监督检查职责时，有权采取下列措施：

（1）要求被检查的单位提供有关工程质量的文件和资料；

（2）进入被检查单位的施工现场进行检查；

（3）发现有影响工程质量的问题时，责令改正。

有关单位和个人对政府建设行政主管部门和其他有关部门进行的监督检查应当支持与配合，不得拒绝或者阻碍建设工程质量监督检查人员依法执行职务。

二、政府对项目的质量监督（见表 6-22）

表 6-22　政府对项目三阶段的质量监督

阶段		质量监督的主要内容
开工前	受理申报	（1）项目开工前，监督机构接受**建设单位**有关建设工程质量监督的申报手续，审查合格签发有关**质量监督文件** （2）建设单位**凭工程质量监督文件**，向建设行政主管部门**申领施工许可证**
	监督检查	监督检查的主要内容为工程项目质量控制系统及各施工方的质量保证体系是否已经建立，以及完善的程度，具体内容为 （1）检查项目各施工方的质保体系，包括组织机构、质量控制方案及质量责任制等制度 （2）审查项目各参与方的营业执照、资质证书及有关人员的资格证书 （3）审查按建设程序规定的开工前必须办理的各项建设行政手续是否齐全完备 （4）审查施工组织设计、监理规划等文件及审批手续 （5）检查的结果记录保存 【归纳】组织体系、施组，监理规划，资质资格及营业执照
施工期间		（1）**常规检查**：对工程项目全过程施工的情况进行不定期的检查，其中对基础和主体结构阶段的施工应每月安排监督检查 （2）**主要部位验收监督**：结构主要部位（如桩基、基础、主体结构）除了常规检查外，还要在分部工程验收时，要求建设单位将**施工**、**设计**、**监理**、**建设方**分别签字的质量验收证明在验收后 **3 天内**报监督机构备案 （3）**质量问题查处**：对施工过程中发生的质量问题、质量事故进行查处；根据质量检查状况，对查实的问题签发“质量问题整改通知单”或“**局部暂停施工指令单**”，对问题严重的单位也可根据问题的性质签发“**临时收缴资质证书通知书**”
竣工阶段		（1）对竣工工程的质量验收程序、验收组织与方法、验收过程等进行监督 （2）单位工程质量监督报告在竣工验收之日起 5 天内提交竣工验收备案部门 （3）建设工程质量监督档案**按单位工程建立**；经**监督机构负责人签字**后归档，按规定年限保存

【例 6-2】根据政府对工程项目质量监督的要求，项目的工程质量监督档案应按（　　）建立。（2014 年真题）

A. 建设项目　　B. 单项工程　　C. 分部工程　　D. 单位工程

【答案】D

【解析】本题考查的是政府对工程项目质量监督程序。项目工程质量监督档案按单位工程建立。

＊＊练习题＊＊

85. 政府对建设工程质量监督的职能主要有（　　）。（2011 年真题）

A. 制订行业质量管理规程　　B. 监督工程建设参与各方主体的质量行为

C. 监督检查工程实体质量　　D. 监督工程质量验收

E. 认证施工项目和质量管理体系

86. 关于建设工程质量政府监督的说法，正确的是（　　）。（2010 年真题）

A. 涉及结构安全和使用功能的施工质量是政府监督检查的重点

B. 建设工程政府监督机构不对设计单位的质量行为进行监督

C. 查处施工质量事故不属于政府质量监督机构的责任

D. 建设工程政府监督只涉及工程的施工阶段

87. 政府质量监督机构对建设工程质量的监督包括监督检查工程实体的施工质量和（　　）。

A. 监督检查施工项目进度及投资　　B. 监督工程建设各方主体的质量行为

C. 监督检查施工现场的安全状况　　D. 验收工程项目施工质量

88. 政府建设工程质量监督机构参与建设工程项目竣工验收会议，其目的是（　　）。（2010年真题）

A. 对影响使用功能的相关分部工程进行功能检测

B. 对验收的程序、组织、方法、过程等进行监督

C. 对建设过程质量情况进行总结，签发竣工验收意见书

D. 对影响结构安全的工程实体质量进行检测

89. 在建设工程项目开工前，建设工程质量监督机构进行监督检查的具体内容包括（　　）。

A. 工程质量控制方案　　B. 施工组织设计　　C. 可行性研究报告

D. 工程监理规划　　E. 各方人员资质证书

90. 政府质量监督部门对施工中发生严重问题的单位可以发出(　　)。

A. 吊销营业执照通知单　　B. 吊销企业资质通知单

C. 临时收缴资质证书通知书　　D. 企业资质降级通知书

第七章　建设工程职业健康安全与环境管理

【内容提要】

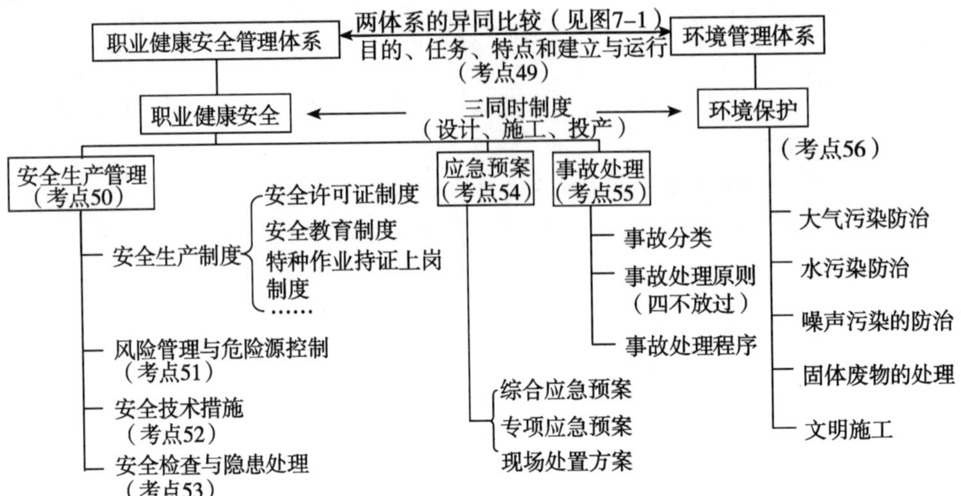

考点 49　职业健康安全管理体系与环境管理体系目的、任务和特点

一、职业健康安全与环境管理体系的比较（见图 7-1）

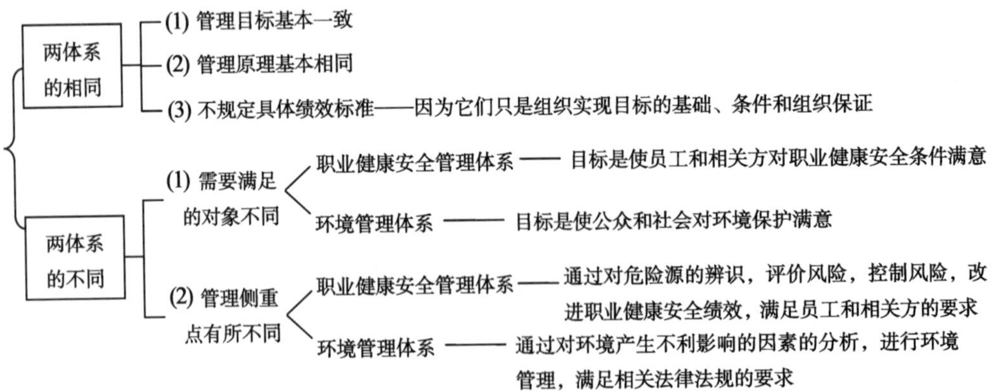

图 7-1　职业健康安全与环境管理体系标准的比较

二、职业健康安全管理和环境管理概述（见表 7-1）

表 7-1　职业健康安全管理和环境管理的要点

	职业健康安全管理	环境管理
定义	职业健康安全是指影响工作场所内的员工，临时工作人员、合同方人员、访问者和其他人员健康安全的条件和因素	环境是指组织运行活动的外部存在，包括空气、水、土地、自然资源、植物、动物、人，以及它（他）们之间的相互关系
目的	建设工程项目职业健康安全管理的目的是防止和减少生产安全事故、保护产品生产者的健康与安全、保障人民群众的生命和财产免受损失	建设工程项目环境管理的目的是保护生态环境，使社会的经济发展与人类的生存环境相协调
特点	复杂性、协调性、多边性、经济性、持续性 【助记】**安全与环境管理员，你服泻多，还矜持啥？**（复、协、多、经、持）	

三、职业健康安全管理体系与环境管理体系的在建设工程各阶段的要点（见表 7-2）

表 7-2　职业健康安全管理体系和环境管理体系的要点

	职业健康安全管理体系	环境管理体系
项目决策阶段	建设单位办理各种有关安全与环境保护方面的审批手续	
	组织或委托有相应资质的单位进行建设工程项目**安全预评价**	组织或委托有相应资质的单位进行建设工程项目**环境影响评价**
设计阶段	对于采用新结构、新材料、新工艺的建设工程和特殊结构的建设工程，设计单位应在设计中提出保障施工作业人员安全和预防生产安全事故的措施建议 在工程总概算中，应明确工程安全环保设施费用、安全施工和环境保护措施费等	
工程施工阶段	建设单位应当自开工报告批准之日起15日内，将保证安全施工的措施报送建设工程所在地的县级以上人民政府建设行政主管部门或者其他有关部门备案 对于应当拆除的工程，建设单位应当在拆除工程施工15日前，将拆除施工单位资质等级证明，及相关资料报工程所在地的县级以上的地方人民政府主管部门或者其他有关部门备案（**报府备案要十五**） 特别注意的是：建设工程活动中**企业的代表人是安全生产的第一负责人，项目经理是施工项目生产的主要负责人**	
项目验收试运行阶段	项目竣工后，建设单位应向**原审批建设工程项目环境影响报告书、环境影响报告或者环境影响登记表的环境保护行政主管部门**申请，对环保设施进行竣工验收。环保行政主管部门应在收到申请环保设施竣工验收之日起**30日内完成验收**。验收合格后，才能投入生产和使用 对于需要试生产的建设工程项目，建设单位应当在项目**投入试生产之日起3个月内**向环保行政主管部门申请对其项目配套的环保设施进行竣工验收	

四、职业健康安全管理体系与环境管理体系的结构和模式（见图 7-3）

表 7-3　职业健康安全管理体系与环境管理体系的要素

	一级要素	安全管理体系二级要素	环境管理体系二级要素
要素名称	职业健康安全（环境）方针	**职业健康安全方针**	**环境方针**
	规划（策划）（P）	**对危险辨识、风险评价的策划** **法规和其他要求** **目标** **职业健康管理方案**	**环境因素** **法律法规和其他要求** **目标、指标和方案**
	实施和运行（D）	**结构和职责** 培训、意识和能力 协商和沟通 文件 文件和资料控制 **运行控制** 应急准备和响应	**资源、作用、职责和权限** 能力、意识与培训 信息交流 文件 文件和资料控制 **运行控制** 应急准备和响应
	检查和纠正措施（C）	**绩效测量和监视** 事故、事件、不符合、纠正和预防措施 记录和记录管理 **审核**	**监测和测量** **合规性评价** 不符合、纠正和预防控制 记录控制 **内部审核**
	管理评审（A）	**管理评审**	**管理评审**

职业健康安全体系和环境管理体系的 17 个要素中各有 10 个为核心要素，另有 7 个为辅助要素，见表 7-3 中加粗的要素为核心要素。

在表 7-3 中应重点掌握哪些是核心要素（哪些是一级要素、哪些是二级要素教材已不再做要求），记忆方法如下：

（1）在一级要素规划（P）类之下的二级要素为法规要求、目标、方案，另外职业健康体系有风险类要素、环境管理体系有环境因素要素；（**规划之下标法案，安有风险环有因**）

（2）在"方针、P、A"三个一级要素之下的二级要素都为核心要素，另外还有职责、运行控制、测量监测、审核四个要素；（**方针、头尾（P，A）都核心，还有审、运和测、责**）

（3）应特别注意：合规性评价为环境管理体系一级要素 C 之下特有的二级要素，且该要素为核心要素。

五、职业健康安全管理体系与环境管理体系的建立与运行（见表 7-4）

表 7-4　职业健康安全管理体系与环境管理体系的建立与运行的要点

	职业健康安全管理及环境管理体系
方针、目标	方针是组织对其职业健康安全与环境行为的**原则和意图的声明**，也是组织自觉承担其**责任和义务的承诺**。方针不仅为组织确定了总的指导方向和行动准则，而且是评价一切后续活动的依据，并为更加具体的目标和指标提供一个框架 目标、指标的制定是组织为了实现方针中所体现出的管理理念及其对整体绩效的期许与原则，与企业的总目标相一致

续表

	职业健康安全管理及环境管理体系
体系文件编写	体系文件： 管理手册——是对组织整个管理体系的整体性描述，它为体系的进一步展开以及后续程序文件的制定提供了框架要求和原则规定，是管理体系的**纲领性文件** 程序文件——其内容可按“4W1H”的顺序和内容来编写，一般格式可按照目的和适用范围、引用的标准及文件、术语和定义、职责、工作程序、报告和记录的格式以及相关文件等的顺序来编写 作业文件——管理手册、程序文件之外的文件，一般包括作业指导书（操作规程）、管理规定、监测活动准则及程序文件引用的表格 【助记】*作业文件规定了指导监测活动的准则和相关引用表格*
管理体系运行	体系运行是指按照已建立体系的要求进行实施，其**实施的重点**围绕培训意识和能力、信息交流、文件管理、执行控制程序、监测、纠正和预防措施及记录等活动推进体系的运行工作
内部审核	内部审核是组织对其自身的管理体系进行的审核，是对体系是否正常进行以及是否达到了规定的目标所作的独立的检查和评价，是管理体系自我保证和自我监督的一种机制
管理评审	管理评审是由组织的最高管理者对管理体系的系统评价，判断组织的管理体系面对内部情况的变化和外部环境是否充分适应有效，由此决定是否对管理体系作出调整，包括方针、目标、机构和程序等
合规性评价	（1）项目组级评价，由项目经理组织有关人员对施工中应遵守的法律法规和其他要求的执行情况进行一次合规性评价。**当某个阶段施工时间超过半年时，合规性评价不少于一次。**项目工程结束时应针对整个项目工程进行系统的合规性评价 （2）**公司级评价每年进行一次**，制定计划后由管理者代表组织企业相关部门和项目组，对公司应遵守的法律法规和其他要求的执行情况进行合规性评价

＊＊练习题＊＊

1.《环境管理体系要求及使用指南》（GB/T 24001—2004）中的“环境”是指（　　）。

A. 组织运行活动的外部存在

B. 各种天然的和经过人工改造的自然因素的总体

C. 废水、废气、废渣的存在和分布情况

D. 周边大气、阳光和水分的总称

2. 建设工程项目环境管理的目的是通过保护生态环境，使（　　）。(2010 年真题)

A. 社会经济的发展与人类生存环境相协调

B. 环境能够服务于人类经济社会的发展

C. 环境污染不至于造成人类生存基本条件的破坏

D. 工程项目施工场界内的污染得到有效防止

3. 在建设工程项目决策阶段，建设单位职业健康安全与环境管理的任务是（　　）。(2010 年真题)

A. 对环境保护和安全设施的设计提出建议

B. 办理有关安全和环境保护的各种审批手续

C. 对生产安全事故的防范提出指导意见

D. 将保证安全施工的措施报有关管理部门备案

4. 根据《建设工程安全生产管理条例》，建设单位应当自开工报告批准之日起

(　　) 日内，将保证安全施工措施报送建设工程所在地的县级以上人民政府建设行政主管部门或其他有关部门备案。

A. 15　　B. 20　　C. 25　　D. 30

5. 包含防治污染设施的建设工程项目，其防治污染的设施必须经 (　　) 验收合格后，该项目方可投入生产或使用。

A. 建设单位的上级主管部门　　B. 工程质量监督机构

C. 环境保护行政主管部门　　D. 安全生产行政管理部门

6. 下列环境管理体系的构成要素中，属于核心要素的有 (　　)。(2010 年真题)

A. 信息交流　　B. 环境方针　　C. 环境因素　　D. 运行控制　　E. 内部审核

7. 下列职业健康安全管理体系要素中，不属于核心要素的是(　　)。

A. 职业健康安全方针　　B. 对危险源辩识、风险评价和风险控制的策划

C. 结构和职责　　D. 文件和资料控制

8. 关于职业健康与安全管理体系内部审核的说法，正确的是(　　)。(2011 年真题)

A. 内部审核是按照上级要求对体系进行的检查和评价

B. 内部审核是最高管理者对管理体系的系统评价

C. 内部审核是管理体系接受外部监督的一种机制

D. 内部审核是管理体系自我保证和自我监督的一种机制

9. 在职业健康安全管理体系与环境管理体系的运行过程中，组织对其自身的管理体系所进行的检查和评价，称为 (　　)。(2010 年真题)

A. 持续改进　　B. 管理评审　　C. 系统评审　　D. 内部审核

10. 职业健康安全管理体系与环境管理体系的作业文件包括(　　)。

A. 操作规程　　B. 程序文件引用的表格

C. 管理手册　　D. 绩效报告

E. 监测活动准则

11. 职业健康安全管理体系和环境管理体系中作业文件是指(　　)。

A. 管理手册、作业指导书　　B. 程序文件、管理规定

C. 作业指导书、程序文件引用的表格　　D. 管理手册、程序文件

考点 50　建设工程安全生产管理制度

一、建设工程安全生产管理制度概述

(1) 安全生产责任制度；(最基本、最核心的制度)

(2) 安全生产许可证制度；

(3) 安全教育培训制度；(经常性安全教育中，安全思想、安全态度的教育最重要)

(4) 安全措施计划制度；(包括改善劳动条件、防止事故发生、预防职业病和职业中毒等内容，企业进行生产活动时必须编制安全措施计划)

(5) 特种作业人员持证上岗制度；

(6) 专项方案专家论证制度；

（7）危及施工安全工艺、设备、材料淘汰制度；

（8）施工起重机械使用登记制度；

（9）生产安全事故报告和调查处理制度；

（10）政府安全生产监督检查制度；

（11）安全检查制度；（是清除隐患、防止事故、改善劳动条件的重要手段）

（12）“三同时”制度；

（13）安全预评价制度；（贯彻落实“安全第一，预防为主”方针的重要手段）

（14）意外伤害保险制度。

《质量管理条例》规定：施工单位应当自施工起重机械和整体提升脚手架、模板等自升式架设设施验收合格之日起30日内，向建设行政主管部门或者其他有关部门登记。登记标志应当置于或者附着于该设备的显著位置。

此外还有施工安全生产规章制度，它包括了18种制度，前9种制度与上述（1）～(9)条相同，另外还有以下9条制度：

（1）各种安全技术操作规程；

（2）危险作业管理审批制度；

（3）易燃、易爆、剧毒、放射性、腐蚀性等危险物品生产、储运、使用的安全管理制度；

（4）防护物品的发放和使用制度；

（5）安全用电制度；

（6）危险场所动火作业审批制度；

（7）防火、防爆、防雷、防静电制度；

（8）危险岗位巡回检查制度；

（9）安全标志管理制度。

【例7-1】为了贯彻实施安全生产管理制度，工程承包企业应结合自身实际情况建立健全本企业的安全生产规章制度，一般包括（　　）等。(2009年真题)

A. 安全值班制度　　　　B. 各种安全技术操作规程

C. 安全事故预报制度　　D. 加班加点审批制度

E. 防火、防爆、防雷、防静电制度

【答案】ABE

【解析】“*现预报，本项目有可能在未来一段时间内发生安全事故，请大家做好防范准备*”——这不是很可笑吗？

二、建设工程安全生产中的几个重要制度

1. 安全生产许可证制度

安全生产许可证的有效期为3年。有效期满需要延期的，应于期满前3个月向原安全生产许可证颁发管理机关办理延期手续。

企业在安全生产许可证有效期内严格遵守有关安全生产的法律法规；**未发生死亡事故**的，安全生产许可证有效期届满时，经原安全生产许可证颁发管理机关同意，不再审查，安全生产许可证有效期延期3年。

2. 安全教育培训制度（见表7-5）

表 7-5 安全生产教育培训制度

<table>
<tr><th colspan="2">安全教育</th><th>负责人</th><th>要　点</th></tr>
<tr><td rowspan="3">新员工上岗前三级安全教育</td><td>企业级</td><td>企业主管领导</td><td>内容应包括安全生产法律、法规，通用安全技术、职业卫生和安全文化的基本知识，本企业安全生产规章制度及状况、劳动纪律和有关事故案例等内容（法规、企业制度）</td></tr>
<tr><td>项目级</td><td>项目级负责人</td><td>由项目级负责人组织实施，专职或兼职安全员协助，内容包括工程项目的概况，安全生产状况和规章制度，主要危险因素及安全事项，预防工伤事故和职业病的主要措施，典型事故案例及事故应急处理措施等（现场制度、危险事项、应对措施）</td></tr>
<tr><td>班组级</td><td>班组长</td><td>包括遵章守纪，岗位安全操作规程，岗位间工作衔接配合的安全生产事项，典型事故及发生事故后应采取的紧急措施，劳动防护用品的性能及正确使用方法等内容（岗位规程）</td></tr>
<tr><td rowspan="2">改变工艺或变换岗位时安全教育</td><td colspan="2">采用“四新”前</td><td>施工单位在采用新技术、新工艺、新设备、新材料时，应当对作业人员进行相应的安全生产教育培训</td></tr>
<tr><td colspan="2">岗位调换或者工作变换</td><td>作业人员岗位调换或者工种变换时，或因长假离岗一年以上重新上岗的情况，企业必须进行相应的安全技术培训和教育，以使其掌握现岗位安全生产特点和要求</td></tr>
<tr><td colspan="3">经常性安全教育</td><td>如安全活动日、安全生产会议、张贴安全生产招贴画等</td></tr>
</table>

3. “三同时”制度

建设项目的环境保护、劳动安全保护配套建设设置都必须与主体工程同时设计、同时施工，同时投入生产和使用（投产）。

所谓的“同时”不是指“设计”与“施工”“投产使用”同时，而是指相应配套设施与主体工程应同时实施。

常见干扰选项有“同时运营”、“同时验收”等。

4. 特种作业人员持证上岗制度（见表 7-6）

表 7-6 特种作业人员持证上岗制度

<table>
<tr><th>项　目</th><th>要　点</th></tr>
<tr><td>特种作业人员</td><td>安全生产管理条例规定：垂直运输机械作业人员、起重机械、安装拆卸工、爆破作业人员、起重信号工、登高架设作业人员等特种作业人员，必须按照国家有关规定经过专门的安全作业培训，并取得特种作业操作资格证书后，方可上岗作业
【助记】
南霸天蛮横地命令五特工：利用垂直运输登高架设起重信号，安装拆卸不了就爆破！
5类特种作业人员　垂直运输机械作业人员　登高架设作业人员　起重信号工　安装拆卸工　爆破作业人员</td></tr>
<tr><td>特种作业人员的条件</td><td>（1）年满 18 周岁，且不超过国家法定退休年龄
（2）经社区或者县级以上医疗机构体检健康合格，并无妨碍从事相应特种作业的疾病和生理缺陷
（3）具有初中及以上文化程度
（4）具备必要的安全技术知识与技能</td></tr>
</table>

续表

项　　目	要　　点
特种作业操作证	特种作业操作证**有效期为 6 年**，在全国范围内有效。特种作业操作证**每 3 年复审 1 次** 特种作业人员在特种作业操作证有效期内，连续从事本工种 10 年以上，严格遵守有关安全生产法律法规的，经原考核发证机关或者从业所在地考核发证机关同意，特种作业操作证的复审时间可以延长至每 6 年 1 次 **特种作业操作证有效期为6年　特种作业操作证每3年复审1次** **【助记】鞍（安）山（3）特牛（6），3伏（复）天还去复审** **安全生产许可证的有效期为3年（未发生死亡事故的，经原机关同意，不再审查，安全生产许可证有效期延期3年）**

＊＊练习题＊＊

12. 建筑施工企业安全生产管理工作中，（　　）是清除隐患、防止事故、改善劳动条件的重要手段。

A. 安全监察制度　　B. 伤亡事故报告处理制度

C. “三同时”制度　　D. 安全检查制度

13. 建设工程项目中防止污染的设施，必须与主体工程（　　）。(2010 年真题)

A. 同时设计　　B. 同时申报　　C. 同时验收　　D. 同时施工

E. 同时投产使用

14.《中华人民共和国安全生产法》规定，生产经营单位新建工程项目的安全设施必须与主体工程同时（　　）。

A. 设计　　B. 招标　　C. 施工　　D. 验收　　E. 使用

考点 51　安全生产管理预警体系的建立和运行

一、安全生产管理预警体系的要素

事故的发生和发展是由于人的不安全行为、物的不安全状态以及管理的缺陷等方面相互作用的结果，因此在事故预防管理上，可针对事故特点建立事故预警体系。各种类型事故预警的管理过程可能不同，但预警的模式具有一致性。在构建预警体系时，需遵循信息论、控制论、决策论以及系统论的思想和方法，科学建立标准化的预警体系，保证预警的上下统一和协调。

二、预警体系建立的原则

1. 及时性

预警体系的出发点就是当事故还在萌芽状态时，就通过细致的观察、分析，提前做好各种防范的准备，及时发现、及时报告、及时采取有效措施加以控制和消除。

2. 全面性

对生产过程中人、物、环境、管理等各个方面进行全面监督，及时发现各方面的异常

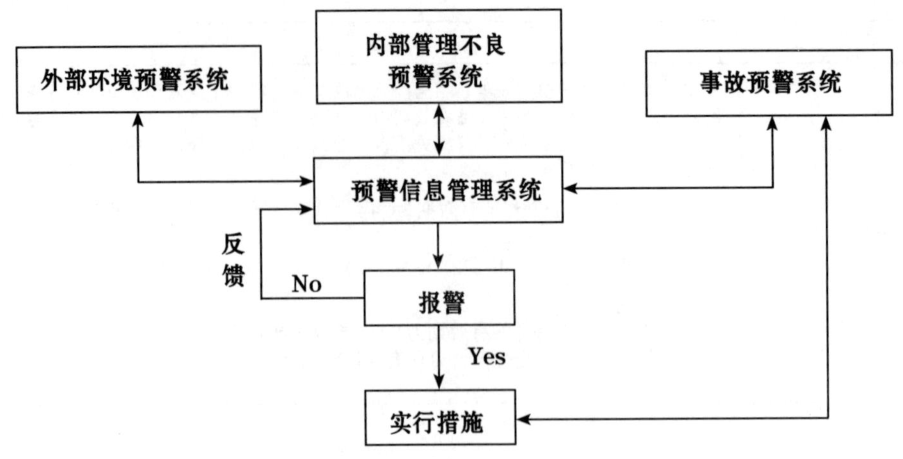

图 7-2 预警体系基本框架

情况，以便采取合理对策。

3. 高效性

预警必须有高效率，只有如此，才能对各种隐患和事故进行及时预告，并制定合理适当的应急措施迅速改变不利局面。

4. 客观性

生产运行中，隐患存在是客观的，必须正确引导有关单位和个人，不能因为可能涉及形象或负面影响隐匿有关信息，要积极主动的应对。

三、预警体系的运行

1. 完善的预警体系为事故预警提供了物质基础。预警体系通过预警分析和预控对策实现事故的预警和控制，预警分析完成监测、识别、诊断与评价功能，而预控对策完成对事故征兆的不良趋势进行纠错和治错的功能。

2. 监测、识别、诊断、评价的关系

监测、识别、诊断、评价这四个环节预警活动，是前后顺序的因果联系。其中，监测活动的检测信息系统，是整个预警管理系统所共享的，识别、诊断、评价这三个环节的活动结果将以信息方式存人到预警信息管理系统中。另外，这四个环节活动所使用的评价指标，也具有共享性和统一性。

* * 练习题 * *

15. 下列有关安全生产管理制度的表述正确的有（　　）。

A. 企业取得安全生产许可证，应当具备的条件之一是：依法参加工伤保险，为从业人员缴纳保险费

B. 新员工上岗前的三级安全教育，对建设工程来说，具体指进企业、进项目、进班组三级

C. 任何情况下，特种作业操作证均为每 3 年复审一次

D. 依据《建设工程安全生产管理条例》第 26 条规定，对高大模板工程的专项施工方案，施工单位应当组织专家进行论证、审查

E. 按照“三同时”制度要求，安全设施投资应当纳入建设项目概算

16. 属于安全技术交底主要内容的有（　　）。

A. 本工程项目的施工作业特点和危险点

B. 应注意的安全事项

C. 发生事故后应采取的避难和急救措施

D. 安全事故责任的划分

E. 针对危险点的具体预防措施

17. 安全检查监督的类型包括（　　）。

A. 全面安全检查　　B. 经常性安全检查

C. 季节性检查　　D. 节假日检查

E. 定期检查

18. 工程项目安全检查监督中的季节性检查包括（　　）。

A. 春季风大，要着重防火、防爆

B. 针对特种作业、特种设备、特殊场所进行的检查

C. 夏季高温要着重防暑、降温

D. 锅炉压力容器的检查

E. 冬季着重防寒、防冻等

19. 安全检查监督的主要内容包括（　　）。

A. 查思想　　B. 查管理　　C. 查隐患　　D. 查整改

E. 查制度

20. 工程项目的安全监督检查的注意事项包括（　　）。

A. 安全检查要深入基层，领导为主，深入、全面地进行

B. 建立检查的组织领导机构，挑选具有较高技术业务水平的专业人员参加

C. 明确检查的目的和要求，既要严格要求，又要防止一刀切，要从实际出发，分清主次矛盾，力求实效

D. 将检查作为最终目的，要及时发现问题

E. 做好检查的各项准备工作，包括思想、业务知识、法规政策和物资、奖金准备

21. 从人的心理学、行为学、安全技术、采取安全措施、系统论的方面来看，职业健康安全问题包括（　　）。

A. 人的不安全状态　　B. 物的不安全状态

C. 人的不安全行为　　D. 物的不安全行为

E. 组织管理不力

22. 物的不安全状态的内容包括（　　）。

A. 作业方法导致的物的不安全状态

B. 外部的和自然界的不安全状态

C. 使用不安全设备

D. 不安全装束

E. 防护保险方面的缺陷

23. 安全事故隐患治理原则包括（　　）。

A. 单项隐患综合治理原则　　B. 预防和减灾并重治理原则

C. 重点治理原则　　D. 静态治理原则

E. 动态治理原则

考点 52　建设工程施工安全技术措施

建设工程施工安全的技术措施见表 7-7。

表 7-7　建设工程施工安全技术措施

项　目	内容要点
安全控制的目标	安全控制的目标是**减少和消除生产过程中的事故，保证人员健康安全和财产免受损失**，具体应包括 （1）减少或消除人的不安全行为的目标（人） （2）减少或消除设备、材料的不安全状态的目标（材、机） （3）改善生产环境和保护自然环境的目标（环）
施工安全控制特点	建设工程施工安全控制的特点主要包括：**控制面广、控制的动态性、控制系统交叉性、控制的严谨性**
施工安全控制程序	（1）确定每项具体建设工程项目的安全目标（定目标） （2）编制建设工程项目安全技术措施计划（编计划——P） （3）安全技术措施计划的落实和实施（落实施——D） （4）安全技术措施计划的验证（作验证——C） （5）持续改进根据安全技术措施计划的验证结果，对不适宜的安全技术措施计划进行修改、补充和完善（持续改进——A） 此程序与“目标＋PDCA”程序相同，见本书第一章
安全交底	安全技术交底的内容主要包括 （1）本施工项目的施工作业特点和危险点 （2）针对危险点的具体预防措施 （3）应注意的安全事项 （4）相应的安全操作规程和标准 （5）发生事故后应及时采取的避难和急救措施

【注意】施工安全技术措施必须包括应急预案。

＊＊练习题＊＊

24. 施工安全控制程序包括：①安全技术措施计划的落实和实施；②编制建设工程项目安全技术措施计划；③安全技术措施计划的验证；④确定每项具体建设工程项目的安全目标；⑤持续改进。其正确顺序是（　　）。(2010 年真题)

A. ②－③－④－①－⑤

B. ②－④－①－③－⑤

C. ④－②－①－③－⑤

D. ④－②－③－①－⑤

25. 建设工程施工安全控制的目标是（　　）。

A. 找出所有危险源

B. 评估危险源可能造成的危害

C. 减少和消除生产过程中的事故

D. 事故应急处理

26. 建设工程施工安全控制的具体目标包括（　　）。（2011 年真题）

A. 提高员工安全生产意识

B. 改善生产环境和保护自然环境

C. 减少或消除人的不安全行为

D. 安全事故整改

E. 减少或消除设备、材料的不安全状态

考点 53　安全检查与隐患处理

安全检查与隐患处理见表 7-8。

表 7-8　安全检查与隐患处理

项　目		内容要点
安全检查	目的	为了清除隐患、防止事故、改善劳动条件及提高员工安全生产意识，是安全控制工作的一项重要内容
	谁组织	施工项目的安全检查应由项目经理组织，定期进行
	分类	全面性安全检查、经常性安全检查、专业安全检查、季节性安全检查、节假日安全检查、要害部门重点安全检查
	主要内容	查思想、查制度（具体的制度详见考点 50）、查管理、查隐患、查整改、查事故处理
不安全因素	人的不安全行为	如操作失误、忽视安全、忽视警告；使用不安全设备；冒险进入危险场所；攀坐不安全位置；在起吊物下作业、停留等
	物的不安全状态	如外部的和自然界的不安全状态，作业方法导致的物的不安全状态等，共有四类：防护等装置缺陷，设备、设施等缺陷，个人防护用品缺陷，生产场地环境的缺陷
	组织管理上的不安全因素	（1）技术上的缺陷 （2）教育上的缺陷 （3）生理上的缺陷 （4）心理上的缺陷 （5）管理工作上的缺陷 （6）学校教育和社会、历史上的原因造成的缺陷
	【技巧】物的不安全状态与组织管理上的不安全因素的共同特征词是**缺陷**，即有“缺陷”二字的选项，不属于人的不安全因素（或行为）	
安全隐患处理的原则和方法	处理的原则	（1）冗余安全度治理原则（体现多道设防、“留有富余”的思想，见练习题 27 题） （2）单项隐患综合治理原则（一件隐患需综合考虑人、机、材、法、环的各个环节） （3）事故直接隐患与间接隐患并治原则 （4）预防与减灾并重治理原则 （5）重点治理原则 （6）动态治理原则（即在生产过程中及时发现及时治理）
	处理的方法	（1）当场指正，限期纠正，预防隐患发生 （2）做好记录，及时整改，消除安全隐患 （3）分析统计，查找原因，制定预防措施 （4）跟踪验证

＊＊练习题＊＊

27. 某施工现场道路上出现了一个坑，项目经理部不仅设置了防护栏及警示牌，还设

置了照明灯及夜间警示红灯，这体现了（　　）原则。（2011 年真题）

A. 冗余安全度治理　　B. 预防与减灾并重治理

C. 单项隐患综合治理　　D. 动态治理

28. 建设工程生产安全检查的主要内容包括（　　）。（2011 年真题）

A. 管理检查　B. 危险源检查　C. 思想检查　D. 隐患检查　E. 整改检查

29. 施工项目的安全检查应由（　　）组织，定期进行。（2010 年真题）

A. 项目技术负责人　B. 项目经理　C. 专职安全员　D. 企业安全生产部门

30. 下列建设工程安全隐患的不安全因素中，属于“物的不安全状态”的是（　　）。（2011 年真题）

A. 个人防护用品缺失　　B. 物体存放不当

C. 未正确使用个人防护用品　　D. 对易燃易爆等危险品处理不当

考点 54　应急预案

一、应急预案的构成及主要内容

应急预案主要分为综合应急预案、专项应急预案、现场处置方案，如表 7-9 所示。

表 7-9　应急预案的构成

应急预案	主要内容
综合应急预案	从总体上阐述事故的应急方针、政策；编制的依据、目的；应急工作的原则；相关组织机构、指挥机构的职责；预防预警；应急响应；信息发布；后期处置；保障措施、培训演练等
专项应急预案	针对具体的事故、危险源制定的计划或方案，主要内容包括事故类型和危害程度分析；组织机构及职责；预防预警；信息报告；应急处置等
现场处置方案	针对具体的装置、场所或设施、岗位所制定的应急处置措施，主要内容包括事故特征；应急组织与职责；现场处置方案的主要内容等

二、应急预案的管理（见图 7-3）

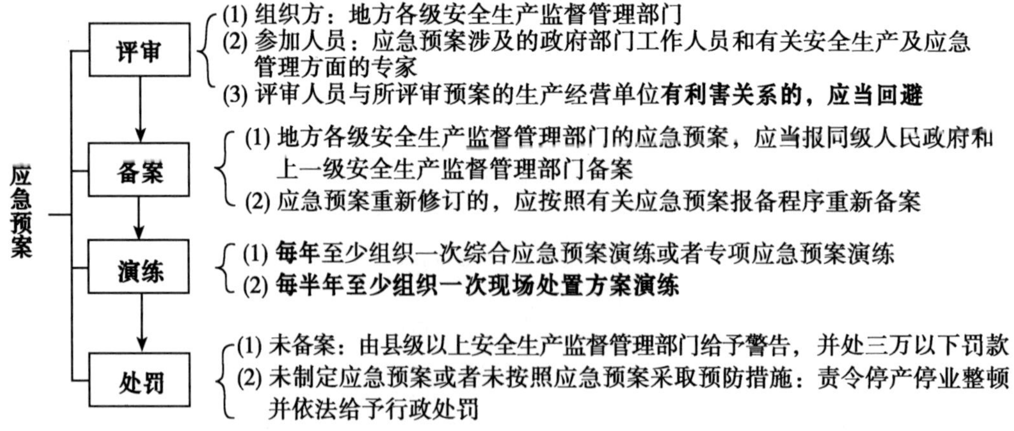

图 7-3　应急预案的管理

* * **练习题** * *

31. 关于生产安全事故应急预案管理的说法，正确的是（　　）。（2011 年真题）

A. 参建单位的安全生产及应急管理方面的专家，均可受邀参加应急预案评审

B. 应急预案应报同级人民政府和上一级安全生产监督管理部门备案

C. 生产经营单位应每年至少组织 2 次综合应急预案演练

D. 生产经营单位应每半年组织一次现场处置方案演练

考点 55　安全事故及其处理

一、职业伤害事故的分类（见表 7-10）

职业健康安全事故分两大类型，即职业伤害事故与职业病。

职业伤害事故是指因生产过程及工作原因或与其相关的其他原因造成的伤亡事故。

表 7-10　职业伤害事故的分类

<table>
<tr><th>分类方法</th><th>内容要点</th></tr>
<tr><td>按事故原因分</td><td>与建筑业有关的事故主要有：触电、起重伤害、车辆伤害、火灾、火药爆炸、中毒和窒息、坍塌
与建筑业有关的事故还有物理伤害、机械伤害、灼烫，这三种伤害具体如下
物体打击指落物、滚石、锤击、碎裂、崩块、砸伤等造成的人身伤害，不包括因爆炸而引起的物体打击
机械伤害指被机械设备或工具绞、碾、碰、割、戳等造成的人身伤害，不包括车辆、起重设备引起的伤害
灼烫指火焰引起的烧伤、高温物体引起的烫伤、强酸或强碱引起的灼伤、放射线引起的皮肤损伤，不包括电烧伤及火灾事故引起的烧伤
【助记】喝“乌（物）鸡（机）汤（烫）”也会醉得出安全事故，真稀奇</td></tr>
<tr><td>按事故后果严重程度分类</td><td><table><tr><th>轻伤</th><th>重伤</th><th>死亡</th><th>重大伤亡</th><th>特大伤亡</th></tr><tr><td>需休息
1～105 天
（3 个半月）</td><td>需休息天数
≥105 天
（3 个半月）</td><td>死亡
1 人或 2 人</td><td>死亡
≥3 人</td><td>死亡
≥10 人</td></tr></table>特大伤亡　10　重大伤亡　3　死亡
助记：特　使　重　三　思</td></tr>
<tr><td>按事故造成的人员伤亡或直接经济损失分</td><td>按此条例事故等级分为特别重大事故、重大事故、较大事故、一般事故，有关分类依据及记忆方法详见本套从书“法律法规”分册</td></tr>
</table>

二、安全事故的处理

1. 安全事故处理原则（四不放过原则）

（1）事故原因未查清楚不放过；——查

（2）责任人未受处理不放过；——处

（3）事故责任人和周围群众没有受到教育不放过；——教

（4）事故没有制定切实可行的整改措施不放过。——防、改

2. 安全事故的处理程序

安全事故的处理程序可简单归纳为：抢救伤员、保护现场→组织调查→现场勘查→分析事故原因→制定预防措施→提交事故调查报告→事故审理和结案。其中不同事故等级在处理程序中的具体要求有所不同，如表 7-11 所示。

表 7-11　不同级别事故的处理程序

<table>
<tr><th></th><th>逐级上报至何级单位</th><th>谁组织调查</th><th>审理时限</th></tr>
<tr><td>一般事故</td><td>市级人民政府安全生产监督管理部门和负有安全生产监督管理职责的有关部门</td><td>（1）县级人民政府负责调查
（2）政府委托有关部门组织事故调查组进行调查</td><td rowspan="3">负责事故调查的人民政府应当自收到事故调查报告之日起 15 日内作出批复</td></tr>
<tr><td>较重大事故</td><td>省、自治区、直辖市人民政府安全生产监督管理部门和负有和负有安全生产监督管理职责的有关部门</td><td>（1）市级人民政府负责调查
（2）政府委托有关部门组织事故调查组进行调查</td></tr>
<tr><td>重大事故</td><td rowspan="2">上报至国务院安全生产监督管理部门和负有安全生产监督管理职责的有关部门</td><td>（1）省级人民政府
（2）政府委托有关部门组织事故调查组进行调查</td></tr>
<tr><td>特别重大事故</td><td>由国务院或者国务院授权有关部门组织事故调查组进行调查</td><td>30 日内作出批复</td></tr>
</table>

一般　**较重**　**重大**　**特重大**

组织调查：——县——市——省——国（部）

上报至：——市——省——国（部）——国（部）

除国部级外，都提高一级

注：1. 特殊情况下，批复时间可以适当延长，但延长的时间最长不超过 30 日。

2. 逐级上报时每级不得超过 2h。

3. 未造成人员伤亡的一般事故，县级人民政府也可以委托事故发生单位组织调查。

4. 各行业的建设施工中出现安全事故都应向建设行政主管部门报告。

＊＊练习题＊＊

32. 根据《企业职工伤亡事故分类》（GB 6441—1986），下列事故中，属于与建筑业有关的职业伤害事故有（　　）。（2010 年真题）

A. 物体打击　B. 触电　C. 机械伤害　D. 辐射伤害　E. 火药爆炸

33. 根据我国《企业职工伤亡事故分类》（GB 6441—1986），下列伤害事故中，属于“机械伤害”的有（　　）。

A. 高处小型机械坠落砸伤地面作业人员

B. 搅拌机械传动装置断裂甩出伤人

C. 汽车倾覆造成人员伤亡

D. 电动切割机械防护不当造成操作人员受伤

E. 起重机吊物坠落砸伤作业人员

34. 对职业伤害事故，按照其后果的严重程度分类，特大伤亡事故是指一次死亡

(　　) 人及其以上的事故。

A. 3　　　　B. 5　　　　C. 10　　　　D. 15

35. 职业伤害事故按其后果严重程度分类，属于重大伤亡事故的是在一次事故中死亡(　　) 的事故。

A. 1人及以上　　B. 3人及以上　　C. 3至5人　　D. 10人及以上

36. 按照我国《企业职工伤亡事故分类》(GB 6441—1986) 规定，一次事故中死亡职工1人或2人的属 (　　) 事故。

A. 死亡　　B. 重大伤亡　　C. 特大伤亡　　D. 一般伤亡

37. 某工程施工中，因脚手架坍塌导致了650万元的直接经济损失，对该事件的正确处理是 (　　)。(2011年真题)

A. 负责事故调查的人民政府应当自收到事故调查报告之日起30日内作出批复

B. 该施工单位可以自行组织事故调查组进行调查

C. 向当地建设行政主管部门报告

D. 向设区的当地市级人民政府安全生产监督管理部门报告

E. 事故调查要确定事故的直接责任者、间接责任者和主要责任者

考点56　建设工程施工现场文明施工和环境保护要求

一、现场施工文明的要求

此部分内容多为施工中的常见内容，具体说明详见教材相关内容，本套丛书《管理与实务》分册对此作了比较详细的介绍，有关此部分内容的助记和归纳可详见《管理与实务》分册。

【例7-2】关于建设工程现场文明施工管理的说法，正确的有 (　　)。(2011年真题)

A. 施工现场必须实行封闭管理，设置进出口大门，制定门卫制度，严格执行外来人员进场登记制度

B. 沿工地四周连续设置围档，市区主要道路和其他涉及市容景观路段的工地围档高度不得低于1.8m

C. 施工现场设置排水系统、泥浆、污水、废水有组织的排入下水道和排水河道

D. 项目经理是施工现场文明施工的第一责任人

E. 现场建立消防领导小组，落实消防责任制和责任人员

【答案】ADE

【解析】市区主要路段围栏高度不小于2.5m，选项B错误；泥浆、污水、废水等严禁外流或排入河道，选项C错误。

二、建设工程环境保护的要求

建设工程项目对环境保护的基本要求主要为 (常识性的禁止事项此处未列出)：

(1) 满足相关标准，并尽量减小污染，节约资源 (包括：排污标准、节能节水标准、建筑材料标准、噪声标准、辐射标准)；

(2) 应采取保护生态的措施，其中开发自然资源的必须采取保护生态的措施；

（3）对环境影响重大的工程，应编制环境影响报告书；对可能影响所在地居民生活质量或存在重大分歧的项目，环保局**可以**举行听证会；

（4）任何单位不得将产生严重污染的生产设备转移给没有污染防治能力的单位使用。

【例 7-3】工程项目建设过程中的污染主要包括施工场界内的污染和对周围环境的污染，对施工场界内的污染防治属于（　　）问题。

A. 安全监督　　B. 职业健康　　C. 施工安全生产　　D. 环境保护

【答案】B

【解析】如图 7-4 所示。

工程建设过程中的污染 { 施工场界内的污染——主要是职业健康问题；对周围环境的污染——环境保护问题 }

图 7-4　工程建设中的污染

【例 7-4】关于施工安全技术措施要求和内容的说法，正确的是（　　）。（2014 年真题）

A. 可根据工程进展需要实时编制

B. 应在安全技术措施中抄录制度性规定

C. 结构复杂的重点工程应编制专项工程施工安全技术措施

D. 小规模工程的安全技术措施中可不包含施工总平面图

【答案】C

【解析】结构复杂，危险性大、特性较多的分部分项工程，应编制专项施工方案和安全措施。

【例 7-5】下列环境管理体系内容要素中，属于辅助性要素的是（　　）。（2014 年真题）

A. 环境方针　　B. 环境因素　　C. 记录控制　　D. 内部审核

【答案】C

【解析】7 个辅助性要素包括：能力、培训和意识；沟通、参与和协商；文件；文件控制；应急准备和响应；事件调查、不符合、纠正措施和预防措施；记录控制。

三、施工现场空气、水、固废污染的防治（见表 7-12）

表 7-12　施工现场空气、水、固废污染的防治

项目	防治措施
空气污染	（1）高大建筑物清理施工垃圾时，要使用封闭式的容器或者采取其他措施处理高空废弃物，严禁凌空随意抛撒 （2）施工现场道路应指定专人定期洒水清扫，形成制度，防止道路扬尘 （3）对于细颗粒散体材料（如水泥、粉煤灰、白灰等）的运输、储存要注意遮盖、密封，防止和减少飞扬 （4）除设有符合规定的装置外，禁止在施工现场焚烧油毡、橡胶、塑料、皮革、树叶、枯草、各种包装物等废弃物品以及其他会产生有毒、有害烟尘和恶臭气体的物质 （5）大城市市区建设工程已不容许搅拌混凝土。在容许设置搅拌站的工地，应将搅拌站封闭严密，并在进料仓上方安装除尘装置，采用可靠措施控制工地粉尘污染

续表

项目	防治措施
水污染	水污染的主要来源包括：工业污染源、生活污染源、农业污染源 （1）禁止将有毒有害废弃物作土方回填 （2）施工现场搅拌站废水，现制水磨石的污水，电石（碳化钙）的污水必须经沉淀池沉淀合格后再排放，最好将沉淀水用于工地洒水降尘或采取措施回收利用 （3）现场存放油料，必须对库房地面进行**防渗处理**，如采用防渗混凝土地面、铺油毡等措施。使用时，要采取防止油料跑、冒、滴、漏的措施，**以免污染水体** （4）施工现场100人以上的临时食堂，污水排放时可设置简易有效的**隔油池**，定期清理，防止污染 （5）工地临时厕所，化粪池应采取防渗漏措施。中心城市施工现场的临时厕所可采用水冲式厕所，并有防蝇、灭蛆措施，防止污染水体和环境
固废污染	建设工程施工工地上常见的固体废物包括：建筑渣土、废弃的散装大宗建筑材料、生活垃圾、设备、材料等的包装材料、粪便（“不倾倒”原则） 固体废物的主要处理方法有回收利用、减量化处理、焚烧、稳定和固化、填埋

四、噪声污染的防治

（1）凡在人口稠密区进行强噪声作业时，须严格控制作业时间，一般在晚10点到次日早6点之间停止强噪声作业（保证8h睡眠）。确系特殊情况必须昼夜施工时，应尽量采取降低噪声措施（见图7-5），并会同建设单位找当地居委会、村委会或与当地居民协调，出安民告示，求得群众谅解。

【助记】***六点起床之前（晚10至朝6），禁止强噪作业；如若情非得已，告示群众谅解***。

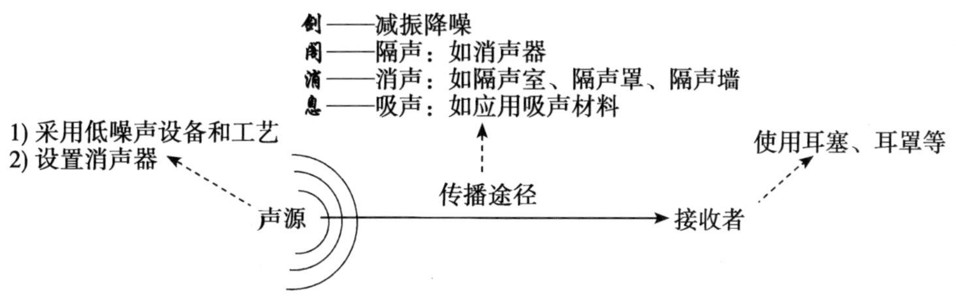

图7-5 噪声的控制

（2）施工现场噪声的限值。根据国家标准《建筑施工场界噪声限值》（GB 12523—1990）的要求，对不同施工作业的噪声限值如表7-13所示。

表7-13 建设事故场界噪声限值

施工阶段	主要噪声源	噪声限值（dB（A））	
		昼间	夜间
		70	55

＊＊练习题＊＊

38.《中华人民共和国环境保护法》和《中华人民共和国环境影响评价法》对建设工

程项目环境保护的基本要求有（　　）。

A. 应满足项目所在区域环境质量、相应环境功能区划和生态功能区划标准或要求

B. 对可能严重影响项目所在地居民生活环境质量的项目，环保总局必须举行听证会

C. 开发利用自然资源的项目，必须采取措施保护生态环境

D. 建设工程项目中防治污染的设施，必须与主体工程同时设计、同时施工、同时投产使用

E. 防治污染的设施必须经原审批环境影响报告书的环境保护行政主管部门验收合格后，该建设工程项目方可投入生产或使用

39. 清理高层建筑施工垃圾的正确做法是（　　）。(2010 年真题)

A. 将施工垃圾洒水后沿临边窗口倾倒至地面后集中处理

B. 将各楼层施工垃圾焚烧后装入密封容器吊走

C. 将各楼层施工垃圾装入密封容器吊走

D. 将施工垃圾从电梯井倾倒至地面后集中处理

40. 在人口稠密地区进行强噪声作业时，一般停止作业的时间为（　　）。

A. 晚 8：00 至次日早 8：00　　B. 晚 9：00 至次日早 7：00

C. 晚 10：00 至次日早 7：00　　D. 晚 10：00 至次日早 6：00

41. 在空气压缩机的进出风管适当位置安装消声器的做法，属于施工噪声控制技术中的（　　）。(2011 年真题)

A. 减震降噪控制　　B. 声源控制　　C. 传播途径控制　　D. 接受者控制

42. 根据《建筑施工场界噪声限值》(GB 12523—1990) 的要求，工程施工中昼间打桩作业噪声限值为（　　）dB。

A. 70　　B. 75　　C. 80　　D. 85

43. 根据我国《建筑施工场界噪声限值》(GB 12523—1990)，混凝土搅拌机作业的昼间噪声限值为（　　）dB。

A. 55　　B. 65　　C. 70　　D. 75

44. 根据我国《建筑施工场界噪声限值》(GB 12523—1990) 规定，建筑施工现场噪声限值是（　　）db。

A. 各种打桩机昼间为 85　　B. 吊车、升降机等昼间为 65

C. 推土机昼间和夜间分别为 75 和 50　　D. 挖掘机昼间和夜间分别为 70 和 55

E. 混凝土搅拌机昼间和夜间分别为 70 和 55

第八章 建设工程项目信息管理

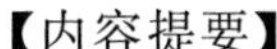

【内容提要】

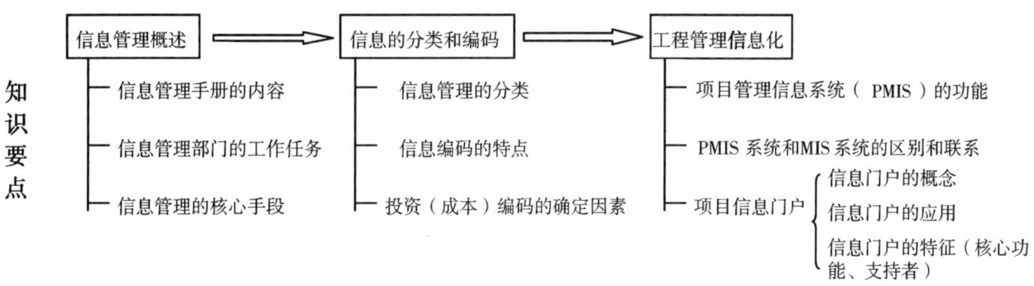

考点 57 建设工程项目信息管理的目的和任务

一、建设工程信息管理概述

我国在建设工程项目管理中当前最薄弱的工作领域是信息管理。项目的信息管理旨在通过有效的项目信息传输的组织和控制为项目建设的增值服务。

由于建设工程项目大量数据处理的需要，在当今的时代应重视利用信息技术的手段进行信息管理。其核心是基于互联网的信息处理平台。基于网络的的信息处理平台由一系列硬件和软件构成，而数据通讯网络主要由三种类型：局域网、城域网、广域网。

二、信息管理手册

业主方和项目参与各方都有各自的信息管理任务，各方都应编制各自的信息管理手册，以规范信息管理工作。信息管理手册由信息管理部门负责编写，在项目实施过程中作必要的修改和补充。信息管理手册的内容如表 8-1 所示。

表 8-1 信息手册的内容

内容要点	关键字
(1) 项目**进**度的月度报**告**、季度报**告**、年度报**告**和工程总报**告**的内容及其编制	进、告（敬告）
(2) 信息管理**任**务（信息管理任务目录）	任、职
(3) 信息管理的**任**务分工表和管理**职**能分工表	
(4) 信息的分**类**	类（内）
(5) 信息**输入**输出模型	输入
(6) 信息处理的工程**平台**及其使用规定	平台
(7) 信息的编**码**体系和编**码**	码

续表

内容要点	关键字
（8）各种报表和报告的**格**式，以及报告**周**期	格、周（**各周**）
（9）信息管理的**保密**制度	保密
（10）工程**档案**管理制度	档案
（11）各项信息管理工作的工作流程**图**	图
（12）信息流程**图**	
【助记】**敬告：任职内输入此平台码，可看各（格）周保密的档案图**	

三、信息管理部门的工作任务

• 负责编制信息管理手册，在项目实施过程中进行信息管理手册的必要修改和补充；

• 负责协调和组织项目管理班子中各个工作部门的信息处理工作；

• 负责信息处理工作平台的建立和运行维护；

• 与其他工作部门协同组织收集信息、处理信息和形成各种反映项目进展和项目目标控制的报表和报告；

• 负责工程档案管理。

【归纳】编制手册＋协调组织＋平台建维＋形成报表＋档案管理

＊＊练习题＊＊

1. 项目信息管理的目的是通过对项目信息传输的有效组织和控制，为项目的（　　）提供服务。

A. 技术更新　　B. 档案管理　　C. 信息管理　　D. 建设增值

2. 在当今时代，应重视利用信息技术的手段进行建设工程项目信息管理，其核心手段是（　　）。

A. 编制统一的信息管理手册　　B. 制定统一的信息管理流程

C. 建立基于网络的信息沟通制度　　D. 建立基于网络的信息处理平台

3. 基于网络的信息处理平台是由一系列的（　　）构成。

A. 硬件和软件　　B. 文档资料　　C. 专用网站　　D. 计算机网络

4. 关于项目信息管理手册及其内容的说法，正确的有（　　）。(2011 年真题)

A. 信息管理部门负责编制信息管理手册

B. 信息管理手册中包含了工程档案管理

C. 信息管理的任务分工表是信息管理手册的主要内容

D. 信息管理手册应随项目进展而做必要的修改和补充

E. 应编制项目参与各方通用的信息管理手册

5. 建设工程项目信息管理手册的主要内容包括（　　）等。

A. 信息的编码体系和编码　　B. 信息输入输出模型

C. 工程档案管理制度　　D. 各种报表和报告格式

E. 信息应用效果分析

考点 58　建设工程项目信息管理的分类、编码和处理

一、建设工程项目信息管理的分类（见图 8-1）

按项目管理的工作对象——如子项目 1、子项目 2 等
按项目实施的工作过程——如设计准备、设计、招投标和施工过程等
按项目管理的工作任务——如投资控制、进度控制、质量控制等
按信息的内容属性——如组织类信息、管理类信息、经济类信息、技术类信息（主管经济）

图 8-1　建设工程项目信息管理的分类

二、建设工程信息编码

建设工程信息因不同的用途而编制，具体来说可以按项目结构编码；项目管理组织结构编码；项目政府主管部门和各参与单位编码；项目实施工作项编码；项目投资项编码（业主方）/成本项编码（施工方）；项目进度项编码；项目进度报告和各类报表编码；合同编码；函件编码；工程档案编码。建设工程信息编码的特点见图 8-2。

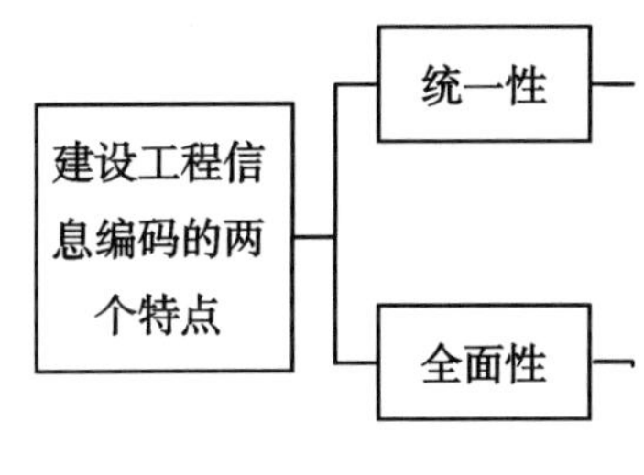

为了便于信息的检索搜寻，对于信息要进行统一编码，如练习题 6 中的 D 选项就是错误的说法。

信息编码一定要囊括全面，如对单位编码时，应包括政府部门、业主、工程咨询、设计、供应、施工、金融等所有涉及单位进行编码；又如练习题 6 中的 B 选项，对于实施工作编码，应涵盖设计准备、设计、招投标、施工等各个阶段，所以该选项错误；再如练习题 6 中 C 选项，措词“每一个”就是全面性的体现，也是正确选项的题眼所在。

图 8-2　建设工程信息编码的两个特点

特别要注意的是：在对建设工程项目投资项（或者成本项）信息进行编码，要综合考虑概算、预算、标底、合同价、工程支付等因素建立编码，助记如图 8-3 所示。

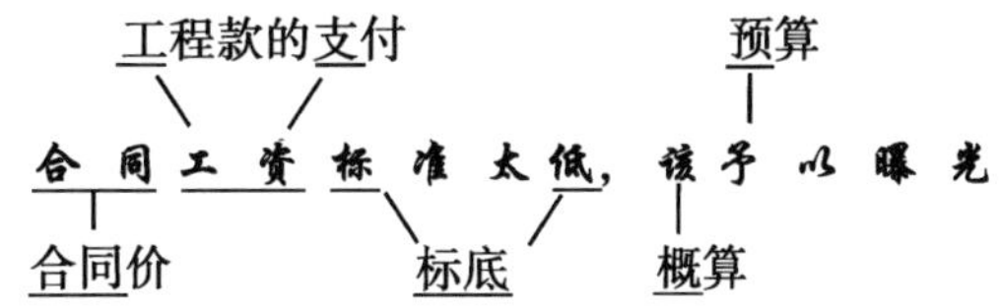

图 8-3　建设项目投资项（或者成本项）信息进行编码因考虑的因素助记

常见错误选项有“投标价”、“成本分析”和“估算”。

【例 8-1】建设行政主管部门市场诚信信息平台上良好行为记录信息的公布期限一般为（　　）。（2014 年真题）

A. 3 个月　　B. 6 个月　　C. 1 年　　D. 3 年

【答案】D

【解析】良好行为记录信息公布期限一般为 3 年。

＊＊练习题＊＊

6. 关于建设工程项目信息编码，下列说法正确的是（　　）。

A. 项目的投资项编码，应按概预算定额确定的分部分项工程编码进行编码

B. 项目实施的工作项编码，是对施工过程的编码，应覆盖项目施工全过程

C. 项目管理组织结构编码，应依据项目管理的组织结构图，对每一个工作部门进行编码

D. 项目的进度项编码，应根据不同层次、不同深度的进度计划工作项的需要分别建立不同的编码

7. 建设工程项目信息可以按（　　）进行分类。

A. 项目管理工作的对象　　B. 项目实施的工作过程

C. 项目规模的大小　　D. 项目管理工作的任务

E. 项目信息的内容属性

8. 下列项目信息中，属于组织类信息的是（　　）。(2010 年真题)

A. 工作量控制信息　B. 编码信息　C. 前期技术信息　D. 合同管理信息

9. 建设工程项目信息，按其内容属性可分为（　　）。

A. 资源类信息　B. 组织类信息　C. 管理类信息　D. 技术类信息

E. 经济类信息

10. 对建设项目投资项（或者成本项）信息进行编码时，适宜的做法是（　　）。

A. 综合考虑投资方、承包商要求进行编码

B. 综合考虑概算、预算、标底、合同价、工程支付等因素建立编码

C. 根据概算定额确定的分部分项工程进行编码

D. 根据预算定额确定的分部分项工程进行编码

11. 信息编码是信息处理的一项重要基础工作，施工单位在进行建设工程项目成本项统一编码时，应综合考虑的因素包括（　　）。

A. 工程款支付　B. 标底价　C. 施工成本分析　D. 投标价　E. 合同价

12. 编码是信息处理的一项重要基础工作，进行建设工程项目的投资项目统一编码时应综合考虑的因素包括概算、预算及（　　）。

A. 标底、合同价和工程款的支付　　B. 投标价、合同价和工程款的支付

C. 投标价、合同价和施工成本分析　　D. 标底、投标价和施工成本分析

13. 为了做好建设工程项目成本目标的动态控制，进行项目成本信息编码时需考虑的因素包括（　　）。

A. 概算　B. 标底　C. 预算　D. 施工成本分析　E. 决算

14. 为了满足建设工程项目施工成本管理的要求，项目成本项编码时应考虑的因素包括（　　）。

A. 投资估算　B. 概预算　C. 合同价　D. 工程款支付　E. 计价程序

考点 59　工程管理信息化

一、项目管理信息系统的功能

项目管理信息系统（PMIS）主要是用计算机的手段进行项目管理有关数据的收集、记录、存储、过滤，并把数据处理的结果提供给项目管理班子的成员。它是项目进展的跟踪和控制系统，也是信息流的跟踪系统。它可以在局域网上或基于互联网的信息平台上进行。PMIS 与管理信息系统（MIS）的对象和功能都不同，两者的对比见表 8-2。

表 8-2　PMIS 与 MIS 的对比

	基　　础	主要用途
项目管理信息系统（PMIS）	基于计算机项目管理的信息系统	目标控制
管理信息系统（MIS）	基于计算机的管理信息系统	企业的人、财、物、产、供、销的管理

二、项目信息门户（PIP）

打个通俗的比喻，项目信息门户可以比作 QQ。业主建立一个 QQ 群，参与工程建设的各方都加入 QQ 群中，既方便交流，也共享相关相关信息资源，同时由管理员整理相关上传的资料（工程文档管理）。对于参建的各方都有自己的登录密码和账号，可以实现远程联络，甚至可以涉及电子采购，电子贸易。项目信息门户的要点见表 8-3，它与管理信息系统、项目管理系统的关系见图 8-4。

表 8-3　项目信息门户的要点

	内容要点
概述	项目信息门户是在对项目全寿命过程中项目参与各方产生的信息和知识进行集中管理的基础上，为项目参与各方在互联网平台上提供一个获取个性化项目信息的单一入口，从而为项目参与各方提供一个高效率信息交流和共同工作的环境
运行周期	建设工程的**全寿命周期**
主持者	业主或其委托的代表其利益的工程顾问公司
特点	项目信息门户属于**垂直门户**，是项目各参与方信息交流、共同工作、共同使用和互动的管理工具
基础、意义	项目信息门户是基于互联网技术为**建设工程增值的重要管理工具**，是当前在建设工程管理领域中信息化的重要标志

图 8-4　项目信息门户与管理信息系统、项目管理信息系统

＊＊练习题＊＊

15. 项目管理信息系统是基于计算机的项目管理的信息系统，主要用于项目的（　　）。

A. 信息检索和查询　　B. 目标控制

C. 人、财、物的管理　　D. 信息收集和存储

16. 建设工程项目管理信息系统（PMIS）是利用计算机辅助进行项目管理的信息系统，它（　　）。

A. 主要用于项目的人、财、物的管理

B. 主要用于企业的产、供、销的管理

C. 是项目进展的跟踪和控制系统

D. 是项目信息门户（PIP）的一种方式

17. 关于项目信息门户，下列说法正确的是（　　）。

A. 项目信息门户是一种项目管理信息系统（PMIS）

B. 项目信息门户是一种企业管理信息系统（MIS）

C. 项目信息门户主要要用于项目法人的人、财、物、产、供、销的管理

D. 项目信息门户可以为一个建设工程的各参与方服务

18. 对一个建设工程项目而言，项目信息门户的主持者一般是项目的（　　）。（2010年真题）

A. 业主或业主委托的工程顾问公司　　B. 设计单位

C. 主管部门　　D. 施工单位

第九章　纵横向归纳

一、抓核心与关键——有关“核心”的归纳（见表 9-1）

核心之处和关键之处是历年常考的考点。“擒贼先擒王”，抓住核心与关键并在此基础上加以扩展，读者可以体会到“重点控制”、以点带面的优越性。

表 9-1　关于“核心”和“关键”的汇总归纳

项　目	核心/关键
建设工程管理	核心任务是为工程的**建设**和**使用**增值
项目管理	核心任务是项目的目标控制
项目管理目标实现	项目管理的组织是项目管理的目标能否实现的决定性因素
建设工程项目管理的核心	业主方的项目管理往往是该项目的项目管理的核心
建设工程管理的核心任务	其核心任务是为工程的建设和使用增值
项目总承包的核心意义	其核心是通过设计与施工过程的组织集成，促进设计与施工的紧密结合，以达到为项目建设增值的目的（核心意义）
项目目标的动态控制	（1）是项目管理最基本的方法论 （2）其核心是：计划值和实际值的比较
施工成本管理	施工成本管理个步骤中，施工成本计划是施工成本控制和施工成本核算的基础，也是建立施工项目管理责任制的基础
成本控制的两个“核心”	（1）施工成本控制的各工作步骤中最核心的工作是**分析** （2）**成本偏差的控制**：分析是关键，**纠偏是核心** （见第四章相关内容，应注意两种说法在措词上的不同）
大型建设工程项目总进度目标论证	核心工作是通过编制总进度纲要论证总进度目标实现的可能性
项目质量控制体系	动力机制是其运行的核心机制
项目的设计质量	以使用功能和安全可靠性为核心
施工质量控制	（1）建设工程项目施工阶段的质量控制是整个工程项目质量控制的关键环节 （2）事中质量控制的目标是确保工序质量合格，杜绝质量事故发生；控制的关键是坚持质量标准；控制的重点是工序质量、工作质量和质量控制点的控制
质量控制的致力点	作业技术方法的正确选择和作业技术能力的充分发挥是质量控制的致力点
作业质量监控	现场质量检查是施工作业质量的监控的主要手段
安全管理制度	安全生产责任制是安全管理制度的核心
危险源控制	第二类危险源的控制方法中，最重要的是加强员工的安全意识培训和教育，克服不良的操作习惯
工程承包	合同管理是整个项目管理的核心
信息管理	利用信息技术的手段进行信息管理的核心手段是基于互联网的信息处理平台

二、关于“项目增值”的汇总归纳

（1）建设工程管理的核心任务是为工程的建设和使用增值；

（2）项目总承包的核心是通过设计与施工的组织集成，促进设计与施工紧密结合，达到为项目建设增值；

（3）建设工程项目策划的最终目的是使项目建设的决策和实施增值；

（4）项目的信息管理的目的是为项目建设的增值服务；

（5）项目信息门户是基于互联网技术为建设工程增值的重要管理工具；

（6）工程管理信息化有利于提高建设工程项目的经济效益和社会效益，以达到为项目建设增值的目的。

三、关于管理控制主要措施的分类暨风险、信息资源分类的归纳

在本考试科目的教材中，几乎各章都含有控制措施的内容，如组织措施、技术措施、经济措施等。另外，风险和信息资源也都是按相似的类别划分方式进行分类，本书特将这些大同小异的内容汇总归纳，以方便读者理解、掌握，详见图 9-1 和表 9-2、表 9-3。

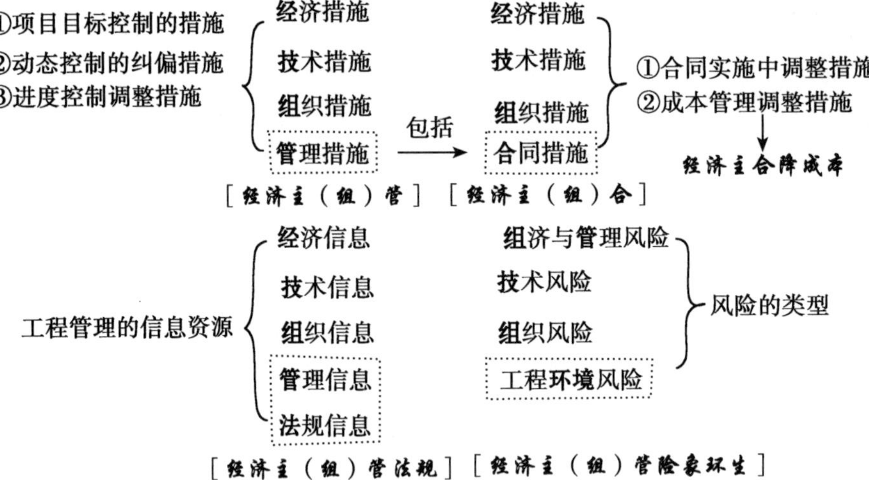

图 9-1　关于各章的管理控制措施暨风险、信息资源分类的归纳

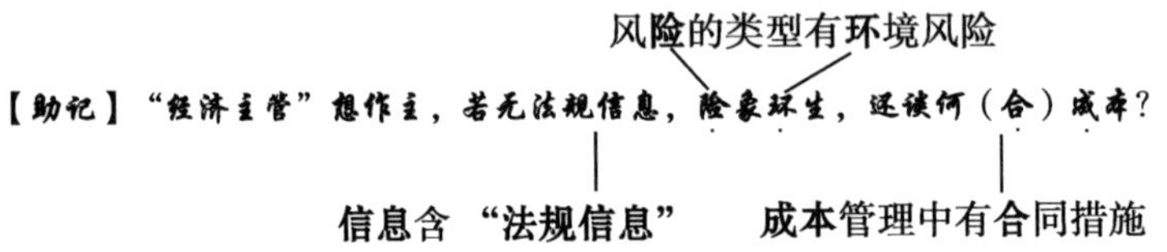

表 9-2　四种措施的要点

类别	要　点
组织措施	一般不需增加费用，而且是其他各类措施的前提和保障的，是最重要的措施。如果对一个建设工程的项目管理进行诊断，**首先应分析其组织方面存在的问题**
管理措施（合同措施）	管理措施包括了合同措施，对于成本控制而言是合同措施，对于进度控制而言则划分为管理措施
经济措施	经济措施是最易为人们所接受和采用的措施
技术措施	运用技术纠偏措施的关键：一是要能提出多个不同的技术方案；二是要对不同的技术方案进行技术经济分析

表 9-3　常见的组织、管理、技术、经济措施

	常见的具体措施内容
组织措施	（1）调整组织结构、任务分工、管理职能分工、工作流程、管理人员等 （2）建立控制体系，编制、调整工作计划（成本计划、进度计划） （3）编制工作流程图，确立各类编制、审批程序 （4）加强**施工调度**，召开相关会议，协调工作 【关键词】人员、分工、程序、流程、工作计划、体系、协调
管理措施（合同措施）	（1）合同管理（包括合同谈判，合同实施与变更控制等） （2）合同结构选择（如**承发包模式的选择**） （3）风险分析 （4）索赔与反索赔 （5）**重视信息技术**（包括软件、硬件、局域网、互联网） （6）管理、**控制的方法与手段** 【关键词】合同、风险、索赔、信息、控制手段
经济措施	（1）编制资金、资源使用计划 （2）记录、收集、整理、核算实际发生的成本 （3）通过偏差原因分析，预测未完工程施工成本 （4）增加投入，采取经济奖励 （5）**进行工程风险分析并制定防范性对策** 【助记】*都直接与钱有关——成本就是花的钱，资源也要用钱买*
技术措施	（1）**技术经济分析**；（按此项的第一个词归类） （2）**工程设计**、施工方案、施工方法、**施工机械**、**施工材料**等的调整改进 【关键词】材料、机械、方法、方案、技术经济分析

注：表中带黑体字之项是易混淆之项，请读者重点记忆。

解题分析步骤见图 9-2。

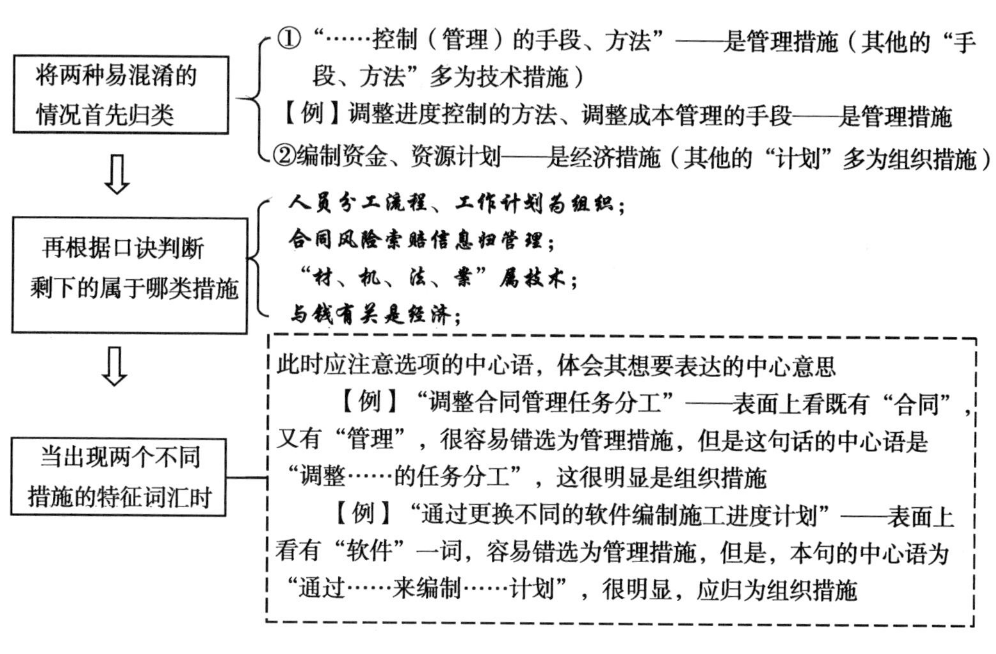

图 9-2　措施类问题分析思路

＊＊练习题＊＊

1. 下列建设工程项目进度控制的措施中，属于技术措施的是（　　）。（2011 年真题）

A. 确定各类进度计划的审批程序　　B. 优选工程项目设计、施工方案

C. 选择合理的合同结构　　D. 选择工程承发包模式

2. 下列施工成本管理的措施中，属于组织措施的有（　　）。(2011 年真题)

A. 进行技术经济分析，确定最佳的施工方案

B. 编制施工成本控制工作计划

C. 对成本目标进行风险分析，并制定防范性对策

D. 确定合理详细的工作流程

E. 做好资金使用计划，严格控制各项开支

3. 下列项目目标动态控制的纠偏措施中，属于技术措施的有(　　)。(2011 年真题)

A. 调整项目管理工作流程组织　　B. 调整进度控制的方法和手段

C. 改进施工方法　　D. 选择高效的施工机具

E. 调整项目管理任务分工

4. 下列为加快进度而采取的各项措施中，属于技术措施的是(　　)。(2010 年真题)

A. 编制进度控制工作流程　　B. 实行班组内部承包制

C. 用大模板代替小钢模　　D. 重视计算机软件的应用

5. 下列建设工程项目进度控制措施中，属于经济措施的有（　　）。(2010 年真题)

A. 编制资源需求计划　　B. 明确资金供应条件　　C. 落实经济激励措施

D. 审核设计预算　　E. 应用价值工程方法

6. 应用动态控制原理进行目标控制时，用于纠偏的组织措施包括（　　）等。

A. 调整进度管理的方法　　B. 调整招标工作的管理职能分工

C. 调整投资控制工作流程　　D. 更换不同的软件编制施工进度计划

E. 调整合同管理任务分工

7. 关于建设工程项目进度控制措施的说法，正确的有（　　）。(2010 年真题)

A. 各类进度计划的编制程序、审批程序属于组织措施的范畴

B. 管理措施主要涉及管理的思想、方法和承发包模式

C. 风险管理属于进度控制管理措施的范畴

D. 应用信息技术属于进度控制管理措施的范畴

E. 在工程进度受阻时，应首先对有无设计变更的可能性进行分析

8. 下列进度控制措施中，属于管理措施的是（　　）。(2010 年真题)

A. 建立进度控制的会议制度　　B. 分析影响项目工程进度的风险

C. 制定项目进度控制的工作流程　　D. 选用有利的设计和施工技术

9. 建设工程项目进度控制措施中，采用信息技术辅助进度控制属于进度控制的（　　）措施。

A. 经济　　B. 技术　　C. 组织　　D. 管理

10. 在某大型工程项目的施工过程中，由于“下情不能上传，上情不能下达”，导致项目经理不能及时作出正确决策，拖延了工期。为了加快施工进度，项目经理修正了信息传递工作流程。这种纠编措施属于动态控制的（　　）。

A. 技术措施　　B. 管理措施　　C. 经济措施　　D. 组织措施

11. 下列施工成本管理措施中，属于经济措施的有（　　）。

A. 编制资金使用计划

B. 及时准确记录、收集、整理、核算实际发生的成本

C. 选用最合适的施工机械

D. 编制施工成本控制工作计划

E. 使用先进、高效的机械设备

12. 下列各项措施中，(　　) 是建设工程项目进度控制的技术措施。

A. 确定各类进度计划的审批程序　　B. 选择工程承发包模式

C. 优选项目设计、施工方案　　D. 选择合理的合同结构

13. 在施工成本管理的各类措施中，一般不需增加费用，而且是其他各类措施的前提和保障的是 (　　)。

A. 过程控制措施　B. 经济措施　C. 技术措施　D. 组织措施

14. 下列施工成本管理的措施中，属于经济措施的有 (　　)。

A. 明确成本管理人员的工作任务和责、权、利

B. 对不同的技术方案进行技术经济分析

C. 编制资金使用计划，确定施工成本管理目标

D. 通过偏差原因分析，预测未完工程施工成本

E. 防止分包商的索赔

2012年度全国一级建造师执业资格考试
建设工程项目管理试题

一、单项选择题（共70题，每题1分。每题的备选项中，只有1个最符合题意）

1.《建设项目工程总承包管理规范》（GB/T50358—2005），不属于工程总承包方项目管理内容的是（　　）。

A. 任命项目经理　　B. 组建项目部

C. 确定项目建设资金　　D. 实施设计管理

2. 按国际工程惯例，当采用指定分包商时，应对分包合同规定的工期和质量目标向业主负责的是（　　）。

A. 业主　　B. 监理方

C. 指定分包商　　D. 施工总承包管理方

3. 编制项目管理工作任务分工表，首先要做的工作是（　　）。

A. 进行项目管理任务的详细分解

B. 绘制工作流程图

C. 明确项目管理工作部门的工作任务

D. 确定项目组织结构

4. 下列组织工具图，表示的是（　　）。

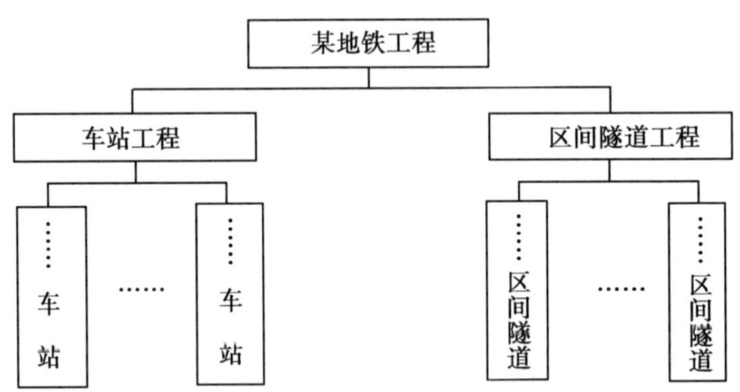

A. 项目结构图　　B. 工作流程图

C. 组织结构图　　D. 合同结构图

5. 关于项目实施阶段策划的说法，正确的是（　　）。

A. 策划是一个封闭性的、专业性较强的工作过程

B. 项目目标的分析和再论证是其基本内容之一

C. 项目实施阶段策划的主要任务是进行项目实施的管理策划

D. 实施阶段策划的范围和深度有明确的统一规定

6. 某工程施工期间，安全人员发现作业区内有一处电缆井盖遗失，随即在现场设置防护栏及警示牌、并设照明及夜间警示红灯。这是建设安全事故隐患处理中（　　）原则的具体体现。

A. 动态治理　　　　B. 单项隐患综合治理

C. 冗余安全度治理　　　　D. 直接隐患与间接隐患并治

7. 关于因果分析图法应用的说明，正确的是（　　）。

A. 一张因果分析图可以分析多个质量问题

B. 通常采用 QC 小组活动的方式进行

C. 具有直观、主次分明的特点

D. 可以了解质量统计表数据的分布特征

8. 根据《建筑工程施工质量验收统一标准》（GB 50300—2001），对涉及结构安全、使用功能的重要分部工程应进行（　　）。

A. 化学成分测定　　　　B. 抽样检测

C. 破坏性试验　　　　D. 观感质量验收

9. 某施工承包企业将其承接的高速公路项目的目标总成本分解为桥梁、隧道、道路工程成本等子项，并编制相应的成本计划，这是按（　　）分解的。

A. 成本组成　　　　B. 项目组成

C. 工程类别　　　　D. 工程性质

10. 在下列合同形式中，承包人承担风险最大的合同类型是（　　）。

A. 固定总价合同　　　　B. 固定单价合同

C. 成本加固定费用合同　　　　D. 最大成本加费用合同

11. 项目各参与方应分别进行不同层次和范围的建设工程项目质量控制体系规划，这是建立建设工程项目质量控制体系时（　　）原则的体现。

A. 目标分解　　　　B. 质量责任制

C. 系统有效性　　　　D. 分层次规划

12. 建设工程项目进度控制工作包括：①编制进度计划；②调整进度计划；③进度目标的分析和论证；④跟踪检查计划的执行情况。其正确的工作程序是（　　）。

A. ①—②—③—④　　　　B. ③—①—②—④

C. ③—①—④—②　　　　D. ④—②—③—①

13. 施工安全技术措施应能够在每道工序中得到贯彻实施，既要考虑保证安全要求，又要考虑现场环境条件和施工技术能够做到。这表明施工安全技术措施要（　　）。

A. 具有针对性和可操作性　　　　B. 具有针对性和全面性

C. 具有可行性和可操作性　　　　D. 力求全面、具体、可靠

14. 施工承包企业应对建设单位提供的原始坐标点、基准线和水准点等测量控制点进行复核，并将复测结果上报（　　）审批，批准后才能建立施工测量控制网，进行工程定位和标高基准的控制。

A. 项目技术负责人　　　　B. 企业技术负责人

C. 业主　　　　D. 监理工程师

15. 施工成本控制的各工作步骤中，其核心是（　　）。

A. 比较　　　　B. 预测

C. 分析　　　　D. 纠偏

16. 施工合同履行过程中，承包商向指定分包商支付工程款的时间应当是（　　）。

A. 分包合同约定的付款时间，不论承包人是否收到了业主支付的工程款

B. 业主同承包人支付工程款之前 14 天

C. 业主同承包人支付工程款之前 7 天

D. 承包商收到业主工程款之后

17. 在项目实施过程中，设计方编制的设计工作进度应尽可能与招标、施工和（　　）等工作进度相协调。

A. 项目选址　　　　B. 可行性研究

C. 竣工验收　　　　D. 物资采购

18. 某基础工程的混凝土试块强度值不满足设计要求，但经法定检测单位对混凝土实体强度进行实际检测后，其实际强度达到规范允许和设计要求值。正确的处理方式是（　　）。

A. 不作处理　　　　B. 修补

C. 返工　　　　D. 加固

19. 根据《国务院关于取消第二批行政审批项目和改变一批行政审批项目管理方式的决定》（国发［2003］5 号），取得建造师注册证书的人员是否担任工程项目施工的项目经理，由（　　）决定。

A. 建设行政主管部门　　　　B. 项目业主

C. 建筑施工企业　　　　D. 项目监理单位

20. 在进行合同分析以后，应由（　　）作"合同交底"。

A. 各层次管理者向合同管理人员

B. 合同管理人员向劳务作业人员

C. 项目经理向合同管理人员

D. 合同管理人员向各层次管理者

21. 国际工程施工承包合同争议解决的方式中，最常用、最有效，也是应该首选的解决方式是（　　）。

A. 仲裁　　　　B. 协商

C. 调解　　　　D. 诉讼

22. 下列建设市场主体中，其工作性质属于业主方项目管理范畴的是（　　）。

A. 设备供货单位　　　　B. 建设监理单位

C. 工程施工总承包单位　　　　D. 工程设计单位

23. 关于安全生产事故应急预案管理的说法，正确的是（　　）。

A. 非参建单位的安全生产及应急管理方面的专家，均可受邀参加应急方案评审

B. 应急预案应报同级人民政府和上一级安全生产监督管理部门备案

C. 生产经营单位应每半年至少组织一次现场处置方案演练

D. 生产经营单位应每年至少组织两次综合应急预案演练或者专项应急预案演练

24. 某施工企业承接了某住宅小区中 10＃楼的土建施工任务，项目经理部针对该施工

编制的施工组织设计属于（　　）。

A. 施工组织总设计　　B. 单项工程施工组织设计

C. 分部工程施工组织设计　　D. 单位工程施工组织设计

25. 关于建造师和项目经理的说法，正确的是（　　）。

A. 大、中型工程项目施工的项目经理必须由取得建造师注册证书的人员担任

B. 取得建造师注册证书的人员均可成为施工项目经理

C. 建造师是管理岗位，项目经理是技术岗位

D. 取得建造师注册证书的人员只能担任施工项目经理

26. 将一个子项目进度计划分解为若干个工作项，属于项目总进度目标论证工作的（　　）。

A. 项目的结构分析　　B. 项目的工作编码

C. 各层进度计划的关系协调　　D. 进度计划系统的结构分析

27. 作业文件是职业健康安全与环境管理体系文件的组成之一，其内容包括（　　）。

A. 管理手册、管理规定、监测活动准则及程序文件

B. 操作规程、管理规定、监测活动准则及程序文件引用的表格

C. 操作规程、管理规定、监测活动准则及管理手册

D. 操作规程、管理规定、监测活动准则及程序文件

28. 下列直方图中，表明生产过程处于正常、稳定状态的是（　　）。

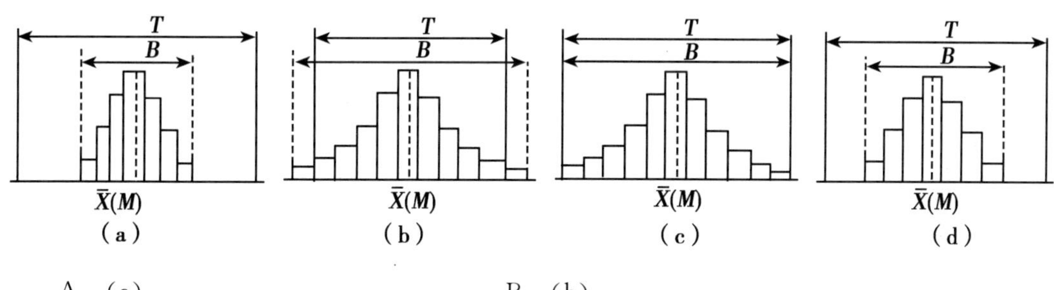

A. (a)　　B. (b)

C. (c)　　D. (d)

29. 下列建设工程项目进度控制的措施中，属于技术措施的是（　　）。

A. 优选工程项目施工方案

B. 确定各类进度计划的审批程序

C. 选择合理的合同结构

D. 选择工程承发包模式

30. 下列施工成本管理的措施中，属于组织措施的是（　　）。

A. 确定最佳的施工方案

B. 对施工成本管理目标进行风险分析，并制定防范性对策

C. 选用合适的合同结构

D. 加强施工定额管理和施工任务单管理，控制活劳动和物化劳动的消耗

31. 施工合同分析中，对工程师权限和责任分析属于（　　）分析的内容。

A. 发包人责任　　B. 合同法律基础

C. 承包人主要任务　　D. 合同争议解决方式

32. 为实现进度目标而采取的经济激励措施所需的费用，应在（　　）中考虑。

A. 工程预算　　B. 投标报价

C. 投资估算　　D. 工程概算

33. 根据下列逻辑关系表绘制的双代号网络图如下图所示，其存在的错误是（　　）。

工作名称	A	B	C	D	E	G	H
紧前工作	—	—	A	A	A、B	C	E

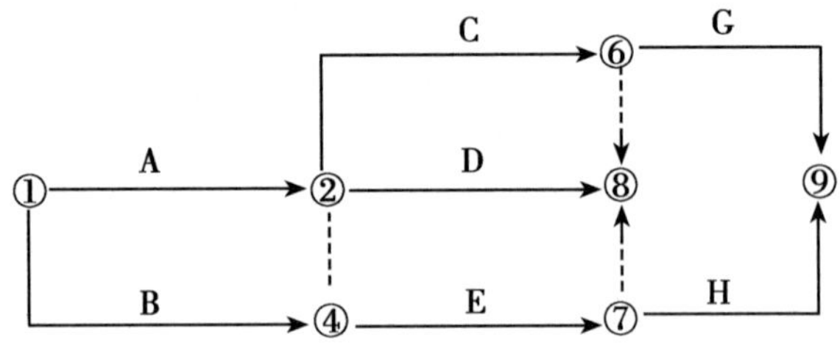

A. 节点编号不对　　B. 逻辑关系不对

C. 有多个终点节点　　D. 有多个起点节点

34. 应用曲线法进行施工成本偏差分析时，已完工作实际成本曲线与已完工作预算成本曲线的竖向距离，表示（　　）。

A. 成本偏差　　B. 进度偏差

C. 进度局部偏差　　D. 成本局部偏差

35. 应用动态控制原理控制项目投资时，若将工程合同价作为投资的实际值，则可作为投资计划值的是（　　）。

A. 工程概算和工程款支付值

B. 工程概算和工作决算

C. 工程决算和工程款支付值

D. 工程概算和工程预算

36. 某工程双代号时标网络计划如下图所示（时间单位：周），工作 A 的总时差为（　　）周。

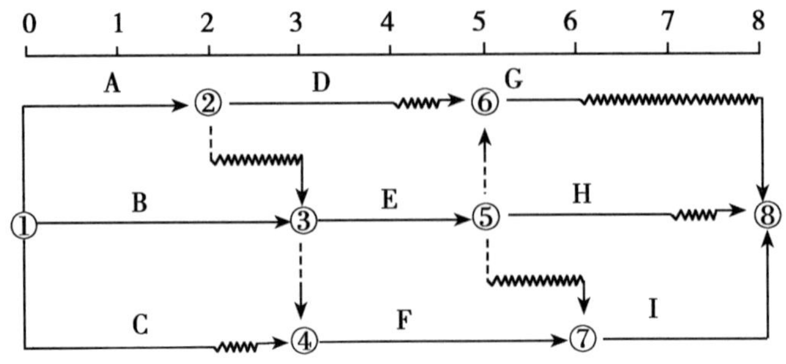

A. 0　　B. 2

C. 3　　D. 1

37. 根据《建设项目工程总承包管理规范》(GB/T 50358—2005)，工程总承包单位可以受业主委托，按合同规定对工程建设项目的（　　）等实行全过程或若干阶段的承包。

A. 决策、设计、施工

B. 勘察、设计、施工、采购、试运行

C. 决策、设计、施工、采购

D. 设计、施工、采购、试运行、运行管理

38. 关于建设工程质量监督管理的说法，正确的是（　　）。

A. 建设行政主管部门发现竣工验收过程中有违反质量管理规定行为的，责令停止使用，重新组织竣工验收

B. 施工单位应当自工程竣工验收合格之日起15日内，将竣工验收报告报建设行政主管部门备案

C. 小规模的市政基础设施改建工程可以免于备案

D. 建设单位未组织竣工验收擅自交付使用的，责令改正，且处以竣工结算价款2%～4%的罚款

39. 建设工程招标投标活动中，自投标截止时间到投标有效期终止时间之前，关于投标文件处理的说法，正确的是（　　）。

A. 投标人可以替换已提交的投标文件

B. 投标人可以补充或修改已提交的投标文件

C. 投标人撤回投标文件的，其投标保证金将被没收

D. 投标文件在该期间送达的，也应视为有效

40. 某按单价合同计价的招标工程，在评标过程中，发现某投标人的总价与单价的计算结果不一致，究其原因是投标人在计算时，将混凝土单价300元/m^3误作为30元/m^3的结果。对此，业主有权（　　）。

A. 以总价为准调整单价

B. 要求投标者重新提报混凝土单价

C. 以单价为准调整总价

D. 将该投标文件作废标处理

41. 工程施工质量事故的处理工作包括：①事故调查；②事故原因分析；③事故处理；④事故处理的鉴定验收；⑤制定事故处理方案。正确的处理程序是（　　）。

A. ①—②—⑤—③—④　　B. ①—②—③—④—⑤

C. ②—①—③—④—⑤　　D. ④—②—⑤—③—①

42. 根据《建设工程监理规范》(GB 50319—2000)，属于施工阶段监理工作任务的是（　　）。

A. 检查施工单位专职安全生产管理人员的资格

B. 检查施工单位的测量、检测仪器设备定期检验的证明文件

C. 审核分包单位资质条件

D. 查验施工单位的施工测量定位放线成果

43. 施工质量控制点应选择技术要求高、对工程质量影响大或是发生质量问题时危害大或（　　）的对象进行设置。

A. 劳动强度大　　B. 施工难度大

C. 施工技术先进　　D. 施工管理要求高

44. 按建设工程项目成本构成编制施工成本计划时，将施工成本分解为（　　）等。

A. 直接费、间接费、利润、税金

B. 单位工程施工费成本及分部、分项施工成本

C. 分部分项工程费、其他项目费、规费

D. 人工费、材料费、施工机械使用费、措施项目费、企业管理费等

45. 根据不同风险水平的风险控制措施计划表，对于“中度的”风险，宜采取的措施是（　　）。

A. 直至风险降低后才能开始工作，当风险涉及正在进行中的工作时，应采取应急计划

B. 考虑投资效果更佳的解决方案或不增加额外成本的改进措施

C. 只有当风险已经降低到“可容许的”水平时，才能开始或继续工作

D. 应努力降低风险，并在规定的时间期限内实施降低风险的措施

46. 根据合同通用条款规定的文件解释优先顺序，下列文件中具有最优先解释权的是（　　）。

A. 规范标准　　B. 中标通知书

C. 协议书　　D. 设计文件

47. 编制施工项目成本计划的关键是确定（　　）。

A. 预算成本　　B. 平均成本

C. 目标成本　　D. 实际成本

48. 按国际工程惯例，对工业与民用建筑的设计任务委托而言，下列专业设计事务所中，通常起主导作用的是（　　）。

A. 测量师事务所　　B. 结构工程师事务所

C. 建筑师事务所　　D. 水电工程师事务所

49. 建设工程安全生产事故应急预案中，针对深基坑开挖可能发生的事故、相关危险源和应急保障而制定的计划属于（　　）。

A. 综合应急预案　　B. 现场处置方案

C. 专项应急预案　　D. 现场应急预案

50. 某工程施工过程中，由于供货商提供的设备（施工单位采购）质量存在缺陷，导致返工并造成损失。施工单位应向（　　）索赔，以补偿自己的损失。

A. 业主　　B. 工程师

C. 设备生产商　　D. 设备供货商

51. 利用水泥、沥青等胶结材料，将松散的废物胶结包裹起来，减少有害物质从废物中向外迁移、扩散，使得废物对环境的污染减少。此做法属于固体废物（　　）的处理。

A. 填埋　　B. 稳定和固化

C. 压实浓缩　　　　D. 减量化

52. 下列沟通过程的诸要素中，处于主导地位的是（　　）。

A. 沟通主体　　　　B. 沟通客体

C. 沟通环境　　　　D. 沟通渠道

53. 关于建设工程施工合同谈判与签约的说法，正确的是（　　）。

A. 在合同谈判阶段形成的所有文件都是合同文件的组成部分

B. 建设工程施工合同由合同双方达成协议并签字后，即受法律保护

C. 双方在合同谈判结束后，即形成正式的合同文件

D. 在合同谈判中，双方可以对技术要求进行进一步讨论和确认

54. 关于进度计划调整的说法，正确的是（　　）。

A. 根据计划检查的结果在必要时进行计划的调整

B. 网络计划中某项工作进度超前，不需要进行计划的调整

C. 非关键线路上的工作不需进行调整

D. 当某项工作实际进度拖延的时间超过其总时差时，只需考虑总工期的限制

55. 下列项目目标动态控制的纠偏措施中，属于组织措施的是（　　）。

A. 调整进度管理方法　　　　B. 改变施工管理方法

C. 强化合同管理　　　　D. 调整工作流程组织

56. 关于施工总承包和施工总承包管理的说法，正确的是（　　）。

A. 施工总承包招标和施工总承包管理招标均可以不依赖完整的施工图

B. 施工总承包管理模式下，分包合同对业主是透明的

C. 业主在施工总承包和施工总承包管理模式下，对分包单位的选择和认可权限是相同的

D. 施工总承包管理单位负责施工现场的总体管理和协调，对项目目标控制不承担责任

57. 下列施工成本分析方法中，可以用来分析各种因素对成本影响程度的是（　　）。

A. 连环置换法　　　　B. 相关比率法

C. 比重分析法　　　　D. 动态比率法

58. 工程质量监督申报手续应在工程项目（　　）到工程质量监督机构办理。

A. 开工前，由施工单位　　　　B. 竣工验收前，由建设单位

C. 开工前，由建设单位　　　　D. 竣工验收前，由施工单位

59. 对装饰工程中的水磨石、面砖、石材饰面等现场检查时，均应进行敲击检查其铺贴质量。该方法属于现场质量检查方法中的（　　）。

A. 目测法　　　　B. 实测法

C. 记录法　　　　D. 试验法

60. 企业质量管理体系运行过程中，落实质量管理体系的内部审核程序，有组织有计划开展内部质量审核活动的目的之一是（　　）。

A. 记载关键活动的质量参数

B. 反映针对不足所采取的纠正措施及纠正效果

C. 证明产品质量达到合同要求及质量保证的满足程度

D. 向外部审核单位提供体系有效的证据

61. 根据《建设工程委托监理合同（示范文本)》(GF—2000—0201)，监理人发现工程设计不符合国家规定的质量标准时，正确的做法是（　　）。

A. 书面报告委托人并要求设计人改正

B. 指令施工单位征求设计人的修改意见

C. 及时向设计人报告问题的具体情况

D. 口头联系设计人并书面报告委托人

62. 某施工企业编制某建设项目施工组织总设计，先后进行了相关资料的收集和调研、主要工种工程量的计算、施工总体部署的确定等工作，接下来应进行的工作是（　　）。

A. 施工总进度计划的编制　　B. 施工方案的拟订

C. 资源需求量计划的编制　　D. 施工总平面图的设计

63. 根据《建设工程施工专业分包合同（示范文本)》(GF—2003—0213)，承包人应提供总包合同供分包人查阅，但可以不包括其中有关（　　）。

A. 承包工程的价格内容　　B. 承包工程的进度要求

C. 项目业主的情况　　D. 违约责任的条款

64. 某工程网络计划中，工作M的自由时差为2天，总时差为5天。实施进度检查时发现该工作的持续时间延长了4天，则工作M的实际进度（　　）。

A. 不影响总工期，但将其紧后工作的最早开始时间推迟2天

B. 既不影响总工期，也不影响其后续工作的正常进行

C. 将使总工期延长4天，但不影响其后续工作的正常进行

D. 将其后续工作的开始时间推迟4天，并使总工期延长1天

65. 建设工程项目信息系统主要用于项目的（　　）。

A. 投标报价　　B. 合同管理

C. 目标控制　　D. 技术资料管理

66. 下列事件中，承包商不能提出工期索赔的是（　　）。

A. 开工前业主未能及时交付施工图纸

B. 工程师指示承包商加快施工进度

C. 异常恶劣的气候条件

D. 业主未能及时支付工程款造成工期延误

67. 根据《建设工程项目管理规范》(GB/T 50326—2006)，项目管理实施规划应由（　　）组织编制。

A. 项目技术负责人　　B. 项目经理

C. 企业生产经营负责人　　D. 企业技术负责人

68. 根据全面质量管理的思想，工程项目的全面质量管理是指对（　　）的全面管理。

A. 工程质量形成过程　　B. 工程建设各参与方

C. 工程质量和工作质量　　D. 工程建设所需的材料、设备

69. 某建设工程项目中，承包人按合同约定，由担保公司向发包人提供了履约担保书。在合同履行过程中，如果承包人违约，开出担保书的担保公司（　　）。

A. 必须向发包人支付履约担保书规定的保证金

B. 必须用履约担保书规定的保证金去完成施工任务

C. 应完成施工任务，并向发包人支付履约担保书规定的保证金

D. 用履约担保书规定的担保金去完成施工任务或向发包人支付该项保证金

70. 下列工程担保中，以保护承包人合法权益为目的的是（　　）。

A. 投标担保　　B. 支付担保

C. 履约担保　　D. 预付款担保

二、多项选择题（共 30 题，每题 2 分。每题的备选项中，有 2 个或 2 个以上符合题意，至少有 1 个错项。错选，本题不得分；少选，所选的每个选项得 0.5 分）

71. 建设工程施工质量验收中，检验批质量验收的内容包括（　　）。

A. 质量资料　　B. 主控项目

C. 一般项目　　D. 允许偏差项目

E. 观感项目

72. 关于分部分项工程施工成本分析的方法，正确的有（　　）。

A. 分部分项工程成本分析的对象为已完分部分项工程

B. 分部分项工程成本分析是施工项目成本分析的基础

C. 必须对施工项目中的所有分部分项工程进行成本分析

D. 分部分项工程成本分析的方法就是进行实际成本与目标成本比较

E. 对主要分部分项工程要做到从开工到竣工进行系统的成本分析

73. 建设工程安全事故处理的原则有（　　）。

A. 事故单位未受到处理不放过

B. 事故原因未查清不放过

C. 事故责任人未受到处理不放过

D. 事故未制定整改措施不放过

E. 事故有关人员未受到教育不放过

74. 根据《关于做好房屋建筑和市政基础设施工程质量事故报告和调查处理工作的通知》（建质［2010］111 号），按事故造成的损失程度，工程质量事故分为（　　）。

A. 特别重大事故　　B. 重大事故

C. 较大事故　　D. 微小事故

E. 一般事故

75. 下列影响建设工程项目质量的环境因素中，属于劳动作业环境因素的有（　　）。

A. 地下水位　　B. 风力等级

C. 照明方式　　D. 验收程序

E. 围挡设施

76. 某工程双代号网络计划如下图所示（时间单位：天），图中已标出各项工作的最早开始时间 ES 和最迟开始时间 LS。该计划表明（　　）。

A. 工作 1～3 的总时差和自由时差相等

B. 工作 2～6 的总时差和自由时差相等

C. 工作 2～4 和工作 3～6 均为关键工作

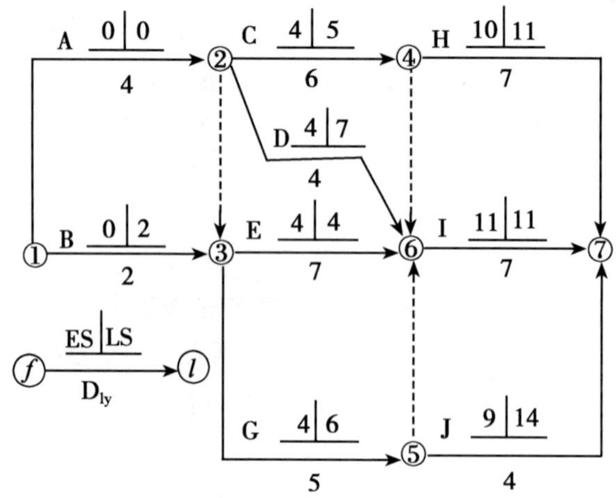

D. 工作 3～5 的总时差和自由时差分别为 2 和 0 天

E. 工作 5～7 的总时差和自由时差相等

77. 关于履约担保的说法，正确的有（　　）。

A. 建筑业通常倾向于采用无条件银行保函作为履约担保

B. 银行履约保函分为有条件和无条件的银行保函

C. 履约担保书通常是由商业银行或保险公司开具

D. 采用担保书的金额要求比银行保函的金额要求低

E. 履约保证金额的大小取决于招标项目的类型与规模

78. 在国际上，工程建设物资采购的常用模式有（　　）。

A. 业主方自行采购　　B. 行政指定采购

C. 承包商采购　　D. 与承包商约定指定供应商采购

E. 行业协会统一采购

79. 下图所示的双代号时标网络计划，执行到第 4 周末及第 10 周末时，检查其实际进度图中前锋线所示，检查结果表明（　　）。

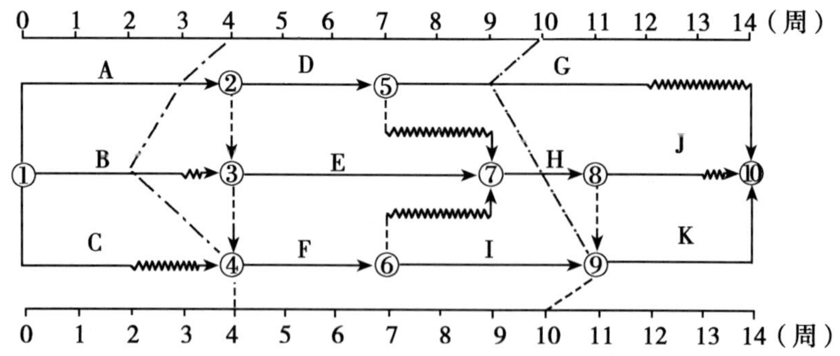

A. 第 4 周末检查时工作 A 拖后 1 周，影响工期 1 周

B. 第 4 周末检查时工作 B 拖后 1 周，但不影响工作

C. 第 10 周检查时工作 I 提前 1 周，可使工期提前 1 周

D. 在第5周到第10周内，工作F和工作I的实际进度正常

E. 第10周末检查时工作G拖后1周，但不影响工期

80. 按施工进度编制施工成本计划时，若所有工作均按照最早开始时间安排，则对项目目标控制的影响有（　　）。

A. 工程按期竣工的保证率较高　　B. 工程质量会更好

C. 不利于节约资金贷款利息　　D. 有利于降低投资

E. 不能保证工程质量

81. 在国际工程承包合同中，采用DAB（争端裁决委员会）方式解决争端的优点有（　　）。

A. DAB委员由行政主管部门指派，裁决具有公正性、中立性

B. DAB委员可以在项目开始时就介入，了解项目管理情况及存在的问题

C. DAB的裁决具有终局性，避免二次纠纷

D. DAB解决纠纷的费用较低

E. DAB解决纠纷的周期较短

82. 关于建设工程项目管理规划的说法，正确的有（　　）。

A. 建设工程项目管理规划仅涉及项目的施工阶段和保修期

B. 建设工程项目管理规划编制完成后不需调整

C. 除业主方以外，建设项目的其他参与单位也需要编制项目管理规划

D. 如果采用工程总承包模式，业主方可以委托总承包方编制建设工程项目管理规划

E. 建设工程项目管理规划内容涉及的范围和深度，应视项目的特点而定

83. 关于建设工程施工现场文明施工的说法，正确的有（　　）。

A. 施工现场必须实行封闭管理，设置进出口大门，制定门卫制度，严格执行外来人员进场登记制度

B. 沿工地四周连续设置围挡，市区主要道路和其他涉及市容景观路段的工地围挡的高度不得低于1.8m

C. 项目经理是施工现场文明施工的第一责任人

D. 施工现场设置排水系统，泥浆、污水、废水有组织地直接排入下水道

E. 现场建立消防领导小组，落实消防责任制和责任人员

84. 下列项目目标动态控制的纠偏措施中，属于技术措施的有（　　）。

A. 改进施工方法　　B. 调整项目管理工作流程组织

C. 调整进度控制的方法和手段　　D. 选择高效的施工机具

E. 调整项目管理任务分工

85. 编制施工组织总设计时，必须遵循的顺序有（　　）。

A. 拟订施工方案后，才能编制进度计划

B. 编制进度计划后，才能编制资源需求量计划

C. 确定施工部署后，才能制订施工方案

D. 计算完工程量后，才能确定施工部署

E. 确定资源需求量计划后，才能编制施工准备工作计划

86. 根据《建设工程施工合同（示范文本）》（GF—99—0201），工程师是指（　　）。

A. 监理单位安排的现场监理工程师

B. 发包人指定的履行合同的代表

C. 施工单位具有中级以上职称的人员

D. 监理单位委派的总监理工程师

E. 现场具有工程序列中级以上职称的人员

87. 建设工程项目施工成本控制的主要依据有（　　）。

A. 工程承包合同　　B. 进度报告

C. 施工成本计划　　D. 施工成本预测资料

E. 工程变更

88. 根据《全国建筑市场各方主体不良行为记录认定标准》，施工企业承揽业务中的不良行为包括（　　）。

A. 允许其他单位或个人以本单位名义承揽工程

B. 以他人名义投标或者以其他方式弄虚作假，骗取中标

C. 不按照与招标人订立的合同履行义务，情节严重

D. 未按照节能设计进行施工

E. 将承包的工程转包或者违法分包

89. 根据《建设工程项目管理规范》（GB/T 50326—2006），项目经理的权限有（　　）。

A. 签订工程施工承包合同

B. 进行授权范围内的利益分配

C. 参与组建项目经理部

D. 参与选择物资供应单位

E. 参与工程竣工验收

90. 下列建设工程项目信息中，属于技术类信息的有（　　）。

A. 进度计划　　B. 施工方案

C. 隐蔽验收记录　　D. 桩基检测报告

E. 工程量清单

91. 建设单位和监理单位组织设计单位向所有的施工单位进行详细的设计交底，设计交底的主要目的（　　）。

A. 深入发现和解决各专业设计之间可能存在的矛盾

B. 充分理解设计意图

C. 了解设计内容和技术要求

D. 明确质量控制的重点与难点

E. 消除施工图的差错，解决施工的可行性问题

92. 根据《建设工程监理规范》(GB 50319—2000)，属于工程建设监理规划内容的有（　　）。

A. 建设工程概况

B. 监理工作的控制要点与目标值

C. 监理工作制度

D. 监理工程进度计划

E. 监理设施

93. 关于建设工程反索赔的说法，正确的有（　　）。

A. 反索赔是双向的

B. 工程师对索赔文件的审核是反索赔的工作内容之一

C. 审核索赔报告的时限性是反索赔的要点之一

D. 调查分析并确定索赔事件的原因和责任，是反索赔的工作内容之一

E. 反索赔工作就是反击或反驳对方的索赔要求

94. 下列进度控制措施中，属于经济措施的有（　　）。

A. 编制进度控制工作流程

B. 选用恰当的承发包形式

C. 按时支付工程款项

D. 设立提前完工奖

E. 拖延完工予以处罚

95. 建设工程项目总进度纲要的主要内容包括（　　）。

A. 项目实施的总体部署

B. 总进度规划

C. 项目结构分析

D. 确定里程碑事件的计划进度目标

E. 总进度目标实现的条件

96. 在质量管理中，直方图法的主要用途有（　　）。

A. 掌握质量能力状态

B. 确定质量问题的主要原因

C. 分门别类分析质量问题

D. 分析生产过程的状态

E. 分析质量水平的范围

97. 关于管理职能分工的说法，正确的有（　　）。

A. 编制管理职能分工表时，施工质检员只有"执行"职能

B. 项目管理职能分工表只需针对质量控制进行编制

C. 业主方和项目各参与方都应编制各自的项目管理职能分工表

D. 管理职能实际上就是管理过程的多个工作环节

E. 在一个项目施工全过程中，项目管理班子的职能分工应该保持不变

98. 根据《建设工程安全生产管理条例》，下列分部分项工程中，应当组织专家进行施工方案论证的有（　　）。

A. 深基坑工程　　B. 地下暗挖工程

C. 脚手架工程　　D. 高大模板工程

E. 爆破工程

99. 对业主而言，成本加酬金合同的优点有（　　）。

A. 可以利用承包商的施工技术专家，帮助改进或弥补设计的不足

B. 可以根据自身力量和需要，较深入地介入和控制工程施工和管理

C. 可以转移风险，有利于业主方的投资控制

D. 可以通过分段施工缩短工期

E. 可以减少承包商的对立情绪

100. 关于建设工程项目管理的说法，正确的有（　　）。

A. 建设工程管理工作的核心任务是为工程的建设和使用增值

B. 业主方的项目管理工作涉及项目实施阶段的全过程

C. 项目决策阶段项目管理工作的任务之一是进行项目定义

D. 建造师的业务范围实只限于项目实施阶段的项目管理工作

E. 只有施工企业对项目的管理，才能称为施工方的项目管理

2013年度全国一级建造师执业资格考试
建设工程项目管理试题

一、单项选择题（共70题，每题1分。每题的备选项中，只有1个最符合题意）

1. 建设项目工程总承包方的项目管理工作主要在项目的（　　）。

A. 决策阶段、实施阶段、使用阶段

B. 实施阶段

C. 设计阶段、施工阶段、保修阶段

D. 施工阶段

2. 下列影响建设工程项目管理目标实现的因素中，起决定性作用的是（　　）。

A. 人　　B. 方法　　C. 工具　　D. 组织

3. 管理是由多个环节组成的过程，为了说明组成管理的这些环节可以使用（　　）。

A. 项目组织设计文件　　B. 项目任务分期表

C. 工作任务分工表　　D. 管理职能分工描述书

4. 下列建设工程项目决策阶段的工作内容中，属于组织策划的是（　　）。

A. 业主方项目管理的组织结构　　B. 生产运营期经营管理总体方案

C. 编码体系的建立　　D. 实施期组织总体方案

5. 建设项目工程总承包的基本出发点是借鉴工业生产组织的经验，实现建设生产过程的（　　）。

A. 组织柔性化　　B. 组织集成化　　C. 组织扁平化　　D. 组织高效化

6. 采用施工总承包管理模式时，对各分包单位的质量控制由（　　）进行。

A. 施工总承包单位　　B. 施工总承包管理单位

C. 业主方　　D. 监理方

7. 根据《建设工程项目管理规范》（GB/T 50326—2006），项目管理规划应包括项目管理规划大纲和（　　）两类文件。

A. 项目管理计划　　B. 项目管理实施细则

C. 项目管理操作规划　　D. 项目管理实施规划

8. 编制施工组织总设计时，在施工总进度计划确定之后，才可以进行的工作是（　　）。

A. 拟订施工方案　　B. 确定施工的总体部署

C. 编制资源需求量计划　　D. 计算主要工种工程的工程量

9. 当工程项目实行施工总承包管理模式时，业主与施工总承包管理单位的合同一般采用（　　）。

A. 单价合同　　B. 固定总价合同　　C. 变动总价合同　　D. 成本加酬金合同

10. 根据《建设工程安全生产管理条例》，下列施工起重机械进行登记时提交的资料中，属于机械使用有关情况的是（　　）。

A. 制造质量证明书　　B. 起重机械的管理制度

C. 检验证书　　D. 使用说明书

11. 施工项目年度成本分析的重点是（　　）。

A. 通过实际成本与目标成本的对比，分析目标成本落实情况

B. 通过对技术组织措施执行效果的分析，寻求更加有效的节约途径

C. 通过实际成本与计划成本的对比，分析成本降低水平

D. 针对下一年度进展情况，规划切实可行的成本管理措施

12. 如果一个进度计划系统由总进度计划、项目子系统进度计划、项目子系统的单项工程进度计划组成。该进度计划系统是由（　　）的计划组成的计划系统。

A. 不同功能　　B. 不同项目参与方　　C. 不同深度　　D. 不同周期

13. 分部工程双代号网络计划如下图所示，则工作C的自由时差为（　　）天。

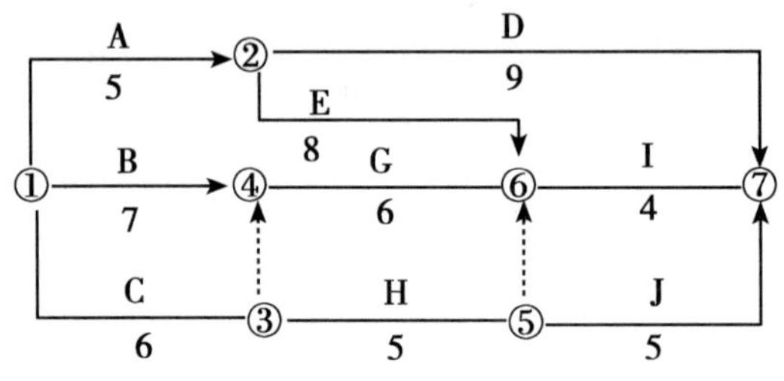

A. 1　　B. 2　　C. 3　　D. 0

14. 建设工程项目质量管理的PDCA循环中，质量计划阶段的主要任务是（　　）。

A. 明确质量目标并制定实现目标的行动方案

B. 展开工程项目的施工作业技术活动

C. 对计划实施过程进行科学管理

D. 对质量问题进行原因分析，采取措施予以纠正

15. 建设工程施工进度控制中，业主方的任务是控制整个项目（　　）的进度.

A. 实施阶段　　B. 决策阶段

C. 项目全寿命周期　　D. 使用阶段

16. 下列施工成本材料费的控制中，可以影响材料价格的因素是（　　）。

A. 材料领用的指标　　B. 材料的投料计量

C. 材料消耗量的大小　　D. 材料的采购运输

17. 下列施工成本管理的措施中，属于技术措施的是（　　）。

A. 加强施工任务单的管理　　B. 编制施工成本控制工作计划

C. 寻求施工过程中的索赔机会　　D. 确定最合适的施工机械方案

18. 在国际工程承包合同中，根据工程项目的规模和复杂程度，DAB争端裁决委员会的任命有多种方式，只在发生争端时任命的是（　　）。

A. 常任争端裁决委员会　　B. 特聘争端裁决委员会

C. 工程师兼任的委员会　　D. 业主指定争端裁决委员会

19. 发生建设工程重大安全事故时，负责事故调查的人民政府应当自收到事故调查报告起（　　）日内作出批复。

A. 30　　　　B. 15　　　　C. 45　　　　D. 60

20. 编制成本计划时，施工成本可以按成本构成分解为（　　）。

A. 人工费、材料费、施工机具使用费、规费和企业管理费

B. 人工费、材料费、施工机具使用费、措施费和企业管理费

C. 人工费、材料费、施工机具使用费、规费和间接费

D. 人工费、材料费、施工机具使用费、间接费、利润和税金

21. 某企业通过质量管理体系认证后，由于管理不善，经认证机构调查作出了了撤销认证的决定。则该企业（　　）。

A. 可以提出申诉，并在一年后可重新提出认证申请

B. 不能提出申诉，不能再重新提出认证申请

C. 不能提出申诉，但在一年后可以重新提出认证申请

D. 可以提出申诉，并在半年后可重新提出认证申请

22. 在建设工程施工投标过程中，施工方案应由投标人的（　　）主持制定。

A. 项目经理　　　　B. 法人代表　　　　C. 技术负责人　　　　D. 分管投标的负责人

23. 下列影响建设工程项目质量的因素中，属于管理因素的是（　　）。

A. 人的因素和技术因素　　　　B. 人的因素和环境因素

C. 决策因素和组织因素　　　　D. 技术因素和决策因素

24. 在工程勘察设计、招标采购、施工安装、竣工验收等各个阶段，建设工程项目参与各方的质量控制，均应围绕致力于满足（　　）的质量总目标而展开。

A. 法律法规　　　　B. 业主要求　　　　C. 工程建设标准　　　　D. 设计文件

25. 建设单位应在工程竣工验收前（　　）个工作日前，将验收时间、地点、验收组名单书面通知该工程的工程质量监督机构。

A. 7　　　　B. 3　　　　C. 14　　　　D. 15

26. 根据建设工程项目总进度目标论证的工作步骤，在完成“项目结构分析”工作之后应立即进行的工作是（　　）。

A. 调查研究和收集资料　　　　B. 进度计划系统的结构分析

C. 项目的工作编码　　　　D. 编制各层进度计划

27. 某项目专业性强且技术复杂，开工后，由于专业原因该项目的项目经理不能胜任该项目，为了保证项目目标的实现，企业更换了项目经理。企业的此项行为属于项目目标动态控制的（　　）。

A. 管理措施　　　　B. 经济措施　　　　C. 技术措施　　　　D. 组织措施

28. 编制施工项目成本计划，关键是确定项目的（　　）。

A. 概算成本　　　　B. 成本构成　　　　C. 目标成本　　　　D. 实际成本

29. 根据《建设工程项目管理规范》(GB/T50326—2006)，项目管理目标责任书应在项目实施之前，由（　　）制定。

A. 项目技术负责人　　　　B. 法定代表人

C. 项目经理与项目承包人协商　　　　D. 法定代表人与项目经理协商

30. 项目风险管理过程包括：①项目风险响应；②项目风险评估；③项目风险识别；④项目风险控制，其正确的管理流程是（　　）。

A. ③－②－①－④　　B. ③－②－④－①

C. ②－③－④－①　　D. ①－③－②－④

31. 对于采用单价合同招标的工程，如投标书中有明显的数字计算错误业主有权先做出修改再评标。当总价和单价的计算结果不一致时，正确的做法（　　）。

A. 按市场价调整单价　　B. 分别调整单价和总价

C. 以总价为准调整单价　　D. 以单价为准调整总价

32. 关于职业健康安全与环境管理体系内部审核的说法，正确的是（　　）。

A. 内部审核是对相关的法律的执行情况进行评价

B. 内部审核是管理体系自我保证和自我监督的一种机制

C. 内部审核是最高管理者对管理体系的系统评价

D. 内部审核是管理体系接受政府监督的一种机制

33. 对工程质量状况和质量问题，按总包、专业分包和劳务分包分门别类地进行调查和分析，以准确有效地找出问题及其原因所在。这是质量管理统计方法中（　　）的基本思想。

A. 分层法　　B. 因果分析图法

C. 排列图法　　D. 直方图法

34. 关于施工成本及其管理的说法，正确的是（　　）。

A. 施工成本是指施工过程中消耗的构成工程实体的各项费用支出

B. 施工成本管理就是在保证工期和满足质量要求的情况下，采取相应措施把成本控制在计划范围内，并最大限度地节约成本

C. 施工成本预测是以货币形式编制施工项目在计划期内的生产费用、成本水平、成本降低率及降低成本措施的书面方案

D. 施工成本考核是在施工成本核算的基础上，对成本形成过程和影响成本升降的因素进行分析，以寻求进一步降低成本的途径

35. 由于建设工程项目大量数据处理的需要，应重视利用新信息技术的手段进行信息管理，其核心手段是（　　）。

A. 基于局域网的信息管理平台　　B. 基于互联网的信息处理平台

C. 基于互联网的信息传输平台　　D. 基于局域网的信息处理平台

36. 工程档案的编码应根据有关工程档案规定、项目特点和（　　）而建立。

A. 项目实施的工作任务目录　　B. 项目实施单位的需求

C. 分部项目工程的定额号　　D. 信息输入输出模型

37. 为了实现项目的进度目标，应选择合理的合同结构，以避免过多的合同交界面而影响工程的进展。这属于进度控制的（　　）。

A. 组织措施　　B. 经济措施　　C. 技术措施　　D. 管理措施

38. 建设工程政府质量监督机构参加项目的竣工验收会议的目的是（　　）。

A. 对建设过程质量情况进行总结，签发竣工验收意见书

B. 对影响结构安全的工程实体质量进行检查验收

C. 对影响使用功能的相关部分进行检查验收

D. 对质量验收的程序、组织、方法、过程等进行监督

39. 在签订合同的谈判中，为了防范货币贬值或者通货膨胀的风险，招标人和中标人一般通过（　　）约定风险分担方式。

A. 确定价格调整条款　　B. 确定合同价格条款

C. 调整工程范围　　D. 确定合同款支付方式

40. 施工现场（　　）人以上的临时食堂，污水排放时可设置简易有效地隔油池，定期清理，防止污染。

A. 20　　B. 50　　C. 100　　D. 80

41. 项目进度控制的主要工作环节中，首先应进行的工作是（　　）。

A. 编制进度计划

B. 分析和论证进度目标

C. 定期跟踪进度计划的执行情况

D. 采取纠偏措施

42. 下列建设工程生产安全事故应急预案的具体内容中，属于现场处置方案的是（　　）。

A. 信息发布　　B. 应急演练　　C. 事故征兆　　D. 经费保障

43. 工程项目施工组织设计中，一般将施工顺序的安排写入（　　）。

A. 施工进度计划　　B. 施工总平面图

C. 施工部署和施工方案　　D. 工程概况

44. 某工程第三层混凝土现浇楼面的平整偏差达到10mm，其后续作业为找平层和面层的施工，这时应该（　　）。

A. 加固处理　　B. 修补处理　　C. 不作处理　　D. 限制使用

45. 下列合同实施偏差的调整措施中，属于组织措施的是（　　）。

A. 增加人员投入　B. 增加资金投入　　C. 变更技术方案　　D. 变更合同条款

46. 根据《职业健康安全管理体系规范》（GB/T 28001—2001），属于辅助性要素的是（　　）。

A. 法规和其他要求　　B. 运行控制　　C. 培训、意识和能力　　D. 管理评审

47. 下列影响建设工程项目实施的风险因素中，属于技术风险的是（　　）。

A. 工程勘察资料　　B. 气象条件

C. 公用防火设施的数量　　D. 人身安全控制计划

48. 当发生索赔事件时，对于承包商自有的施工机械，其费用索赔通常按照（　　）进行计算。

A. 台班折旧费　　B. 台班费　　C. 设备使用费　　D. 进出场费用

49. 某工程施工中，由于施工方在低价中标后偷工减料，导致出现重大工程质量事故，该质量事故发生的原因属于（　　）。

A. 管理原因　　B. 社会、经济原因

C. 技术原因　　D. 人为事故原因

50. 对总额1000万元的工程项目进行期中检查，截至检查时已完成工作预算费用410万元，计划工作预算费用为400万元，已完成工作实际费用为430万元，则其费用绩效指数为（　　）。

A. 0.953　　B. 0.430　　C. 0.930　　D. 1.075

51. 下列质量管理的内容中，属于施工质量计划基本内容的是（　　）。

A. 项目部的组织机构设置　　B. 质量控制点的控制要求

C. 质量手册的编制　　D. 施工质量体系的认证

52. 根据《中华人民共和国招标投标法实施条例》，对某3000万元投资概算的工程项目进行招标时，施工投标保证金额度符合规定的是（　　）万元人民币。

A. 70　　B. 100　　C. 120　　D. 50

53. 根据施工现场环境保护的要求，凡在人口稠密区进行强噪声作业时，须严格控制作业时间。一般情况下，停止强噪声作业的时间是（　　）。

A. 晚9点到次日早4点

B. 晚11点到次日早4点

C. 晚10点到次日早5点

D. 晚10点到次日早6点

54. 双代号时标网络计划中，当某工作之后有虚工作时，则该工作的自由时差为（　　）。

A. 该工作的波形线的水平长度

B. 本工作与紧后工作间波形线水平长度和的最大值

C. 本工作与紧后工作间波形线水平长度和的最小值

D. 后续所有线路段中波形线中水平长度和的最小值

55. 直方图的分布形状及分布区间宽窄，取决于质量特征统计数据的（　　）。

A. 样本数量和分布情况　　B. 控制标准和分布状态

C. 平均值和标准偏差　　D. 分布位置恶化控制标准上下限

56. 工程施工过程中发生索赔事件以后，承包人首先要做的工作是（　　）。

A. 向监理工程师提出索赔证据

B. 提交索赔报告

C. 提出索赔意向通知

D. 与业主就索赔事项进行谈判

57. 根据项目目标动态控制的工作程序，第一步工作是（　　）。

A. 进行项目目标分解

B. 收集项目目标的实际值

C. 进行目标的计划值与实际值比较

D. 确定各种资源投入量

58. 在施工期间，对质量问题严重的单位，政府质量监督机构可根据问题的性质签发（　　）。

A. 质量问题整改通知单　　B. 局部暂停施工指令单

C. 临时收缴资质证书通知书　　D. 全面停工通知书

59. 下列现场质量检查方法中，属于无损检测方法的是（　　）。

A. 拖线板挂锤吊线检查　　B. 铁锤敲击检查

C. 留置试块试验检查　　D. 超声波探伤检查

60. 工程管理信息化有利于提高建设工程项目的经济效益和社会效益，以达到（　　）的目的。

A. 为项目建设增值　　B. 实现项目建设目标

C. 实现项目管理目标　　D. 提高项目建设综合治理

61. 在建设工程施工合同分析时，关于承包人任务的说法，正确的是（　　）。

A. 应明确承包人的合同标的

B. 工程变更补偿合同范围以合同金额的一定百分比表示时，百分比值越大，承包人的风险越小

C. 合同实施中，对工程师指令的变更，承包人必须无条件执行

D. 工程变更的索赔有效期越短，对承包人越有利

62. 分部分项工程成本分析“三算”对比分析，是指（　　）的比较。

A. 预算成本、目标成本、实际成本

B. 概算成本、预算成本、决算成本

C. 月度成本、季度成本、年度成本

D. 预算成本、计划成本、目标成本

63. 根据《建设工程施工劳务分包合同（示范文本）》（GF—2003—0214），从事危险作业职工的意外伤害保险应由（　　）办理。

A. 发包人　　B. 施工承包人　　C. 专业分包人　　D. 劳务分包人

64. 某工程进行检验批验收付时，发现某框架梁截面尺寸与原设计图纸尺寸不符，但经原设计单位核算，仍能满足结构安全性及使用性要求。则该检验批（　　）。

A. 应重新施工

B. 应经施工单位和业主协商确定是否予以验收，其经济责任由业主承担

C. 可直接予以验收

D. 必须进行加固处理后重新组织验收

65. 根据《建设工程施工劳务分包合同（示范文本）》（GF—2003—0214），除专用条款另有规定外，下列合同文件中拥有最优先解释权的是（　　）。

A. 通用合同条款　　B. 中标通知书

C. 投标函及其附件　　D. 技术标准和要求

66. 根据《建设工程监理规范》，对中型及以上或专业性比较强的工程项目，项目监理机构应编制工程建设监理实施细则，并必须经（　　）批准后执行。

A. 监理单位技术负责人　　B. 总监理工程师

C. 专业监理工程师　　D. 业主代表

67. 根据《生产安全事故报告和调查处理条例》，下列安全事故中，属于重大事故的是（　　）。

A. 3 人死亡，10 人重伤，直接经济损失 2000 万元

B. 12 人死亡，直接经济损失 960 万元

C. 36 人死亡，50 人重伤，直接经济损失 6000 万元

D. 2 人死亡，100 人重伤，直接经济损失 1.2 亿元

68. 下列项目各参与方的沟通障碍中，属于组织沟通障碍的是（　　）。

A. 机构组织庞大

B. 知识、经验水平的差距导致的障碍

C. 对信息的看法不同造成的障碍

D. 下属对上级的恐惧心理而形成的障碍

69. 在施工准备阶段，绘制模板配图属于（　　）的质量控制工作。

A. 计量控制准备　B. 测量控制准备　　C. 施工技术准备　　D. 施工平面控制

70. 对某办公大楼二层一施工段内的框架柱钢筋制作的质量，应按一个（　　）进行验收。

A. 单位工程　　　B. 分部工程　　　　C. 分项工程　　　　D. 检验批

二、多项选择题（共30题，每题2分。每题的备选项中，有2个或2个以上符合题意，至少有1个错项。错选，本题不得分；少选，所选的每个选项得0.5分）

71. 根据《生产安全事故报告和调查处理条例》（国务院令第493号），事故调查报告的内容主要有（　　）。

A. 事故发生单位概况

B. 事故发生经过和事故援救情况

C. 事故造成的人员伤亡和直接经济损失

D. 事故责任者的处理结果

E. 事故发生的原因和事故性质

72. 建设工程项目质量控制系统运行的约束机制，取决于（　　）。

A. 各质量责任主体对利益的追求

B. 质量信息反馈的及时性和准确性

C. 各主体内部的自我约束能力

D. 外部的监控效力

E. 工程项目管理文化建设的程度

73. 国际上业主方工程建设物资采购的模式主要有（　　）。

A. 业主自行采购

B. 与承包商约定某些物资的指定供应商

C. 承包商采购

D. 业主规定价格、由承包商采购

E. 承包商询价、由业主采购

74. 关于FIDIC《土木工程施工合同条件》的说法，正确的有（　　）。

A. 该合同主要发包人设计的或咨询工程师设计的房屋建筑工程和土木工程的施工项目

B. 一般情况下，单价可随各类物价的波动而调整

C. 合同计价方式属于单价合同，不包含任何包干价格

D. 由业主委派工程师管理合同

E. 由业主监督工程进度、质量，签发支付证书、接受证书和履约证书，处理合同中的有关事项

75. 根据《建筑工程质量管理条例》，在工程项目建设监理过程中，未经监理工程师

签字，（　　）。

A. 建筑材料、构配件不得在工程上使用

B. 建筑设备不得在工程上安装

C. 施工单位不得进行下一道工序的施工

D. 建设单位不得进行竣工验收

E. 施工单位不得更换施工作业人员

76. 下列进度控制的措施中，属于组织措施的有（　　）。

A. 选择承发包模式

B. 进行工程进度的风险分析

C. 落实资金供应的条件

D. 编制项目进度控制的工作流程

E. 进行有关进度控制会议的组织设计

77. 关于建设工程项目进度控制的说法，正确的有（　　）。

A. 进度控制的过程，就是随着项目的进展，进度计划不断调整的过程

B. 施工方进度控制的目的就是尽量缩短工期

C. 项目各参与方进度控制的目标和时间范畴是相同的

D. 施工进度控制直接关系到工程的质量和成本

E. 进度控制的目的是通过控制以实现过程的进度目标

78. 下列建设工程项目实施阶段策划的工作中，属于项目目标分析和再论证工作内容的有（　　）。

A. 编制项目投资总体规划　　B. 编制项目建设总进度规划

C. 项目实施环境调查　　D. 项目功能分解

E. 建筑面积分配

79. 根据施工现场文明施工的要求，施工现场文明施工制度包括（　　）。

A. 门卫值班管理制度　　B. 岗位聘任制度

C. 宣传教育制度　　D. 消防管理制度

E. 检查考核制度

80. 项目经理在承担项目施工管理过程中，需履行的职责有（　　）。

A. 贯彻执行国家和工程所在地政府的有关法律、法规和政策

B. 确定项目部和企业之间的利益分配

C. 对工程项目施工进行有效控制

D. 严格财务制度，加强财务管理

E. 确保工程质量和工期，实现安全、文明生产

81. 单位工程施工组织设计和分部（分项）工程施工组织设计均应包括的内容有（　　）。

A. 施工安全管理计划　　B. 工程概况

C. 施工特点分析　　D. 各项资源需求量计划

E. 主要技术经济指标

82. 关于因果分析图法应用的说法，正确的有（　　）。

A. 一张分析图可以解决多个质量问题

B. 常采用 QC 小组活动的方式进行，有利于集思广益

C. 因果分析图法专业性很强，QC 小组以外的人员不能参加

D. 通过因果分析图可以了解统计数据的分布特征，从而掌握质量能力状态

E. 分析时要充分发表意见，层层深入，排出所有可能的原因

83. 建设工程索赔成立的前提条件有（　　）。

A. 与合同对照，事件已造成了承包人工程项目成本的额外支出或直接工期损失

B. 造成费用增加或工期损失额度巨大，超出了正常的承受范围

C. 索赔费用计算正确，并且容易分析

D. 造成费用增加或工期损失的原因，按合同约定不属于承包人的行为责任或风险责任

E. 承包人按合同规定的程序和时间提交索赔意向通知和索赔报告

84. 在招标文件中要求中标的投标人提交保证履行合同义务和责任的担保，其形式有（　　）。

A. 保留金

B. 由保险公司开具的履约担保书

C. 房屋抵押他项权证

D. 有价证券

E. 商业银行开具的担保证明

85. 某工程质量事故发生后，对该事故进行调查，经过原因分析判定该事故不需要处理，其后续工作有（　　）。

A. 补充调查　　B. 检查验收

C. 作出结论　　D. 提交处理报告

E. 实施防护措施

86. 某分部工程双代号网络计划如下图所示，其存在的绘图错误有（　　）。

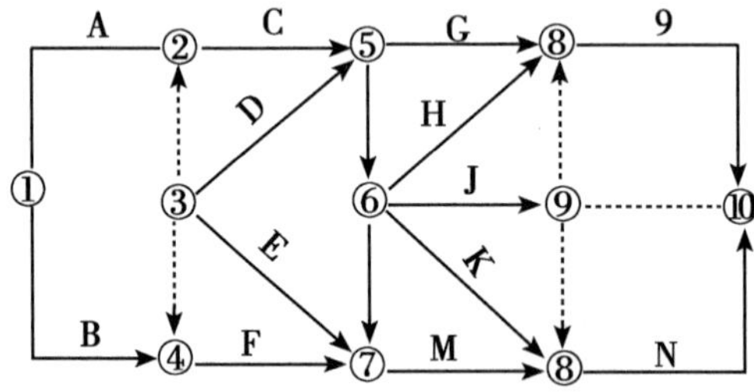

A. 多个终点节点　　B. 多个起点节点

D. 节点编号有误　　D. 存在循环回路

E. 有多余虚工作

87. 根据《建设工程施工合同（示范文本）》（GF—2013—0201），属于发包人工作的有（　　）。

A. 保证承包人施工人员的安全和健康

B. 保证向承包人提供正常施工所需的进入施工现场的交通条件

C. 依据有关法律办理建设工程施工许可证

D. 向承包人提供施工现场的地质勘查资料

E. 负责对指定分包的管理，并对分包方的行为负责

88. 单位工程竣工成本分析的内容包括（　　）。

A. 竣工成本分析　　B. 经济效果分析

C. 主要资源节超对比分析　　D. 成本指标对比分析

E. 主要技术节约措施分析

89. 某项目实施过程中，绘制了下图所示的时间—成本累计曲线，该图反映的项目进度正确的信息有（　　）。

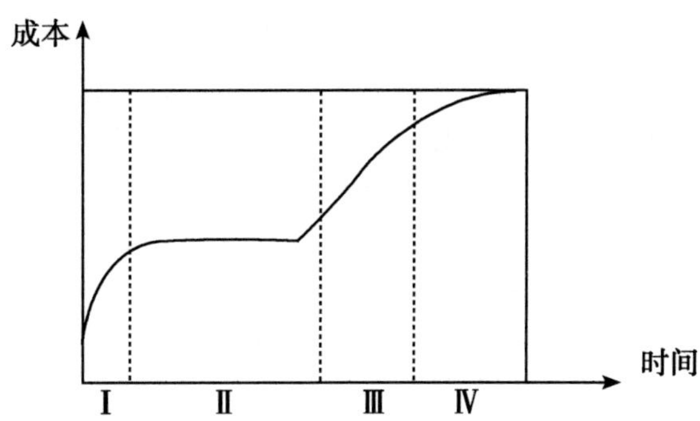

A. Ⅱ阶段进度慢　B. Ⅰ阶段进度慢　C. Ⅲ阶段进度慢　D. Ⅳ阶段进度慢

E. 工程施工连续

90. 投标人须知是招标人向投标人传递的基础信息文件，投标人应特别注意其中的（　　）。

A. 招标工程的范围和详细内容　　B. 招标人的责权利

C. 施工技术说明　　D. 投标文件的组成

E. 重要的时间安排

91. 根据《建设工程项目管理规范》（GB/T 50326—2006），项目管理规划大纲的编制依据包括（　　）。

A. 项目可行性研究报告　　B. 相关市场和环境信息

C. 设计文件、标准、规范　　D. 项目建议书

E. 招标文件及有关合同文件

92. 施工单位向建设单位提交工程竣工验收报告时，应具备的条件包括（　　）。

A. 完成建设工程设计和合同约定的各项内容

B. 有完整的技术档案和施工管理资料

C. 有工程使用的主要建筑材料、构配件和设备的进场试验报告

D. 有设计、施工、监理单位分别签署的竣工决算书

E. 有施工单位签署的工程保修书

93. 下列施工现场质量检查的内容中，属于“三检”制度范围的有（　　）。

A. 自检自查　B. 巡视检查　C. 互检互查　D. 平行检查

E. 专职管理人员的质量检查

94. 工程项目施工成本管理的基础工作包括（　　）。

A. 建立成本管理责任体系　　B. 建立企业内部施工定额　　C. 及时进行成本核算
D. 编制项目成本计划　　E. 科学设计成本核算账册

95. 在建设工程项目决策阶段，建设单位职业健康安全与环境管理的任务包括（　　）。

A. 提出生产安全事故防范的指导意见
B. 办理有关安全的各种审批手续
C. 提出保障施工作业人员安全和预防生产安全事故的措施建议
D. 办理有关环境保护的各种审批手续
E. 将保证安全施工的措施报有关管理部门备案

96. 关于施工总承包管理模式特点的说法，正确的有（　　）。

A. 在开工前有较明确的合同价，有利于业主的总投资控制
B. 业主方的招标及合同管理工作量较大
C. 多数情况下，由业主方与分包人直接签约，这样有可能减少业主方的风险
D. 分包工程任务符合质量控制的“他人控制”原则，对质量控制有利
E. 各分包之间的关系可由施工总承包管理单位负责协调，这样可减轻业主方管理的工作量

97. 根据《建设工程安全生产管理条例》，施工单位应当组织专家进行论证、审查的专项施工方案有（　　）。

A. 深基坑工程　　B. 起重吊装工程
C. 脚手架工程　　D. 高大模板工程
E. 拆除、爆破工程

98. 建设工程项目信息管理中，为形成各类报表和报告，应当建立（　　）的工作流程。

A. 信息管理和输出　　B. 收集信息、录入信息
C. 审核信息、加工信息　　D. 信息传输和发布
E. 信息整理和共享

99. 政府对建设工程项目质量监督的主要职能包括（　　）。

A. 监督评定施工企业的资质　　B. 监督检查环境质量
C. 监督工程参与各方的质量行为　　D. 监督检查工程实体的施工质量
E. 监督审核质量验收标准

100. 根据《质量管埋体系基础和术语》（GB/T 19000—2008/ISO9000：2005），质量控制是质量管理的一部分，是致力于满足质量要求的一系列相关活动。这些活动主要包括（　　）。

A. 设定标准　　B. 测量结果　　C. 评价　　D. 质量策划
E. 纠偏

2014年度全国一级建造师执业资格考试
建设工程项目管理试题

一、单项选择题（共70题，每题1分。每题的备选项中，只有1个最符合题意）

1. 关于关键工作和关键线路的说法正确的是（　　）。

A. 关键线路上的工作全部是关键工作

B. 关键工作不能在非关键线路上

C. 关键线路上不允许出现虚工作

D. 关键线路上的工作总时差均为零

2. 在FIDIC系列合同文件中，《EPC交钥匙项目合同条件》的合同计价采用（　　）方式。

A. 固定单价　　B. 变动单价　　C. 固定总价　　D. 变动总价

3. 某双代号网络图如下图所示，存在的错误是（　　）。

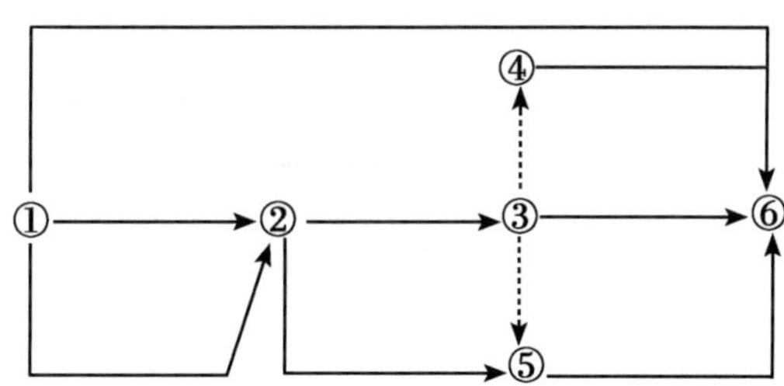

A. 工作代号相同　　B. 出现无箭头连线

C. 出现无箭头节点箭头　　D. 出现多个起点节点

4. 项目投资的动态控制中，相对于工程合同价，可作为投资计划值的是（　　）。

A. 工程预算　　B. 工程支付款　　C. 工程决算　　D. 项目估算

5. 建设行政主管部门市场诚信信息平台上良好行为记录信息的公布期限一般为（　　）。

A. 3个月　　B. 6个月　　C. 1年　　D. 3年

6. 建设行政主管部门市场诚信信息平台上良好行为记录信息的公布期限一般为（　　）。

A. 3个月　　B. 6个月　　C. 1年　　D. 3年

7. 工程施工质量事故的处理包括：①事故调查；②事故原因分析；③事故处理；④事故处理的鉴定验收；⑤制订事故处理方案。正确的程序是（　　）

A. ①→②→⑤→③→④　　B. ①→②→③→④→⑤

C. ②→①→③→④→⑤　　D. ①→②→⑤→④→③

8. 在施工合同实施中，“项目经理将各种任务的责任分解，并落实到具体人员”的活动属于（　　）的内容。

A. 合同分析　　B. 合同跟踪　　C. 合同交底　　D. 合同实施控制

9. 建设工程施工工地上，对于不适合再利用、且不宜直接予以填埋处置的废物，可采取（　　）的处理方法。

A. 减量化处理　　B. 焚烧　　C. 稳定固化　　D. 消纳分解

10. 根据物资采购管理程序，物资采购首先应（　　）。

A. 进行采购策划，编制采购计划

B. 明确采购产品或服务的基本要求

C. 进行市场调查，选择合格的产品供应单位

D. 采用招标或协商等方式确定供应单位

11. 根据《建设工程监理规范》(GBT 50319—2013)，工程建设监理实施细则应在工程施工开始前编制完成并必须经过（　　）批准。

A. 专业监理工程师　　B. 发包人代表

C. 总监理工程师　　D. 总监理工程师代表

12. 某施工项目某月的成本数据如下表，应用差额计算法得到预算成本增加对成本的影响是（　　）。

项目	单位	计划	实际
预算成本	万元	600	640
成本降低率	%	4	5

A. 12.0　　B. 8.0　　C. 6.4　　D. 1.6

13. 根据 FIDIC《施工合同条件》，对投标书中明显数字计算错误的修正，正确的是（　　）。

A. 业主应征求投标人意见后才能进行投标

B. 当总价和单价计算结果不一致时，以总价为准调整单价

C. 当总价和单价计算结果不一致时，以单价为准调整总价

D. 投标人有一次修改报价的机会

14. 根据《建设工程施工合同（示范文本）》(GF－2013－0201)，工程缺陷责任期自（　　）起计算。

A. 合同签订日期　　B. 竣工验收合格之日

C. 实际竣工日期　　D. 颁发工程验收证书之日

15. 关于单代号搭接网络计划时距的说法，正确的是（　　）。

A. 时距是某工作具有的特殊时间参数

B. 相邻工作间只能有一种时距的限制

C. 时距一般标注在箭线的上方

D. 时距是时间间隔的特殊形式

16. 一般来说，沟通者的沟通能力包含（　　）。

A. 表达能力、争辩能力、倾听能力和设计能力

B. 思维能力、表达能力、倾听能力和说服能力

C. 思维能力、表达能力、把控能力和说服能力

D. 想象能力、表达能力、说服能力和设计能力

17. 改变振动源与其他刚性结构的连接方式以减震降噪的做法，属于噪声控制技术中的（　　）。

A. 声源控制　　B. 接收者防护　　C. 人为噪声控制　　D. 传播途径控制

18. 某土方工程合同约定，合同工期为 60 天，工程量增减超过 15%，承包商可提出变更，实施中因业主提供的地质资料不实，导致工程量由 3200m^3 增加到 4800m^3，则承包商可索赔工期（　　）天。

A. 0　　B. 16.5　　C. 21　　D. 30

19. 下列项目质量风险中，属于管理风险的是（　　）。

A. 项目实施人员对工程技术的应用不当

B. 社会上的腐败现象和违法行为

C. 采用不够成熟的新结构、新技术、新工艺

D. 工程质量责任单位的质量管理体系存在缺陷

20. 根据政府对工程项目质量监督的要求，项目的工程质量监督档案应按（　　）建立。

A. 建设项目　　B. 单项工程　　C. 分部工程　　D. 单位工程

21. 在非代理型施工管理模式（CM 模式）的合同中，通常采用（　　）合同。

A. 成本加固定费用　　B. 成本加固定比例费用

C. 最大成本加费用　　D. 成本加奖金

22. 下列环境管理体系内容要素中，属于辅助性要素的是（　　）。

A. 环境方针　　B. 环境因素　　C. 记录控制　　D. 内部审核

23. 下列施工成本分析方法中，用来分析各种因素对成本影响程度的是（　　）。

A. 相关比率法　　B. 连环转换法　　C. 比重分析法　　D. 动态比率法

24. 根据《建筑施工组织设计规范》（GB/T50502—2009），施工组织设计应由（　　）组织编制。

A. 施工单位技术负责人　　B. 项目负责人

C. 项目技术负责人　　D. 施工单位负责人

25. 承包商采购的合格水泥，进入工地 90 天后，再次检查发现该批水泥强度值低于国家规范要求值，由此产生的损失应由（　　）负责。

A. 业主　　B. 承包商　　C. 生产商　　D. 供货商

26. 下列环境管理体系内容要素中，属于辅助性要素的是（　　）。

A. 环境方针　　B. 环境因素　　C. 记录控制　　D. 内部审核

27. 建设工程管理工作的核心任务是（　　）。

A. 项目的目标控制

B. 为项目建设的决策和实施增值

C. 实现工程项目实施阶段的建设目标

D. 为工程建设和使用增值

28. 施工成本的过程控制中，人工费的控制实行（　　）方法。

A. 量化管理　　B. 量价分离　　C. 弹性管理　　D. 指标包干

29. 根据物资采购管理程序，物资采购首先应（　　）。

A. 进行采购策划，编制采购计划

B. 明确采购产品或服务的基本要求

C. 进行市场调查，选择合格的产品供应单位

D. 采用招标或协商等方式确定供应单位

30. 确定预警级别和预警信号标准，属于安全生产管理预警分析中（　　）的工作内容。

A. 预警评价　　B. 预警范围

C. 预警信息管理　　D. 预警评价指标体系的构建

31. 实施性成本计划是在项目施工准备阶段，采用（　　）编制的施工成本计划。

A. 估算指标　　B. 概算定额　　C. 施工定额　　D. 预算定额

32. 关于施工质量计划的说法，正确的是（　　）。

A. 施工质量计划是以施工项目为对象由建设单位编制的计划

B. 施工质量计划应包括施工组织方案

C. 施工质量计划一经审核批准后不得修改

D. 施工总承包单位不对分包单位的施工质量计划进行审核

33. 某建设施工发生一起质量事故，经调查分析是由于“边勘察、边设计、边施工”导致的，则引起这起事故的主要原因是（　　）。

A. 社会、经济原因　　B. 技术原因

C. 管理原因　　D. 人为事故和自然灾害原因

34. 采用平行委托施工的单项工程，其施工总进度计划应由（　　）编制。

A. 业主方　　B. 设计方　　C. 施工方　　D. 投资方

35. 施工成本计划的编制以成本预测为基础，关键是确定（　　）。

A. 目标成本　　B. 预算成本　　C. 固定成本　　D. 实际成本

36. 下列项目目标动态控制的流程中，正确的是（　　）。

A. 收集项目目标的实际值→实际值与计划值比较→找出偏差→采取纠偏措施

B. 收集项目目标的实际值→实际值与计划值比较→找出偏差→进行目标调整

C. 收集项目目标的实际值→实际值与计划值比较→采取纠偏措施→进行目标调整

D. 实际值与计划值比较→找出偏差→采取纠偏措施→收集项目目标的实际值

37. 债务人不转移对拥有财产的占有，将该财产作为债权的担保，债务人不履行债务时，债权人有权依法从将该财产折价或者拍卖、变卖该财产的价款中优先受偿。这种担保方式是（　　）担保。

A. 保证　　B. 质押　　C. 抵押　　D. 留置

38. 一般来说，沟通者的沟通能力包含（　　）。

A. 表达能力、争辩能力、倾听能力和设计能力

B. 思维能力、表达能力、倾听能力和说服能力

C. 思维能力、表达能力、把控能力和说服能力

D. 想象能力、表达能力、说服能力和设计能力

39. 改变振动源与其他刚性结构的连接方式以减震降噪的做法，属于噪声控制技术中的（　　）。

A. 声源控制　　B. 接收者防护　　C. 人为噪声控制　　D. 传播途径控制

40. 下列工程项目风险管理工作中，属于风险评估阶段的是（　　）。

A. 确定风险因素

B. 编制项目风险识别报告

C. 确定各种风险的风险量和风险等级

D. 对风险进行监控

41. 关于施工安全技术措施要求和内容的说法，正确的是（　　）。

A. 可按工程进展需要实时编制

B. 应在安全技术措施中抄录制度性规定

C. 结构复杂的重点工程应编制专项工程施工安全技术措施

D. 小规模工程的安全技术措施中不可包含施工总平面图

42. 按照我国保险制度，建安工程一切险（　　）。

A. 由承包人担保

B. 包含执业责任险

C. 包含人身意外伤害险

D. 投保人应以双方名义共同投保

43. 在非代理型施工管理模式（CM 模式）的合同中，通常采用（　　）。

A. 成本加固定费用　　B. 成本加固定比例费用

C. 最大成本加费用　　D. 成本加奖金

44. 为使业主方各工作部门和项目各参与方协同工作，可利用（　　）进行基于互联网的辅助进度控制。

A. P3 项目管理软件　　B. 项目信息门户

C. MS Project　　D. MS Visio

45. 下列项目策划工作中，属于实施阶段管理策划的是（　　）。

A. 项目实施各阶段项目管理的工作内容策划

B. 项目实施期管理总体方案策划

C. 生产运营期设施管理总体方案策划

D. 生产运营期经营管理总体方案策划

46. 关于项目质量控制体系的说法，正确的是（　　）。

A. 项目质量控制体系需要第三方认证

B. 项目质量控制体系涉及项目实施过程所有的质量责任主体

C. 项目质量控制体系是一个永久性的质量管理体系

D. 项目质量控制体系既适用于特定项目的质量控制，也适用于企业的质量管理

47. 工期延误划分为单一延误，共同延误及交叉延误的依据是（　　）。

A. 延误事件之间的关联性

B. 延误的原因

C. 索赔要求和结果

D. 延误工作所在工程网络计划的线路性质

48. 项目管理实施规划的编制过程包括：①熟悉相关法规和文件；②分析项目条件和环境；③履行报批手续；④组织编制。根据《建设工程项目管理规范》（GB/T 50326—2006），正确的编制程序是（　　）。

A. ①→②→③→④　　B. ②→①→④→③

C. ①→②→④→③　　D. ②→①→③→④

49. 在建设工程项目管理的基本概念中，“进度目标”对业主而言是（　　）的时间目标。

A. 竣工　　B. 调试　　C. 试生产　　D. 动用

50. 某工作有且仅有两个紧后工作 C、D，其中 C 工作最早开始时间为 10（计算坐标系，下同），最迟完成时间为 18，持续时间为 5d；D 工作最早完成时间为 18，最迟完成时间为 20，持续时间为 6d；该工作与 C 工作间的时间间隔为 2d，与 D 工作间的时间间隔为 4d，则该工作的总时差为（　　）d。

A. 3　　B. 4　　C. 5　　D. 6

51. 下列施工成本分析方法中，用来分析各种因素对成本影响程度的是（　　）。

A. 相关比率法　　B. 连环置换法

C. 比重分析法　　D. 动态比率法

52. 建设工程项目总承包方项目管理工作涉及（　　）的全过程。

A. 决策阶段　　B. 实施阶段

C. 使用阶段　　D. 全寿命周期

53. 地方各级安全生产监督管理部门的应急预案，应当报（　　）备案。

A. 上一级人民政府　　B. 国务院安全生产监督管理部门

C. 同级安全生产监督管理部门　　D. 同级人民政府

54. 根据《建设项目工程总承包合同示范文本（试行）》（GF—0011—0216），发包人的义务是（　　）。

A. 组织竣工验收　　B. 提交临时占地资料

C. 提供设计审查所需的资料　　D. 负责办理项目备案手续

55. 关于施工成本分析的说法，正确的是（　　）。

A. 施工成本分析的实质是在施工之前对成本进行估算

B. 施工成本分析是科学地预测成本水平及其发展趋势

C. 施工成本分析贯穿于施工成本管理的全过程

D. 施工成本分析是预测成本控制的薄弱环节

56. 根据《建设工程施工质量验收统一标准》（GB 50300—2013），分项工程的质量验收应由（　　）组织进行。

A. 监理工程师　　B. 项目经理

C. 总监理工程师　　D. 建设单位项目负责人

57. 根据 FIDIC《施工合同条件》，对投标书中明显数字计算错误的修正，正确的是（　　）。

A. 业主应征求投标人意见后才能进行评标

B. 当总价和单价计算结果不一致时，以总价为准调整单价

C. 当总价和单价计算结果不一致时，以单价为准调整总价

D. 投标人有一次修改报价的机会

58. 在直方图的位置观察分析中，若质量特性数据的分布居中，边界在质量标准的上下界限内，且有较大距离时，说明该生产过程（　　）。

A. 质量能力不足　　B. 易出现质量不合格

C. 存在质量不合格　　D. 质量能力偏大

59. 关于建设工程项目总进度目标论证的说法，正确的是（　　）。

A. 建设工程项目总进度目标指的是整个工程项目的施工进度目标

B. 建设工程项目总进度目标的论证应分析项目实施阶段各项工作的进度和关系

C. 大型建设工程项目总进度目标论证的核心工作是编制项目进度计划

D. 建设工程项目总进度纲要应包含各子系统中的单项工程进度规划

60. 关于大型建设工程项目结构分析的说法，正确的是（　　）。

A. 项目结构分析是将整个项目逐层分解，并确立工作目录

B. 项目结构分析是将整个项目逐层分解，并确立工作编码

C. 项目结构分析是将项目计划逐层分解，并确立工作目录

D. 项目结构分析是将项目计划逐层分解，并确立工作编码

61. 如工程质量不符合要求，经过加固处理后外形尺寸改变，但能满足安全使用要求，其处理方法是（　　）。

A. 按技术处理方案和协商文件进行验收

B. 虽有质量缺陷，应予以验收

C. 仍按验收不合格处理

D. 先返工处理，重新进行验收

62. 根据《质量管理体系基础和术语》（GB/T 19000—2008/ISO9000：2005），质量控制的定义是（　　）。

A. 质量管理的一部分，致力于满足质量要求的一系列相关活动

B. 工程建设参与者为了保证工作项目质量所从事工作的水平和完善程度

C. 对建筑产品具备的满足规定要求能力的程度所作的系统检查

D. 未达到工程项目质量要求所采取的作业技术和活动

63. 下列施工企业作业质量控制点中，属于“待检点”的是（　　）。

A. 隐蔽工程　　B. 重要部位　　C. 特种作业　　D. 专门工艺

64. 关于国际工程施工承包合同争议解决的说法，正确的是（　　）。

A. 国际工程施工承包合同中，仲裁实行一裁终局制

B. 国际工程施工承包合同中，应首选诉讼作为解决争议的方式

C. 国际工程施工承包合同争议解决最有效的方式是协商

D. FIDIC 合同中，DAB 提出的裁决是强制性的

65. 某工程安全事故造成了 960 万元的直接经济损失，没有人员伤亡，关于该事故调查的说法，正确的是（　　）。

A. 应由事故发生地省级人民政府直接组织事故调查组进行调查

B. 必须由事故发生地县级人民政府直接组织事故调查组进行调查

C. 应由事故发生地市级人民政府委托有关部门组织事故调查组进行调查

D. 可由事故发生地县级人民政府委托事故发生单位组织事故调查组进行调查

66. 下列建设项目信息中，属于经济类信息的是（　　）。

A. 编码信息　　B. 质量控制信息

C. 工作量控制信息　　D. 设计技术信息

67. 建设项目工程总承包的基本出发点是借鉴工业生产组织的经验，实现建设生产过程的（　　）。

A. 管理现代化　　B. 施工机械化　　C. 生产高效化　　D. 组织集成化

68. 投标人根据招标文件在约定期限内向招标人提交投标文件的行为，称为（　　）。

A. 要约　　B. 承诺　　C. 要约邀请　　D. 合同生效

69. 关于建设工程项目策划的说法，正确的是（　　）。

A. 工程项目策划只针对建设工程项目的决策和实施

B. 旨在为项目建设的决策和实施增值

C. 工程项目策划是一个封闭性的工作过程

D. 其实质就是知识组合的过程

70. 下列进度控制措施中，属于组织措施的是（　　）。

A. 编制工程网络进度计划

B. 编制资源需求计划

C. 编制先进完整的施工方案

D. 编制进度控制的工作流程

二、多项选择题（共30题，每题2分。每题的备选项中，有2个或2个以上符合题意，至少有1个错项。错选，本题不得分；少选，所选的每个选项得0.5分）

71. 施工组织设计按编制对象，可分为（　　）。

A. 施工组织总设计　　B. 单项施工组织设计

C. 单位工程施工组织设计　　D. 施工方案

E. 分项工程施工组织设计

72. 根据法律和合同，对施工单位的施工质量行为和效果实施监督控制的相关主体有（　　）。

A. 建设单位　　B. 监理单位

C. 设计单位　　D. 政府的工程质量监督部门

E. 材料设备供应商

73. 下列施工现场环境保护措施中，属于空气污染防治措施的有（　　）。

A. 指定专人定期清扫施工现场道路

B. 化学药品库内存放

C. 施工现场不得无故摔打模板

D. 工业茶炉采用电热水器

E. 使用封闭式容器处理高空废弃物

74. 项目进度控制时，进度控制会议的组织设计的内容有（　　）。

A. 会议的具体流程　　B. 会议的类型

C. 会议的主持人　　D. 会议的召开时间

E. 会议文件的整理

75. 施工单位向建设单位申请工程验收的条件包括（　　）。

A. 完成设计和合同约定的各项内容

B. 有完整的技术档案和施工管理资料

C. 有施工单位简述的工程保修书

D. 有工程质量监督机构的审核意见

E. 有勘察，设计，施工，监理等单位分别签署的质量合格文件

76. 施工总承包管理模式与施工总承包模式相比，其优点有（　　）。

A. 整个项目合同总额的确定较有依据

B. 投标人的报价较有依据

C. 可以为分包单位提供更好的管理与服务

D. 有利于业主节约投资

E. 可以缩短建设周期

77. 某单代号网络图如下图所示，存在的错误有（　　）。

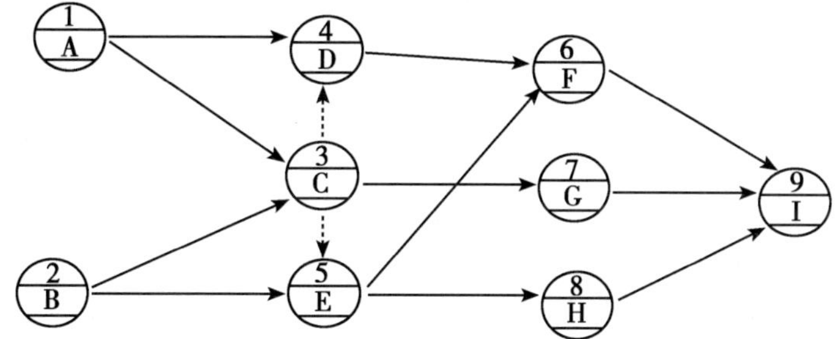

A. 多个起点节点　B. 有多余虚箭线　C. 出现交叉箭线　D. 没有终点节点

E. 出现循环回路

78. 根据《建设工程施工合同（示范文本）》（GF—2013—0201），合同文本由（　　）组成。

A. 通用合同条款　B. 合同协议书　C. 标准和技术规范

D. 专用合同条款　E. 中标通知书

79. 施工单位的项目管理任务分工表可用于确定（　　）的任务。

A. 项目各参与方　　B. 项目经理

C. 企业内部各部门　　D. 企业内部各工作人员

E. 项目各职能主管工作部门

80. 工程项目管理信息系统中，进度控制的功能有（　　）。

A. 编制资源需求量计划

B. 根据计划执行进展进行施工成本预测

C. 进度计划执行情况的比较分析

D. 项目估算的数据计算

E. 确定关键工作和关键路线

81. 单位工程竣工成本分析的内容包括（　　）。

A. 专项成本分析

B. 竣工成本分析

C. 成本总量构成比例分析

D. 主要资源节超对比分析

E. 主要技术节约措施及经济效果分析

82. 我国投标担保可以采用的担保方式有（　　）。

A. 银行保函　　B. 信用证

C. 担保公司担保书　　D. 同业担保书

E. 投标保证金

83. 下列建设工程项目风险中，属于组织风险的有（　　）。

A. 人身安全控制计划

B. 工作流程组织

C. 引起火灾和爆炸的因素

D. 任务分工和管理职能分工

E. 设计人员和监理工程师的能力

84. 按事故责任分类，工程质量事故可分为（　　）。

A. 指导责任事故　B. 管理责任事故　C. 技术责任事故　D. 操作责任事故

E. 自然灾害事故

85. 对建设周期一年半以上的工程项目，采用变动总价合同时，应考虑引起价格变化的因素有（　　）。

A. 银行利率的调整

B. 材料费的上涨

C. 人工工资的上涨

D. 国家政策改变引起的工程费用上涨

E. 设计变更引起的费用变化

86. 根据《建设项目工程总承包管理规范》(GB/T 50358—2005)，工程总承包项目管理的主要内容包括（　　）。

A. 任命项目经理，组建项目部

B. 实施设计管理

C. 实施采购管理

D. 进行项目可行性研究并批报

E. 进行项目管理范围

87. 根据《建设工程监理规范》(GB/T 50319—2013) 工程建设监理实施细则除反应专业工程的特点外，还应包括（　　）等内容。

A. 监理工作流程

B. 项目监理机构的组织形式

C. 监理工作的方法和措施

D. 监理工作依据

E. 监理工作的控制点及目标值

88. 根据《建设工程施工合同（示范文本）》（GF－2013－0201），发包人责任和义务有（　　）。

A. 办理建设工程施工许可证

B. 办理建设工程规划许可证

C. 办理工作保险

D. 提供场外交通条件

E. 负责施工场地周边的环境保护

89. 根据《建筑施工组织设计规范》（GB/T 50502－2009），以分部（分项）工程或专项工程为主要对象编制的施工方案，其主要内容包括（　　）。

A. 工程概况　　B. 施工部署　　C. 施工方法和工艺要求

D. 施工准备与资源配置计划　　E. 施工现场平面布置

90. 根据《工程建设项目施工招标投标法》，工程施工项目招标信息发布时，正确的有（　　）。

A. 指定媒介可以酌情收取费用

B. 招标文件售出后不予退还

C. 招标人应至少在两家指定的媒介发布招标公告

D. 招标人可以对招标文件所附的设计文件向投标人收取一定费用

E. 自招标文件出售之日起至停止出售之日止，最短不得少于5个工作日

91. 根据《质量管理体系基础和术语》（GB/T 19000－2008/ISO 9000：2005），企业质量管理体系文件由（　　）构成。

A. 质量方针和质量目标　　B. 质量记录

C. 质量报告　　D. 质量手册

E. 程序性文件

92. 质量管理方法中，直方图的分布区间宽窄取决于其质量特性统计数据的（　　）。

A. 平均值　　B. 中位数　　C. 极差　　D. 标准偏差

E. 变异系数

93. 某施工项目为实施成本管理收集了以下资料，其中可以作为编制施工成本计划依据的有（　　）。

A. 施工预算　　B. 签订的工程合同　　C. 分包合同

D. 施工图预算　　E. 资源市场价格

94. 下列项目目标动态控制措施中，属于技术措施的有（　　）。

A. 调整工作流程组织　　B. 调整进度管理的方法和手段　　C. 改变施工机具

D. 改进施工方法　　E. 调整项目管理职能分工

95. 根据《建设工程项目管理规范》（GB/T 50326－2006），项目经理的职责有（　　）。

A. 主持编制项目管理实施规划　　B. 对资源进行动态管理

C. 进行授权范围内的利益分配　　D. 主持项目经理部工作

E. 在授权范围内协调与项目有关的内外部关系

96. 某工程双代号时标网络计划，在第5天末进行检查得到的实际进度前锋线如下图所示，正确的有（　　）。

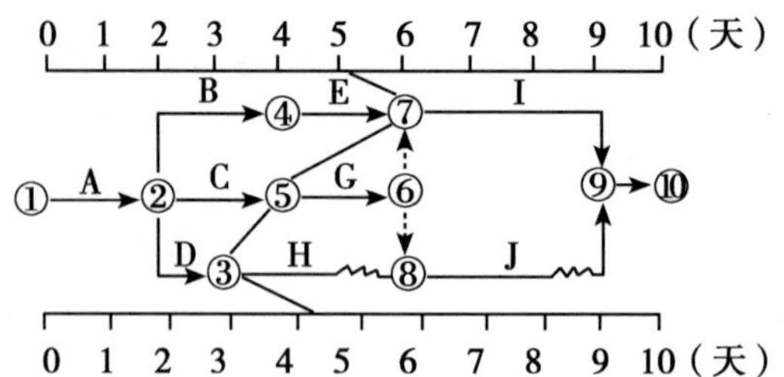

A. H工作还剩1天机动时间

B. 总工期缩短1天

C. H工作影响总工期1天

D. E工作提前1天完成

E. G工作进度落后1天

97. 根据《建设工程项目管理规范》（GB/T 50326—2006），项目经理的职责有（　　）。

A. 主持编制项目管理实施规划

B. 对资源进行动态管理

C. 进行授权范围内的利益分配

D. 主持项目经理部工作

E. 在授权范围内协调与项目有关的内外部关系

98. 下列工程变更情况中，应由业主承担责任的有（　　）。

A. 不可抗力导致的设计修改

B. 环境变化导致的设计修改

C. 原设计错误导致的设计修改

D. 政府部门要求导致的设计修改

E. 施工方案出现错误导致的设计修改

99. 生产经营单位安全事故应急预案未按有关规定备案的，县级以上安全监督管理部门可以（　　）。

A. 吊销安全生产许可证

B. 责令停产停业整顿

C. 给予警告

D. 处3万元以下罚款

E. 给予行政处分

100. 下列企业安全生产教育培训形式中，属于员工经常性教育的有（　　）。

A. 安全活动日

B. 事故现场会

C. 安全技术理论培训

D. 安全生产会议

E. 改变工艺时的安全教育

2015年度全国一级建造师执业资格考试
建设工程项目管理试题

一、单项选择题（共70题，每题1分。每题的备选项中，只有1个最符合题意。错选，本题不得分）

1.“建设工程项目法人决策的理性化程度以及建筑企业经营者的经营管理理念”属于影响建设工程质量的（　　）。

A. 管理环境因素　B. 人的因素　　C. 方法的因素　　D. 社会环境因素

2. 根据《中华人民共和国招标投标法实施条例》（国务院令613号），投标有效期从（　　）起计算。

A. 提交投标文件开始之日　　　　B. 购买招标文件的截止之日

C. 提交投标文件的截止之日　　　D. 招标文件的规定开标之日

3. 下列工程项目策划工作中，属于建设工程项目实施阶段管理策划的是（　　）。

A. 确定项目实施期管理总体方案　　B. 确定生产运营期设施管理总体方案

C. 确定项目风险管理与工程保险方案　D. 确定生产运营期经营管理总体方案

4. 关于职业健康安全与环境管理体系管理评审的说法，正确的是（　　）。

A. 管理评审是管理体系接受政府监督的一种机制

B. 管理评审是最高管理者对管理体系的系统评价

C. 管理评审是管理体系自我保证和自我监督的一种机制

D. 管理评审是第三方论证机构对管理体系的系统评价

5. 下列双代号时标网络计划中，关键线路有（　　）条。

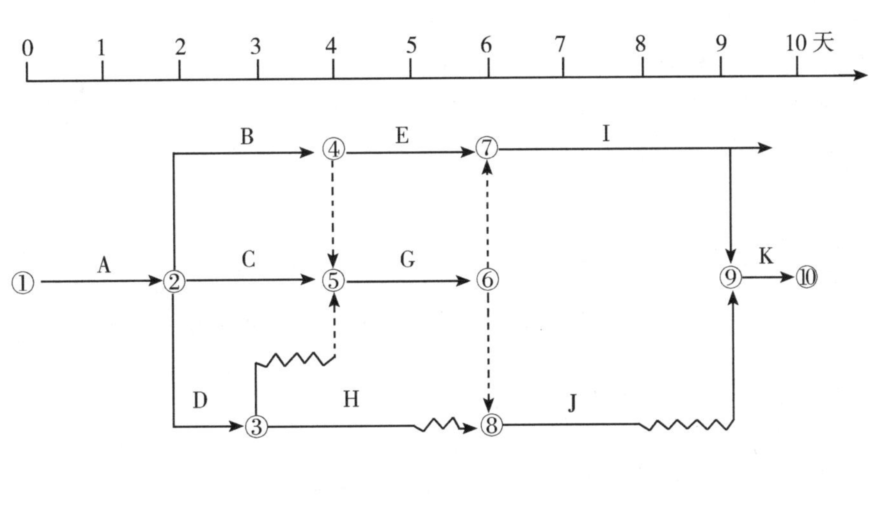

A. 5　　　B. 4　　　C. 3　　　D. 2

6. 关于建设工程管理内涵的说法，正确的是（　　）。

A. 建设工程项目管理和设施管理即为建设工程管理

B. 建设工程管理不涉及项目使用期的管理方对工程的管理

C. 建设工程管理是对建设工程的行政事务管理

D. 建设工程管理工作是一种增值服务

7. 下列安全生产管理制度中，最基本也是所有制度核心的是（　　）。

A. 安全生产教育培训制度　　B. 安全生产责任制

C. 安全检查制度　　D. 安全措施计划制度

8. 根据建设工程项目施工成本的组成，属于直接成本的是（　　）。

A. 工具用具使用费　　B. 职工教育经费

C. 机械折旧费　　D. 管理人员工资

9. 某施工项目部根据以往项目的材料实际耗用情况，结合具体的施工项目要求，制定领用材料标准控制发料。这种材料用量控制方法是（　　）。

A. 定额控制　　B. 计量控制　　C. 指标控制　　D. 包干控制

10. 关于施工方项目管理目标和任务的说法，正确的是（　　）。

A. 施工方项目管理仅服务于施工方本身的利益

B. 施工方项目管理不涉及动用前准备阶段

C. 施工方成本目标由施工企业根据其生产和经营情况自行确定

D. 施工方不对业主方指定分包承担的目标和任务负责

11. 采用固定总价合同，承包商需承担一定风险，下列风险中，属于承包商价格风险的是（　　）。

A. 设计尝试不够造成的误差　　B. 工程量计算错误

C. 工程范围不确定　　D. 漏报计价项目

12. 关于影响系统目标实现因素的说法，正确的是（　　）。

A. 组织是影响系统目标实现的决定性因素

B. 系统组织决定了系统目标

C. 增加人员数更是一定会有助于系统目标的实现

D. 生产方法与工作的选择与系统目标实现无关

13. 关于工程监理单位工作性质的说法，正确的是（　　）。

A. 工程监理单位接受业主的委托必须保证项目目标的实现

B. 工程监理单位在组织上不能依附于监理工作的对象

C. 工程监理单位从事监理工作的人员均应是注册监理工程师

D. 工程监理单位以独立的第三方身份处理业主和承包商的冲突

14. 关于 FIDIC《永久设备和设计一建造合同条件》内容的说法，正确的是（　　）。

A. 业主委派工程师管理合同

B. 承包商仅需负责提供设备和建造工作

C. 合同计价采用单价合同方式，某些子项采用包干价格

D. 合同计价采用总价合同方式，合同价格不能调整

15. 某项目按施工进度编制的施工成本计划入下图，则 4 月份计划成本是（　　）

万元。

A. 300　　B. 400　　C. 750　　D. 1150

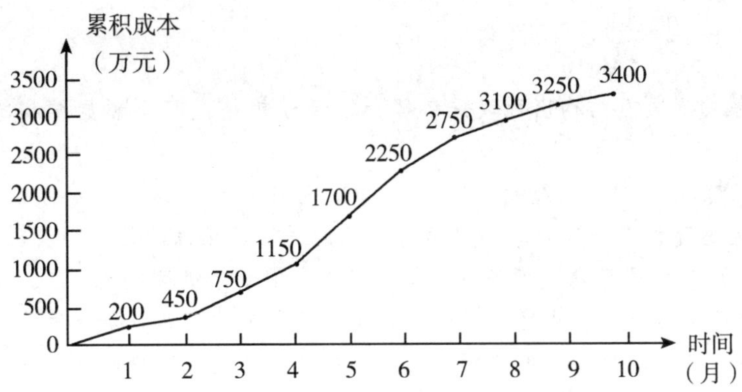

16. 某工程双代号时标网络计划如下图（时间单位：天），工作 A 的总时差为（　　）天。

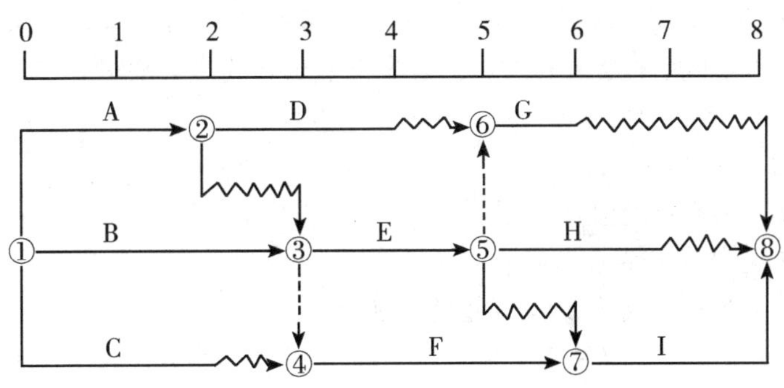

A. 0　　B. 1　　C. 2　　D. 3

17. 已知工程 AF 有且有两项并行的幕后工作 G 和 H，G 工作的最迟开始时间为第 12 天，最早开始时间为第 8 天，H 工作的最迟完成时间为第 14 天，最高完成时间为第 12 天，工作 F 与 G，H 的时间间隔分别为 4 天和 5 天，则 F 工作的总时差为（　　）天。

A. 0　　B. 5　　C. 7　　D. 9

18. 关于施工预算，施工图预算“两算”对比的说法，正确的是（　　）。

A. 施工预算的编制以预算定额为依据，施工图预算的编制以施工定额为依据

B. “两算”对比的方法包括实物对比法

C. 一般情况下，施工图预算的人工数量及人工费比施工预算低

D. 一般情况下，施工图预算的材料消耗量及材料费比施工预算低

19. 关于施工安全技术措施的说活动，正确的是（　　）。

A. 施工安全技术措施要有针对性

B. 施工安全技术措施包括固体废弃物的处理

C. 施工安全技术措施可以不包括针对自然灾害虫的应急预案

D. 施工安全技术措施可在工程开工后制定

20. 根据《建筑市场诚信行为信息管理办法》[建市（2007）9号]，建设行政主管部门市场诚信信息平台上不良行为记录的公布时间，除法律法规另有规定的，应为行政处罚做出后（　　）日内。

A. 14　　B. 10　　C. 7　　D. 5

21. 某工程的混凝土结构出现较深裂缝，但经分析判定其不影响结构的安全和使用，正确的处理方法是（　　）。

A. 表面密封　　B. 嵌缝封闭　　C. 灌浆修补　　D. 限制使用

22. 关于大型建设工程项目总进度目标论证的说法，正确的是（　　）。

A. 大型建设工程项目总进度论证的核心工作是偏制总进度纲要

B. 大型建设工程项目总进度目标论证首先开展的工作是调查研究和收集资料

C. 大型建设工程项目总进度目标的确定应在项目的实施阶段进行

D. 若编制的总进度计划不符合项目的总进度目标，应调整总进度目标

23. 下列施工合同风险中，属于管理风险的是（　　）。

A. 业主改变设计方案　　B. 对环境调查和预测的风险

C. 自然环境的变化　　D. 合同所依据环境的变化

24. 使事故责任者和广大群众了解发生的原因及所造成的危害，并深刻认识到搞好安全生产的重要性，从事故中吸取教训，提高安全意识，改进安全管理工作，这体现了事故处理中的（　　）原则。

A. 事故原因未查清不放过

B. 事故责任人未受到处理不放过

C. 事故责任人和周围群众受到教育不放过

D. 事故没有制定切实可行的整改措施不放过

25. 某工程每月所需混凝土量相同，混凝土用量为 $3200m^3$。计划4个月完成，混凝土综合价格为1000元/m^3；实际混凝土用量为 $5000m^3$，用时5个月，第1个月至第5个月各月混凝土价格指数（%）为100、115、110、105、115，则根据赢得值法，前3个月的费用偏差为（　　）万元。

A. －30　　B. －25　　C. －22　　D. －20

26. 项目质量控制体系运行的核心机制是（　　）。

A. 约束机制　　B. 反馈机制　　C. 持续改进机制　　D. 动力机制

27. 根据《建设工程施工合同（示范文本）》（GF—2013—0201），工程未经竣工验收，发包人擅自使用，以（　　）为实际竣工日期。

A. 承包人提交竣工验收申请报告之日　　B. 转移占有工程之日

C. 监理组织竣工初验之日　　D. 发包人签发工程接收证书之日

28. 一般情况下，横道图能反映出工作的（　　）。

A. 总时差　　B. 最迟开始时间　　C. 持续时间　　D. 自由时差

29. 根据我国保险制度，关于建设工程第三者责任险的说法，正确的是（　　）。

A. 被保险人是项目法人和承包人以外的第三人

B. 赔偿范围包括承包商在工地的财产损失

C. 被保险人是项目法人和承包人

D. 赔偿范围包括承包商在现场从事与工作有关的职工伤亡

30. 用来表示组织系统中各子系统或各元素间指令关系的工具是（　　）。

A. 项目结构图　　B. 工作流程图　　C. 组织结构图　　D. 职能分工表

31. 关于施工现场宿舍设置的说法，正确的是（　　）。

A. 室内净高 2.5m　B. 室内通道宽度 0.8m　C. 每间宿舍居住 18 人　D. 使用通铺

32. 某施工总承包单位依法将自己没有足够把握实施的防水工程分包给有经验的分包单位，属于质量风险应对的（　　）策略。

A. 转移　　B. 规避　　C. 减轻　　D. 自留

33. 在应用因果分析图确定质量问题的原因时，正确的做法是（　　）。

A. 不同类型质量问题可以共同使用一张图分析

B. 通常选出 1—5 项作为最主要原因

C. 为避免干扰，只能由 QC 小组成员独立进行分析

D. 由 QC 小组组长最终确定分析结果

34. 施工现场文明施工管理组织的第一责任人（　　）。

A. 项目经理　　B. 总监理工程师　　C. 业主代表　　D. 项目总工程师

35. 施工技术准备工作的质量控制包括（　　）。

A. 明确质量控制方法　　B. 计量控制　　C. 测量控制　　D. 施工平面图控制

36. 某单价合同的投标报价单中，投标人的投标书出现了明显的数字计算错误，导致总价和单价计算结果不一致，下列行为中，属于业主权利的是（　　）。

A. 业主有权先作修改再评价，以总价作为最终报价结果

B. 业主没有权利先修改后评价，可以宣布该投标人废标

C. 业主没有权利先修改再评价，可以请该投标人再报价

D. 业主有权利先修改再评价，以单价为准调整的总价作为最终报价结果

37. 承包商就已完工，经检验合格的工程提出支付申请，监理工程师复核后，业主批准支付申请，此工作程序属于（　　）流程。

A. 物资采购工作　B. 信息处理工作　　C. 设计工作　　D. 管理工作

38. 某项目施工成本数据如下表，根据差额计算法，成本降低率提高对成本降低额的影响程度为（　　）万元。

项目	单位	计划	实际	差额
成本	万元	220	240	20
成本减低率	%	3	3.5	0.5
成本减低额	万元	6.6	8.4	1.8

A. 0.6　　B. 0.7　　C . 1.1　　D . 1.2

39. 关于施工进底计划调整的说法，正确的是（　　）。

A. 当资源供应发生异常时，可调整工作的工艺关系

B. 当实际进度计划拖后时，可缩短关键工作持续时间

C. 为充分利用资源，降低成本，应减少资源的投入

D. 任何情况下均不允许增减工作项目

40. 为赶上已拖延的施工进度，项目部决定采用混凝土泵代替原来的搭吊运输混凝土。该纠偏措施属于（　　）。

A. 管理措施　　B. 组织措施　　C. 经济措施　　D. 技术措施

41. 某基础工程合同价为 2000 万元，合同总工期为 20 个月，施工过程中因设计变更，导致增加额外工程 400 万元，业主同意工期顺延。则承包商按造价比例法可索赔工期（　　）个月。

A. 8　　B. 6　　C. 4　　D. 2

42. 编码信息，单位组织信息，项目组织信息等属于（　　）信息。

A. 管理类　　B. 组织类　　C. 经济类　　D. 技术类

43. 下列施工检验批验收的做法中，正确的是（　　）。

A. 存在一般缺陷的检验批应推倒重做

B. 某些指标不能满足要求时，可予以验收

C. 严重缺陷经加固处理后能满足安全使用要求，可按技术处理方案进行验收

D. 经加固处理后仍不能满足安全使用要求的分部工程可缺项验收

44. 沟通过程的五要素包括（　　）。

A. 沟通主体、沟通客体、沟通介体、沟通环境和沟通渠道

B. 沟通主体、沟通客体、沟通介体、沟通内容和沟通渠道

C. 沟通主体、沟通客体、沟通介体、沟通环境和沟通方法

D. 沟通主体、沟通客体、沟通介体、沟通内容和沟通方法

45. 某工程施工检查发现外墙面砖质量不合格，经调查发现是供应商的供货质量问题，项目部决定更换供应商，该措施属于项目目标控制的（　　）。

A. 管理措施　　B. 组织措施　　C. 经济措施　　D. 技术措施

46. 采用工程总承包模式的大型建设工程项目，建设周期三年，其合同计价方式一般采用（　　）。

A. 固定总价合同　　B. 单价合同　　C. 成本加酬金合同　　D. 变动总价合同

47. 根据《建设工程项目管理规范》（GB/T50326—2006）条文中的风险等级评价估表，如果某个风险事件将对项目造成中度损失，且发生的可能性很大。则该事件的风险等级为（　　）级。

A. 5　　B. 4　　C. 3　　D. 2

48. 生产经营单位应急预案未按照有关规定备案的，由县级以上（　　）给予警告，并处罚款。

A. 建设主管部门　　B. 安全生产监督管理部门

C. 建设工程质量监督机构　　D. 人民政府

49. 某工程在浇筑楼板混凝土时，发生支模架坍塌，造成 3 人死亡、6 人重伤，经调查，系现场技术管理人员未进行技术交底所致。该工程质量事故应判定为（　　）。

A. 操作责任的较大事故　　B. 操作责任的重大事故

C. 指导责任的较大事故　　D. 指导责任的重大事故

50. 某网络计划如下图，逻辑关系正确的是（　　）。

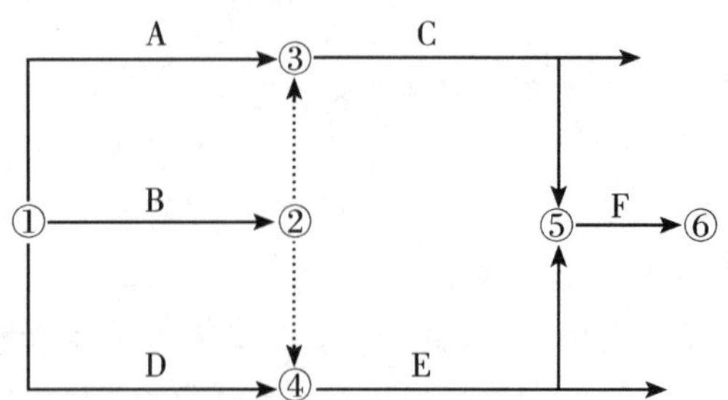

A. E 的紧前工作是 BD　　B. A 完成后同时进行 CF

C. AB 均完成后进行 E　　D. F 的紧前工作是 DE

51. 下列工作任务中，不属于信息管理部门的是（　　）。

A. 负责编制行业信息管理规范　　B. 负责信息处理工作平台的建立和运行维护

C. 负责工程档案管理　　D. 负责协调各部门的信息处理工作

52. 下列工程项目策划工作中，属于项目决策阶段合同策划的是（　　）。

A. 组织方案设计竞赛　　B. 确定项目设计合同结构方案

C. 拟定施工合现文本　　D. 确定实施期合同结构总体方案

53. 根据《建设工程项目管理规范》（GB/T50326—2006）项目管理规划包括（　　）。

A. 项目管理规划原则和内容　　B. 项目管理规划大纲和配套措施

C. 项目管理规划大纲和实施大纲　　D. 项目管理规划大纲和实施规划

54. 根据《建设工程施工合同（示范文本）》（GF—2013—0201），承包人应在首次收到发包人要求更换项目经理的书面通知后（　　）天内向发包人提出书面改进报告。

A. 28　　B. 21　　C. 14　　D. 7

55. 关于虚工作的说法，正确的是（　　）。

A. 虚工作只在双代号网络计划中存在

B. 虚工作一般不消耗资源但占用时间

C. 虚工作可以正确表达工作间逻辑关系

D. 双代号时标网络计划中虚工作用波形表示

56. 运用建设工程的项目信息门户辅助施工项目进度控制，属于进度控制的（　　）措施。

A. 技术　　B. 管理　　C. 经济　　D. 组织

57. 建立项目质量控制体系时，首先开展的工作是（　　）。

A. 分析质量控制界面　　B. 编制质量控制计划

C. 制定质量控制制度　　D. 确立系统质量控制网络

58. 关于施工合同跟踪的说法，错误的是（　　）。

A. 承包单位的合同管理职能部门对合同执行者的履行情况进行跟踪、监督和检查

B. 合同执行者本身对合同计划的执行情况进行跟踪、检查和对比

C. 合同跟踪的内容和业主是否及时给予了指令、答复等

D. 可以将工程任务发包给专业分包完成，并由专业分包对合同计划的执行进行跟踪、检查和对比

59. 政府质量监督机构对工程项目实施质量监督的第一步工作是（　　）。

A. 制定质量监督工作计划　　B. 抽查工程质量问题

C. 接受建设单位申报手续　　D. 建立工程质量监督方案

60. 建设工程项目在施工时盲目赶工，会导致（　　）。

A. 安全事故发生的概率减小　　B. 施工成本增加的概率减小

C. 文明施工实现的概率增加　　D. 质量事故发生的概率增加

61. 施工成本核算要求的归集“三同步”是指（　　）的取值范围应当一致。

A. 形象进度、产值统计、实际成本　　B. 成本预测、成本计划、成本分析

C. 目标成本、预算成本、实际成本　　D. 人工成本、材料成本、机械成本

62. 下列施工组织设计的内容中，属于施工部署及施工方案的是（　　）。

A. 施工资源的需求计划　　B. 施工资源的优化配置

C. 投入材料的堆场设计　　D. 施工机械的分析选择

63. 某国际工程合同额为 5000 万人民币，合同实施天数为 300 天。由国内某承包商总承包施工，该承包商同期总合同额为 5 亿人民币，同期内公司的总管 理费用为 1500 万元；因为业主的修改设计，承包商要求工期延期 30 天。该工程项目部在施工索赔中总部管理费的索赔额是（　　）万元。

A. 50　　B. 15　　C. 12　　D. 10

64. 在建设工程项目施工成本分析中，成本盈亏异常分析属于（　　）方法。

A. 因素分析　　B. 综合成本分析　　C. 专项成本分析　　D. 成本项目分析

65. 关于钢筋保护层厚度检测的说法，正确的是（　　）。

A. 检测机构部位由监理确定

B. 梁类应抽取构件数量的 2%且不少于 5 个构件

C. 板类构件应抽取构件数量 5%且不少于 2 个构件

D. 必须采用无损检测方法

66. 关于建设工程项目施工总承包管理模式的说法，正确的是（　　）。

A. 施工总承包管理单位应参与全部具体工程的施工

B. 业主进行施工总承包管理单位招标时，应先确定工程总造价

C. 施工总承包管理单位负责所有分包合同的招标投标工作

D. 业主不需要等待施工图设计完成后再进行施工总承包管理单位的招标

67. 关于 FIDIC《EPC 交钥匙项目合同条件》特点的说法，正确的是（　　）。

A. 适用于承包商作大部分设计的工程项目，承包商要按照业主的要求进行设计提供设备以及建造其他工程

B. 合同采用固定总价合同，只有在特定风险出现 时才调整价格

C. 业主委派工程师管理合现，监督工程进度质量

D. 承包商承担的风险较小

68. 关于特效采购交货日期的说法，正确的是（　　）。

A. 凡委托运输部门送货的，以供货方发运产品时承运单位签发的日期为准

B. 供货方负责送货的，以供货方按合同规定通知的提货日期为准

C. 采购方提货的，以采购方收获戳记的日期为准

D. 凡委托运输单位代运的产品，以向承运单位提出申请的日期为准

69. 根据《建筑工程施工质量验收统一标准》(GB50300—2013)，关于检验批质量验收合格的说法，正确的是（　　）。

A. 可由监理员组织验收

B. 应具有完整的施工操作依据，质量检查记录

C. 主控项目不需全部检验合格

D. 一般项目的检查具有否决权

70. 下列质量控制工作中，属于施工技术准备工作的是（　　）。

A. 明确质量控制的重点对象　　B. 编制测量控制方案

C. 建立施工现场计量管理的规章制度　　D. 正确安装设置施工机械设备

二、多项选择题（共30题，每题2分，每题的备选项中，有2个或2个以上符合题意，至少1个错项。选错，本题不得分：少选，所选的每个选项得0.5分）

71. 关于沟通障碍的说法，正确的有（　　）。

A. 从信息发送者的角度看，影响信息沟通的因素可能是信息译码不准确

B. 沟通障碍来自发送者的障碍、接受者的障碍和沟通通道的障碍

C. 沟通障碍包括组织地地道道的沟通障碍和能力的沟通障碍的两种形式

D. 从信息接受者的角度看，影响信息沟通的因素可能是心理上的障碍

E. 选择沟通媒介不当是沟通通道障碍的一个方面

72. 根据《建筑工程施工合同（示范文本）》(GF—2013—0201)，可以顺延工期的情况有（　　）。

A. 发包人比计划开工日晚5天下达开工通知

B. 发包人未按合同约定提供施工现场

C. 发包人提供的测量基准点存在错误

D. 监理未按合同约定发出指示、批准文件

E. 分包商或供货商延误

73. 下列施工质量控制点的管理工作中，属于事前质量控制的有（　　）。

A. 明确质量控制目标　　B. 确定质量抽样数量

C. 质量控制人员在现场进行指导　　D. 向施工工作业班组认真交底

E. 动态跟踪管理质量控制点

74. 根据《建设工程监理规范》(GB/T50319—2013) 编制工程建设监理实施细则的依据有（　　）。

A. 工程建设标准　　B. 监理大纲

C. 监理委托合同　　D. 施工组织设计

E. 工程设计文本

75. 某项目成本及成本构成比例数据如下表，正确的有（　　）。

成本项目	预成本		实际成本		降低成本		
	金额	比重	金额	比重	金额	占本项	占总量
一、直接成本	1268.79	93.20%	1200.31	92.38%	63.48	5.02%	4.68%
1. 人工费	113.36	8.36%	119.28	9.18%	−5.92	—	−0.44%
2. 材料费	1006.56	74.23%	939.67	72.32%	66.89	6.65%	4.93%
3. 机械费	87.6	6.46%	89.65	6.90%	−2.05	—	−0.15%
4. 措施费	56.27	4.15%	51.71	3.98%	4.56	8.10%	0.34%
成本项目	预成本		实际成本		降低成本		
	金额	比重	金额	比重	金额	占本项	占总量
二、间接成本	92.21	6.80%	9.01	7.62%	−6.8	−7.37%	−0.50%
总成本	1356	100.00%	1299.32	100.00%	56.68	4.18%	4.8%
比例	100	—	95.82%	—	4.18%	—	—

A. 成本增加比例最大的是间接成本

B. 成本降低最多的项目是机械费

C. 成本节约效益最大的是材料费

D. 成本节约做得好的是措施费

E. 直接成本增加比例最大的是人工费

76. 建设工程项目总进度目标论证的主要任务有（ ）。

A. 总进度规划编制

B. 工程实施条件分析

C. 工程实施策划

D. 项目总进度目标确定

E. 项目经济评价

77. 按最早开始时间编制的施工计划及各工作每月成本强度（单位：万元/月）如下图，D 工作可以按最早开始时间或最迟开始时间进行安排。则 4 月份的施工成本计划值可以是（ ）万元。

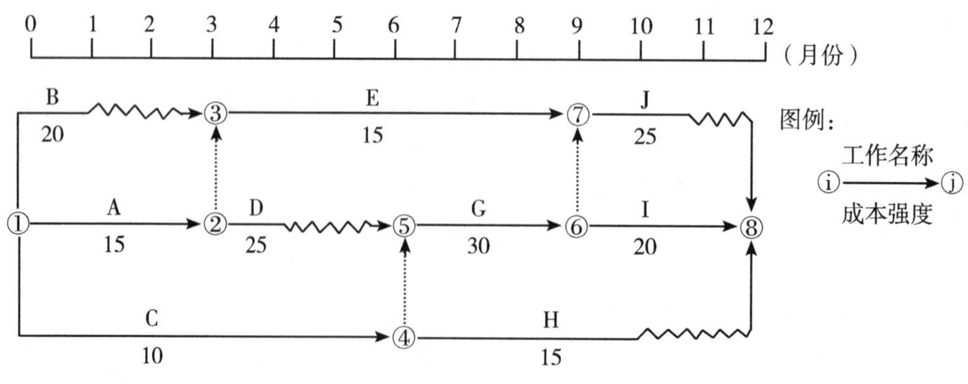

A. 60　　B. 50　　C. 25　　D. 15　　E. 10

78. 工程质量管理常用数据统计方法中，排列图方法可用于（　　）的数据状况描述。

A. 质量偏差　　B. 质量稳定程度　　C. 质量缺陷

D. 造成质量问题原因　　E. 质量受控情况

79. 关于风险对策的说法，正确的有（　　）。

A. 编制生产安全事故应急预案时生产者安全风险规避策略

B. 招标人要求中标人提交履约担保是招标人合同风险减轻策略

C. 承包商设立质量缺陷风险基金是承包商的质量风险自留策略

D. 承包商合理安排施工工期，进度计划，避开可能发生的自然灾害是承包商质量风险规避策略

E. 依法组成联合体承接大型工程项目是承包商的风险转移策略。

80. 某工作横道图费用偏差分析如下图，正确的有（　　）。

项目编号	项目名称	费用参数额（万元）
010302001	实心砖墙	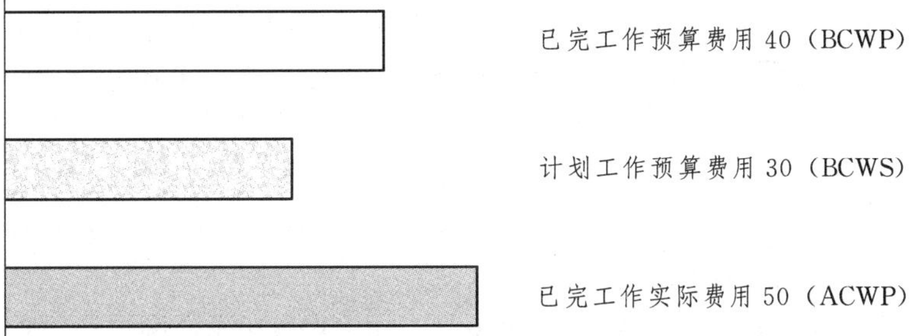 已完工作预算费用 40（BCWP） 计划工作预算费用 30（BCWS） 已完工作实际费用 50（ACWP）

A. 费用超支　　B. 进度较快

C. 效率较高　　D. 可采用抽出部分人员，放慢进度的措施

E. 投入超前

81. 关于施工过程中水污染预防措施的说法，正确的有（　　）。

A. 禁止将有毒有害废弃物作土方回填

B. 施工现场搅拌站废水经沉淀池沉淀合格后也不能用于工地洒水降尘

C. 现制水磨石的污水必须经沉淀池沉淀合格后再排放

D. 现场存放油料，必须对库房地面进行防渗处理

E. 化学用品、外加剂等要妥善保管，库内存放

82. 在施工合同分析中，发包人的合作责任有（　　）。

A. 施工现场的管理，给发包人的管理人员提供生活和工作条件

B. 及时提供设计资料、图纸、施工场地等

C. 按合同规定及时支付工程款

D. 对平行的各承包人和供应商之间的责任界限做出划分

E. 及时作出承包人履行合同所必需的决策

83. 在施工总承包管理模式下，对分包单位管理的特点有（　　）。
A. 一般情况下，分包合同由施工总承包管理单位与分包单位签订
B. 分包工程款可以通过施工总承包管理单位，也可以由业主直接支付
C. 分包合同价对业主是透明的，有利于业主方控制投资
D. 施工总承包管理单位有责任对分包人的质量和进度进行控制
E. 施工总承包管理单位有义务免费向分包人提供脚手架等设施
84. 工程项目管理信息系统中，合同管理子系统的功能有（　　）。
A. 合同基本数据查询　　B. 合同执行情况统计分析
C. 合同通用条件的编写　　D. 合同结构的选择
E. 合同辅助起草
85. 关于业主方项目管理目标和任务的说法中，正确的有（　　）。
A. 关于业主方项目管理是建设工程项目管理的核心
B. 关于业主方项目管理工作不涉及施工阶段的安全管理工作
C. 关于业主方项目管理目标包括项目的投资目标 进度目标和质量目标
D. 关于业主方项目管理目标不包括影响项目运行的环境质量
E. 关于业主方项目管理工作涉及项目实施阶段的全过程
86. 在大型群体工程项目中，第一层次质量控制体系可由（　　）的项目管理机构负责建立。
A. 建设单位　　B. 涉及总责任单位
C. 代建单位　　D. 施工总承包单位
E. 工程总承包企业
87. 关于组织结构模式、组织分工和工作流程组织的说法，正确的有（　　）。
A. 组织结构模式反映指令关系
B. 工作流程组织反映工作间逻辑关系
C. 组织分工是指工作任务分工
D. 组织分工和工作流程组织都是动态组织关系
E. 组织结构模式和组织分工是一种相对静态的组织关系
88. 下列建设工程项目进度控制措施中，属于管理措施的有（　　）。
A. 选择合同结构　　B. 分析工程风险
C. 建立管理组织体系　　D. 确定物资采购模式
E. 明确管理职能
89. 下列损失中，属于建设工程人身意外伤害险中除外责任范围的有（　　）。
A. 被保险人不忠实履行约定义务造成的损失
B. 项目建设人员由于施工原因而受到人身伤害的损失
C. 战争或军事行为等所造成的损失
D. 投标人故意行为所造成的损失
E. 项目法人和承包人以外的第三人由于施工原因受到财产损失
90. 根据建设工程竣工验收备案制度，备案文件资料包括（　　）。
A. 工程竣工验收报告　　B. 规划部门出具的认可文件

C. 工程竣工预验收申请报告　　D. 环保部门出具的准许使用文件

E. 公安消防部门出具的准许使用文件

91. 下列成本加酬金合同的优点中，对业主有利的有（　　）。

A. 可以确定合同工程内容，工程量及合同终止时间

B. 可以通过分段施工缩短施工工期

C. 可以通过最高限价约束工程成本，转移全部风险

D. 可以利用承包商的施工技术专家帮助改进设计的不足

E. 可以较深入介入和控制工程施工和管理

92. 在双代号网络图中，虚箭线的作用有（　　）。

A. 指向　　B. 联系　　C. 区分　　D. 过桥　　E. 断路

93. 关于安全生产管理制度的说法，正确的有（　　）。

A. 企业取得安全生产许可证，应当具备的条件之一是已发参见工伤保险，为从业人员缴纳保险费

B. 新员工上岗前的三级安全教育，对建设工程来说，具体指进企业、进项目、进班组三级

C. 根据《建设工程安全生产管理条例》对高大模板工程的专项施工方案，施工单位应当组织专家进行论证、审查

D. 按照啊“三同时”制度要求，安全设施投资应当纳入建设工程概算

E. 特种作业人员离开特种作业岗位 1 年后，应当重新进行培训，经培训合格后方可上岗作业

94. 某工程项目的双代号时标网络计划，当计划执行到第 4 周末及第 10 周末时，检查得出实际进度前锋线如下图所示，检查结果表明（　　）。

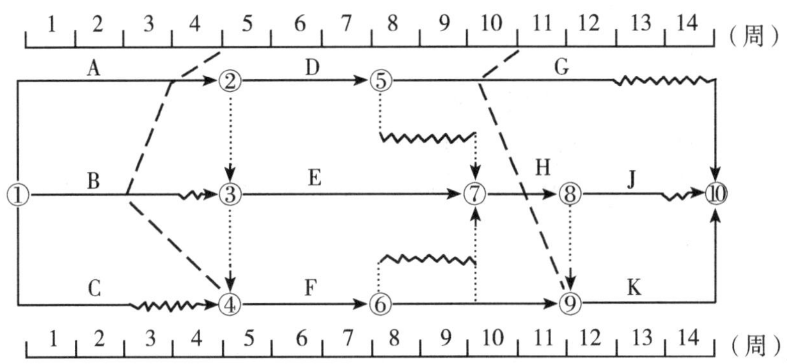

A. 第 4 周末检查时工作 B 拖后 1 周，但不影响总工期

B. 第 4 周末检查时工作 A 拖后 1 周，影响总工期 1 周

C. 第 10 周末检查时工作 G 拖后 1 周，但不影响总工期

D. 第 10 周末检查时工作 I 提前 1 周，可使总工期提前 1 周

E. 在第 5 周到第 10 周内，工作 F 和工作 I 的实际进度正常

95. 对于合同谈判中工期和维修期的说法，正确的有（　　）。

A. 对于具有较多单项工程的建设工项目程，可在合同中明确允许分部位或分提交业主验收

B. 由于工程变更原因对工期产生不利影响时，应给予承包人要求合理延长工期的权利

C. 承包人只应承担由于材料和施工方法及操作工艺等不符合合同规定而产生的缺陷

D. 承包人不能用维修保函来代替业主扣留的保留金

E. 业主和承包人应当根据项目情况，施工环境因素等商定适当的开工时间

96. 下列指标中，属于项目部施工成本考核的有（　　）。

A. 施工成本降低额　　B. 施工成本降低率

C. 施工生产总成本　　D. 劳动力不均衡系数

E. 生产能力利用率

97. 关于安全生产事故应急预案的说法，正确的有（　　）。

A. 应急预案编制应结合本地区本部门本单位的危险性分析情况

B. 应急组织和人员的职责分工明确，并有具体的落实措施

C. 应急预案的管理不包括应急预案的奖惩

D. 应急预案基本要素齐全，完成预案附件提供的信息准备

E. 生产经营单位应每一年组织一次现场处置方案演练

98. 下列措施中，属于施工质量事故预防的有（　　）。

A. 严格按照基本建设程序办事　　B. 依法进行施工组织管理

C. 加强施工安全与环境管理　　D. 进行必要的设计复核审查

E. 做好质量观测记录

99. 关于施工组织设计中施工平面图的说法中，正确的有（　　）。

A. 反映了最佳施工方案在时间上的安排

B. 反映了施工机具等资源的供应情况

C. 反映了施工方案在空间上的全面安排

D. 反映了施工进度计划在空间上的全面安排

E. 使整个现场能有组织地进行文明施工

100. 根据《建设项目工程总承包合同示范文本（试行）》（GF—2001—0216），承包人主要权利和义务有（　　）。

A. 根据合同约定，自费修复竣工后试验中发现的缺陷

B. 按照合同约定和发包人的要求，提出相关报表

C. 根据合同约定，以书面形式向发包人发出暂停通知

D. 根据合同约定，对因发包人原因带来的损失要求赔偿

E. 负责办理项目审批、核准或备案手续，取得项目用地的使用权

练习题（真题）答案与解析

第一章

【练习题答案】

1. C	2. ABD	3. B	4. ABE	5. CE	6. D
7. BCD	8. D	9. B	10. C	11. C	12. BE

【解析】

3. 答案：B

ACD 属综合应急预案的内容。

4. 答案：ABE

工程项目成本管理工作分为两类，一类是基础工作（见表 4-1），另一类是措施。选项 C、D 均属于施工成本管理的措施（选项 D 属于管理控制中的组织措施）。

5. 答案：CE

ABD 应为施工组织方案的内容。

8. 答案：D

本题是典型的必须要分析先后关系的考题。依据逻辑关系往往可以判断先后关系，进而可推出正确选项，本题的②和③都是①编制进度计划的前提，②又是③的前提，因为：

(1) 编制进度计划需要先进行计划系统的结构分析，就如写文章需要先设计文章的结构一样；(→③应在①之前)

(2) 进度计划系统的结构分析与进度计划的编制都需要先进行编制对象的结构分析（与“先定对象，后编计划”的道理相同。→②应在③和①之前）。

第二章

【练习题答案】

1. B	2. D	3. BCD	4. ABDE	5. D	6. D
7. D	8. ABCD	9. ABE	10. C	11. B	12. C
13. ABC	14. B	15. B	16. B	17. ABE	18. B
19. ACDE	20. A	21. B	22. B	23. ABC	24. BCDE
25. B	26. DE	27. CDE	28. B	29. B	30. B
31. D	32. B	33. BCDE	34. A	35. C	36. ACE
37. B	38. BCD	39. A	40. C	41. A	42. C
43. C	44. C	45. ABD	46. A	47. B	48. B
49. BC	50. BCE	51. B	52. B	53. C	54. C
55. A	56. ADE	57. A	58. B	59. D	60. B
61. ACD	62. C	63. C	64. C	65. D	66. D

67. ABE	68. ACD	69. AE	70. C	71. D	72. B
73. D	74. C	75. C	76. A	77. CDE	78. BCDE
79. A	80. BC	81. C	82. A	83. C	84. B
85. C	86. B	87. CDE	88. ABCE	89. D	90. ACD
91. BCDE	92. A	93. C	94. A	95. B	96. A
97. BCD	98. B	99. AD	100. B	101. ACDE	102. B
103. C					

【解析】

15. 答案：B

再分包和转包都是法律所明令禁止的。

16. 答案：B

首先要明确需要做什么、需达到什么要求？然后才是怎么做的问题，ACD都是解决怎么做的问题。

17. 答案：ABE

平行发包模式下，业主的组织协调工作量最大，D项错误。施工总承包模式对总承包人的要求高（门槛高），因此E项正确。施工总承包模式在开工前就有较明确的合同价，有利于业主的总投资控制，故选项C错误。

23. 答案：ABC

选项D的说法不妥，因为分包企业与业主之间无合同关系。应为：分包企业应向总承包企业负责（还可加上：并就分包工程与总承包企业向业主承担连带责任——建筑法规定）。E项也不妥，建设项目工程总承包的主要意义见表2-5。

26. 答案：DE

C项应为：促进设计与施工的紧密结合。

33. 答案：BCDE

选项A不妥，应为“工程总承包方的质量目标”。此质量目标包含了设计方的质量目标，而A项仅为施工方的质量目标。

36. 答案：ACE

选项B是施工阶段的工作内容，选项D是合同收尾阶段的工作内容，详见表2-6，此知识点的阶段划分及本题的结论应记住。关于阶段划分的重要性与解题技巧见第一章。

38. 答案：BCD

组织结构模式反映了组织中各元素的指令关系，工作流程图反映了各项工作的逻辑关系。

61. 答案：ACD

选项BE应为项目决策阶段的策划工作。

66. 答案：D

选项AB为“××规划”，显然应为项目管理大纲的内容。

67. 答案：ABE

在建设项目总承包模式下，项目总承包方也可称为是业主方的项目管理单位。

68. 答案：ACD

选项B属于分部（分项）工程施组，选项E属于施工组织总设计。

77. 答案：CDE

A项不属“投资的计划值与实际值的比较”，B项属设计过程中的相应比较；利用图2-23，此类题可轻松拿满分。

92. 答案：A

C项是项目经理的职责，严格地说A项应加上“施工单位的”（各种生产要素）才严谨。

97. 答案：BCD

当发现工程设计不符合设计合同约定的质量标准时，监理方应通过委托人要求设计人更正（见本书归纳的合同关系原则），故选项A不正确。

99. 答案：AD

选项B应为“审查施工单位提交的竣工验收申请，编写工程质量评估报告”；选项C应属施工阶段的任务；选项A为旧教材的内容，新教材已改为“督促和检查施工单位及时整理竣工文件和验收资料，并提出意见”。

101. 答案：ACDE

委托监理合同是编制监理规划的主要依据之一，当然应先有委托监理合同，然后才能编制监理规划。故B项错误。

103. 答案：C

例如，施工组织设计编制完成后，不是由项目经理批准，而应由施工单位技术负责人批准。本题与此同理，自己主持编制的文件，不能由自己批准，否则就只有自控没有监控了，即使在施工单位内部也适用“既要有自控，又要有监控”原则。

第三章

【练习题答案】

1. D	2. D	3. C	4. B	5. B	6. A
7. D	8. D	9. B	10. C	11. ADE	12. C
13. C	14. A	15. B	16. D	17. AB	18. ABC
19. AC	20. D	21. ABCE	22. D	23. D	24. D
25. C	26. BC	27. C	28. B	29. B	30. D
31. CDE	32. BC	33. ACDE	34. A	35. C	36. B
37. D	38. B	39. B	40. BCD	41. B	42. B
43. D	44. D	45. ADE	46. A	47. C	48. D
49. ABCE	50. A	51. C	52. A	53. A	54. A
55. BCDE	56. BC	57. ADE	58. D	59. ACD	60. C
61. ACDE	62. ACE	63. A	64. ABE	65. C	66. C
67. ABCD	68. D	69. ABCE	70. ACE	71. ACD	72. BCD
73. C	74. B	75. D	76. AC	77. D	78. A
79. A	80. ABCD	81. CDE	82. A	83. AE	84. ABC
85. ABE	86. B	87. A	88. ABDE	89. D	90. C

91. A　92. ABCD　93. ABCE　94. D　95. ABC　96. B
97. A　98. AE　99. A

【解析】

3. 答案：C

选项 A 的情况都不适宜招标了，更何谈邀请招标.

17. 答案：AB

投标补充文件是投标时在需要的情况下所提交的补充文件，应在提交投标文件截止时间之前提交，选项 D 不正确；工程变更文件是在施工中产生的，选项 E 也不正确。

23. 答案：D

比如，通过邮递方式提交文件是以邮戳日期为提交文件日期。与此同理。

26. 答案：BC

DE 均属违法分包。

28. 答案：B

设计人员或设计分包者如非合同条件中的指定者，则必须事先征得业主代表的同意。选项 D 错误。

30. 答案：D

施工企业的法定代表人是安全生产的第一负责人，项目经理是施工项目生产的主要负责人，故选项 A 错误。无论是指定分包单位还是普通分包单位都因服从总包单位的管理，故选项 B 错误。总包单位因就分包单位的质量、安全问题承担连带责任，故选项 C 错误。

31. 答案：CDE

选项 A：第一责任主体应为承包人，选项 B：分包人自检合格后应先提请承包人验收，再由承包人提请业主或监理工程师验收。

32. 答案：BC

古树保护费用应由发包人支付；办理施工许可证和办理施工现场爆破作业申请均为发包人义务，故选项 A、D、E 错误。

38. 答案：B

在建设项目工程总承包模式下，分包单位对工程总承包单位负责。

40. 答案：BCD

如果承包单位和劳务分包单位之间的劳务报酬可按实际人工工资计算，那劳务分包单位的管理费和利润等费用从何而来？应用常识分析即知，E 项错误。

56. 答案：BC

A 项：保留金不是投标人提交的，而是指在发包人根据合同约定，每次支付工程进度款时扣除一定数目的款项，作为承包人完成其修补缺陷义务的保证（工程保修保证）。

64. 答案：ABE

D 项应为“承包的任务”，C 项不符合合同关系原则.

69. 答案：ABCE

施工合同交底时施工合同已经签订，不可能再争取对自身有利的合同条款。这是合同谈判阶段的内容，故选项 D 错误。分析技巧详见本书第一章。

70. 答案：ACE

根据监理规范第6.2.1条，建设单位或承包单位提出的工程变更，应提交总监理工程师，由总监理工程师组织专业监理工程师审查。因此D项的说法不妥。

71. 答案：ACD

选项E属承包人甲的自身原因，不应要求补偿。

73. 答案：C

联系日常生活：业主好比买方，承包人好比卖方，一般为卖方报价、买方认可就成交。

77. 答案：D

例如，“非乙因责、非乙险”时，乙方都可索赔，发生自然灾害时，并非业主方错误，但是承包商依然可以提请工期索赔，选项A错误；选项B的说法太绝对，不符合索赔成立条件的第一条；索赔是有时效的，选项C错误。

80. 答案：ABCD

索赔意向通知书应在索赔文件之前提交，而非作为索赔文件的一部分。

83. 答案：AE

货币贬值有时为承包商应承担的风险（如在固定总价合同情况下，一般不能索赔费用），选项B错误。C选项应为索赔利息，而非索赔利润。根据施工合同范本的要求，不可抗力发生时，停工损失的损失有承包人自己承担，故不能索赔费用，而只能索赔工期，选项D错误。

86. 答案：B

施工机械故障属承包方原因，不应向业主索赔。

第四章

【练习题答案】

1. A	2. B	3. C	4. B	5. A	6. BCDE
7. A	8. B	9. D	10. C	11. D	12. CDE
13. C	14. B	15. A	16. B	17. ACD	18. D
19. ABE	20. AB	21. A	22. B	23. D	24. D
25. CDE	26. ADE	27. C	28. C	29. A	30. BDE
31. A	32. B	33. BE	34. C	35. D	36. B
37. A	38. B	39. ABDE	40. ABCD	41. ABD	42. D
43. C	44. BCE	45. B	46. ABDE	47. DE	48. A

【解析】

13. 答案：C

施工图预算中的脚手架计算是综合了脚手架搭设方式，按不同结构和高度，以建筑面积为基数计算；C项所述是施工预算中的脚手架计算方法。

27. 答案：C

成本偏差CV＝已完成工作量×预算单价－已完成工作量×实际单价

＝4500×380－4500×400＝－90000（元）

28. 答案：C

计划4个月内均衡完成，则第二个月底计划完成应为3200/4×2＝1600，进度偏差＝预算单价×（已完工程量－计划工程量）＝550×（1800－1600）＝110000。

48. 答案：A

施工成本是指在建设工程项目的施工过程中所发生的全部生产费用的总和（包括构成工程实体的各项费用支出、措施项目费及管理费），选项B错误；选项C描述的是施工成本分析；选项D描述的是施工成本计划。

第五章

【练习题答案】

1. ABDE	2. ACD	3. D	4. D	5. D	6. B
7. BE	8. D	9. C	10. B	11. AC	12. AB
13. C	14. ADE	15. BCD	16. B	17. C	18. A
19. A	20. ABCD	21. A	22. A	23. A	24. A
25. D	26. D	27. A	28. D	29. ABC	30. BC
31. D	32. C	33. ABE	34. B	35. A	36. D
37. D	38. B	39. B	40. C	41. C	42. C
43. B	44. C	45. B	46. B	47. A	48. B
49. B	50. A	51. ABE	52. A	53. AC	54. AC
55. AC	56. A	57. B	58. CD	59. B	60. A
61. D	62. D	63. ABE	64. ABDE	65. A	66. ACD
67. AC					

【解析】

1. 答案：ABDE

建设工程项目总进度目标是在项目决策阶段项目定义时就确定了，在实施阶段对项目的目标进行控制前，首先应分析和论证进度目标实现的可能性。因此C项不妥。

14. 答案：ADE

B项应为：确保工程网络计划计算的准确性

15. 答案：BCD

见教材相关内容。AE为质量管理八项原则中的两条。

16. 答案：B

进度控制必须是在保证质量的前提下控制，不是必须保证成本，选项A错误；项目进度控制的依据是建设工程项目进度计划系统，选项C错误；进度计划软件是基于工程网络计划原理开发的，选项D错误。

40. 答案：C

第一步：找出该网络计划的所有关键线路。

自终点节点起，逆着箭线找出所有自始至终无波形线的线路，符合此条件的都是关键线路。该网络计划中，关键线路只有一条，即①－②－⑥－⑨－⑩－⑪－⑫，如下图所示。

第二步：找出工作B的所有宽松线路。

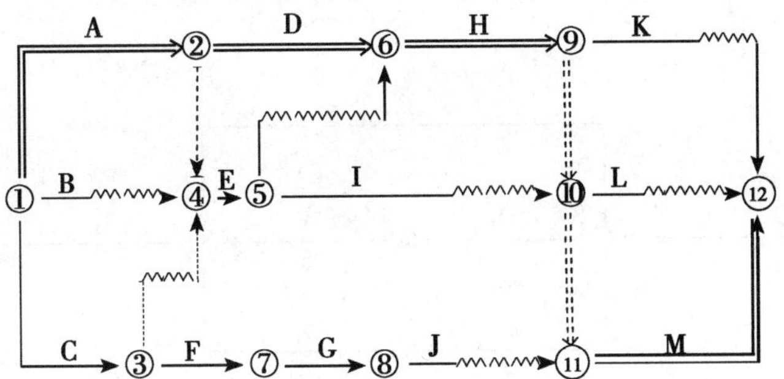

该网络计划中，工作 B 的宽松线路共有两条，即①—④—⑤—⑥和①—④—⑤—⑩。

第三步：将本工作每一条宽松线路的波形线长度累加，其中最小值即为该工作的总时差。

本例中，线路①—④—⑤—⑥的波形线长度累加值为 2+2=4，

线路①—④—⑤—⑩的波形线长度累加值为 2+2=4。

两值相等，取最小值仍为 4，题中未规定计划工期，可视为 $T_P = T_C$，因此，工作 B 的总时差为：

$$TF_B = 4 + (T_P - T_C) = 4 \text{ 天}$$

41. 答案：C

本题的关键线路有 3 条如下图所示，分别为①—③—④—⑦—⑩—⑫；①—③—④—⑥—⑨—⑪—⑫；①—②—⑥—⑨—⑪—⑫。

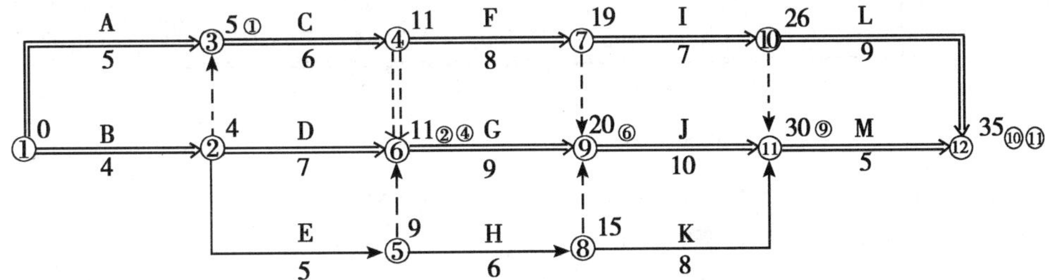

42. 答案：C

如下图所示，本题的关键线路有 3 条，分别为①—②—③—⑦—⑨—⑩，①—②—④—⑤—⑥—⑦—⑨—⑩和①—②—④—⑤—⑥—⑧—⑨—⑩。

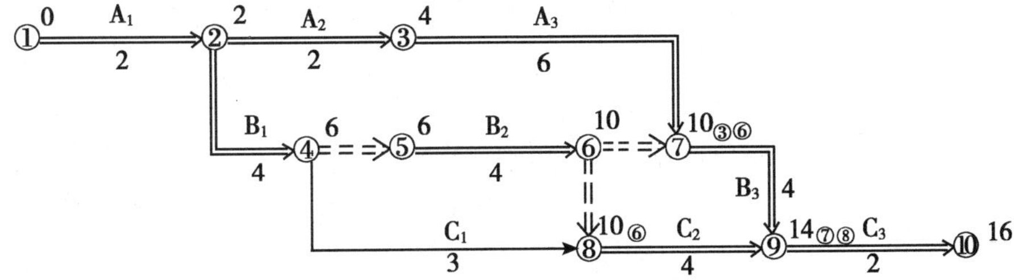

43. 答案：B

根据自由时差的计算方法（首尾之差减历时），应先计算节点②和节点④的节点标号值，计算结果如下图所示。由于工作 D 的完成节点有实箭线紧接，故工作 D 的自由时差就是其箭线的波形线长度。

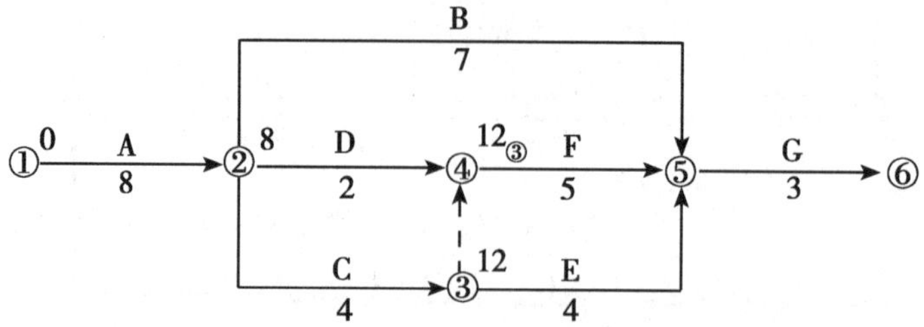

$FF_D = \underline{FF_{2-4}} = b_4 - b_2 - D_{2-4} = 12 - 8 - 2 = 2$

【说明】因题目只要求计算自由时差，只需用标号法计算到其紧后工作开始节点即可，其后所有节点的标号值都不用计算，更不用找关键线路。

44. 答案：C

计算某项工作的总时差，利用本书所讲的“首尾总差法”最为简便。

第一步：在图上计算节点标号值并找出关键线路。

如下图所示，关键线路为①—④—⑥—⑦—⑨（在图中以双线表示）。

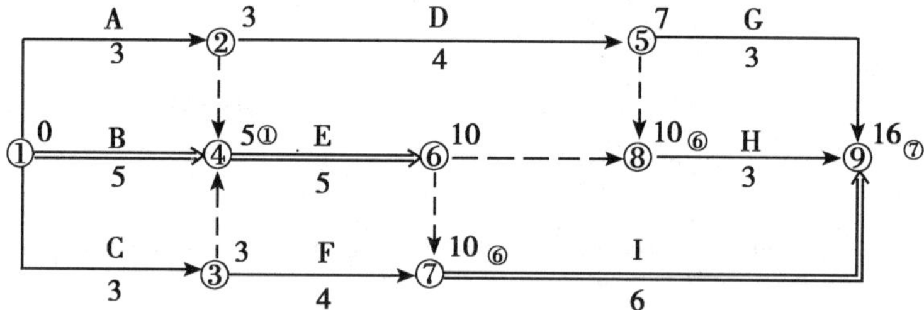

第二步：找出工作 A 的宽松线路。

共有三条，分别为 1—2—4、1—2—5—8—9 和 1—2—5—9。

第三步：利用公式 5-7 计算，得：

$$TF_A = \min\{(b_4 - b_1 - 3), (b_9 - b_1 - 3 - 4 - 3), (b_9 - b_1 - 3 - 4 - 3)\}$$
$$= \min\{(5 - 0 - 3), (16 - 0 - 3 - 4 - 3), (16 - 0 - 3 - 4 - 3)\} = 2$$

注意：虽然线路 1—2—5—8—9 和 1—2—5—9 的终点节点相同，但两条线路的工作的持续时间不一定相等，所以应分别计算，碰巧的是，本例中此两条线路的工作的持续时间也相同，但为了稳妥起见，还是应养成习惯，将各条宽松线路分别列式，因此式中出现了两个（$b_9 - b_1 - 3 - 4 - 3$）项。

45. 答案：B

本题用标号法标定关键线路后的网络图如下图所示。

本题中，虽然工作 C 在关键线路上，但其总时差不为 0，因为本题 $T_p - T_c = 23 - 20 = 3 > 0$，故 $TF_c = 0 + (T_p - T_c) = 3$。

【拓展】本题中所有的工作总时差都应为 3；工作 F 的自由时差为 3，其他工作自由时差均为 0。

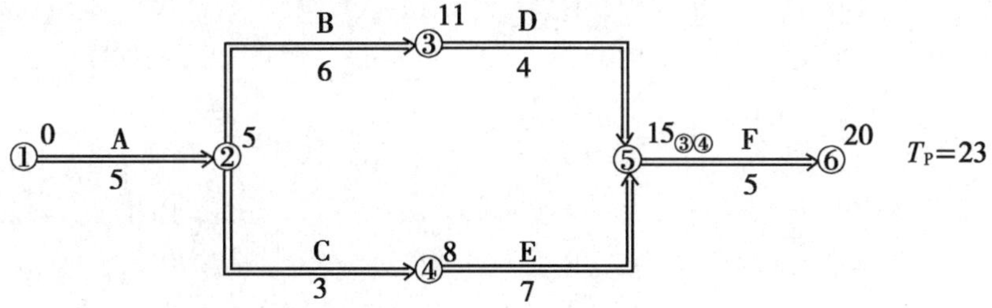

46. 答案：B

求最迟时间的口诀为："最迟看紧后，多个取最小，紧后未知可逆推"。

已知 $LF_D=25$，$LF_E=26$

从已知最迟完成时间的工作 D 和 E 逆着箭线推算，$LF_C=\min\{LS_D，LS_E\}$

工作 D 和 E 的紧前工作是工作 C，因此，首先应计算工作 C 的最迟完成时间。

①工作 C 共有两项紧后工作，因此应取最小值

$LS_D=LF_D-D_D=25-3=22$

$LS_E=LF_E-D_E=26-5=21$

$LF_C=\min\{LS_D，LS_E\}=\min\{22，21\}=21$

②工作 A 只有一项紧后工作 C，故不用比较

$LF_A=LS_C=LF_C-D_C=21-4=17$

$LS_A=LF_A-D_A=17-3=14$

47. 答案：A

本题已知条件中，最早时间和最迟时间的线索都有，故优先考虑用"最迟减最早法"求工作 K 的总时差。

$EF_K=ES_K+D_K=6+4=10$

$LF_K=\min\{LS_M，LS_N\}$

$\quad=\min\{LF_M-D_M，LF_N-D_N\}$

$\quad=\min\{22-10, 20-5\}=12$

$TF_K=LF_K-EF_K=12-10=2$

51. 答案：ABE

关键线路是不可能存在波形线，选项 C 不正确；选项 D 错误，如图 5-17，工作 A 的自由时差为零，但其总时差等于 1。

59. 答案：B

此题的结果应作为结论记住。还有一种情况正好与此相反，也应记住：单代号搭接网络的时间参数计算时，若某项中间工作的最迟完成时间大于总工期时，应把该工作用虚箭线与终点节点连起来。其原理见教材相关内容。

第六章

【练习题答案】

1. C	2. CE	3. D	4. C	5. D	6. A
7. B	8. C	9. A	10. A	11. ABC	12. ABCD

13. CD　14. D　15. D　16. A　17. A　18. D
19. D　20. C　21. C　22. A　23. ABCD　24. B
25. A　26. CDE　27. BCE　28. B　29. A　30. ADE
31. C　32. D　33. A　34. B　35. D　36. C
37. B　38. C　39. ABD　40. D　41. BCD　42. D
43. A　44. C　45. B　46. D　47. B　48. A
49. B　50. D　51. ACDE　52. C　53. C　54. BD
55. C　56. ACD　57. ABCE　58. ABCE　59. C　60. A
61. A　62. CD　63. ADE　64. D　65. B　66. B
67. D　68. C　69. C　70. C　71. C　72. D
73. ABCD　74. B　75. A　76. A　77. ABCE　78. B
79. CE　80. C　81. B　82. B　83. C　84. B
85. BCD　86. A　87. B　88. B　89. ABDE　90. C

【解析】

51. 答案：ACDE

B项属工作流程组织中的管理工作流程，见第二章图2-19。

52. 答案：C

顾名思义，工序施工效果的控制是对施工效果（有结果之意）进行控制，因此属于事后质量控制，选项A错误；监理方是监控主体，选项B错误；工序施工质量控制主要包括工序施工条件控制和工序施工效果控制，选项D错误。

第七章

【练习题答案】

1. A　2. A　3. B　4. A　5. C　6. BCDE
7. D　8. D　9. D　10. ABE　11. C　12. D
13. ADE　14. ACE　15. ABDE　16. ABCE　17. ABCD　18. ACE
19. ABCD　20. BCE　21. D　22. ABE　23. ABCE　24. C
25. C　26. BCE　27. A　28. ACDE　29. B　30. A
31. B　32. ABCE　33. BD　34. C　35. B　36. A
37. CDE　38. ACDE　39. C　40. D　41. B　42. D
43. C　44. ABE

【解析】

26. 答案：BCE

意识是抽象概念，故A项充其量是“抽象”目标，不是具体目标。如果某项目定了一目标***“本项目安全事故整改率应达到100%”***——这不可笑吗？因此D项不妥。本题正解见表7-12。

30. 答案：A

物体存放不当是因为人存放错误所致，个人防护用品的使用不当也是人使用错误所导致，对易燃易爆等危险品处理不当亦是人的处理不当，所以选项BCD都应属于人的不安全行为。此外，利用特征词也很容易解此题，见表 7-13 中的技巧.

37. 答案：CDE

650 万元经济损失属于一般事故。选项 A 错误，应为 15 日；选项 B 有瑕疵，建议不选，因为施工单位应受政府委托后才可自行组织调查，见表 7-16 注释。

38. 答案：ACDE

选项 B 不正确，环保局不是“必须”举行听证会，而是“可以”举行听证会。

第八章

【练习题答案】

1. D	2. D	3. A	4. ABC	5. ABCD	6. C
7. ABDE	8. B	9. BCDE	10. B	11. ABE	12. A
13. ABC	14. BCD	15. B	16. C	17. D	18. A

【解析】

4. 答案：ABC

选项 D 应该是信息管理部门的工作任务；项目参与各方都应编制各自的信息管理手册，不能通用，选项 E 错误。

8. 答案：B

参见本书第九章，用排除法选择。首先看关键字，C 选项有“技术”，D 选项有“管理”，即 CD 选项分别为技术信息和管理信息。A 选项为量的控制，关于“量”和“价”的都属于经济类信息，故 A 选项也不正确。

第九章

【练习题答案】

1. B	2. BD	3. CD	4. C	5. ABC	6. BCDE
7. ABCD	8. B	9. D	10. D	11. AB	12. C
13. D	14. CD				

【解析】

3. 答案：CD

中心词为流程或分工的，显然是组织措施，因此选项 A 和选项 E 属于组织措施；选项 B 是控制的方法，也可以说是管理的方法，因此为管理措施。

4. 答案：C

选项 AB 为组织措施，选项 D 为管理措施；重视信息技术属于管理措施。

2012 年度全国一级建造师执业资格考试建设工程项目管理试题答案

【参考答案】

1. C	2. D	3. A	4. A	5. B	6. C
7. B	8. B	9. B	10. A	11. D	12. C
13. C	14. D	15. C	16. D	17. D	18. A
19. C	20. D	21. B	22. B	23. C	24. D

25. A	26. D	27. B	28. D	29. A	30. D
31. A	32. A	33. C	34. A	35. D	36. D
37. B	38. A	39. C	40. C	41. A	42. D
43. B	44. D	45. D	46. C	47. C	48. C
49. C	50. D	51. B	52. A	53. D	54. A
55. D	56. B	57. A	58. C	59. A	60. D
61. A	62. B	63. A	64. A	65. C	66. B
67. B	68. B	69. D	70. B	71. ABC	72. ABE
73. BCDE	74. ABCE	75. CE	76. ABDE	77. BE	78. ACD
79. AE	80. AC	81. BDE	82. CDE	83. ACE	84. AD
85. AB	86. BD	87. ABCE	88. BCE	89. CD	90. BCD
91. BCD	92. ACE	93. ABCD	94. CDE	95. ABDE	96. ADE
97. CD	98. ABD	99. ABDE	100. ABC		

【解析】

12. 参考答案：C

49. 参考答案：C

建设工程安全生产事故应急预案中，针对深基坑开挖可能发生的事故、相关危险源和应急保障而制定的计划属于专项应急预案。

64. 参考答案：A

某工程网络计划中，工作M的自由时差为2天，总时差为5天。实施进度检查时发现该工作的持续时间延长了四天，则工作M的实际进度是不影响总工期，但将其紧后工作的最早开始时间推迟2天。

65. 参考答案：C

建设工程项目信息系统主要用于项目的目标控制。

78. 参考答案：ACD

国际上工程建设物资采购的常用模式有ACD（A业主方自行采购C承包商采购D与承包商约定制定供应商采购）。

88. 参考答案：BCE

A属于资质不良，D属于工程质量不良。

94. 参考答案：CDE

97. 参考答案：CD

2013年度全国一级建造师执业资格考试建设工程项目管理试题答案

【参考答案】

1. B	2. D	3. D	4. D	5. B	6. B
7. D	8. C	9. D	10. B	11. D	12. C
13. D	14. A	15. A	16. D	17. D	18. B
19. B	20. B	21. A	22. C	23. C	24. B
25. A	26. B	27. D	28. C	29. D	30. A

31. D	32. B	33. A	34. B	35. B	36. B
37. D	38. D	39. A	40. C	41. B	42. B
43. C	44. C	45. A	46. C	47. A	48. A
49. B	50. A	51. B	52. D	53. D	54. C
55. C	56. C	57. A	58. C	59. D	60. A
61. A	62. A	63. B	64. C	65. B	66. B
67. B	68. A	69. D	70. D	71. ABCE	72. CD
73. ABC	74. ABDE	75. ABC	76. DE	77. ADE	78. ABDE
79. ACDE	80. ACDE	81. BCD	82. BE	83. ADE	84. BE
85. CD	86. BCE	87. CD	88. ABCE	89. AC	90. ADE
91. ABCE	92. ABCE	93. ACE	94. ABE	95. BD	96. BDE
97. AD	98. BCD	99. CDE	100. ABCE		

2014年度全国一级建造师执业资格考试建设工程项目管理试题答案

【参考答案】

1. A	2. C				
3. A	4. A	5. D	6. D	7. A	8. C
9. B	10. B	11. C	12. D	13. B	14. C
15. C	16. A	17. D	18. D	19. D	20. D
21. C	22. C	23. B	24. B	25. B	26. C
27. D	28. B	29. B	30. A	31. C	32. B
33. A	34. C	35. A	36. A	37. C	38. A
39. D	40. C	41. C	42. D	43. C	44. B
45. A	46. B	47. A	48. B	49. D	50. C
51. B	52. B	53. D	54. D	55. C	56. A
57. C	58. D	59. B	60. A	61. A	62. A
63. A	64. C	65. C	66. C	67. D	68. A
69. B	70. D	71. ACD	72. ABCD	73. ADE	74. BCDE
75. ABCE	76. ADE	77. ABC	78. ABD	79. BE	80. ACE
81. BDE	82. AC	83. BDE	84. ADE	85. BCD	86. ABCE
87. ACE	88. ABD	89. ACD	90. BDE	91. ABDE	92. AD
93. ABC	94. CD	95. ABC	96. DE	97. ABC	98. ABCD
99. CD	100. BD				

【解析】

2. 参考答案：C

《EPC交钥匙项目合同文件》合同计价采用固定总价方式，只有在某些特定风险出现时才调整价格。

97. 参考答案：ABC

项目经理应履行下列职责：

(1) 项目管理目标责任书规定的职责;

(2) 主持编制项目管理实施规划,并对项目目标进行系统管理;

(3) 对资源进行动态管理;

(4) 建立各种专业管理体系,并组织实施;

(5) 进行授权范围内的利益分配;

(6) 收集工程资料,准备结算资料,参与工程竣工验收;

(7) 接受审计,处理项目经理部解体的善后工作;

98. 参考答案:ABCD

由于业主要求、政府部门要求、环境变化、不可抗力、原设计错误等导致的设计修改,应该由业主承担责任。由此所造成的施工方案的变更以及工期的延长和费用的增加应该向业主索赔。

2015年度全国一级建造师执业资格考试建设工程项目管理试题答案

【参考答案】

1. D	2. C	3. C	4. B	5. C	6. D
7. B	8. C	9. C	10. C	11. D	12. A
13. B	14. A	15. B	16. B	17. C	18. B
19. A	20. C	21. C	22. B	23. A	24. C
25. B	26. D	27. B	28. C	29. C	30. C
31. A	32. A	33. B	34. A	35. A	36. D
37. D	38. D	39. B	40. D	41. C	42. B
43. C	44. A	45. B	46. D	47. B	48. B
49. C	50. A	51. A	52. D	53. D	54. C
55. C	56. B	57. D	58. D	59. C	60. D
61. A	62. D	63. B	64. C	65. B	66. D
67. D	68. A	69. B	70. A		
71. BDE	72. BCD	73. AD	74. ADE	75. ACDE	76. ABC
77. BC	78. ACD	79. CDE	80. ABE	81. ACDE	82. BCDE
83. BCD	84. ABE	85. ACE	86. AC	87. ABE	88. ABD
89. ACD	90. ABDE	91. BCE	92. BCE	93. ABCD	94. BC
95. ABC	96. AB	97. ABD	98. ABCD	99. CDE	100. ABCD

广结善缘　不忘初心　方得始终

当50后还习惯动笔看书，当70后还留恋上网学习，君不见，90后新生代已然在利用手机新媒体像聊天、像游戏通关一样玩中学，如果把书本、网络、新媒体互动及线下活动结合起来，大家一起玩、一起学，如此岂不乐哉？《全国一级建造师执业资格考试轻松过关》这一套考试书，正是应时而生。作为一家全国知名的优秀出版单位，对于丛书的修订工作，我们不敢有丝毫怠慢。新媒体和O2O，我们不炒概念，只搞实战。作为传统出版向数字化复合出版转型的示范项目，本套丛书除在出版传播形式上革新以外，始终坚持内容为王、以质取胜，用实力和口碑说话！如果您认为我们的产品、服务和平台真的不错，请点赞、转发哦，如果您认为还有哪些不足，请@（联系）各位编辑。我们对建造师的考试辅导教材每年都会进行优化和更新，如果大家都敞开心怀将自己的需求、心得和建议与我们分享，甚至参与新版教材的修订、微课程的讲授，相信通过此书结缘，各方可以持续互动、不断获益，给予参与者什么奖励，也想征求您的意见，如果这样算众筹，那我们试一试又何妨？

据说，世界上两人相遇的概率为0.00487，而相识的概率为0.000049，谢谢您看见我。考试报名还没开始，就有读者来电催促出版。为了不负读者期望，段红梅编审团队决定在非常有限的时间里，对原版图书依据最新考纲进行修订，并尝试利用新媒体进行数字化复合出版。编书易，著书难，马铭一个人融会贯通编著四部考试辅导教材更难，把考纲和教材吃透，把薄书读厚再把厚书读薄，编著一套思维导图加应试口诀笔记体的考试辅导书更是可遇不可求。我们尝试以众筹的方式运作新媒体复合出版，祝元志副编审的微信和公众号发布众筹令被建造师培训的知名机构鲁班培训（龙本教育公司）总裁李转良先生看到后甚为惊喜，微课、慕课、大赛、平台、社群、O2O、APP正是鲁班培训向移动互联网教育转型的方向。知识产权出版社、鲁班培训机构、创作人三方会师，大家一拍即合，微课程由鲁班网校和鲁班培训微信平台提供，教材的内容修订由马铭多年的搭档田丽副教授担纲，纸版＋微信APP复合出版由知识产权出版社集成运作。

本丛书的出版是以互联网思维革新教育业和出版业的一次实战，这些具体的尝试和实践也为知识产权出版社与全国土木工程教学指导委员会合作的《土木工程教育创新论坛》（书刊＋微信APP＋大赛＋沙龙＋创客平台）项目推进，积累了资源和经验，在此，要感谢丛书的初版执行编辑石陇辉和本版的编辑祝元志、刘爽、张冰、高鹏，特别感谢鲁班培训机构的李转良总裁、苗晋艳老师、曾献诗老师，也要感谢中国建设报社、城乡建设全国理事会、筑龙网等机构以及同济大学沈祖炎院士、李国强教授和中国建筑设计院崔愷院士等对我社数字化复合出版活动的大力支持。

从做产品，到做服务，到做平台，到做生态，我们不为读者提供大数据只提供有用的小数据，微信扫码、手机听课，百分之百免费，羊毛出在狗身上熊不用埋单，服务送到您的手上是大家合作的开始。帮助他人成功，自己一定更加成功，不忘初心，方得始终，与同行者共勉！

2016年全国一级建造师执业资格考试轻松过关

	书名	定价
1	建筑工程管理与实务（第三版）	定价：68.00元
2	建设工程项目管理（第三版）	定价：42.00元
3	建设工程经济（第三版）	定价：42.00元
4	建设工程法规与相关知识（第三版）	定价：38.00元